JN385059

종합작명대전

종합작명대전

비평과 해설

이승정 지음

평 단

축하의 말씀

작명가 이승정李昇炡은 필자의 외사촌이다. 지금은 본향 태봉을 떠나 안양에서 살고 있지만 종손의 기품 그대로 그는 항상 곧고 의연하다. 종손의 의무가 무의식 속에 배어 있는지 80대의 숙부님들을 차로 모시고 산천경개 유람길도 가끔 오르는 것을 보았다.

나의 제일 큰 외숙 경우景雨는 대학자에 효성이 지극하여 상주고을에서는 숭앙받는 어른이셨다. 그런 분이 어느 해 돌림병으로 40대에 운명하시자 인근동은 상사의 슬픔에 잠겼다.

이 참상으로 마을에서는 한동안 온갖 소문이 나돌았다. 사람들은 마을에 줄지어 선 큰 미루나무 순을 잘랐기 때문이라고도 했다.

그러나 남은 4형제는 그 후로도 고장을 지키고 빛내는 큰 일꾼들이었다. 둘째 외숙 홍우弘雨는《삼국지》에 조예가 깊었던 것으로 기억되고 셋째 진우進雨 외숙은 나의 서당 스승이셨으며 풍수지리의 대가이셨다. 넷째 만우晩雨 외숙은 마을 청년들의 야학을 담당하고 계셨고 끝의 춘우春雨 외숙은 솜씨가 놀라워 손으로 빚어내는 것이면 무엇이든 예술 작품이 되었다.

특히 만우 외숙이 담당한 마을 야학은 한여름 밤의 정취를 한껏 그

윽하게 했다. 지금도 귀에 쟁쟁한 것은 당시唐詩 낭송이다. 이백李白의 〈산중문답〉을 허리를 일제히 흔들면서 낭랑하게 합창하였다.

묻노니 그대는 왜 이 벽산에 사는가問余何事棲碧山
웃음으로 대답하니 마음이 편하다笑而不答心自閑

나는 당시 소이부답심자한笑而不答心自閑의 깊은 뜻을 몰랐다. 그러나 최고 학부에서 문학을 전공하고 학위논문을 쓸 무렵 이 '웃음'은 본격적으로 나와 인연이 맺어지게 되었다. 은사인 백철, 김동욱 교수가 각각 다른 자리에서 논문 주제로 해학諧謔을 권했던 것이다. 최근의 나의 저서인 《한국문학 그 웃음의 미학》(2000년도 한국문학 평론 부문 수상작)도 그 일환으로 이루어진 것이다.

어쨌든 이승정이 가계를 이어 작명과 사주로 남의 운세를 축복하는 일에 몸 바치겠다니 고맙고도 장하다. 일찍이 동양에서 작명과 사주는 행운과 연관된 신앙으로 통한다. 그것은 음양오행에 근거하고 있기 때문이다. 음양오행은 우주의 생성 변화에 입각한 상징적 기호이다.

아무리 하늘이 천행건天行健으로 일정하게 돈다지만 인간사란 변화무쌍한 것이니 천품이 온화하고 물처럼 유연한 이승정이 글자 획수 하나에만 얽매이지는 않을 것이다. 흐르는 물이 가다가 바위가 있으면 돌아가는 여유를 보이듯이 그의 작명과 사주에 관한 비판적 안목은 당사자의 처지(사주)에 따라 최대한 보강해 주리라 믿는다.

어쨌든 작명도 신기가 있고 때로는 예술과도 같은 것이다. 고대 중국의 어느 황제가 궁정 수석 화가에게 '벽화 속의 물소리가 잠을 설치게 한다고 궁궐에 그려진 벽화를 지워버리라고 했다(심상운)'는 글을 읽은 적이 있다. 인간은 감성 통합의 존재라는 뜻이겠다.

안목이 넓고 폭이 있는 작명가 이승정의 작명 기량이 끝이 없는 찬사로 자자하게 되기를 기원한다.

정해년 봄에

문학박사 남송南松 김영수金永秀

머리말

세상 모든 사물은 제각기 이름을 가지고 있다. 이름이 있어서 비로소 자신의 존재가 인정된다. 이름이 없고서는 자신의 존재 증명이 불가능해진다. 시민이면 시민증이 있음으로써 시민의 자격이 부여되는 것과 같다. 그래서 철학자 하이데거는 '말은 존재를 건설한다'고 했다. 말은 존재의 집이라는 것이다. 그러나 이 세상의 많은 존재들은 제각각 그 성상을 달리한다.

이러한 이질을 동양에서는 크게 음양오행으로 구별하고 조화를 꾀한다. 하늘이 있으면 땅이 있고, 남자가 있으면 여자가 있다. 강한 것이 있으면 약한 것이 있다. 이러한 구별은 색상이나 방위 할 것 없이 각기 달리 존재할 뿐 아니라 그 이질들이 적절히 배합되어 조화롭게 창조되고 발전한다. 작명의 기본 원리나 효력도 이런 이치에 닿아있다. 나는 시인은 아니지만 일찍이 이 땅에서 애송시의 하나로 점 찍힌 김춘수金春洙 시인의 〈꽃〉이라는 시가 이름짓기와 연관되어 있음을 알고 있다. 모두가 명시라고 극찬하는 이 시를 김춘수 시인 자신은 관념시觀念詩라고 하여 홀대한다는 말을 들은 바 있지만 나와 같은 대중 독자에게는 관념시이든 사물시이든 그 뜻의 전달이 깊은 철학을 함축하거나 뉘앙스가 아름다우면 좋은 시로 평가 받아 마땅하지 않을까 싶다. 여기서 김춘수의 시 〈꽃〉의 일부를 펼쳐본다.

내가 그의 이름을 불러주기 전에는
그는 다만
하나의 몸짓에 지나지 않았다.

내가 그의 이름을 불러주었을 때
그는 나에게로 와서
꽃이 되었다.

내가 그의 이름을 불러준 것처럼
나의 이 빛깔과 향기에 알맞는
누가 나의 이름을 불러다오.
그에게로 가서 나도
그의 꽃이 되고 싶다.
– 김춘수, 〈꽃〉 중에서

위의 시에서 1연과 2연을 보면 한 개체에 있어 이름이 규정짓는 존재 가치와 의의가 얼마나 큰지를 알 수 있다. 하나의 몸짓에 불과했던 사물이 '꽃이라는 이름을 불러주었을 때' 그는 하나의 단순한 몸짓이었다가 꽃이라는 생명체로 태어난 것이다.

우리가 여기서 '동양 작명소作名所'라는 간판을 보았다고 하자. 이것을 보는 순간 우리는, '아, 이곳이 동양 작명소, 이름 짓는 곳이로구나' 하고 알게 된다. 마치 꽃이라는 이름을 불러주었을 때 그가 나에게로 와서 꽃이 되었듯이.

그리고 김춘수의 시 〈꽃〉의 3연이 '나의 빛깔과 향기에 알맞은 누가 나의 이름을 불러다오'라고 했듯이 나는 그 누구의 작명 요구에도 지나치게 욕심내지 않고 그 사람의 품성과 향기와 꿈에 알맞은 작명을 할 것이라고 스스로 다짐한다.

다만 그 이름이 그의 운세의 결함을 보강할 수 있게 하는 의식은 꼭 가지고 이름짓기에 임할 것임을 여기에 밝혀둔다.

정해년丁亥年 5월

덕암德岩 이승정李昇炡

차례

제1부

종합작명대전

제1장
이름과 운명

이름은 사주만큼 운명을 좌우하지 못한다. 이름은 사람이 세상에 태어나면서 자연인으로서 소유주의 존재함과 인격체임을 선포한다. 이는 정신과 육체, 혼이 담긴 인간만이 가질 수 있는 고유한 명칭이고 부호이며 천부적인 권리임은 자명한 일이다.

선조들의 속담에 '이름값을 한다'는 말은 좋은 이름이란 이름이 좋은 소리로 느껴질 때 자신감과 의욕도 생기는 것이며, 이는 분명 성공할 수 있는 조건 중에 하나로 영향을 미칠 수 있다는 것이다.

그러함에도 이름은 태어나면서 자신의 의지와 무관하게 타의에 의해 결정되고 만다. 특히 남자들은 조상의 돌림자를 부여받고 성과 함께 두 자가 결정된 상태에서 부모에 의해 결정되고 있으며 좋으면 좋은 데로 아니면 아닌 데로 운명적인 삶을 살아야 한다.

그러면 운명 속에서 이름은 얼마만큼 영향이 있을까? 혹자들은 이름만 감정해보면 과거와 미래를 흔히 알 수 있다고 한다. 그 중에는 선천운인 사주와 성장 과정, 교육 정도, 노력과 의지, 그 무엇도 평가하지 않고 좋은 이름만 얻으면 부와 권세, 명예를 통째로 얻을 수 있다고 확신하는 작명가들이 있으니 이들은 어떤 철학을 비법으로 가지고 있는 것일까? 그들에게 깨달음으로 간직하고 있는 신비한 비법이 있다면 본인부터 출세를 해야 함은 물론 그들 자식, 가까운 사람들은 모두 운명을 바꾸어 삶을 희망하는 현실로 바꿔야 하지 않았을까? 많은 술사들은 자신의 논리가 학문으로서 최고의 가치와 믿음을 가지고 실험 검증된 것처럼 아전인수격으로 많은 이름을 감명하여 혹세무민 경제적인 실익을 취하고 있다.

혹자들은 나쁜 이름은 한 번 불릴 때마다 독침을 맞는 것과 같다고 했다. 진실로 사람의 길흉화복을 이름 석 자가 좌우한단 말인가? 100명의 성명학자들이 똑같이 좋은 이름을 작명한다 해도 모두 최상의 이름으로 공감할 수 있는 이름이 있을까? 이에 많은 이론이 있다면 누군가는 허구이며 거짓임이 명백한 사실이다. 어떠한 좋은 이름도 그 사람의 안전과 행복을 보장하지 못한다. 나쁜 이름으로도 그런 대로 잘 살고 있는 사람이 있는가 하면 좋은 이름으로 불행한 삶을 사는 사람도 있다.

이름을 너무 맹신하지 말자. 이름이 절대적인 성공 조건은 아니다. 다만 필요조건일 뿐이다. 좋은 이름은 행운이 왔을 때 더 큰 행운으로 성과가 나타날 것이고, 나쁜 이름은 행운이 찾아왔을 때 조금은 적은 성과로 이어질 것이다. 이름이 불릴 때 자신이 행복한 소리로 느낌이 온다면, 자신감도 생기고 안정감도 생길 것이다. 그리고 알파음으로 기氣가 더욱 향상될 것이다. 좋은 이름은 분명 행운을 가져다줄 것이다. 그래도 이름을 너무 맹신하지 말자. 왜냐하면 동양 철학에서는 개운학으로 풍수지리학도 있음을 알아야 한다. 성명 삼 자가 인생의 길흉화복을 좌우한다는 논리는 개명을 유도하여 염불보다 잿밥에 더 관심이 있는 것임을 알아야 한다. 나는 10가지 조건 중 6가지 이상이 부합되면, 개명은 하지 않아도 되지 않을까 하고 생각한다.

제2장
동양 철학

1. 동양 철학과 음양론

2. 동양 철학의 본질

1. 동양 철학과 음양론

음양오행은 진리이면서 삶의 지혜이다. 인간의 운명은 출생함으로부터 시작된다. 누구나 행복한 삶은 인생의 목표이자 바램이다. 인간이 이 목표를 성취하고자 끊임없는 노력과 불굴의 의지로 죽을 힘을 다해 몸부림 친다해도 얼마만큼의 뜻을 이루고 얼마만큼의 성과에 만족해할까?

인류의 발전은 수천 년 역사의 흐름 속에서 유무를 기록하고 구전 등 사실적인 흔적을 이용, 숙명적일지도 모를 인간의 운명을 취길피흉就吉避凶의 근본적 해결을 위해 끊임없이 노력해 왔다. 특히 동양 철학은 순수한 학문과 진리로서 체험을 통해 위와 같은 문제를 해결하기 위해 음양오행론을 근본으로 한 풍수지리학, 명리학, 성명학, 한의학 등으로 장족의 발전을 해왔음에도 한의학 외에는 취길피흉한다는 초현실적 요소 때문에 미신인 잡술雜術로 치부당한 채 민중으로부터 외면당하고 학문이면서 진리임에도 빛을 잃어가고 있다.

이의 원인은 첫째 양심 있는 역술인이 드물고, 둘째 음양오행론을 훼손, 무시하고 황당무궤한 술서術書로 동양 철학의 학문성과 진리를 왜곡하며, 셋째 신과 대등한 능력자로 대접받고자 하는 허황된 욕심,

넷째 부를 축적하기 위해 수단 방법을 가리지 않고 성취욕에 눈먼 사람들, 다섯째 동양 철학이란 미명 아래 주술적 해석으로 위협과 협박을 하는 일부 술사들의 책임이라고 본다.

그러함에도 미국과 유럽에서는 지금 동양 철학에 관심이 고조되고 있는데 이 같은 현상은 특히 양택풍수, 명리학, 한의학에서 괄목할 만한 성과가 발견되고 동양 철학의 진리와 학문성이 검증됨으로 생기는 일이고, 이로써 앞으로 큰 발전이 있으리라고 본다.

필자는 대자연의 영묘靈妙한 변화가 음과 양, 오행의 기氣의 근본임을 풍수학을 통해 배웠고 명리학, 성명학을 연구, 동양 철학의 근본은 자연에 순응하며 살아가는 것, 그 순수한 본성이 삶의 최고의 가치임을 깨달았다. 이렇듯 인간의 본성은 하늘의 뜻이고 불변하는 자연의 법칙이고 섭리이며 진리인 것이다. 명리학과 성명학은 풍수지리학 음양오행의 활동 법칙에 의해 자연과 인간은 생장하고 절멸하며 생로병사의 과정 속에서 길흉화복이 좌우된다는 생극제화生剋制化가 기본 원리임이 자명한 논리다. 동양 철학은 미신이 아니나. 어떻게 보면 많은 사람들의 경험을 통한 체험 과학이다.

오늘날 현대 과학은 인간에게 편리함만이 최고의 가치이며 돈만 있으면 만사가 형통할 수 있다는 물질만능으로 인간 정신을 황폐하게 만들었고, 자연 파괴와 환경 오염 등의 미래의 재앙으로 인간을 불안하게 만들면서 그 이상의 아무것도 해결하지 못하고 하늘의 뜻을 거역, 역행하면서 동양 철학이 근본이 검증되지 않았다는 합리성 하나만으로 전부 미신으로 치부하면서 심오하고 영묘한 음양오행 기본 이론을 파괴하고 있다. 동진의 곽박은 장경葬經에서 "夫陰陽之氣 噫而爲風 升而爲雲 陸而爲雨 行乎地中"이라 했다. "음양의 기운이 서로 합치면 바람이 생기고 바람이 하늘로 올라가 구름으로 변하면 구름은 비가 되어 떨어져 땅 속으로 흘러 다닌다"는 1,600년 전 기록은 동양 철학이 경험 과학이고 학문임을 명백하게 입증하고 있다. 동양 철학은 미신이 아니다. 진정한 진리이고 학문임을 거듭 말하고 싶다.

2. 동양 철학의 본질

(1) 기초 이론

1) 음양론

① 동양 철학의 사상적 근본은 음양론이다. 음양은 상반 대립과 상호 교감의 논리로 대립되는 두 개의 개체는 서로 교감, 성장, 소멸하며 다시 태어나기도 한다.

② 음양설은 보는 우주의 섭리가 일정한 수기를 가지고 서로 보완, 상관 관계를 가지고 만물의 질서를 유지하면서 발전한다.

2) 음양의 변화도

세상 만물은 변화한다. 이 변화의 이치를 다룬 것이 역易이며, 부호로 표시한 것이 괘卦이다. 괘를 이루는 것은 효라고 하는데 ━은 양, ╍은 음을 뜻하며, 세 개의 효가 모여 하나의 괘를 이룬다. 이를 그림으로 풀어보면 다음과 같다.

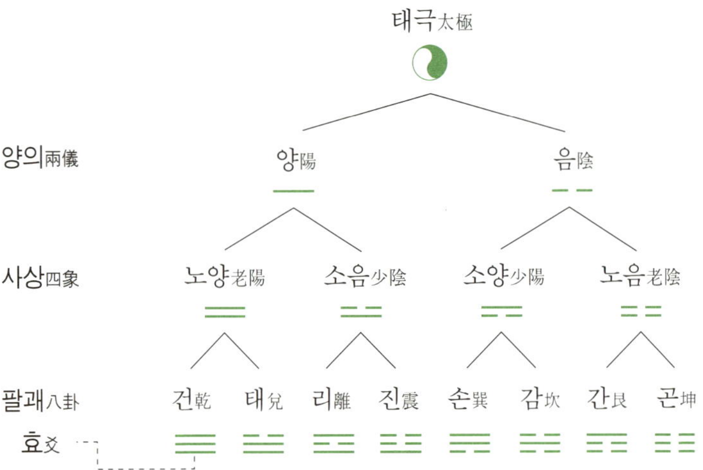

① 무극 – 태극 이전의 정지된 상태
② 태극 – 음양의 대립적 활동이 정지된 상태
③ 양의 – 음양이 대립된 상태 활동 개시
④ 사상 – 음영의 교감 분리
⑤ 팔괘 – 사상 활동에서 분리

역에는 효가 있다. 효가 3개 모여 괘를 이루는데 이를 소성괘라고 하고 3개의 효는 천 · 지 · 인을 뜻하며 8개의 괘로 변한다. 이를 팔괘라 한다. 괘는 외괘와 내괘로 짝을 이루는데 이를 대성괘라 부르며 8괘가 발전 · 결합하여 64괘를 만들었다.

3) 용마하도

5,500년 전 복희씨가 맹진강에서 출현한 용마의 등에서 점 무늬를 발견하고 천하의 이치를 깨달았으니, 이것이 하도다. 하도에서는 포라만상의 자연 이치를 음양과 오행으로 표시하고 팔괘를 그려서 지금까

지 전해 내려오고 있다. 여기에서는 팔괘를 순행으로 표시하여 자연의 이치를 상생으로 설명하였다. 이를 복희선천 팔괘도라고도 한다.

4) 신구낙서

낙서洛書는 '낙수洛水에서 얻어진 글이다'라는 뜻에서 붙여진 명칭이다. 4,750년 전 하나라 우왕 때 큰 홍수가 나서 치수를 하고 있을 때 낙수에서 신령스러운 거북이 등에 45점의 무늬를 짊어지고 나왔으니 이것이 신구낙서이다. 이를 팔괘에서 서쪽의 금을 남쪽의 화와 위치를 바꿈으로 상극으로 표시, 설명하였다. 이를 문왕후천 팔괘도라고도 한다.

5) 배치도

① 용마하도와 천간(순행)

② 신구낙서와 지지(역행)

③ 용마하도 상생의 원리

④ 신구낙서 상극의 원리

⑤ 복희선천 팔괘 방위도

⑥ 문왕후천 팔괘 방위도

6) 음양이란

① 양陽 – 양달에서 일어나는 양의 현상은 밝고 환하고 동적이며 부드럽고 따뜻하고 건조한 성질을 가지고 있다.

② 음陰 – 음달에서 일어나는 음의 현상은 어둡고 침침하고 정적이며 딱딱하고 춥고 습한 성질을 가지고 있다.

③ 음과 양은 서로 대립된 속성을 지니고 있지만 한쪽이 없으면 다

른 한쪽 역시 존재할 수 없다.

④ 음양의 역량은 시간의 흐름에 따라 변화를 일으키고 삼라만상도 변하게 된다. 음이 극에 이르면 극도로 쇠퇴했던 양이 점차 성장하기 시작하고, 극에 이른 음은 차츰 쇠퇴하여 양이 극에 이르렀다가 나중에는 음이 극에 이르고 양이 쇠퇴하게 된다. 이런 과정을 반복하며 음과 양은 부단히 운동 변화하고 일정한 범위 내에서 유동적이면서 동태적 평형을 유지하는 속성이 있다. 음양은 우주 생명력의 근본 성품으로 모든 사물은 음양의 이치와 모습으로 나타난다.

⑤ 음양은 상반 대립과 교감의 논리로 대립되는 두 개의 개체가 서로 의존 교감을 이루면서 만물은 탄생 · 성장 · 절멸하고, 생로병사 인간의 운명까지도 지배한다(명리학).

⑥ 음기는 양기를 받아 만물을 창조하는 정적인 기운으로 여자, 달, 산이고 양기는 음기를 변화시키는 동적인 기운으로 남자, 태양, 바람, 물 등이다.

7) 오행이란

① 오행은 우주 만물의 본질을 이루는 활동적 요소를 말하며 음양을 분리시켜 다섯 가지 성품과 기운을 상징적으로 나타내면서 목 · 화 · 토 · 금 · 수로 분류한다.

② 자연과 인간은 오행의 성장 · 소멸 법칙에 의해 길흉화복이 좌우되면서 만물의 구성적 관계로 이합 집산, 다소 유무 등이 결정된다.

③ 오행의 기는 상생, 상극, 화합, 동정, 순리와 역리를 활동하므로써 만물은 성장 · 소멸한다.

위와 같이 오행은 음양과 함께 동양 철학의 근본이며, 특히 명리학에서는 이를 통해 인간의 운명을 규명, 예단하고자 하였다.

④ 오행은 음과 양의 변화 과정으로 나누어진다.
화火는 양이 왕성한 것이고, 목木은 양이 비교적 왕성한 것이다. 수水는 음이 왕성한 것이고, 금金은 음이 비교적 왕성한 것이다. 토土는 목 · 화 · 금 · 수의 상호 변환을 매개하여 연결 작용을 한다.

⑤ 오행은 음과 양의 기를 가지고 있다.
목木은 양목과 음목이 되고, 화火는 양화와 음화가 되며, 토土는 양토와 음토로, 금金은 양금과 음금으로, 수水는 양수와 음수로 나누어진다.

⑥ 오행의 상생
금생수는 쇠가 차가우면 물이 생기고, 수생목은 물이 나무를 자라게 하며, 목생화는 나무가 불씨를 살리고, 화생토는 불에 타고 난 재는 흙을 살린다. 토생금은 흙이 쇠를 살린다. 생은 도와준다는 뜻이다. 생을 해주는 오행은 기운이 약해지고 생을 받는 오행은 생을 받는 만큼 오행이 강해진다.

⑦ 오행의 상극
금극목은 쇠로 나무를 베고, 목극토는 나무가 흙의 영양분을 섭취, 흙을 메마르게 한다. 토극수는 흙이 흐르는 물길을 막으며, 수극화는 물이 불을 끄면서 제압한다. 화극금은 불로 쇠를 녹인다. 극한다는 말의 의미는 해치다, 억누르다, 서로 합하지 못한다, 서로 적대 관계이다 등으로 해석되며, 극을 당하는 오행은 힘이 빠지고 억압을 당하므로 자유롭지 못하다. 극을 하는 오행도 약간

은 힘이 빠진다.

오행이 상생한다 하여 모두 길한 것은 아니고 상극이라고 하여 모두 나쁜 것도 아니다.

명리학(사주)에서는 사주가 약한 사람은 생을 받아야 하고, 사주가 강한 사람은 극을 받든가 아니면 내 기운을 남에게 생해줌으로 중화된 사주가 된다.

생과 극은 서로 사주의 구성에 따라 약이 될 수도 병이 될 수도 있다. 상호작용을 통해 과부족을 조절함이 중요하다.

8) 천간 지지

① 천간天干

천간은 하늘의 기운이다. 하늘은 땅을 덮고 있는 기운의 덩어리이며 움직이고 변화하는 10가지 현상을 천간이라고 한다. 천간은 양陽의 성질을 가지고 있다.

십간十干은 하늘을 상징한다.

甲(1)	乙(2)	丙(3)	丁(4)	戊(5)
己(6)	庚(7)	辛(8)	壬(9)	癸(10)

천간은 양에 속하면서 음과 양을 가진다.

㉠ 천간의 양　甲　丙　戊　庚　壬

㉡ 천간의 음　乙　丁　己　辛　癸

② 지지支持

지지는 땅의 기운이다. 12가지 현상으로 나타나며 하늘의 기운에 따라 변화하나 움직이지 않는 것, 이를 지지라 한다. 지지는 음의 성질을 가지고 있다.

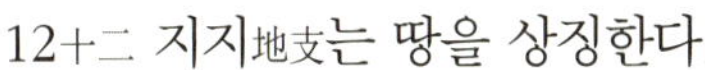
12十二 지지地支는 땅을 상징한다.

子(9)　丑(6)　寅(1)　卯(2)　辰(5)　巳(4)

午(3)　未(6)　申(7)　酉(8)　戌(5)　亥(10)

지지는 음에 속하면서 음과 양을 가진다.

㉠ 지지의 양 子　寅　辰　午　申　戌

㉡ 지지의 음 丑　亥　酉　未　巳　卯

③ 천간의 오행 분류표

木	甲(양목)	큰 나무 · 소나무 · 곧은 나무 · 우뢰 · 호랑이
	乙(음목)	풀 · 꽃 · 잔디 · 덩굴 · 바람 · 토끼
火	丙(양화)	큰불 · 태양 · 화재 · 기름 · 말
	丁(음화)	작은 불 · 촛불 · 성냥불 · 별 · 뱀
土	戊(양토)	큰 땅 · 산 · 들판 · 논 · 안개 · 용 · 개
	己(음토)	작은 땅 · 밭 · 뜰 · 구름 · 소 · 양
金	庚(양금)	큰 쇳덩이 · 큰 바위 · 광석 · 대형 금속 제품 · 달 · 원숭이
	辛(음금)	작은 쇳덩이 · 돌멩이 · 소형 금속 제품 · 목걸이 · 닭
水	壬(양수)	큰 물 · 바다 · 강 · 쥐
	癸(음수)	작은 물 · 시냇물 · 이슬비 · 돼지

④ 천간합天干合

㉠ 갑기합토甲己合土 : 갑기합甲己合은 중정지합中正之合이라 하여 마음이 넓고 분수를 지키면 타인과 다투지 아니하고 주위 사람들의 존경을 받는다. 그러나 간혹 자기 책임을 다하지 않는 박정한 사람도 있다.

㉡ 을경합금乙庚合金 : 을경합乙庚合은 인의지합仁義之合이라 하여 강직하고 과감하며 용맹한 성격을 가지고 있으며 인의가 두

텁다.

ⓒ 병신합수丙辛合水 : 위엄지합威嚴之合이라 하여 서로 상극이지만 신금을 솥이라 생각하면 합이 될 수 있을 것이다. 위세당당하나 편협되며 변덕이 심하고 잔인하고 색정이 강하다.

ⓓ 정임합목丁壬合木 : 인수지합仁壽之合이라 하여 감정을 자제하지 못하고 색정이 강하며 천박하다. 지혜는 남보다 뛰어나나 술수를 잘 쓰며 질투심이 많다.

ⓔ 무계지합戊癸之合 : 무정지합無情之合이라 하여 용모는 아름다우나 남자는 결혼운이 없다. 정이 두텁지 못해 사람들과 관계가 원만하지 못하다. 총명하여 다정한 듯하나 속마음은 무정하다.

⑤ 지지합地支合

자축합토子丑合土	인해합목寅亥合木
술묘합화戌卯合火	진유합금辰酉合金
신사합수申巳合水	오미합화午未合火

이것을 지합地合이라 하며 육합六合이라고도 한다. 남자가 합이 많으면 인간 관계가 원만하고 여자가 합이 많으면 색정에 빠지기 쉽다. 사주 속에 길성이 있으면 더욱 길하고 사주 속에 흉성이 작용하면 더욱 흉해진다.

⑥ 삼합三合

신자진申子辰 － 水局	해묘미亥卯未 － 木局
인오술寅午戌 － 火局	사유축巳酉丑 － 金木

삼합은 천간합이나 지지합과 마찬가지로 십이 지지의 세 개의 지支가 결합한 것으로 그 중 중심 지지의 성격으로 변하면 장생

제왕 용과 합하여 그 성정을 나타낸다. 사주가 그 중심에 있는 지의 성정으로 변할 경우 변한 성정이 길신인 경우 대길하지만 성정으로 변한 지가 흉신인 경우 더욱 흉한 작용을 한다.

⑦ 방합국方合局

인묘진합寅卯辰合 — 동방목국東方木局
사오미합巳午未合 — 남방화국南方火局
신유술합申酉戌合 — 서방금국西方金局
해자축합亥子丑合 — 북방수국北方水局

방합국은 동서남북 사방위와 춘하추동 사계절 중 세 개가 모여 국을 이루는데 그 작용력은 삼합에 못 미친다.

⑧ 준삼합準三合

수국水局 — 신자申子 자진子辰 신진申辰
목국木局 — 해묘亥卯 묘미卯未 해미亥未
화국火局 — 인묘寅卯 오술午戌 인술寅戌
금국金局 — 사유巳酉 유축酉丑 사축巳丑

준삼합이란 삼합에서 지지가 하나씩 빠져 두 글자만 합이 되는 것을 말하며 그 작용력이 삼합보다 훨씬 떨어진다. 삼자회국에서 중간 글자가 빠진 반합은 그 작용력이 중간 지가 있는 경우보다 작용이 약하게 나타난다.

⑨ 준방합準方合

동방목東方木 — 인묘寅卯 묘진卯辰 인진寅辰
남방화南方火 — 사오巳午 오미午未 사미巳未

서방금西方金 — 신유申酉 유술酉戌 신술申戌
북방수北方水 — 해자亥子 자축子丑 해축亥丑

준방합이란 두 글자로 병합이 이루어지는 것을 말하며 작용력은 방합보다 떨어진다.

⑩ 형形 형

지세지형持勢之刑 — 인사寅巳 사신巳申 신인申寅

자기 세력을 믿고 충돌하고 교활, 비겁한 자가 많으며 재앙을 만나기 쉽다.

무은지형無恩之刑 — 축술丑戌 술미戌未 미축未丑

친구와 은인을 배반하고 애정결핍이 나타나며 재앙이 뒤따르기 쉽다.

무예지형無禮之刑 — 자묘子卯 묘자卯子

성격이 난폭하고 여자는 남편으로부터 사랑받지 못하며 모자간도 화목하지 못하다. 불륜에 휘말릴 수도 있다.

자형自刑 — 진진辰辰 오오午午 유유酉酉 해해亥亥

서로 잘났다고 충돌한다. 독립 정신이 약하고 무슨 일에도 전력을 다하지 못하며 재앙이 뒤따를 수 있다.

⑪ 충沖

자오子午 묘유卯酉 진술辰戌 축미丑未 인신寅申 사해巳亥

서로 충돌하므로 배반되는 극해의 정도가 가장 심한 것이 충이다. 처자를 극하고 부자가극하고 재앙이 뒤따르른다. 매사가 지체되고 일신이 불안하며 친한 사람을 배반한다.

⑫ 파破

자유子酉 오묘午卯 인해寅亥 신사申巳 묘진卯辰 유술酉戌

인내력이 없고 남에게 양보심도 없으며 불구가 될 수도 있다. 노년에 잦은 질병으로 고생할 수 있으며 고독하며 일신이 쓸쓸할 수도 있다. 재앙도 뒤따를 수 있다.

9) 오행상극 배치도와 형충 파해

① 용마하도龍馬河圖와 천간(순행)

八	七	六	五	四	三	二	一
坤	艮	坎	巽	震	離	兌	乾
太陰		少陽		少陰		太陽	
陰				陽			
太極							

② 신구낙서神龜洛書와 지지(역행)

☰	☱	☲	☳	☴	☵	☶	☷
一	二	三	四	五	六	七	八
乾三連	兌上絶	離虛中	震下連	巽下絶	坎中連	艮上連	坤三絶
父	少女	中女	長男	長女	中男	少男	母

③ 상생相生의 원리

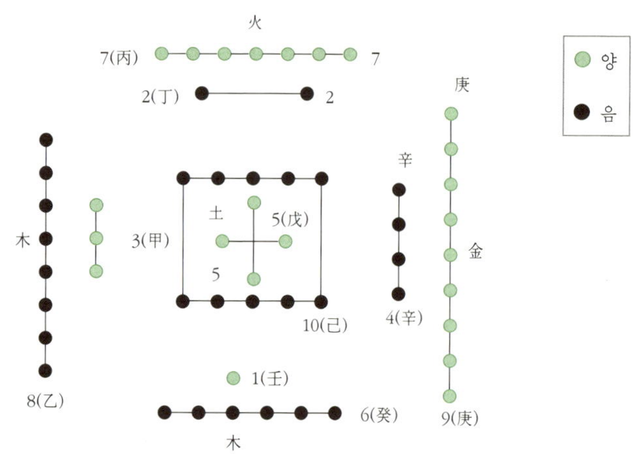

④ 상극相剋의 원리

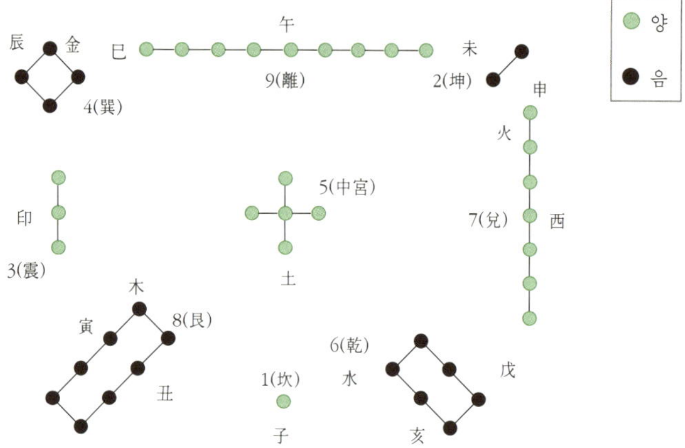

⑤ 복희선천伏羲先天 팔괘八卦 방위도

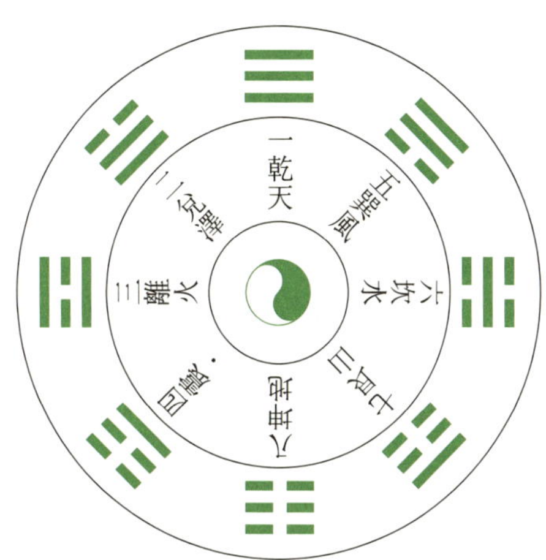

⑥ 문왕후천文王後天 팔괘八卦 방위도

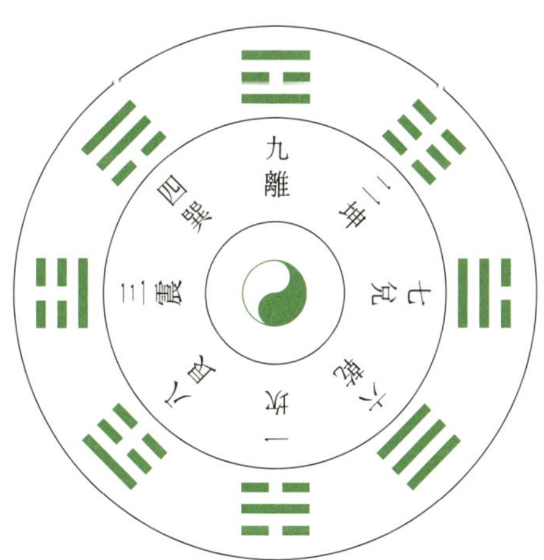

⑦ 오행배속도

구분 \ 오행	木	火	土	金	水
陰 陽	陽 陰	陽 陰	陽 陰	陽 陰	陽 陰
天 干	甲 乙	丙 丁	戊 己	庚 辛	壬 癸
地 支	寅 卯	巳 午	辰 丑 戌 未	申 酉	亥 子
音	가 카	나다라타	아 하	사자차	마바파
字 音	ㄱ ㅋ	ㄴㄷㄹㅌ	ㅇ ㅎ	ㅅㅈㅊ	ㅁㅂㅍ
五 體	心(筋)	溫(血)	肉	息 (皮)	血
五 宮	眼	舌	身(口)	鼻	耳
五 臟	肝	心(心包)	胃	大腸	膀胱
數 里	1·2	3·4	5·6	7·8	9·10
獸 名	호랑이 토끼	뱀 말	용·개 소·양	원숭이 닭	돼지 쥐
五 方	東	南	中央	西	北
季 節	春	夏	四季	秋	冬
五 色	青	赤	黃	白	黑
五 氣	風	熱	濕	燥	寒
五 味	酸	苦	甘	辛	鹹
五 常	仁	禮	信	義	智
相 生	木生火	火生土	土生金	金生水	水生木
相 剋	木剋土	土剋水	水剋火	火剋金	金剋木
인체 질병	간장질환	심장질환	비장질환	폐장질환	신경질환
	쓸개질환	소장질환	위장질환	호흡질환	방광질환
	신경계통	눈병질환	복부질환	대장질환	혈액이상
	두통계통	편두질환	피부질환	근골질환	자궁질환
	얼굴질환	고혈압증	당뇨질환	사지질환	생식질환

⑧ 오행 상생표

• 서로 돕는 관계

오	행	木	火	土	金	水
천간	양	甲	丙	戊	庚	壬
	음	乙	丁	己	辛	癸
지지	양	寅	午	辰戌	申	子
	음	卯	巳	丑未	酉	亥
상생관계		木 生	火 生	土 生	金 生	水 (生)

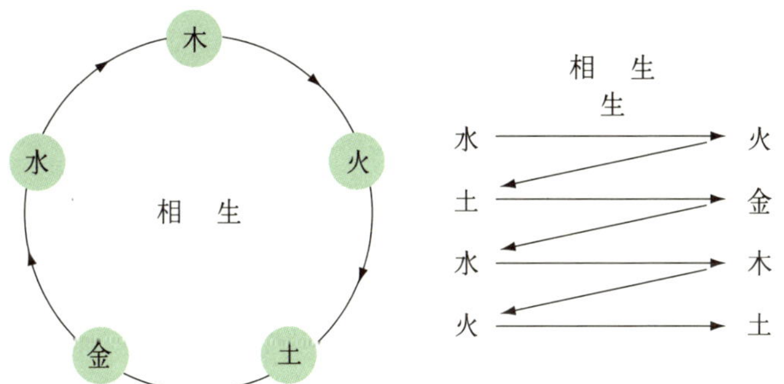

목생화木生火

화생토火生土

토생금土生金

금생수金生水

수생목水生木

⑨ 오행 상극표

• 서로 대립 관계

오	행	木	火	土	金	水
천간	양	甲	丙	戊	庚	壬
	음	乙	丁	己	辛	癸
지지	양	寅	午	辰戌	申	子
	음	卯	巳	丑未	酉	亥
상극관계		木	火	土	金	水
			剋			

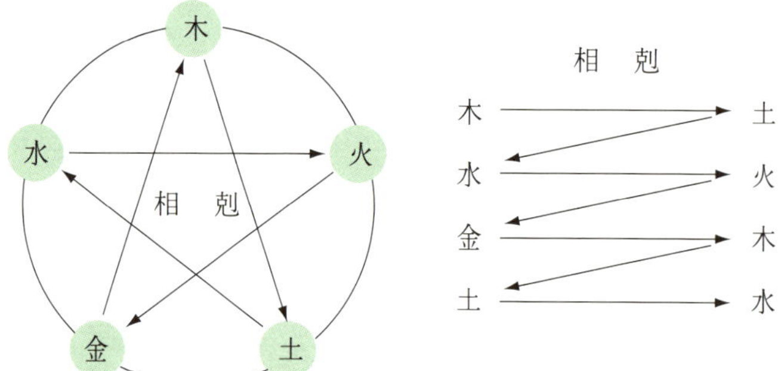

목극토木剋土

토극수土克水

수극화水剋火

화극금火克金

금극목金克木

⑩ 형충 파해 원리

합	干合	甲己合土 正中之合	乙庚合金 仁壽之合	丙辛合水 威嚴之合	丁壬合木 仁義之合	戊癸合火 無情之合	
	三合	巳酉丑:金局	亥卯未:木局	申子辰:水局	寅午戌:火局		
	六合	子丑 合土	寅亥 合木	卯戌 合火	辰酉 合金	巳申 合水	午未合 合火土
형충 파해	三刑	丑戌未(無恩之刑) 寅巳申(持勢之刑 子卯(無禮之刑)					
	六刑	寅巳	巳申	寅申	丑戌	戌未	丑未
	子刑	辰辰	午午	酉酉	亥亥	子卯	
	沖	子午	丑未	寅申	卯酉	辰戌	巳亥
	破	子酉	丑辰	寅亥	午卯	巳申	戌未
	害	子未	丑午	寅巳	卯辰	申亥	酉戌

• 합형충파해合刑冲破亥 원리

地支破

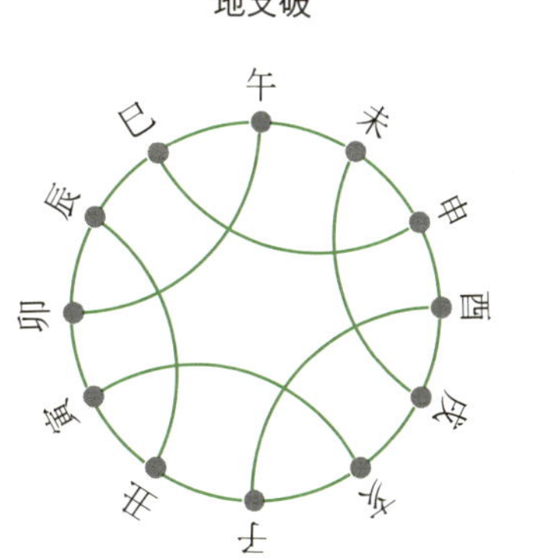

天干冲

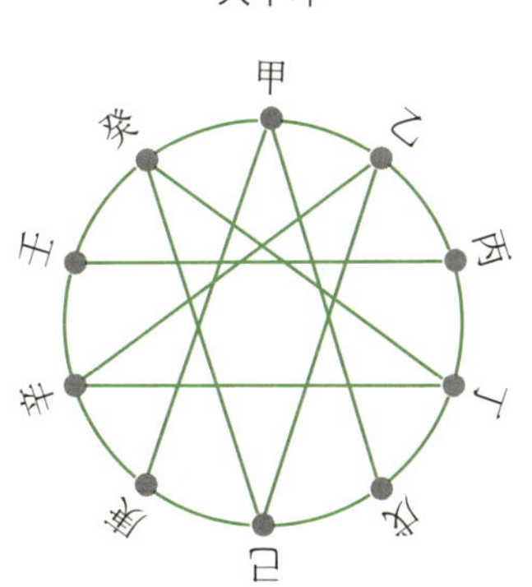

地支害

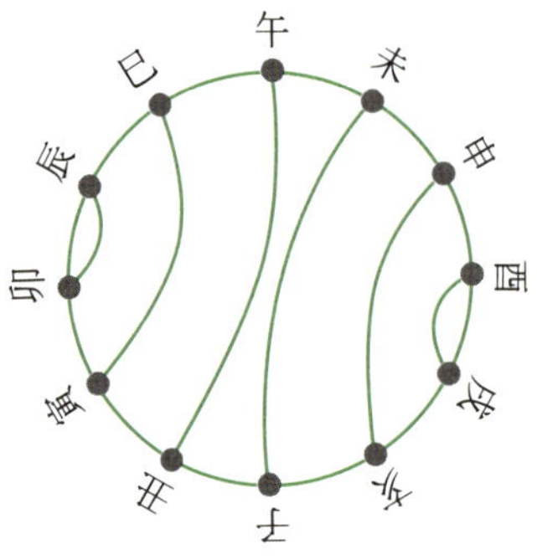

午 未 申 酉 戌 亥 子 丑 寅 卯 辰 巳

天干合

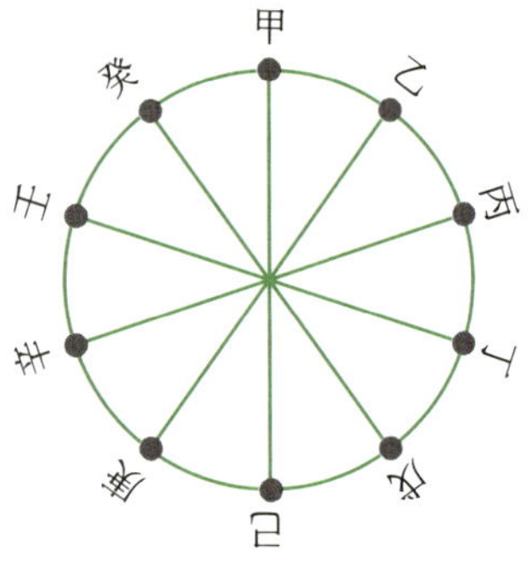

甲 乙 丙 丁 戊 己 庚 辛 壬 癸

地支冲

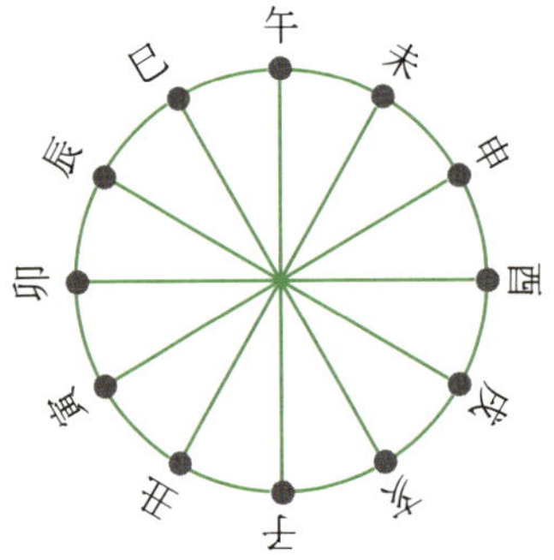

午 未 申 酉 戌 亥 子 丑 寅 卯 辰 巳

天支合

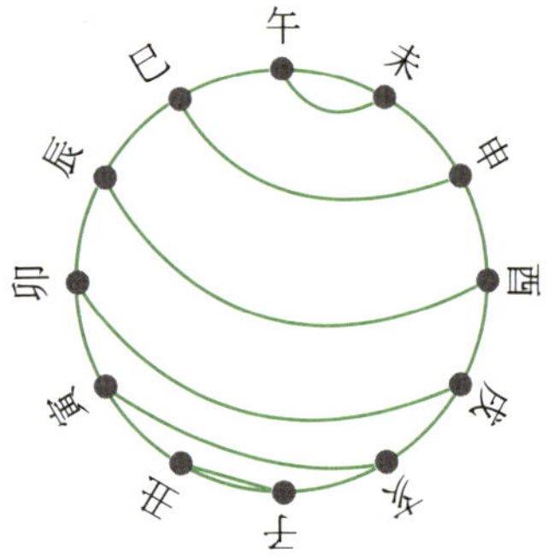

午 未 申 酉 戌 亥 子 丑 寅 卯 辰 巳

怨嗔

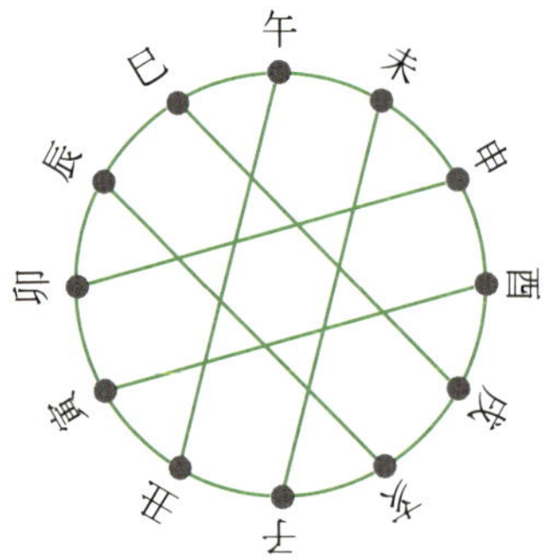

午 未 申 酉 戌 亥 子 丑 寅 卯 辰 巳

三刑 · 自刑

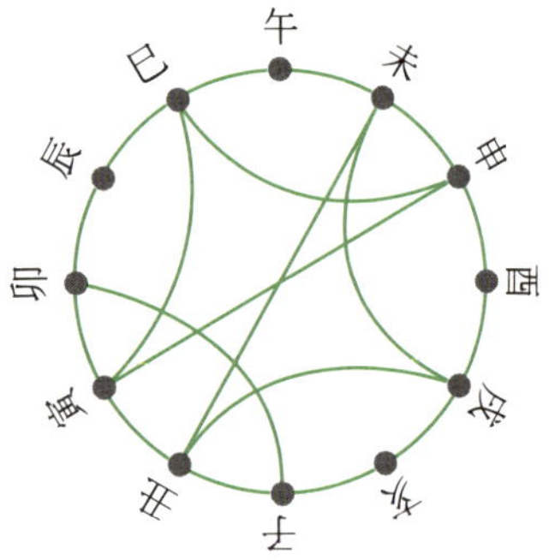

午 未 申 酉 戌 亥 子 丑 寅 卯 辰 巳

⑪ 천간 지지 합의 원리

• 천간합天干合

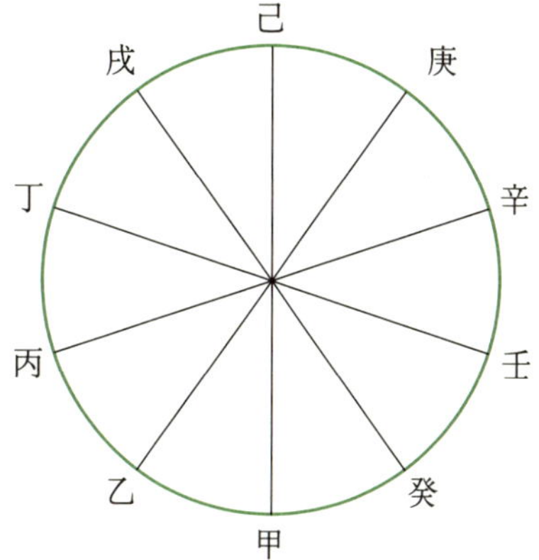

甲己合土
乙庚合金
丙辛合水
丁壬合木
戊癸合火

남자(陽)와 여자(陰)의 결합으로 자식을 생산하는 것과 같다.
(우주음양의 배합관계)

제3장
사주

1. 선천운 후천운

2. 사주

3. 신살론

1. 선천운 후천운

대자연의 순환 법칙과 우주와 지구의 존재 그 무엇도 음양오행의 기氣를 벗어나 존재할 수 없고 생성될 수도 없다. 음양오행의 기는 대우주의 본질이다. 인간은 대우주 속의 소우주일 뿐이다.

이름이란 대우주의 절대 영향 속에서 인간은 태어나 삶을 마칠 때까지 운명을 다함의 존재 가치로 평가된다. 이름은 존재의 표현이고 상징이며 부호이고 명칭이다. 특히 이름은 불릴 때마다 소리로서 인간의 생명력과 편안함이 느껴져야 하고 좋아하는 음악의 멜로디처럼 감지되어야 한다. 이는 분명 인간에게 용기와 자신감, 행복감을 느끼게 해주리라 믿는다.

이름의 중요성이 제품의 상표나 이름처럼 절대적인 영향력이 있지 않다 하더라도 후천운으로 선천운을 개운하는 데 영향력은 분명 있으리라고 본다.

여기서 말한 선천운이란 명리학에서의 사주四柱를 말한다. 사주는 출생의 연월일시로 격을 구성하여 용신과 대운세운의 영향에 따라 인간의 길흉화복과 심리 현상을 예측한다. 만물의 생성원리는 음양 기운의 변화에 따라 공간방위와 시간의 흐름에 따라 변화한다. 사주는

이 원리를 인간에게 적용시켜 이 변화가 인간에게 미치는 영향을 파악해 연구 해석한 매우 경험 과학적인 실존 학문으로 오천년 전통을 가진 인류의 역사 발전과 함께 자리 매김된 진리이자 철학이다. 이는 불변하는 자연의 법칙과 섭리의 진정한 진리로서 명백한 사실이며 미신이 아니다. 성명학과 풍수지리학은 후천운으로 음양오행을 바탕으로 한 개운학이며 적극적인 운세론이다. 이 중 성명학의 기초는 명리학에서 출발했다. 작명은 사주가 가지고 있는 음양오행의 과부족을 밝혀 부족한 기운은 이름에서 보태주고 넘치는 면은 덜어주거나 억제해 음양오행의 균형을 맞추어 줌으로 기를 향상시켜 보다 나은 삶에 안락함을 주기 위함이다.

위와 같은 논리를 예를 들어 말한다면 명리학은 몸통이고 성명학은 의복이다. 각 개인의 체형이 다르면 이름도 그 체형에 맞는 옷으로 재단되어야 하며 그 사람에게 맞는 색깔도 고려되어야 함은 물론이다. 성명학에서 많은 작명법이 있으나 이 모두의 논리를 부정하고 싶지는 않다. 다만 검증되지 않은 자기만의 논리로 강요하듯 음양오행에 바탕을 둔 정통 동양 철학을 부정하는 이론과 음양오행을 무시, 훼손한 체 신작명법이란 이론으로 포장하여 주관적인 혼자만의 논리로 해석하는 작명 논리에는 동의할 수가 없다.

거듭 말하겠지만 성명학이 명리학에서 출발했다면 명리학이 기초가 됨은 이론에 여지가 없다. 용신 작명법으로 사주에서 용신을 찾고 용신이 주체가 됨을 작명으로 한다면 금상첨화의 작명으로 좋은 이름이 될 것은 분명한 사실이다. 용신 작명법이 성명학에서만은 누구도 부정할 수 없는 불변의 철학과 논리로 가장 오랜 역사를 가지고 발전해 왔으며 개운학으로 확실한 논리를 가지고 있음에도 일부 역술인이 스스로 대가임을 자칭 한심하고 천박한 자기 논리로 혹세무민의 개명을 유도, 정통 철학의 본래의 의미에 먹칠을 하고 있다. 이제 더 이상 학문이 자유롭다는 이유로 학문의 순수함과 의미를 무시하고 주술적인 신비함으로 매도하거나 군림하지 말아야 한다. 합리적인 진리로서 가치를 인정받으려 한다면 최소 20~30년 후에 후학들이 평가하고 선택할 문제임이 분명하기에 학문으로 발표, 토론하고 겸손해야 하는 미덕을 가짐을 사양하지 말아야 한다. 정통 철학을 근본으로 한 용신 작명법은 신비함은 있어도 주술적이진 않다. 그 이유는 학문임의 객관적인 논리가 결과로서 일치하고 많은 사람들이 학문과 진리로서 인정해 왔음이 주지의 사실이기 때문이다.

음양오행의 철학은 그 자체가 진리이다. 순수한 한글 이름으로 작명한다 해도 음양오행은 존중되어야 한다. 한자가 포함된 작명이라면 더더욱 음양오행이 존중되어야 한다. 한자는 상형 문자이고 표의 문자이다. 처음 한자가 만들어질 때 음양오행의 기운이 포함되게 만들어졌다는 사실은 획수운행과 자원오행이 일치함으로 명백한 사실임에도 자음오행이니, 자의오행이니 자형오행이니 하는 신조어 아닌 신조어로, 혹은 신작명론이란 논리로 혼란스럽게 미화하고 있으니 한심한 일이다. 작명의 기초는 ① 음양 ② 음령오행 ③ 삼원오행 ④ 획수오행 ⑤ 자원오행 ⑥ 수리격 등의 구성으로 격이 갖추어져야 함이 제일이다. 이에 필자는 어떠한 작명 논리가 음양에 충실하고 논리적인가에 초점을 맞추어 용신 작명에 대한 논리를 소개하고자 한다.

용신이란 명리학에서 사주를 해석하여 사람의 운명을 판단, 추론할 수 있는 동양 철학의 정통 해법으로 암호, 열쇠, 이정표 등의 여러 가지 의미로 더 많은 역할과 내용을 함축하고 있다. 용신은 정하는 것이 아니라 생극제화의 원리로 사주 속에서 찾는 것이다. 이렇게 얻어진 보물과 같은 절대 가치를 가지고 있으면서 용신은 인간이 전 생을 살

아가는 데 절대적인 많은 역할을 함에 소홀함이 없다. 이 말은 사주도 품격의 등급이 있고 용신도 품질이 있으니 이 모두엔 강함도 있고 약함도 있음을 의미한다. 이 모든 필요 조건을 갖추고 있으면서 사주가 맑고 청하면서 용신이월지를 얻고 대운까지도 용신운으로 흘러간다면 보다 나은 삶을 누릴 수 있을 것이다. 또한 격이 떨어진 사주에 품질까지도 저급한 용신으로 대운에서 용신운을 만나지 못하면 불행하게도 그 사람은 부귀함을 누리지 못하는 삶이 되리라. 이러하듯 용신의 품질은 금, 은, 다이아몬드 등과 같이 귀함의 분명한 가치가 있어 많은 차이가 있다.

이렇게 용신이 길흉 화복의 사주에 미치는 사주의 품격과 용신의 품질은 대운에서 더욱 절대적인 영향을 가짐으로 인간의 노력과 의지로 극복할 수 있기엔 인간의 힘이 미약하다. 사주는 인간이 어머니 모태로부터 분리되어 세상에 출생하면서 얻은 운명적인 선천운으로 숙명적인 삶을 제시해 주고 있다. 그렇다. 사주는 선천운으로 타고난 그 사체만으론 운명을 바꿀 수 없다. 거듭 말하지만 동양 철학에서 풍수지리학과 더불어 후천운으로 이름을 바꾸면 취길피흉할 수 있다는 게 정설이다. 이 말은 설사 사주에서 사주의 품격과 용신의 품질이 저급하더라도 이를 작명으로 보충한다면 사주의 품격이 향상되고 용신의 품질이 높아져 전체가 향상되어 높아진 만큼 인간은 보다 향상된 삶을 영위할 것이 분명하고 운명을 개운하는 데 충분한 역할을 할 수 있다는 것이다. 그러나 이 용신 작명론도 사주와 용신을 모르고는 용신 작명을 할 수가 없다. 그러나 설사 모른다 해도 음양의 생성, 변화하는 이치와 강함과 약함을 기본적으로 조금이라도 알고 있다면 용신 작명법에 조금이라도 접근할 수 있을 것이고 이와 반대로 전혀 모른다면 용신 작명은 허공에 메아리일 뿐이다. 또한 사주와 용신을 알고 있다 하더라도 정통 철학 이론인 음양, 발음오행, 획수오행, 삼원오행, 자원오행, 수리격을 작명의 논리로 충족시키고 작명해야만 용신 작명이라 할 수 있을 것이다. 그러나 용신 작명론도 고유한 성에 일은 가하지 않는 논리와 천격의 수리와 변화로 오행을 상이하게 표출하는 결함이 있어 완벽한 이론이 아님을 필자도 인정하지 않을 수 없다. 이 밖에 주역 작명론, 자행오행론, 신 작명론, 파동 작명, 음파 작명, 파자 측자작명, 획수작명, 동자삼 작명 등 많은 작명 이론이 있으나 역학자 개인의 주관적 판단이 강해 이를 연구하는 사람으로서는 여간 혼란스럽지 않을 수 없다. 이와 같이 다양하고 많은 성명학설 때문에 10명의 성명학자 모두를 만족시킬 수 있는 최고의 이름이 과연 존재할까 하는 의문이 분명히 있다.

이에 필자는 동양 철학의 근본인 음양오행을 바탕으로 생극제화를 정수로 하면서 음양오행을 무시하거나 훼손하지 않음을 철칙이자 최고의 윤리로 생각하여 그 동안 많은 노력을 해왔고, 이에 따라 많은 작명 논리가 있음에도 불구하고 용신 작명을 최고의 작명 원리로 작명의 꽃이라고 생각, 채택하였음에 주저하지 않았다. 이에 초점을 맞춘 필자의 작명 논리에 부족함과 흠결이 있다 하면 필자가 다른 작명 이론을 비평한 것처럼 어떠한 가혹한 비평도 감수하겠고, 용신 작명론을 제외한 모든 작명론에 대한 해석과 논리를 비평하고 비교 · 분석하기 위해 많은 참고 자료를 인용하였다. 위와 같이 용신 작명론 등 모든 작명 논리의 학문적인 가치는 오직 독자 여러분의 합리적인 판단에 맡기려 한다.

2. 사주

(1) 사주 팔자란

사주란 네 기둥을 말한다. 출생 년, 월, 일, 시를 천간 지지 간지干支로 표시, 네 기둥 여덟 글자에 나타난 음양오행을 분석하여 인간의 미래 운명을 예측한다. 이를 선천운이라 하며 네 기둥 여덟 글자를 사주 팔자라고 한다.

(2) 사주에 미치는 작명의 영향

어떤 사주이건 완벽한 사주는 없다. 사주에 나타난 음양 오행기를 작명에서 보충한다. 이는 부족하거나 넘치는 기를 조절해 줌으로써 선천운을 개운하는 데 절대적 영향을 준다.

(3) 사주 작성법

1) 연주

① 절기의 구분

절기節氣란 계절의 기운을 뜻하며, 한 달 안에는 보름 간격으로 절기가 두 개씩 배분되어 있다. 그러므로 일 년 열두 달 속에는

24절기가 있으며, 여기서 달이 바뀌는 기준이 되는 절기는 다음 도표에 표시된 것처럼 월초月初의 절기로 절기가 시작되는 바로 그 날이 절입일(節入日 : 새로운 달이 시작되는 날)이 된다. 그러므로 이를 분명하게 구별할 수 있어야 만세력을 통하여 월주月柱를 정확하게 뽑을 수 있다. 절기 이름을 월 별로 표시하면 다음과 같다.

계절季節	음력陰曆	월지月支	절기節氣	
			월초月初	월중月中
봄春	1월	인寅	입춘立春	우수雨水
	2월	묘卯	경칩驚蟄	춘분春分
	3월	진辰	청명淸明	곡우穀雨
여름夏	4월	사巳	입하立夏	소만小滿
	5월	오午	망종亡種	하지夏至
	6월	미未	소서小暑	대서大暑
가을秋	7월	신申	입추立秋	처서處暑
	8월	유酉	백로白露	추분秋分
	9월	술戌	한로寒露	상강霜降
겨울冬	10월	해亥	입동立冬	소설小雪
	11월	자子	대설大雪	동지冬至
	12월	축丑	소한小寒	대한大寒

② 계절의 왕상휴수사법旺相休囚死法

계절	봄 : 木	여름 : 火	가을 : 金	겨울 : 水	四季節 : 土
출생월 / 출생일	1, 2, 3	4, 5, 6	7, 8, 9	10, 11, 12	
木(甲乙)	旺 (寅卯)	休 (巳午)	死 (申酉)	相 (亥子)	囚 (辰戌丑未)
火(丙丁)	相 (寅卯)	旺 (巳午)	囚 (申酉)	死 (亥子)	旺 (辰戌丑未)

土(戊己)	死 (寅卯)	相 (巳午)	休 (申酉)	囚 (亥子)	旺 (辰戌丑未)
金(庚辛)	囚 (寅卯)	死 (巳午)	旺 (申酉)	休 (亥子)	相 (辰戌丑未)
水(壬癸)	休 (寅卯)	囚 (巳午)	相 (申酉)	旺 (亥子)	死 (辰戌丑未)

③ 연주 정하는 법

태어난 해의 천간과 지지 간지를 연주年柱라고 한다. 연주를 알려고 하면 우선 정하는 법을 알아야 한다. 양력, 음력, 생년월일 중에 한 가지만 알아도 만세력을 보면 태어난 해의 간지를 금방 알 수 있다.

연주를 정할 때는 구년과 신년의 구분을 정월초일월正月初一月을 기준으로 하지 않고 입춘立春절입의 시각을 새해의 시작으로 본다. 만세력의 절기 시각 란에 인초寅初로 기재되어 있으면 인시寅時는 그 시간의 처음과 끝을 말하며 이의 1각刻은 오늘날의 2시간이다. 초初는 시삭에서부터 1시간을 말하며 정正은 초初의 한 시간 후부터 뒤의 한 시간이 시작되는 시점을 의미한다. 즉, 자정子正이면 0시를 가리키는 것이다.

입춘은 보통 양력 2월 4일경이나 윤년에는 2월 5일경으로 하루 이틀 정도의 차이가 있다. 입춘 시간을 기준으로 해서 입춘 전에 태어났으면 전년도 간지를 쓰고, 입춘 후에 태어났으면 당해년도 간지를 쓴다.

예 음력 1995년 1월 4일에 태어났으면 전년도 갑술년甲戌年을 연주로 쓰고 1월 5일 정신시正申時가 넘었으면 1995년 을해년乙亥年을 연주로 쓴다.

2) 월주

① 월간조견표月干早見表

절후	입춘	경칩	청명	입하	망종	소서	입추	백로	한로	입동	대설	소한
年干 \ 月	1월	2월	3월	4월	5월	6월	7월	8월	9월	10월	11월	12월
甲己年	丙寅	丁卯	戊辰	己巳	庚午	辛未	壬申	癸酉	甲戌	乙亥	丙子	丁丑
乙庚年	戊寅	己卯	庚辰	辛巳	壬午	癸未	甲申	乙酉	丙戌	丁亥	戊子	己丑
丙申年	庚寅	辛卯	壬辰	癸巳	甲午	乙未	丙申	丁酉	戊戌	己亥	庚子	辛丑
丁壬年	壬寅	癸卯	甲辰	乙巳	丙午	丁未	戊申	己酉	庚戌	辛亥	壬子	癸丑
戊癸年	甲寅	乙卯	丙辰	丁巳	戊午	己未	庚申	辛酉	壬戌	癸亥	甲子	乙丑

② 월주 정하는 법

태어난 달을 월주라고 하며 연주를 정한 다음 월주를 정하는 것이다. 월주를 정할 때는 연주를 정할 때와 마찬가지로 절입 시기를 따져서 사용한다.

예 음력 1995년 4월 6일이면 입하立夏 전이라 경진월庚辰月의 경진庚辰을 월주로 쓰고 4월 7일 정진正辰시부터 신사辛巳를 월주로 쓰면 된다.

3) 일주

① 일주 정하는 법

태어난 날을 일주라고 하며 이 일주를 일진日辰이라고도 한다. 일주는 각 월의 절입일과 관계없이 무조건 태어난 달에 의해 그 달, 그 날의 일진을 일주로 정한다. 일의 기준은 자시子時를 경계로 한다. 자시에는 두 가지가 있다. 서울 기준 23시 30분부터 24시 30분까지를 야자시夜子時라 하고 24시 30분부터 1시 30분까지 명자시라고 하나 학자들마다 다르다. 필자는 서울 기준 24시

30분을 쓰고 있다.

예 2006년 12월 10일 24시 30분 이전이면 일주는 임술壬戌로 쓰고 시간을 기준으로 할 때는 계해癸亥로 쓴다. 24시 30분이 지나면 일진도 계해 시간, 기준도 계해로 한다.

〈참고1〉 각 지방별 표준시 대비 시차표

지방	경도	127° 30′기준	135° 00′기준
목포	126° 23′	+04분 28초	+34분 28초
서산	126° 28′	+04분 08초	+34분 08초
제주	126° 32′	+03분 52초	+33분 52초
서귀포	126° 34′	+03분 44초	+33분 44초
인천	126° 38′	+03분 28초	+33분 28초
군산	126° 42′	+03분 12초	+33분 12초
정주	126° 53′	+02분 28초	+32분 28초
광주	126° 55′	+02분 20초	+32분 20초
수원	126° 59′	+02분 04초	+32분 04초
서울	127° 02′	+01분 52초	+31분 52초
전주	127° 09′	+01분 24초	+31분 24초
대전	127° 24′	+00분 24초	+30분 24초
남원	127° 25′	+00분 20초	+30분 20초
청주	127° 26′	+00분 16초	+30분 16초
삼천포	128° 04′	−02분 16초	+27분 44초
충무	128° 26′	−03분 44초	+26분 16초
마산	128° 34′	−04분 16초	+25분 44초
속초	128° 36′	−04분 24초	+25분 36초
대구	128° 37′	−04분 28초	+25분 32초
강릉	128° 54′	−05분 36초	+24분 24초
부산	129° 02′	−06분 08초	+23분 52초

울산	129° 19′	−07분 16초	+22분 44초
경주	129° 29′	−07분 56초	+22분 04초
울릉도	130° 54′	−13분 36초	+16분 24초

※ 대천 126° 47′, 평택 127° 06′, 천안 127° 10′, 춘천 127° 44′, 여수 127° 44′, 충주 127° 55′, 원주 127° 57′, 김천 128° 07′, 상주 128° 10′, 안동 128° 36′, 태백 128° 54′, 포항 129° 23′, 울진 129° 25′

※ 1910. 음陰 7. 25 이전과 1954. 음 2. 17~1961. 음 6. 28 사이에 태어난 사람은 127° 30′ 기준을 참고한다. 예를 들어 서울에서 태어난 사람은 1분 52초를 더해준 시간이다. 그리고 속초에서 태어난 사람은 4분 24초를 빼준 시간이 정확하게 자신이 태어난 시간이 된다.

〈참고2〉 '정확한 시' 보는 법

우리나라 서울의 경도는 126도 58분 46초에 해당된다. 이것은 일본 동경의 135도와 비교하면 시간상으로는 30분이 빠르다. 즉 시간적으로는 한국이 빠르고, 일본이 늦다. 그래서 우리가 일반적으로 사용하고 있는 시간도 엄밀하게 따지면 30분 정도의 오차가 있다는 것을 알아두어야 한다.

태어난 시간	시
前日 11시 30분 ~ 翌日 1시 30분까지	子
午前 1시 30분 ~ 午前 3시 30분까지	丑
〃 3시 30분 ~ 〃 5시 30분까지	寅
〃 5시 30분 ~ 〃 7시 30분까지	卯
〃 7시 30분 ~ 〃 9시 30분까지	辰
〃 9시 30분 ~ 〃 11시 30분까지	巳

〃 11시 30분 ~ 午後 1시 30분까지	午
午後 1시 30분 ~ 〃 3시 30분까지	未
〃 3시 30분 ~ 〃 5시 30분까지	申
〃 5시 30분 ~ 〃 7시 30분까지	酉
〃 7시 30분 ~ 〃 9시 30분까지	戌
〃 9시 30분 ~ 〃 11시 30분까지	亥

• 동경 135도 기준

朝子時	00시 30분 19초 ~ 01시 30분 18초
丑時	01시 30분 19초 ~ 03시 30분 18초
寅時	03시 30분 19초 ~ 05시 30분 18초
卯時	05시 30분 19초 ~ 07시 30분 18초
辰時	07시 30분 19초 ~ 09시 30분 18초
巳時	09시 30분 19초 ~ 11시 30분 18초
午時	11시 30분 19초 ~ 13시 30분 18초
未時	13시 30분 19초 ~ 15시 30분 18초
申時	15시 30분 19초 ~ 17시 30분 18초
酉時	17시 30분 19초 ~ 19시 30분 18초
戌時	19시 30분 19초 ~ 21시 30분 18초
亥時	21시 30분 19초 ~ 23시 30분 18초
夜子時	23시 30분 19초 ~ 24시 30분 18초

4) 시주 정하는 법

시주時柱는 출생한 시간으로 정하는데, 시時의 간지는 월주의 간지와 같이 시주는 불변으로써 항상 일정하고 일간日干에 의하여 결정되며 시간 산출은 오늘날 우리가 사용하는 시간의 두 시간을 12지支의 한 시간으로 사용한다.

① 시간조견표時干早見表

年干 \ 月	子	丑	寅	卯	辰	巳	午	未	申	酉	戌	亥
甲己日	甲子	乙丑	丙寅	丁卯	戊辰	己巳	庚午	辛未	壬申	癸酉	甲戌	乙亥
乙庚日	丙子	丁丑	戊寅	己卯	庚辰	辛巳	壬午	癸未	甲申	乙酉	丙戌	丁亥
丙辛日	戊子	乙丑	庚寅	辛卯	壬辰	癸巳	甲午	乙未	丙申	丁酉	戊戌	己亥
丁壬日	庚子	辛丑	壬寅	癸卯	甲辰	乙巳	丙午	丁未	戊申	己酉	庚戌	辛亥
戊癸日	壬子	癸丑	甲寅	乙卯	丙辰	丁巳	戊午	己未	庚申	辛酉	壬戌	癸亥

5) 서머 타임

서머 타임Summer Time 실시 시간 중에 출생한 경우에는 출생 시간에서 한 시간을 뺀 시간으로 시주를 정한다. 예를 들면 제도 실시 시간 중 오전 9시에 출생했다면 오전 8시에 출생한 것으로 보아야 한다.

〈참고〉

양력	서머 타임 실시 시간	
연도	시작	종료
1948	5월 31일 자정	9월 22일 자정
1949	4월 3일 자정	9월 11일 자정
1950	4월 1일 자정	9월 10일 자정
1955	5월 5일	9월 8일
1956	5월 20일	9월 29일
1957	5월 5일	9월 21일
1958	5월 4일	9월 20일
1959	5월 3일 자정	9월 19일 자정
1987	5월 10일 02시	10월 11일 03시
1988	5월 8일 02시	10월 9일 03시

※ 정확한 자료는 아니다.

6) 대운 정하는 법

대운大運은 남녀의 출생한 연주의 천간天干 음양에 따라 순역행順逆行하는 데 이를 사주의 운노運路라 한다. 사주를 나무에 비유하면 대운은 절대적 영향을 주는 계절과 같은 작용을 한다. 선천적으로 인간이 빈부귀천을 타고 나는 것은 팔자八字(생년월일) 소관이고 후천적으로 살아가면서 홍망성쇠와 길흉화복이 일어나는 것은 대운의 길흉吉凶에 달려 있다. 팔자를 잘 타고나도 대운이 좋은 것만 못하다고 하였으니 이를 가르켜 빛 좋은 개살구라 할 수 있다. 출생한 연주의 간干이 양인 남자와 음인 여자는 대운이 월주에서 순행을 하고, 출생한 연주의 간이 음인 남자와 양인 여자는 대운이 월주에서 역행을 한다.

7) 대운수 정하는 법

대운이 순행하는 자는 출생일로부터 다가오는 절입일까지의 날짜를 3으로 나누어 나온 수가 대운의 수이고 대운이 역행하는 자는 출생일로부터 지나온 절입일까지 일수를 3으로 나누어 나온 수가 대운의 수가 되는 것이다. 만약 3으로 나누어 1이 남으면 버리고 2가 남으면 대운수에 1을 가산한다.

예 대운 정하는 법

- 음력 1995년 7월 8일 오후 13시 25분 乾命

戊 丁 癸 乙

申 亥 未 亥

乙	丙	丁	戊	己	庚	辛	壬
亥	子	丑	寅	卯	辰	巳	午
80	70	60	50	40	30	20	10

● 음력 1995년 8월 20일 오전 5시 30분 坤命

乙 戊 丙 乙

卯 寅 戌 亥

甲	癸	壬	辛	庚	己	戊	丁
午	巳	辰	卯	寅	丑	子	亥
79	69	59	49	39	29	19	9

(4) 사주의 구조

지금까지 음양 오행의 개요, 십천 십이지의 설명, 사주와 사주를 정하는 법을 설명하였다. 여기서는 사주의 구조와 육신 표출법 등을 설명하겠다.

1) 사주의 구조

金	土	火	木
庚	戊	丁	甲
申	午	丑	寅
金	火	土	木

갑인甲寅갑 연주年柱라 하고, 정축丁丑을 월주月柱라 하며, 무오戊午를 일주日柱라 하며, 경신庚申을 시주時柱라고 한다. 갑甲은 연간, 정丁은 월간, 무戊는 일간, 경庚은 시간, 인寅은 연주, 축丑은 월주, 연年는 일주, 갑申은 시주라고 한다.

(5) 사주의 육신

正財	日干	劫財	正財
癸	戊	己	癸

亥	寅	未	卯
偏財	偏官	劫財	正官

1) 육신이란

육친이라고도 하며, 세분화하여 십신十神이라 한다. 사주의 천간과 지지를 대조하여 일어나는 운명적 작용에 의한 음양의 상관 관계를 말한다. 비견比肩과 겁재劫財는 형제의 뜻이 강해 격(음양)을 이루지 못함으로 비견比肩, 겁재劫財, 식상食傷, 재성財星, 관살官殺, 인성印星을 육신이라 하고 비견比肩, 겁재劫財, 식신食神, 상관傷官, 편재偏財, 정재正財, 편관偏官, 정관正官, 편인偏印, 정인을 십신이라 칭한다.

① 비견比肩 : 비견이란 나와 같은 위치의 형제 자매, 동료를 뜻하고 일간이 약할 때에 비견은 도움이 되지만 일간이 강할 때는 흉하다. 비견의 성품은 독립심과 자존심이 강하며 충동적이면서 모험심도 강하고 주위의 권유를 듣지 않는 고집불통인 성격을 가지고 있다.

② 겁재劫財 : 겁재란 같은 오행이지만 음양이 다르다. 성이 다른 형제 자매, 직장 동료를 말한다. 성만 다르고 비견과 동일하다. 일간이 약할 때는 도움이 되지만 일간이 강할 때는 더욱 흉하고 잔인하고 혹독하며 교만한 성격으로 재財를 파괴하는 성격을 가지고 있다.

③ 식신食神 : 식신이란 일간 나의 기운으로 봉사하는 오행으로 음양이 동일한 경우 인간이 살기 위해 노력하고 일을 하는 내용을 식신이라 하며 사주에 식신이 없으면 남에게 의존하는 삶이 되어 거지 사주도 될 수 있다. 일간이 강할 때는 길하지만 일간이 약할 때는 내 정기를 빼앗음으로 흉하다. 남자는 손자나 장모, 여자는 자식이 된다. 남녀 모두 후배, 부하 직원을 말한다.

④ 상관傷官 : 식신과 같이 내 기운을 설泄해 일한다. 오행은 같으나 음양이 다르다. 남자에게는 외숙모나 손녀, 여자에게는 자식이 되며 남녀 공히 직장 후배, 부하 직원을 뜻한다. 격이 좋을 때는 성격이 활발하며 개성이 있고 말을 잘하나 격이 나쁠 때는 실속 없는 허풍쟁이의 오만한 성격도 가질 수 있고 다재다능할 수도 있다.

⑤ 편재偏財 : 음양은 동일한 같은 오행으로 일간인 내가 극하는 재성이다. 육친으로 남자에게는 첩이나 애인이 되고 여자에게는 시어머니, 외손자를 말한다. 편재는 불확정하게 얻어지는 큰 돈으로 부동산, 주식, 복권, 상속 유산, 횡재도 할 수 있으나 큰 돈을 날릴 수도 있다. 성격으로는 가무와 풍류, 여자와 돈을 좋아하고 즉흥적인 반면 봉사 정신도 강하고 이재와 용인술도 뛰어난 통 큰 성격이다.

⑥ 정재正財 : 일간인 내가 극해서 나타나는 음양오행이 다르며, 남녀 모두 아버지이며 남자에게는 본처를 말한다. 노력해서 얻어지는 정직한 재물이며 보수적이고 절약 정신이 강하다. 성격은 가식과 꾸밈을 모르고 허점을 싫어하며 순박한 기질, 고지식한 성격으로 소심할 수도 있다.

⑦ 편관偏官 : 일간인 나를 극하는 오행으로 음양이 동일하며 칠살

이라고도 한다. 남자는 아들이나 자식이고 여자는 남편 외의 애인이며, 남녀 모두 직장 상사, 선배를 말한다. 성격으로는 고독하고 잔인하며 처벌하는 성격, 조급한 성격, 불의를 보면 못 참는다. 신강사주로 용신이 되면 군, 경찰, 검찰 계통에서 성공할 수도 있다. 편관은 법의 마음이다. 준법 정신으로 올바른 삶을 살 수 있다.

⑨ 정관正官 : 일관인 나를 극하는 오행으로 음양이 다르다. 남자의 경우 자식이고 여자인 경우 남편, 남녀 조직에서는 정이 있는 직장 상사나 선배이다. 남자는 직업이고 여자의 경우는 결혼 생활과 가정 생활을 말하며, 성격은 정직, 성실, 명예와 신용을 중시한다. 성실하게 살아가는 마음, 정관과 인수가 격이 좋으며 고위공무원, 국회의원, 공직 계통에서 출세할 수 있다.

⑩ 편인偏印 : 일간인 나를 생해주면서 음양이 동일한 오행으로 정이 없는 계모, 사위, 이모, 고독한 학문을 말한다. 순간의 재치와 즉흥적 임기 응변에 뛰어나고 시작은 잘하나 끝을 맺지 못하고 의심이 많다. 편인, 인수가 혼잡하며 두 어머니를 모시고 특히 재물에는 지출이 많아 수지 불균형의 현상이 발생한다.

⑪ 인수印綬 : 일간인 나를 생해주는 오행으로 음양이 다른 경우 남녀 모두 어머니, 자식을 생각하는 어머니의 정성이다.

2) 육신조견표六神早見表

① 천간육신天干六神

六神名 / 日干	비견	겁재	식신	상관	편재	정재	편관	정관	편인	인수
甲	甲	乙	丙	丁	戊	己	庚	辛	壬	癸

乙	乙	甲	丁	丙	己	戊	辛	庚	癸	壬
丙	丙	丁	戊	己	庚	辛	壬	癸	甲	乙
丁	丁	丙	己	戊	辛	庚	癸	壬	乙	甲
戊	戊	己	庚	辛	壬	癸	甲	乙	丙	丁
己	己	戊	辛	庚	癸	壬	乙	甲	丁	丙
庚	庚	辛	壬	癸	甲	乙	丙	丁	戊	己
辛	辛	庚	癸	壬	乙	甲	丁	丙	己	戊
壬	壬	癸	甲	乙	丙	丁	戊	己	庚	辛
癸	癸	壬	乙	甲	丁	丙	己	戊	辛	庚

※ 일간을 기준으로 하여 천간을 대조한다.

② 지지육신地支六神

六神名 / 日干	비견	겁재	식신	상관	편재	정재	편관	정관	편인	인수
甲	寅	卯	巳	午	辰戌	丑未	申	酉	亥	子
乙	卯	寅	午	巳	丑未	辰戌	酉	亥	子	亥
丙	巳	午	辰戌	丑未	申	酉	亥	子	寅	卯
丁	午	巳	丑未	辰戌	酉	申	子	亥	卯	寅
戊	辰戌	丑未	申	酉	亥	子	寅	卯	巳	午
己	丑未	辰戌	酉	申	子	亥	卯	寅	午	巳
庚	申	酉	亥	子	寅	卯	巳	午	辰戌	丑未
辛	酉	申	子	亥	卯	寅	午	巳	丑未	辰戌
壬	亥	子	寅	卯	巳	午	辰戌	丑未	申	酉
癸	子	亥	卯	寅	午	巳	丑未	辰戌	酉	申

※ 일간을 기준으로 하여 지지를 대조한다.

3) 육신의 표출법

육신六申에는 비견, 겁재, 식신, 상관, 편재, 정재, 편관, 정관, 편인, 십신이 있는데 일一은 자신自身으로 보는 일간이요, 이二는 비겁比劫이

요, 삼三은 식상食傷이요, 사四는 재성財星이며, 오五는 관살官殺이며, 육六은 인성印星이니 이를 육신六神이라 한다.

육친六親은 일一은 조부모요, 이二가 부모이며, 삼三은 형제 자매이며, 사四는 배우자요, 오五는 여자이며, 육六은 손자이다.

사주는 언제나 일간이 기준이 되는바 일간을 나로 하고 다른 간지를 타로 정하여 대조하게 되는데 우선 육신법을 요약해 본다면 생아자生我者는 부모父母요, 아생자我生者는 자손子孫이요, 극아자克我子는 관귀官鬼요, 아극자我克者는 처재妻財요, 비아자比我者는 형제兄弟이다.

비아자比和者는 나와 같은 형제이다(비견과 겁재).
아생자我生者의 자손은 내가 낳은 자의 자손이다(식신과 상관).
생아자生我者 부모는 나를 낳은 부모요(편인과 인수).
아극자我克者 처재는 내가 극克하는 자의 처재이다(편재와 정재).
극아자剋我者의 관귀는 나를 극하는 자의 관귀요(편관과 정관).

비견 : 일간과 오행이 동일하고 음양이 일간과 서로 같은 것.
겁재 : 일간과 오행은 동일하나 음양이 일간과 서로 다른 것.
식신 : 일간이 생하는 오행으로 음양이 일간과 서로 같은 것.
상관 : 일간과 생하는 오행으로 음양이 일간과 서로 다른 것.
편재 : 일간이 극하는 오행으로 음양이 일간과 서로 같은 것.
정재 : 일간이 극하는 오행으로 음양이 일간과 서로 다른 것.
편관 : 일간을 극하는 오행이나 음양이 일간과 서로 같은 것.
정관 : 일간을 극하는 오행이나 음양이 일간과 서로 다른 것.
편인 : 일간을 생하는 오행으로 음양이 일간과 서로 같은 것.

(6) 지장간 해설

지장간地藏干이란 지지를 말하며, 지장간에는 본래 지닌 오행 외에 또 다른 오행이 내포되어 있다. 예를 들면, 진월辰月이라 함은 3월을 이야기하지만 3월 초는 2월 묘월卯月의 여기가 을乙에 있어 목의 기운이 3월 초를 지배하고 중기는 개癸운이 주도하고 다음은 무戊운이 정기라 하여 3월의 마지막 기운을 지배한다.

1) 지장간의 이해

① 지지장간地支藏干 일람표

12달(음력 기준)		餘氣	中氣	正氣
1월	寅月	戊	丙	甲
2월	卯月	甲		乙
3월	辰月	乙	癸	戊
4월	巳月	戊	庚	丙
5월	午月	丙	己	丁
6월	未月	丁	乙	己
7월	申月	戊	壬	庚
8월	酉月	庚		辛
9월	戌月	辛	丁	戊
10월	亥月	戊	甲	壬
11월	子月	壬		癸
12월	丑月	癸	辛	己

② 지지장간의 날짜 분포도

• 子午卯酉

	餘氣	中氣	正氣
子	壬 10일		癸 20일
午	丙 10일	己 10일	丁 10일
卯	甲 10일		乙 20일
酉	庚 10일		辛 20일

• 辰戌丑未

	餘氣	中氣	正氣
辰	乙 9일	癸 3일	戊 18일
戌	辛 9일	丁 3일	戊 18일
丑	癸 9일	辛 3일	己 18일
未	丁 9일	乙 3일	己 18일

• 寅申巳亥

	餘氣	中氣	正氣
寅	戊 7일	丙 7일	甲 16일
申	戊 7일	壬 7일	庚 16일
巳	戊 7일	庚 7일	丙 16일
亥	戊 7일	甲 7일	壬 16일

(7) 용신 찾기

용신用神이란 일간을 뺀 나머지 글자 중에서 오행이 균형을 이루는 데 가장 필요하며 어떤 오행인지 판단되는 글자에 부여된 명칭으로, 주로 길흉을 판단하는 시기를 예측하거나 각종 운세를 판단하는 기준이 된다.

희용기구한喜用忌仇閑 : 희신은 일간이나 용신에게 도움을 주는 오행이다. 기신은 희신을 극하는 글자를 말하고 구신이란 기신을 도우며 희신을 극하는 글자 오행을 말한다. 한신이란 특별히 희신이나 기신에 별로 영향을 주지 않는 오행을 말한다.

1) 용신을 찾는 방법

① 억부 용신 : 자기 자신을 도와주는 오행이 많아서 신강사주가 된 경우 강한 힘을 빼주거나, 강한 힘을 극하는 오행 중에서 용신을 찾아준다. 반대로 자기 자신을 극하는 오행이 많아서 신약사주가 된 경우 자기 자신을 생조해주는 용신을 찾아내는 것을 말한다.

② 조후 용신 : 겨울에 태어나면 추워 화火가 필요하고, 여름에 태어나면 더워 차가운 수水를 용신으로 찾는다.

③ 전왕 용신 : 사주의 오행이 어느 쪽으로 지나치게 일방적으로 강하거나 약할 때, 이에 대항하지 않고 강하면 강한 대로 약하면 약한 대로 그 기운을 따라가는 용신법을 말한다.

④ 병약 용신 : 사주가 약하고 도와주는 오행을 가로막고 방해하는 경우 이 방해하는 오행을 억제하는 오행으로 용신을 찾는 것을 말한다.

⑤ 통관 용신 : 비슷한 세력으로 서로 극하는 세력이 팽팽히 서로 싸울 때 이를 소통시켜주는 오행으로 용신을 찾는다.

예 金 木 일 때 水　火 金 일 때 土
水 火 일 때 木　土 水 일 때 金으로 용신을 삼는 것이다.

용신을 바르게 판단하는 것은 사주명리를 규명하는 것뿐만 아니

라 작명에 있어서 가장 중요한 것이라 할 수 있다. 따라서 오행의 생극제화와 음양의 생왕사절의 기본 원리를 정확하게 판단하여야 한다.

3. 신살론

사주에서 팔자가 서로 만난 오행이 음양의 조화가 좋으면 길신吉神이라 하고, 좋지 않으면 흉살凶殺이나 흉신凶神이라고 한다. 길신이 용신이나 희신에 놓이면 더욱 길하고 흉신이 기신이나 구신의 역할을 하면 더욱 흉하게 된다. 비록 길성이라 하여도 형충파해나 공망이 되면 길한 작용을 못하고, 흉살이라도 공망이나 합이 되면 흉한 작용을 못하게 되어 길하게 된다. 또 길신을 신이라 하고 흉신을 살이라고도 한다.

(1) 십이신살

십신에 있어 십이신살十二神殺의 의미는 십신의 작용으로 인한 열두 개의 살을 말한다. 열두 가지 살의 종류를 보면 겁살劫殺, 재살災殺, 천살天殺, 지살地殺, 연살年殺, 월살月殺, 망신살亡身殺, 장성살將星殺, 반안살攀鞍殺, 역마살驛馬殺, 육해살六害殺, 화개살華蓋殺 등이다.

① 겁살 : 겁살은 그 작용력이 강하여 살 중에서도 우두머리와 같다. 관성이 길신이 되어 겁살에 앉으면 행정부의 수장이 되고, 군인은 병권을 지휘한다. 사주에 겁살이 길하게 작용하면 사람

이 총명하고 재주가 뛰어나며 부와 귀함이 높다.

② 재살 : 적군과 아군의 싸움같이 치열하게 다투는 것을 말한다. 일명 백호살이라 하며 사법 기관이나 권력 기관에 있으면 그 명예가 높지만 일반인으로 있으면 구속, 감금, 송사, 교통 사고 등 불운을 맞을 수도 있다.

③ 천살 : 천재지변으로 피해를 본다. 하늘이 내리는 벌로써 홍수, 가뭄, 지진, 해일 등 불운으로 피해를 볼 수 있다.

④ 지살 : 이사, 직업 변동 등 변화로운 일이 자주 발생하며 부부궁이 불화할 수 있다.

⑤ 연살 : 함지살이라고도 한다. 도화살과 같이 미색을 탐하고 색정에 빠지기 쉽다. 여자는 천성이 음란하고 방탕할 수 있으나 인기 있는 직종에서는 크게 이름을 떨칠 수도 있다.

⑥ 월살 : 만물이 싹트지 못하는 살로 옛날부터 농촌에서는 이 날을 피하여 씨앗을 파종하였다. 남녀가 합방해서 임신이 되더라도 아기가 허약하고 신체가 약하다.

⑦ 망신살 : 망신살이 장생에 있으면 권모술수에 능하고 계산이 빠르며 큰소리와 농담을 잘한다.

⑧ 장성살 : 장성이 관성과 동주하면 고관이 되고, 재성과 동주하면 재정권을 잡게 된다. 양인과 동주하면 생사권을 쥐게 되고 특히 일지에 있으면 소신이 뚜렷하고 겁이 없으며 망신살과 동주하면 국가의 기둥감이 된다.

⑨ 반안살 : 말의 안장을 반안이라 하며 무관을 뜻한다. 인품이 중후하고 존경을 받을 수 있고 부와 명예를 취할 수 있다.

⑩ 역마살 : 역마는 활동력이 뛰어나며 돌아다니기를 좋아하고 임기응변의 재주가 뛰어나다. 역마와 재성이 같이 있으면 외화 벌

이로 재산을 늘릴 수 있다.

⑪ 육해살 : 성격이 급하고 인간 관계가 매끄럽지 못하다. 하는 일에 성과가 적고 분주하나 실속이 적다.

⑫ 화개살 : 예술 방면에 소질이 있고 재주가 뛰어나다. 여자는 용모가 아름다우나 이성 관계가 복잡하고 염문이 끊이지 않을 수 있다.

⑬ 백호대살白虎大殺

甲辰	乙未	丙戌	丁丑	戊辰	壬戌	癸丑

최대의 흉살로 교통 사고, 재난, 타살, 혈압, 중풍, 낙상 등 흉살로 피를 본다는 살이다.

⑭ 양인살羊刃殺

일간	甲	乙	丙	丁	戊	己	庚	辛	壬	癸
양인살	卯	辰	午	未	午	未	酉	戌	子	丑

권력, 무력, 형벌을 맡은 악살이다. 수술, 폭력, 시비, 타살, 무기에 의한 악사, 교통 사고 등 위험할 수 있는 흉살이다.

⑮ 원진살怨嗔殺

연지	子	丑	寅	卯	辰	巳	午	未	辛	酉	戌	亥
원진	未	午	酉	辛	亥	戌	丑	字	卯	寅	巳	辰

미워하고 원망하는 살로 단명, 질병, 수술, 색난 등이 따르는 최대의 흉살이다.

⑯ 공망空亡

甲子旬中	甲戌旬中	甲申旬中	甲午旬中	甲辰旬中	甲寅旬中
戌亥空亡	申酉空亡	午未空亡	辰巳空亡	寅卯空亡	子丑空亡

비어 있는 것, 헛되고 망해 없어지는 것, 고독한 것 등을 말한다.

⑰ 천덕귀인天德貴人

월지	寅	卯	辰	巳	午	未	申	酉	戌	亥	子	丑
천덕	丁	申	壬	辛	亥	甲	癸	寅	丙	乙	巳	庚

모든 흉살을 제거하여 좋게 만드는 길신이다. 흉한 것도 반감된다.

⑱ 월덕귀인月德貴人

월지	寅	卯	辰	巳	午	未	申	酉	戌	亥	子	丑
월덕	丙	甲	壬	庚	丙	甲	壬	庚	丙	甲	壬	庚

복력이 증가해서 예상 외로 발전한다. 천덕귀인 다음으로 길신이다.

⑲ 혈인살血刃殺

월지	寅	卯	辰	巳	午	未	申	酉	戌	亥	子	丑
혈인	丑	未	寅	申	卯	酉	辰	戌	巳	亥	午	子

칼, 유리, 쇠붙이 등 기타 사고로 몸을 크게 다쳐 수술할 수 있다.

⑳ 천을귀인天乙貴人

일간	甲	乙	丙	丁	戊	己	庚	辛	壬	癸

천을귀인	丑未	子甲	亥酉	亥酉	丑未	子甲	丑未	壬午	巳卯	巳卯

지혜가 총명하다. 존경을 받으며 관록과 의식, 여유롭다. 최고의 길신이다.

㉑ 암록暗祿

일간	甲	乙	丙	丁	戊	己	庚	辛	壬	癸
암록	亥	戌	申	未	申	未	巳	辰	寅	丑

숨어 있는 길성으로 어려울 때 보이지 않게 남의 도움을 받아 위기를 모면할 수 있다. 두뇌가 영리하고 온후한 성격의 소유자이다.

㉒ 비인살飛刃殺

일간	甲	乙	丙	丁	戊	己	庚	辛	壬	癸
비인살	酉	戌	子	丑	子	丑	卯	辰	午	未

모험을 좋아하고 오행으로 일시적인 성공은 거두나 오래가지 못한다. 매사에 싫증을 느끼고 실패한다. 외유내강하고 급한 성격이며 투기나 도박에 관심이 많다.

㉓ 칠살七殺

일간	甲	乙	丙	丁	戊	己	庚	辛	壬	癸
칠살	庚	辛	壬	癸	甲	癸	丙	丁	戊	己

불구, 횡액, 비명을 당할 수 있는 최대의 흉살이다. 부모, 형제, 부부, 자식궁 등 흉액을 당할 수 있다.

㉔ 괴강살魁罡殺

庚辰	庚戌	壬辰	壬辰日	戊戌

길흉살을 극으로 작용하게 하는 살로 길하면 부귀할 수 있다. 엄격하고 총명하나 재앙이 강렬하게 작용할 수 있다. 여자는 미모일 수 있으나 고집과 주장이 강하고 성격은 남성 같다.

㉕ 과숙살寡宿殺

연지	子	丑	寅	卯	辰	巳	午	未	甲	酉	戌	亥
괴숙	戌	戌	丑	丑	丑	辰	辰	辰	未	未	未	戌

여자는 부부가 생사 이별하고 육친의 덕이 없다. 역마와 같이 있으면 주색에 빠져 방탕할 수 있다.

㉖ 급각살急脚殺

월지	寅卯辰月	巳午未月	申酉戌月	亥子丑月
급각살	亥子	卯未	壬戌	丑辰

골절, 수술, 신경통, 소아마비, 다리에 이상이 생길 수 있으며 크게 다칠 수 있다.

㉗ 학당귀인學堂貴人

일지	甲	乙	丙	丁	戊	己	庚	辛	壬	癸
학당귀인	亥	午	寅	酉	寅	酉	巳	子	申	卯

문장력이 뛰어나며 지혜가 총명하다. 학문이 뛰어나 박사, 대학교수 등 교육자가 많다.

㉘ 문창귀인文昌貴人

일지	甲	乙	丙	丁	戊	己	庚	辛	壬	癸
문창귀인	巳	午	申	酉	申	酉	亥	子	寅	卯

사주가 청하고 생왕이 되면 최고 문장가로 존경을 받으며 사회적으로도 명성과 명예를 얻고 부귀를 누린다. 지혜가 총명하고 풍류와 학문을 즐긴다.

(2) 십이신살표

	甲子辰	巳酉丑	寅午戌	亥卯未
劫殺	巳	寅	亥	申
災殺, 囚獄殺	午	卯	子	酉
天殺	未	辰	丑	戌
地殺	申	巳	寅	亥
年殺, 桃花殺	酉	午	卯	子
月殺, 枯草殺	戌	未	辰	丑
亡身殺	亥	申	巳	寅
將星	子	酉	午	卯
攀鞍	丑	戌	未	辰
驛馬殺	寅	亥	申	巳
六害殺	卯	子	酉	午
華蓋殺	辰	丑	戌	未

(3) 십이 운성

1) 십이 운성

① 장생長生 : 장생이란 어머니 태중에서 갓 태어난 포대기 어린 아이의 시기를 말한다. 천진난만하고 부모로부터 온갖 사랑과 도

움 속에 자라나는 시기이므로 부족함을 전혀 모른다. 일지에 장생을 가지면 남과 다투지 아니하고 원만한 성격을 가지며 순진하고, 직장 생활을 하면 상사에게 귀여움을 받는다. 여성에게는 장생이 좋겠지만 남성에게는 마음이 너무 여리고 약한 것이 흠이 될 수도 있다. 직장 생활이나 학문을 연구하는 것이 나을 것이다.

② 목욕沐浴 : 목욕은 5~7세 시기를 말한다. 나이처럼 천방지축이라 무엇이든 쉽게 시작하지만, 꾸준히 하는 일도 없다. 직장 생활도, 친구를 사귀어도 마찬가지이다. 너무 쉽게 친해지니 사람으로 인하여 곤욕을 치를 수 있다. 목욕을 가진 사람이 백화점과 같은 화려한 곳에서 액세서리, 화장품, 옷, 가구, 보석류 같은 장사를 하면 많은 손님으로부터 사랑을 받을 것이다.

③ 관대官帶 : 관대는 17~20세 정도의 사춘기를 말한다. 어른과 다를 바 없으나 아직 세상 물정을 모른다. 성격이 독선적이고 독단적인 면이 많고 사기 위주로 일을 처리 하려다 좌충우돌하기도 한다. 관대 운성을 가진 사람은 젊어서 파란, 우여곡절을 겪으며 대기만성 하겠다. 여자 사주에 관대가 있으면 욱하는 성격을 잘 다스려야 가정이 화목할 것이다.

④ 건록建祿 : 몸은 어른이다. 관대에 비하여 건록은 몸과 정신이 성숙된 어른을 말한다. 군대도 다녀오고 대학도 졸업하여 사회 생활에 입문하는 시기이다. 배울 만큼 배워 몸과 마음이 성숙하여 무엇이든 감당할 수 있는 시기이다. 남성의 사주에 건록이 있으면 뛰어난 자립 정신과 독립성을 높이 평가하지만, 여성의 사주에 건록이 있으면 남편 덕에 사는 것이 아니다. 그러나 요즘 같은 사회에서는 직장 여성으로 각광을 받을 수 있다.

⑤ 제왕帝旺 : 오랜 동안 산전수전을 다 겪으면서 세상 물정에 통달하고 능송능대한 40~50대 장년기를 말한다. 매사에 자신만만하지만, 하나를 얻기 위하여 겸손하고 매우 친절하다. 그러나 확고한 마음의 중심을 가지고 있다. 제왕이 있는 사람이 수양과 학문이 높으면 신의가 태산 같아 지도자적 인물이 되지만, 반대로 학문이 없으면 어딜 가나 푸대접이고 만나는 사람마다 재물이 손실될 수도 있다.

⑥ 쇠衰 : 세월이 흘러 노년의 나이에 접어든 시기를 쇠라고 한다. 비록 몸은 늙었어도 젊었을 때보다 더욱 노력한다. 기운이 쇠한 지라 매사에 적극적인 점은 부족하지만 온화하고 원만하며 참을성과 타협심이 풍부하여 매사를 원만하게 처리한다. 남성의 사주에 쇠가 있으면 박력과 패기가 부족하고, 여성이 쇠가 있으면 유치원 선생님을 하기에 더없이 잘 어울릴 것이다.

⑦ 병病 : 늙어서 마침내 병들어 누워 있는 시기를 말한다. 건강하던 시절을 뒤로 하고 마침내 외롭고 고독한 환자가 되어 하루 종일 병실에 누워 있는 시기로 어떠한 사람도 다 받아들인다. 자신이 외롭다보니 어려운 처지의 사람을 보면 꼭 도와주고 싶어하고 누구와 같이 담소하고 식사하기를 좋아한다.

⑧ 사死 : 병이 깊이 들어 죽음에 이르는 시기를 말한다. 몸은 비록 죽음 직전을 맞이하지만, 정신은 그대로 살아 활동하는 시기를 말한다. 그동안 살아오면서 탐내고 화내고 어리석었던 행동과 마음들이 모두 허망함을 느낀다. 사의 병을 가진 사람은 현실적인 욕망과 물질에 대한 집착보다 철학, 의학, 예술 등 정신 세계에 더욱 많은 관심을 가진다. 왕성한 패기가 필요한 사업은 감당하기 어렵겠지만 정신력을 바탕으로 하는 철학, 종교 등에는 매

우 적합한 성격이다.

⑨ 묘墓 : 늙고 병들어 죽으면 무덤에 묻히게 된다. 무덤 속에 들어가기 전 마지막 밥상을 먹고 나면 이 세상과는 영원히 결별하는 땅 속으로 들어간다. 묘의 운성을 가진 사람은 밥알 하나도 아끼듯이 돈을 아끼고 소중히 여기는 구두쇠가 많다. 여성의 사주에 묘가 있으면 사치나 낭비를 모르고 검소하여 돈 모으기를 좋아한다. 남편보다 돈을 좋아하기 때문에 아내로서 다정다감한 모습은 부족하다.

⑩ 절絶 : 죽어서 무덤에 들어가면 비로소 육신과 정신이 분리되는 시기이다. 분리된 육신은 흙과 물, 바람으로 돌아가고 이로써 육신은 없고 영혼이라는 정신만 있다. 사주에 절의 운성을 가진 사람은 마음이 여리고 약하여 잘 속아 뜻하지 않는 손해를 많이 본다. 여성의 경우 남편의 사랑을 독점하려는 마음이 강하다. 절을 사주에 가진 사람은 한평생 변화와 멋을 좋아한다.

⑪ 태胎 : 육신과 분리된 영혼이 다시 태중으로 잉태된 시기를 태라고 한다. 세상 물정을 전혀 모르는 아기 중의 아기, 남의 부탁을 거절 못하고 누구나 간절히 부탁하면 쉽게 승낙하여 본의 아니게 손해를 많이 본다. 태어나기 전이나 세상에 대한 막연한 동경과 꿈으로 가득 찬 때여서 감상적인 성격을 많이 가진다. 어린 생명의 시기로 폭력을 싫어하고 겁이 많다.

⑫ 양養 : 만삭의 아기가 태어날 시기를 양이라고 한다. 이제 태어날 날만을 기다리니 불안과 초조는 하나도 없고 매사에 태연하고 느긋한 성격을 가진다. 어머니의 태중으로부터 분리되는 시기이니 부모로부터 상속을 받는 장남으로 많이 태어나는 것이 우연만은 아니다. 양은 양육의 별이라 부른다. 양이 있는 사람은 가

축이나 화초 등을 기르는 직업을 택한다면 소질을 타고났다고 봐도 될 것이다.

2) 십이운성조견표十二運星早見表

생일 / 운성	癸	壬	辛	庚	丁己	丙戊	乙	甲
장생	卯	申	子	巳	酉	寅	午	亥
목욕	寅	酉	亥	午	申	卯	巳	子
관대	丑	戌	戌	未	未	辰	辰	丑
건록	子	亥	酉	申	午	巳	卯	寅
제왕	亥	子	申	酉	巳	午	寅	卯
쇠	戌	丑	未	戌	辰	未	丑	辰
병	酉	寅	午	亥	卯	申	子	巳
사	申	卯	巳	子	寅	酉	亥	午
묘	未	辰	辰	丑	丑	戌	戌	未
절	午	巳	卯	寅	子	亥	酉	申
태	巳	午	寅	卯	亥	子	申	酉
양	辰	未	丑	辰	戌	丑	未	戌

3) 공망조견표空亡早見表

子丑	寅卯	辰巳	午未	申酉	戌亥	공망
甲寅	甲辰	甲午	甲申	甲戌	甲子	
乙卯	乙巳	乙未	乙酉	乙亥	乙丑	
丙辰	丙午	丙申	丙戌	丙子	丙寅	
丁巳	丁未	丁酉	丁亥	丁丑	丁卯	
戊午	戊申	戊戌	戊子	戊寅	戊辰	
己未	己酉	己亥	己丑	己卯	己巳	

庚申	庚戌	庚子	庚寅	庚辰	庚午	
辛酉	辛亥	辛丑	辛卯	辛巳	辛未	
壬戌	壬子	壬寅	壬辰	壬午	壬申	
癸亥	癸丑	癸卯	癸巳	癸未	癸酉	

제4장

용신 작명론

1. 덕암 이승정의 용신 작명론

1. 덕암 이승정의 용신 작명론

우선 좋은 이름이란 자신의 이름이 불릴 때 애정은 물론 안정감과 자신감으로 느낌이 와야 하고, 이름의 좋은 뜻과 소리는 자신이 타고난 선천운에 도움을 주며 행복으로 유도시킬 수 있어야 한다. 그러함으로 이름은 그 역할에 더욱 높은 평가를 받을 수 있을 것이다. 그러면 우리가 이름을 작명할 때 많은 설명학설 가운데 어떤 성명학설을 선택해야 할까? 저마다 다들 자기 성명학설이 최고라고 하여 여간 혼란스럽지 않을 수 없다. 어떤 성명학설은 민형사상 책임까지 들먹이며 소름을 끼치게 한다. 철학과 학문으로서 존재 가치까지 생각하면 두려움도 있을 텐데 자기 논리와 이익을 방어함에 망설임이 없다. 이들 학설들은 주로 신비함과 과학을 내세워 전 인류가 살 길처럼 위대한 인류의 업적이라 스스로 과대 평가함에 주저하지 않으나 필자가 연구해본 결과로는 논리와 근거가 부족하고 결과가 확인되지 않아 필자는 이 학설을 인정하지 않고 있다. 이는 실체에 대한 진실이 부족해서 허구일 가능성이 높기 때문이다.

이에 필자가 주장하는 성명학설은 동양 철학의 바탕인 음양오행을 근본으로 하고 명리학 이론을 접목, 동양 철학의 근본을 훼손하지 않

고 합리적 논리의 근거가 확실하여 과학은 아니지만 철학으로서 평가될 수 있고, 학문으로서의 가치도 충분히 높은 것이다. 사주에서 용신과 희신을 찾아 그 오행을 이름에 포함하여 작명한다면, 후천운을 개운할 수 있지 않을까 하는 확신이 있어 이를 용신 작명이라 칭함에 주저하지 않았다.

(1) 용신 작명론

1) 용신 작명의 절대 기준

① 음양
② 사주와 배합
③ 음령오행
④ 획수오행
⑤ 자원오행
⑥ 수리격(길흉)

2) 용신 작명의 세부 기준

① 부모 이름과 충이 되지 말아야 한다.
② 태어난 해의 연지와 충이 되지 말아야 한다.
③ 8촌 이내 동명이 있는지도 알아보아야 한다.
④ 장남인지 차남인지 선택하는 글자를 써야 한다.
⑤ 분파되지 말아야 한다.
⑥ 두 발음 동자이음어는 되도록 피한다.
⑦ 자기 성과 같은 글자도 피한다.
⑧ 한자 획수가 너무 많은 것도 피한다.
⑨ 뜻이 신체 부분에 속하는 글자도 피한다.

⑩ 새 이름, 짐승 이름, 벌레, 물고기 이름도 피한다.

⑪ 글자의 뜻이 불길한 글자도 피한다.

(2) 작명의 방법과 체계

1) 음양과 이름

① 음양과 이름의 관계

음과 양은 우주만물의 생성의 근본이자 변화의 절대 축이다. 생명, 무생물, 미물까지 그 어느 것도 음과 양의 배합이 있어야만 기를 발산한다. 이름도 예외는 아니다. 구성에서 음과 양의 배합은 필수 조건이다. 이름이 양으로만 구성되면 독립성은 물론 인간성이 결여되어 사회와 화합하지 못하고 한 곳에 머무르지 못하며, 특히 여자는 남성적이고 투쟁적으로 강렬하며 독선적으로 부부 생활에 화합치 못할 것이다. 이름이 음으로만 구성되면 너무 의존적이며 여성스러워 특히 남자가 여성적으로 약하고 결단성, 추진력, 용기가 부족하여 소극적으로 활동성이 결여될 것이기 때문에 이름의 구성에 음양 배합은 독립적인 개체로서 절대적인 기준이 된다.

② 이름과 음양의 구성

	구분
음	2, 4, 6, 8, 10 짝수에 해당
양	1, 3, 5, 7, 9 홀수에 해당

• 음양의 배열

	균형된 음양의 배열 : 吉	순음/순양의 배열 : 凶
이름이 3자인 경우	양양음 ○○● 양음음 ○●● 음음양 ●●○ 양음양 ○●○ 음양양 ●○○ 음양음 ●○●	양양양 ○○○ 음음음 ●●●
이름이 2자인 경우	음양 ●○ 양음 ○●	음음 ●● 양양 ○○
이름이 4자인 경우	양양양음 ○○○● 양음음음 ○●●● 양음음양 ○●●○ 음음음양 ●●●○ 양양음음 ○○●● 양음양음 ○●○● 양음양양 ○●○○ 음음양양 ●●○○ 음양양양 ●○○○ 음양양음 ●○○● 음양음양 ●○●○ 음양음음 ●○●●	양양양양 ○○○○ 음음음음 ●●●●

2) 사주와 이름

인간은 출생하면서 사주로서 오행의 기운을 타고난다. 이를 선천운(사주)이라고 한다. 누구나 완벽한 오행의 기운을 골고루 타고나지 못하기 때문에 아무리 사주가 좋아 부귀공명 한다 해도 길흉화복은 있게 마련이다. 그러나 이를 보완, 보충해주는 기운인 즉, 용신, 희신에 해당하는 오행으로 작명한다면 취길피흉 운명을 개선할 수 있을 것이므로 사주와 이름의 배합이 잘 이루어져야 한다.

3) 음령오행

① 음령오행이란

오행이란 목화토금수로서 각기 특성과 특징이 있어 유형일 수도, 무형일 수도 있고 만물을 표시하거나 몸, 정신, 기운 무엇으로든지 표현이 가능하다. 소리에 오행은 이름을 구성하는데 절대적 핵심 기준이 된다. 특히 소리의 구성이 상생이나 상극으로 구성될 수 있음은 주의해야 한다.

② 성씨 별 오행

발음오행	성씨姓氏
木(ㄱ, ㅋ)	가, 간, 갈, 감, 강, 견, 경, 계, 고, 곡, 공, 곽, 구, 국, 궁, 권, 금, 기, 길, 김……
火 (ㄴ, ㄷ, ㄹ, ㅌ)	나, 남 남궁, 노, 단 당, 대, 도, 돈, 독고, 동, 동방, 두, 량, 류, 태……
土(ㅇ, ㅎ)	안, 야, 양, 어 엄, 여, 연, 오, 옥, 온, 왕, 용, 우, 원, 위, 유, 육, 윤, 은, 음, 이, 인, 임, 하, 한, 함, 허, 현, 형, 호, 홍, 황, 황보, 후……
金(ㅅ, ㅈ, ㅊ)	사, 삼, 상, 서, 석, 선, 선우, 설, 성, 소, 손, 송, 승, 신, 심, 서문, 사공, 자, 장 전, 점, 정 제, 제갈, 조, 조종, 좌, 주, 준, 지, 진 채, 천, 초, 최, 추……
水(ㅁ, ㅂ, ㅍ)	마, 만, 매, 맹, 명, 모, 목, 묵, 문, 민, 박, 반, 방, 배, 백, 범, 변, 복, 붕, 빈, 빙, 팽, 편, 평, 표, 풍, 피, 필……

③ 오행의 배열

• 오행 상생 배열

오행	상생 배열 조합							
木	木火土	木水金	木木火	木火火	木水水	木木水	木火木	木水木
火	火土金	火木水	火火土	火土土	火木木	火火木	火土火	火木火

土	土金水	土火木	土土金	土金金	土火火	土土火	土金土	土火土
金	金水木	金土火	金金水	金水水	金土土	金金土	金土金	金水金
水	水木火	水金土	水水木	水木木	水金金	水水金	水金水	水木水

• 오행 상극 배열

오행	상극 배열 조합							
木	木土水	木金火	木木土	木土土	木金金	木木金	木土木	木金木
火	火金木	火水土	火火金	火金金	火水水	火火水	火金火	火水火
土	土水火	土水金	土土水	土水水	土木木	土土木	土水土	土木土
金	金木土	金火水	金金木	金木木	金火火	金金火	金木金	金火金
水	水火金	水土木	水水火	水火火	水土土	水水土	水火水	水土水

④ 음령오행 해설

- 木木木 : 총명하고 착실하며 인내력이 강하고 외유내강하며 매사가 순조롭게 발전한다. 성공하는 운으로써 부모와 형제가 화목하고 자손이 번영하여 가문이 태평 세월을 누린다.
- 木木火 : 만인으로부터 신뢰를 받고 주위로부터 도움을 받으니 순조롭게 성공한다. 부모에게 효도하고 일평생 부귀하며 건강하게 장수한다.
- 木木土 : 신체가 허약해 질병에 시달리며 어려움이 많다. 귀인의 도움으로 자수성가할 수 있고 관운도 괜찮은 편이나 부부가 불화하고 자식 덕이 없다.
- 木木金 : 성품이 정직하고 성실하며 재물보다 의리를 중요시 여긴다. 그러나 인덕이 부족하고 부부가 불화하며 건강운도 좋지 않다. 재물도 풍족치 않아 고난이 뒤따른다.
- 木木水 : 감수성이 예민하고 온순하며 이해심이 많다. 부모 형제가 화목하고 자손이 번창하며 입신양명하여 일생 동안 건강

하고 행복하게 보낸다.

■ 木火木 : 부모 형제와 화목하고 부부가 백년을 해로하여 일생이 행복하다. 만사 형통으로 귀인의 도움이 있고 인덕이 많으니 성공한다.

■ 木火火 : 성격이 매우 조급하다. 결단력과 투지는 있으나 남에게 가끔 실수를 잘한다. 그러나 큰 불행은 없고 부모 형제가 화목하여 편안하게 장수하며 자손이 번영한다.

■ 木火土 : 온순하고 열정적이며 천성이 바르고 의리를 중요시 여긴다. 부모의 덕이 있고 주위로부터 신망도 높다. 사업은 순조로워 발전한다. 가정이 화목하고 자손도 번창하여 행복한 일생을 누린다.

■ 木火金 : 감정의 기복이 너무 심해 주위로부터 구설수에 오른다. 사치나 허영에 빠지기 쉽고 방탕한 생활을 할 수 있다. 매사에 헛수고가 많고 가정에 불화가 있다. 심한 호흡기 질환과 신경 계통 질환으로 고생할 수 있다.

■ 木火水 : 강직한 성격으로 주위와의 다툼이 많다. 한때의 성공은 할 수 있으나 의외의 재난으로 오래가지 못한다. 재산을 탕진하고 부부와 불화, 천리 타향의 외로운 신세가 된다.

■ 木土木 : 신경이 예민하고 변덕도 심하다. 쓸데없는 일을 잘한다. 부모와 부부가 불화하고 자식 덕도 없으며 근심이 끊이지 않고 일생이 곤궁하다.

■ 木土火 : 매사 불만스럽다. 인내심은 있으나 부모 형제와 불화하고 발전이 없다. 일생이 고난하고 호흡기, 위장, 고혈압 등으로 고생할 수 있다.

■ 木土土 : 활동적이지 못하다. 부부가 불화하여 가정이 화목치

못하고 일생이 곤궁하다. 호흡기 질환이나 안질 등으로 고생할 수 있다.

- 木土金 : 소극적이고 소심하여 주위와의 관계가 원만하지 못하고 실천력과 결단력도 부족하여 성공하기 어렵다. 남녀 모두 색정으로 인해 구설수에 오르며 호흡기 질환으로 고생할 수도 있다.
- 木土水 : 마음에 맞는 사람에겐 친절을 베푼다. 의지력이 없고 인내심이 부족해 성공하기 어렵다. 조상의 유산이 파산되고 부부 상별이나 질병 등으로 고생을 한다.
- 木金木 : 매사에 실속이 없다. 말이 적고 표정이 없으며 고집도 세다. 성공운이 불안정하고 자립심도 없다. 조실 부모하거나 단명할 수도 있다.
- 木金火 : 매사가 불안정하니 성공하기 어렵다. 주위의 도움도 없어 평생이 박복하다. 항상 불안정하여 신경쇠약으로 고생을 한다.
- 木金土 : 초년운이 불길하여 좌절하나 중년부터는 다복하고 매사가 순조로워 성공을 이루며 부모에게 효도한다. 부부가 백년 해로하고 자손도 번영한다.
- 木金金 : 다른 사람과 시비가 많다. 항상 고독하다. 자손으로 인한 근심이 많고 매사가 불안정하여 평생이 곤궁하다. 간, 쓸개, 위장 장애가 올 수 있다.
- 木金水 : 성공운이 불안정하여 노력해도 결과가 없다. 가정에 파란이 끊이지 않고 자식 덕도 없다. 유산도 파산하여 일생이 곤궁하다.
- 木水木 : 예의가 바르고 하는 일도 순조로워 만사가 태평

하다. 부모 형제가 화목하고 자손이 번창하여 일생이 행복하다.

- 木水火 : 까다롭고 날카로운 성격으로 주위 사람들과 사교적이지 못하다. 한때 성공은 이루겠지만 운이 없어 불행하고 조실 부모할 수 있다. 가정에 파란이 많고 형제간에 불화가 있어 일생이 불행하다.
- 木水土 : 제 멋에 산다. 하는 일마다 장애가 속출한다. 초년에는 부모 덕이 있으나 중년 이후부터는 실패가 많고 불안정한 상태로 방황한다. 파란 많은 삶으로 노후를 불행하게 만든다.
- 木水金 : 덜렁이는 성격으로 실수를 많이 한다. 그러나 주의력을 기울이면 지와 덕을 갖추고 성공도 할 수 있으며 무병 장수한다. 안락한 생활과 명예, 재물도 함께 누릴 수 있다.
- 木水水 : 이기적인 성격으로 재물에 인색하다. 궁핍하지 않으나 가정은 다소 원만치 못하다. 항상 고독한 마음이나 자손은 번창하고 자식의 효도는 부족함이 없다.
- 火木木 : 주변 사람들의 끊임없는 협력으로 활동성이 왕성하여 성공을 이루고 일평생 부귀가 영화롭고 부부가 화합하며 가문이 번영한다.
- 火木火 : 소심한 성격이나 성공운이 순조로워 매사에 큰 어려움 없이 발전한다. 가정이 원만하고 자손이 번영하니 태평 세월로 욱일승천한다.
- 火木土 : 원만한 성격으로 사교적이나 여색을 좋아하여 이로 인해 손해 보는 일이 많다. 운세는 좋아서 진취적으로 성공하고 부부가 유정하며 자손도 번영해 행복한 삶을 산다.

■ 火木金 : 소심한 성격으로 인내심이 부족하다. 기회가 와도 잡지 못하고 망설이다 놓친다. 정신적, 육체적으로 곤궁한 운으로 가정이 불화하여 부부가 이혼할 수도 있다.

■ 火木水 : 시기심이 많고 질투심도 강하다. 겉으로는 남을 어려워 하지만 속마음은 절대 승복하지 않는다. 주거가 불안하여 객지에 나가 헛된 세월을 보낸다. 그러나 대기만성하여 말년에는 부귀 영화를 누린다.

■ 火火木 : 외유내강하다. 많은 사람들로부터 신망이 높아 순조로운 성공을 거둔다. 부귀와 영화를 누리면서 부부가 백년 해로하고 자손도 번창한다.

■ 火火火 : 매사에 실패가 많다. 부모 형제 덕이 없고 주위의 도움도 없다. 불같은 성격으로 부부의 이별수가 있고 자식 덕도 없다. 항상 다툼이 많다.

■ 火火土 : 이해심이 많고 공손하며 대인 관계가 원만하다. 기초가 튼튼하고 부모 덕, 조상 덕 등 주위의 도움으로 순조롭게 성공한다. 가정이 화목하고 부귀영화를 누리면서 장수한다.

■ 火火金 : 성질이 조급하고 불같은 성격으로 허영심이 많아 실속이 없다. 남에게는 가식으로 체면치레만 한다. 항상 주위 사람들의 방해로 실패가 많다. 가정 불화와 구설수로 심신이 피곤하여 일생이 곤궁하다.

■ 火火水 : 성격이 조급하고 신경질이 많다. 의외의 재앙이 있다. 급성 질환으로 재물과 목숨을 잃을 수도 있다. 부부가 생이별할 수 있어 백년 해로가 쉽지 않다.

■ 火土木 : 도량이 넓고 이해심이 많아 대인 관계는 원만하나 가

정이 불안하고 재물의 손실이 많아 일생이 곤궁하다. 부부가 이별수가 있고 항상 다툼이 많다.

- 火土火 : 성격이 온순하고 덕망을 갖추었고 모든 일에 정성을 다함으로 주위 사람들의 도움으로 순조로운 성공을 한다. 부부가 유정하고 자손이 번영하여 일생이 평안하다.
- 火土土 : 성실하고 원만하며 부지런하다. 예의가 바르고 인내력이 탁월하여 일생이 평탄하고 성공한다. 사회적인 신망도 얻어 가정이 화목하다.
- 火土金 : 소심한 성격이나 부모와 조상의 덕과 귀인의 도움으로 일생이 편안하다. 그러나 여색을 조심해야 하며 위장병, 복부 질환도 조심하여야 한다.
- 火土水 : 이중 성격으로 주위 사람들로부터 불신을 당한다. 부모의 유산으로 일시적인 성공은 가능하나 급변하여 몰락하고 만다. 심장병 등 병난으로 고생한다.
- 火金木 : 소심한 성격으로 의심을 많이 하며 부모 형제 덕이 박정하고 가정에 분쟁이 심하다. 자손에게도 근심이 생겨 겉보기에는 좋으나 속은 빈 실속 없는 삶을 곤궁하게 산다.
- 火金火 : 언행이 경솔하다. 자수성가해 일시적인 성공은 가능하나 속성 속패하고 가족과 인연도 박하여 고단한 생애를 보낸다.
- 火金土 : 의심을 하면서도 잘난 체한다. 기회가 약하고 억압되어서 성공하기 힘들다. 매사에 실속이 없고 부부 사이의 정도 없으며 자식 덕도 없다.
- 火金金 : 초년부터 고생이다. 부모 덕도 없다. 재주는 있으나

알아주는 사람도 없다. 포부는 크나 성공은 어렵다. 불만 속에서 탄식한다. 자녀와의 관계도 원만치 못하다.

■ 火金水 : 성격이 소심하고 의심이 많다. 가정이 불안하여 항상 고독하다. 부부 사이의 정도 박하여 가정도 불행하다. 심장마비, 재난 등으로 고생할 수 있다.

■ 火水木 : 성격이 소심하고 윗사람에게 존경심도 없다. 부모, 형제 덕도 없다. 일평생 신병과 파탄으로 생활이 곤궁하다. 한마디로 고달픈 인생이다.

■ 火水火 : 감정이 예민하고 신경질적이며 책임감이 결여되어 많은 일을 벌이나 한 가지 일도 마무리가 어렵다. 허약 체질이라 질병의 염려가 있고 부부가 이별할 수도 있다.

■ 火水土 : 방자하고 교만하며 잘난 체한다. 우물 안 개구리로 세상 넓은 줄 모르고 고집이 세다. 단명할 수 있는 흉운으로 심신이 박약하여 고난할 수 있다.

■ 火水金 : 노력에 비해 성과가 부족하다. 부모, 형제 덕이 없고 일찍부터 고생을 면치 못한다. 인연이 박하여 가정을 두고도 고독한 삶을 보낸다.

■ 火水水 : 남에게 지기 싫어하며 자존심도 강하다. 잘난 체하며 주위 사람들로부터 구설수에 오른다. 일시적 성공은 가능하나 재앙으로 몰락한다.

■ 土木木 : 매사에 실속이 없다. 외유내강하며 자신을 의심하나 생활은 안정된다. 그러나 부모의 처지와 인연이 박하여 고독한 삶으로 위장병, 신경통으로 고생할 수 있다.

■ 土木火 : 초년이 고생스럽다. 부모 형제와도 인연이 없어 고독한 삶이다. 중년부터는 점진적 발전으로 매사가 순환하여 원

하는 성공을 이룬다.

- 土木土 : 노력을 많이 해도 실패가 뒤따른다. 고집이 세고 강직하여 누구의 말도 듣지 않는다. 일평생 경제적으로 곤궁하여 고통에 시달린다.
- 土木金 : 오락을 좋아하며 도박에도 관심이 많다. 자립심이 부족하고 부부가 불화하거나 무정하니 일생이 불행하다. 직업과 주거가 자주 변동된다.
- 土木水 : 정직하고 의협심이 강하며 노력하는 성격이지만 배신을 당하거나 난관을 만나 실패와 좌절을 한다. 파란 많은 삶이다.
- 土火木 : 적극적이고 활동적이라 하는 일도 순조롭다. 매사에 주위 사람들의 도움도 크다. 노력한 만큼에 대가도 크다. 부귀쌍전하고 일평생 행복하고 건강하게 장수한다.
- 土火火 : 창의력이 넘치고 안정감 속에서 발전한다. 길격의 이름이라 마음도 안정하여 직장 생활도 무난하고 안락한 삶을 누린다.
- 土火土 : 부지런하고 적극적이다. 친절하고 정성도 다한다. 기초도 튼튼하여 세운 뜻을 무난하게 실천해 나간다. 사업가라면 크게 성공한다.
- 土火金 : 일생이 고독하고 매사가 순탄치 못하다. 불의의 재난으로 곤궁하고 주위 사람들에게도 배신을 당해 굴곡이 심한 일생을 살아간다.
- 土火水 : 소심하고 예민한 성격이다. 무슨 일이나 감정적이다. 불의의 재앙으로 고난한 삶이 되고 가정도 불행하며 곤궁한 삶이 일생을 지배한다.

- 土土木 : 성공과 실패의 굴곡이 심하다. 조실 부모하고 초년부터 고생이 심하다. 노력한 만큼의 결과가 없어 고충이 뒤따른다.
- 土土火 : 정직하고 부지런하다. 기초가 튼튼하고 성실하며 주위 도움으로 성공을 거둔다. 가정운도 좋아 부귀하며 건강하게 장수한다.
- 土土土 : 융통성이 부족하다. 부모 형제가 유정하여 위기를 극복하고 성공을 이룬다. 너무나 타산적이어서 이기적이란 말을 들을 수 있다. 수리가 나쁘면 곤궁함을 피하지 못한다.
- 土土金 : 매사가 평탄하고 성공운이 순조롭다. 남녀를 불문하고 이성 교제에 주의해야 한다. 사회적으로 신망을 얻어 대기만성을 이루어 가정이 화평하고 부부가 해로한다.
- 土土水 : 남의 간섭이나 지배를 싫어한다. 행동은 민첩하나 매사에 장애가 많아 성공하기가 어렵다. 뇌일혈, 심장마비, 위장병에 주의해야 한다.
- 土金木 : 실속이 없고 매사에 결과가 없다. 초년에는 어느 정도 성공은 이룰 수 있으나 결국 수포로 돌아가 허망하다. 일생에 곤궁함이 뒤따라 다닌다.
- 土金火 : 인내심이 없고 자기 자신을 너무 믿는다. 부부가 불화하고 골육상쟁하니 일생 동안 수심이 끊이지 않는다. 경제적인 고난 속에 배우자까지도 방탕한 생활을 한다.
- 土金土 : 부모에게 효도하고 만인에게도 예의가 바르니 주변 사람에게 두터운 신망을 받는다. 귀인의 도움이 따르고 순조로운 성공 길에 대부대귀하게 된다.
- 土金金 : 나서기는 좋아하나 대범하지 못하다. 기초가 튼튼하

여 성공하며 장수한다. 그러나 수리가 흉하면 거만한 법이 있다. 상부상조하면 성공할 수 있다.

- 土金水 : 자수성가하여 대업을 이루고 성공하며 평생 영화롭게 지낸다. 활동력이 왕성하고 기백이 넘치니 사회적으로 출세를 한다. 부부가 백년 해로하고 자손도 번창한다.
- 土水木 : 재주가 있으며 얌전하고 침착하다. 그러나 어떤 일을 해도 고충이 뒤따른다. 주변 사람들로 피해가 많다. 가정불화와 재난이 뒤따른다. 신장염, 폐결핵 등도 조심해야 한다.
- 土水火 : 신경질적이다. 끊이지 않는 재난으로 일생이 황폐해진다. 생활이 곤궁하고 가정도 원만하지 않아 불행한 일생을 보낸다.
- 土水土 : 소극적인 성격으로 활동력이 부족하고 항상 성공은 뒷전이다. 재난도 끊이지 않고 심장마비 질환도 있으며 항상 인생이 고달프다.
- 土水金 : 잘난 체하며 교만하다. 매사에 불만이 많고 불안하다. 갈등이 심해 고통과 번민 속에서 일생을 곤궁하게 보낸다.
- 土水水 : 철면피이며 예의를 모르고 잘난 체한다. 성공과 실패가 교차한다. 고독하고 외로운 삶이 일생을 지배한다.
- 金木木 : 부모 형제 덕이 없다. 외유내강으로 사교적이지 못하다. 인내력이 부족하고 부부가 불화하며 의견 충돌로 이혼이 뒤따른다.
- 金木火 : 재치는 있으나 감정의 기복이 심해 많은 갈등을 가진다. 큰 성공이나 큰 발전은 기대하기 힘들다. 중도에 좌절하여 고통으로 일생이 고독하다.

- 金木土 : 감정이 예민하고 의심이 많으며 남에게 양보가 없다. 매사에 실속이 없고 가정운마저 불길하다. 가산이 줄고 부부가 불화하며 이별수가 있다.
- 金木金 : 감정의 기복이 심하고 인내심이 없으며 심신이 불안정하다. 부모 형제 덕이 없고 재물이 곤궁하니 일생이 가난하고 삶이 고독하다.
- 金木水 : 인내심이 강하고 남의 일에도 적극적이다. 동분서주하나 성과는 빈약하다. 가족이 단합하여 노력하면 늦게는 성공할 수 있다.
- 金火木 : 대인 관계는 원만하나 잘난 체한다. 불평 불만이 많고 성공하더라도 오래가지 못한다. 부부가 불화하여 가정이 불안정하며 단명할 수도 있다.
- 金火火 : 다혈질 성격으로 주변과 화합하지 못한다. 실속 없는 일도 많고 매사가 허망하며 가정도 불편하여 일생이 불행하다.
- 金火土 : 잘난 체하며 교만하다. 부모의 유산으로 한동안은 잘 지낸다. 그러나 예기치 못한 재앙으로 가산을 탕진하고 가정에 파란이 많다.
- 金火金 : 오만하고 과장을 잘한다. 중년부터 고생이 심하고 경제적인 고통이 끊이지 않는다. 다행히 유산으로 근근이 삶을 유지할 수 있다.
- 金火水 : 외유내강하고 고집이 세다. 발전운이 없다. 매사에 평탄하지 못하고 불행하니 부모 형제가 불화하고 불구의 자손을 얻는다. 병약한 배우자를 만나거나 일생이 고독하다.
- 金土木 : 기질이 있어 다른 사람과 관계가 원만하지 못하다. 부모 형제가 불화하고 자존심이 강해 의욕적이나 매사가 불안

하고 장애가 뒤따른다. 고독한 일생이다.

- 金土火 : 달변으로 수단이 있어 모든 일을 잘 처리한다. 가정이 화목하고 부귀와 안정을 누리며 사회적인 신망도 얻는다.
- 金土土 : 강한 투지와 집착력으로 누구에게나 지기 싫어하는 성격이다. 만인이 부러워할 만큼 순조로운 발전으로 성공하며 부부가 화합하고 자손이 번영하는 행복한 삶을 산다.
- 金土金 : 명예와 의리를 존중한다. 관운도 있어 어떠한 일에도 장애가 없다. 매사 하는 일이 순조로우니 성공하고 부부가 유정하고 건강하게 장수한다.
- 金土水 : 이기적인 성격으로 욕심을 부리다가 매사에 재앙이 뒤따르고 부부운과 자식운이 박복하니 말년이 고독하다.
- 金金木 : 고지식한 성격이 너무 완고해서 모든 일에 슬기롭게 대처하지 못한다. 매사가 불길하고 뜻밖의 재난을 당하니 고초를 면하기 어렵다. 부모 유산으로 초년은 일시 편안하나 중년부터는 여생이 곤궁하다.
- 金金火 : 대인 관계가 사교적이지 못하다. 독단적인 성격으로 매사가 용두사미 격이다. 금전적인 갈등과 구설이 잦고 가정이 불화하고 자식 덕도 없으며 말년에는 부부도 이별한다.
- 金金土 : 편협한 성격이나 천성이 결백하고 욕심이 없다. 초년에 다소 고생을 하나 중년부터는 매사가 순조로워 무난한 성공을 거둔다. 대기만성형이다.
- 金金金 : 강직한 성격뿐이다. 지혜롭지 못해 주위 사람들과 많은 다툼을 벌인다. 하는 일도 순조롭지 못해 모든 일이 실패로 끝난다. 부부가 불화하거나 이별할 수 있고 재앙이 항상 그치

지 않는다.

- 金金水 : 외유내강하며 천품이 강인하고 초년운이 튼튼하다. 귀인의 도움으로 출세가 순조롭다. 사회적인 명성과 재물도 풍족하다. 부부가 화합하고 자손도 번창한다.
- 金水木 : 재주도 있고 성격도 온순하나 투지와 인내력이 부족하다. 성공운이 평탄하여 주위 도움이 많으니 일생이 부귀하고 자손도 번창하여 행복한 삶으로 건강하게 장수한다.
- 金水火 : 예민한 성격으로 너무 신경질적이어서 일을 도모함에 장애가 속출하고, 매사에 상극 상쟁하니 하는 일마다 결과가 없다. 부부가 불화하고 자식 덕도 없어 일생이 곤궁하다.
- 金水土 : 교만하고 잘난 체하며 남에게는 무조건 양보심이 없어 구설수에 자주 오른다. 불의의 재화가 속출해 가산을 탕진하니 매사가 허탈하다. 일생이 불행하니 고독한 삶이다.
- 金水金 : 조상 덕도 있고 유산도 많아 기초가 튼튼하다. 성공이 순조롭고 만사가 형통하여 부모 형제와 화합하니 만인이 존경하고 일생이 편안하다.
- 金水水 : 좀 이기적인 면은 있다. 그러나 귀인을 만나 도움을 받으니 매사가 순조롭다. 부모 형제가 화합하고 자식까지 번창하니 일생이 행복하고 건강하게 장수한다.
- 水木木 : 외유내강하나 독립심이 약하고 남에게 의지하려는 경향이 있다. 처음에는 다소 고생을 하다가 주위의 도움으로 순조롭게 발전한다. 큰 재난 없이 건강하게 장수한다.
- 水木土 : 일시적인 성공은 가능하나 예기치 못한 재앙으로 고초를 면하기 어렵다. 초년은 고생하지 않으나 결국 가산을 탕

진하고 고독하게 살아간다.

- 水木金 : 초년에는 순조롭게 다소 발전이 있으나 부모 형제 덕이 없고 부부가 상별하니 재혼을 하게 되거나 홀아비로 살 수 있다. 매사에 재앙이 뒤따르니 일생이 곤궁하다.
- 水木水 : 머리가 총명하다. 천성도 강직하고 초지일관하여 무엇이든 대성한다. 부와 귀함도 함께 누리니 일생이 행복하다. 부부가 화합하고 건강하게 장수한다.
- 水火木 : 항상 마음이 불안하고 매사도 순조롭지 못하다. 초년운이 불길하여 조실 부모하고 형제간도 무정하다. 무자식으로 일생이 고독하니 불행한 삶이다.
- 水火火 : 성격이 급하고 감정도 예민하나 솔직한 면도 있다. 무슨 일이나 고려함이 없다. 단순한 생각으로 접근하다 보니 매사에 결과가 없다. 부부가 불화하고 자식과의 정도 없으니 고독한 삶이다.
- 水火土 : 시작은 많으나 마무리는 못한다. 기초는 튼튼하나 실속이 없다. 중도에 재앙으로 많은 좌절을 겪는다. 부부가 불화하여 일생이 곤궁하고 고독하다.
- 水火金 : 성격이 단순하다. 인덕이 없고 부모 운이 박하며 형제와의 불화도 그치지 않아 심신이 고달프다. 여러 번 사업에 실패해 경제적인 어려움과 질병으로 곤궁하다.
- 水火水 : 잘난 체하면서도 이기적이다. 심신이 나약해 도모하는 일도 종잡을 수 없고 실속도 없다. 부모 형제 덕이 없고 부부도 무정하니 자식을 얻기 힘들고 일생이 곤궁하다.
- 水土木 : 편협된 성격에 교만하며 허영심이 많다. 부모 덕으로 초년에는 평안하게 지낼 수 있으나 매사 하는 일에 실패가 거

듭된다. 항상 불안한 마음으로 정신 질환이 우려된다.

- 水土火 : 사치나 허영을 좋아한다. 초년운이 불길하고 부모까지 무정하니 방탕한 생활을 하며 무수히 방황한다. 일생이 고독해 근심과 우환으로 바람 잘날 없다.
- 水土土 : 재물의 손실이 심하다. 사치나 허영으로 일생을 보내려니 주위 사람도 다 떠난다. 늦게라도 마음먹고 일해보지만 매사 노력만큼 실속이 없다. 노후가 더욱 고독하다.
- 水土金 : 매사 고지식하고 소극적이어서 기회를 놓친다. 초지일관하지 못하고 용두사미로 경제적인 궁핍함이 그치질 않는다. 부부가 불화하니 평생이 고독하다.
- 水土水 : 책임감이 너무 없어 주위로부터 신망이 없다. 부모덕이 부족하며 초년에 고생이 심하다. 매사가 불안정하며 하는 일마다 재앙이 뒤따른다. 일생 동안 근심이 떠날 날이 없다.
- 水金木 : 감정의 기복이 심하다. 선천적으로 정신이 불안정해 재앙을 피할 수 없다. 수리가 좋으면 큰 재앙은 모면하겠지만 부모 형제가 부덕하고 일평생 병고로 근심이 많다.
- 水金火 : 가벼운 언동으로 경솔함이 뒤따른다. 자기 분수를 모르고 일을 그르친다. 매사에 실속이 없고 재물이 빠져나가 경제적인 곤궁을 면치 못한다.
- 水金土 : 총명하고 재주가 있다. 활동적이며 친화력이 있고 주변으로부터 신망이 두텁다. 가정이 화목하고 부부가 유정하며 자녀가 효도하니 일생이 행복하다.
- 水金金 : 계획성이 있다. 총명함도 갖추고 있어 매사가 순조롭다. 인품이 고귀하고 매사에 주도 면밀하니 부모 형제와 부부

가 안락하고 부귀 장수하며 자손도 번창한다.

- 水金水 : 사회적인 지위와 명성을 얻어 입신 양명한다. 학문도 크게 이루니 만인의 존경을 받고 자손도 번창해 일생이 행복하다.
- 水水木 : 분수를 알고 적당하게 행동하면 무사 태평하다. 고집이 있고 자존심이 강하나 매사에 조심하면 성공할 수 있다. 큰 어려움 없는 무난한 삶을 살 수 있다.
- 水水火 : 신경질적이다. 일생이 고난과 실패로 매사가 불안하다. 초년 고생은 막을 길이 없으며 성공이 있더라도 잠깐이라 일생이 곤궁하다.
- 水水土 : 총명하나 너무 잘난 체하여 경솔하다. 계획을 세우더라도 순조롭지 못하고 중도에 좌절한다. 패가망신하고 조실부모하여 근심이 끊이지 않으니 일생이 고독하다.
- 水水金 : 기초가 근심하여 성공할 수 있다. 그러나 자만하지 말아야 한다. 결단력이 강하고 자수성가해 부귀영화가 뒤따른다. 부부가 유정하고 자손까지 번창한다.
- 水水水 : 자기 꾀에 자기가 빠진다. 예상치 못한 일로 가산을 탕진하고 의지할 곳 없으니 심신이 고달프다. 실패와 질병으로 부부가 불화하고 일생에 굴곡이 너무 많아 고독하고 곤궁하다.

4) 획수오행

① 획수오행이란

글자가 가지고 있는 획수에도 음양과 오행이 있다. 이는 수리로 길흉을 판단하는 중요한 기준임에도 학자에 따라 견해의 차이가 있는

데 그 원인은 획수를 산정할 때의 기준은 물론 필획과 원획의 기준도 다르기 때문이다. 필자는 원획을 기준으로 한다. 이는 선천수를 사용하는 것이 합리적이기 때문이다.

② 발음오행의 분류

오행	자음	음성	오행획수
木	ㄱ, ㅋ	아음(牙音, 어금니소리)	1, 2
火	ㄴ, ㄷ, ㄹ, ㅌ	설음(舌音, 혓소리)	3, 4
土	ㅇ, ㅎ	후음(喉音, 목구멍소리)	5, 6
金	ㅅ, ㅈ, ㅊ	치음(齒音, 잇소리)	7, 8
水	ㅁ, ㅂ, ㅍ	순음(脣音, 입술소리)	9, 10

③ 한글 발음오행과 획수

木	火	土	金	水
ㄱ, ㅋ	ㄴ, ㄷ, ㄹ, ㅌ	ㅇ, ㅎ	ㅅ, ㅈ, ㅊ	ㅁ, ㅂ, ㅍ

1획	ㄱ, ㄴ, ㅇ, ㅡ, ㅣ
2획	ㄷ, ㅅ, ㅈ, ㅋ, ㅏ, ㅗ
3획	ㄹ, ㅁ, ㅊ, ㅌ, ㅎ, ㅑ, ㅟ, ㅐ, ㅚ
4획	ㅂ, ㅍ, ㄸ, ㅆ, ㅉ, ㅘ, ㅝ, ㅒ, ㅔ
5획	ㅙ, ㅞ

④ 영어 알파벳 발음오행과 획수

木	火	土	金	水
C, G, K, Q	D, L, N, R, T	A, E, H, F, I, O, U, W, X, Y	C, G, J, S, X, Z, CH	B, F, M, P, V

1획	2획	3획
C, I, J, L, O, S, U, V, Z	B, D, P, Q, T, W, X, Y	A, E, G, H, K, M, N

⑤ 획수오행 계산법

干支	甲 乙	丙 丁	戊 己	庚 辛	壬 癸
數字	一 二	三 四	五 六	七 八	九 十
五行	木	火	土	金	水

※ 15일 때는 10을 빼고 5로 본다. 土가 되는 것이다.

예

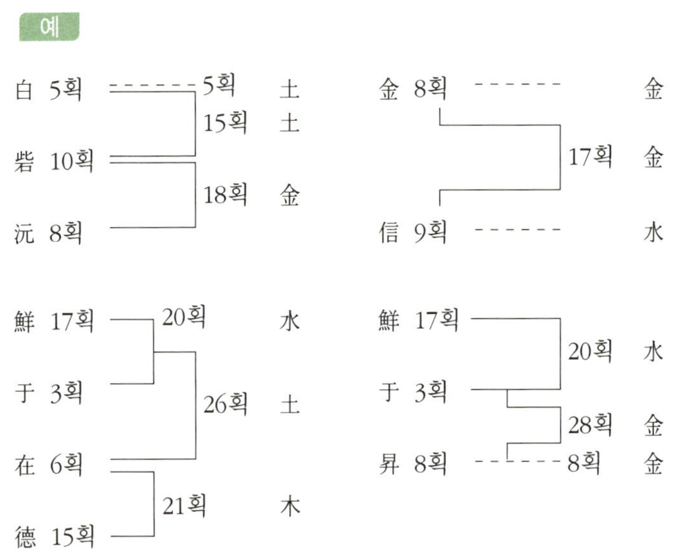

⑥ 성명학의 바른 획수로 계산되는 부수

필획	원획	부수명	획수
氵	水	삼수변	4
忄	心	심방변	4
扌	手	좌방변	4
月	肉	육달월	6
艹	艸	초두밑	6
辶	辵	책받침	7

罒	网	그물망	6
犭	犬	개사슴록변	4
王	玉	임금왕변	5
礻	示	보일시변	5
衤	衣	옷의변	6
阝(右)	邑	우부방	7
阝(左)	阜	좌부방	8
耂	老	늙을노밑	6

숫자 1부터 10까지는 숫자의 뜻이 지닌 수를 획수로 계산한다.

一	二	三	四	五	六	七	八	九	十
1획	2획	3획	4획	5획	6획	7획	8획	9획	10획

5) 자원오행

자원오행이란 한자의 뜻이 만들어질 때 그 한자가 가지고 있는 고유한 오행을 말한다. 이름의 글자를 선택할 때 발음오행, 획수오행, 자원오행 등을 기준으로 상생을 원칙으로 작명해야 하는데 이 모든 조건들을 참작하여 구성과 격을 맞추기란 어렵다. 이름에서 음양과 사주와의 배합을 고려하는 것은 전문가들도 상당한 어려움이 있다. 한자의 구성은 대체로 부수(변)는 뜻으로서 오행의 기운을 나타내고 부수 이외의 결합된 글자는 소리를 나타낸다. 따라서 작명에서 표의 문자인 한자의 자원오행은 작명을 구성하는 절대 기준이 될 것이다.

6) 수리격

수리는 1획에서부터 81획까지 분류되고, 성명에서 글자의 원획을 기준으로 길흉을 판단함은 원격, 형격, 이격, 정격 등으로 분류한다. 이렇게 수리격을 구성함에도 학자들간에는 명칭과 획수를 산정하는 것을 적용함에 견해 차이가 있다. 작명 논리조차 모르는 학자들은 동의조차 않고 있다. 이에 필자는 구성 원획의 가감 없이 원획을 기준으로 수리격을 구성하는 것을 절대 원칙으로 삼고 작명하고 있다.

① 원격元格 : 성 한 자를 제외한 이름 두 자를 합한 수를 말한다. 유년과 초년운, 1세에서 20세까지 운명을 지배한다.

② 형격亨格 : 성 한 자, 이름 첫 자를 합한 수로서 청년운으로 20세에서 40세까지 운명을 지배한다.

③ 이격利格 : 성 한 자와 이름 끝자를 합한 수로서 장년운을 말하며 40세에서 60세까지 운을 지배한다.

④ 정격貞格 : 성 포함, 이름 전체를 합한 수로서 중년 이후 말년운을 지배한다.

⑤ 원격, 형격, 이격, 정격 계산법

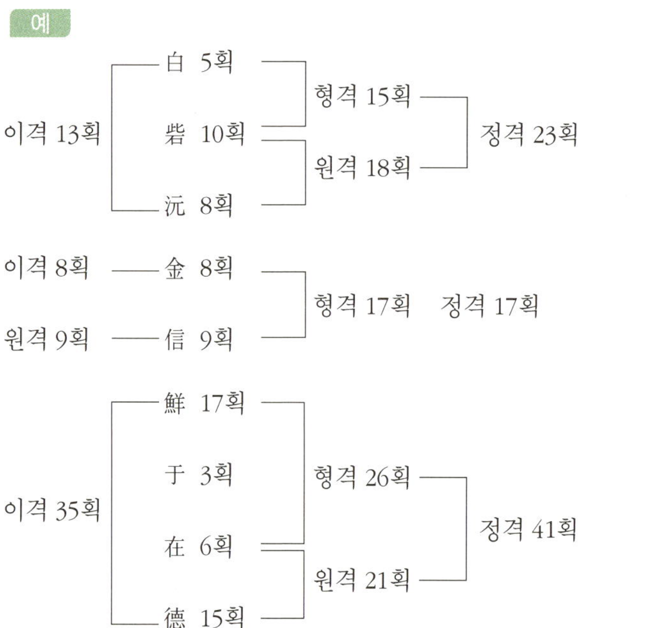

이격 20획 —— 鮮 17획 ┐
　　　　　　 于 3획 ├ 형격 28획　정격 28획
원격 8획 —— 昇 8획 ┘

(3) 성공하는 좋은 이름 작명법

앞에서는 음양론, 사주론, 작명론 등 작명을 위한 방법과 체계를 설명하였다. 지금부터는 그 기본적 원리를 인용하고 적용하여 작명해 보기로 한다. 먼저 작명하기에 앞서 사주에 배합해야 할 용신과 희신을 찾고 이것을 이름 속에 포함시켜 좋은 구성으로 격상시켜 선천운인 사주와 후천운인 이름이 조화가 되게 한다. 이를 상생으로 표기·표현되도록 하면 성공하는 좋은 이름, 용신 작명이 될 것이다.

1) 출생년월시로 사주를 구성

① 선명乾命 남씨南氏 / 2006년 10월 10일 오후 4시 출생

庚	癸	己	丙	사주
申	亥	亥	戌	
金	水	土	火	오행의 표시
金	水	水	土	

사주 해설

이 사주는 계수癸水일간으로 득지 득령하였다. 수 기운이 강한 일주를 가지고 있다. 자신을 돕는 오행이 4개로 일간의 수水기운이 너무 강력하다. 지혜가 있다고는 하나 너무 이기적이고 자존심과 고집이 강하다. 그래서인지 재물은 내 몸으로부터 멀리 있다. 10월의 물은 차가워 인정이 없다. 억부, 조후를 고려하면 용

신은 병화丙火가 된다. 희신은 목木이 되고, 위의 사주에 필요한 오행의 기운은 병화丙火와 목木이 되므로 이름에 화火와 목木을 보충해주면 이기적인 자존심, 고집이 다소 사라지고 따뜻한 마음이 생기며 대인 관계, 재물이 가까워져 복록도 살아날 것이다.

예 사주의 주인공이 남자 남南씨라면

南氏	남씨 성의 상생오행 구성
획수 9획	火 火 土
음령오행 火	火 木 水
자원오행 火	火 木 火
	火 火 土
	火 土 火

사주 구성에서 용신이 火, 희신이 木, 한신이 土

발음오행으로 작명한다면

남	○	○
火	火	土
남	(ㄴㄷㄹㅌ)	ㅇㅎ

火	火	土	발음오행
남	동	호	한글 발음
9	8	8	획수
南	東	昊	한자

[감명]

성명	南	東	昊	
음양	양	음	음	吉
음령오행	화	화	토	吉

삼원오행	수	금	토	吉
자원오행	화	목	화	吉
원격	16획	덕망격	유재운	吉
형격	17획	용진격	창달운	吉
이격	17획	용진격	창달운	吉
정격	25획	안강격	재록운	吉

② 곤명坤命 박씨朴氏 / 2004년 4월 30일 오후 1시 출생

丙	丁	庚	甲	사주
午	卯	午	申	
火	火	金	木	오행의 표시
火	木	火	金	

사주 해설

정묘丁卯 일간이 득령을 하고 불의 뿌리가 튼튼하다. 주위에도 불이 생조하니 금이나 나무가 생존할 수 없다. 너무 조열하다. 여사이지만 양간이 많아 성격은 남성적이고 감정은 불같아 다혈질일 수 있으니, 형제간에도 우애가 없고 대인 관계도 원만치 못하며, 가정에서도 남편을 누르고 가장으로 군림하여 가정 생활도 불편하다. 박朴은 목木이어 더욱 조열하므로 수水가 용신이 되며 금金은 희신이 된다. 이름에 수水의 기운을 보충해주면 불같은 성격이나 형제간의 우애, 남편에 대한 사랑, 대인 관계에서도 친화력이 발휘될 것이다.

예 사주의 주인공이 여자 박朴씨라면

朴氏	6획
음령오행	水

자원오행 木

朴氏 姓의 상생오행의 구성

水 金 水 水 水 金

水 水 木 水 木 水

사주 구성에서 용신이 水, 희신이 金,

발음 오행으로 작명한다면

박	○	○	
水	金	土	
ㅂ	ㅅㅈㅊ	ㅇㅎ	
박	심	연	한글 발음
6획	10획	15획	획수
朴	芯	演	한자

[감명]

성명	朴	芯	演	
	6	10	15	
음양	음	음	양	吉
음령오행	수	금	토	吉
삼원오행	토	토	토	吉
자원오행	목	목	수	吉
원격	25획	안강격	재록운	吉
형격	16획	덕망격	유재운	吉
이격	21획	자립격	구령운	吉
정격	31획	세찰격	흥가운	吉

2) 장남에게 사용할 수 있는 글자

일一	갑甲	원元	상上	윤允	선先	대大	종宗	동東
춘春	태太	태泰	거巨	건乾	천天	장長	초初	시始
석碩	두斗	국國	기起	인仁	자子	일日	신新	

상기의 글자는 처음, 첫째, 시작, 크다는 의미를 내포하고 있는 글자로서 장남長男이나 장녀長女에게 사용하여야 하며 그 외에 차남次男, 차녀次女 등에 사용하면 형제 자매간에 덕이 없고 고난, 고초가 많으며, 비록 형이 장자長子로 태어났어도 장자의 구실을 못하게 된다는 설이 있다. 필자는 이 설이 신빙성이 없어 인정하지는 않고 있으나 성명학계에서는 많은 논란이 있으므로 되도록 피하는 것이 좋다.

3) 장남, 장녀가 사용할 수 없는 글자

형亨	하夏	차次	이二	삼三	칠七	남南	의義	을乙
추秋	말末	후後	종終	소小	중中	중仲	지地	곤坤

상기의 글자를 장남, 장녀가 사용하면 가운家運을 계승하지 못하고 무미건조한 운세 속에 고생을 많이 하게 된다는 설이 있으니 이 역시 되도록 피하는 것이 좋다.

(4) 용신 작명 성명 길수리 배치도

2획성

성	2	2	2	2	2	2	2	2	2	2	2	2	2	2
명	1	1	1	1	1	1	4	4	9	9	9	9	9	11
	4	5	10	14	22	15	9	19	6	4	13	14	22	4

성	2	2	2	2	2	2	2	2	2	2	2			
명	11	11	11	14	14	19	19	19	19	22	22			
	5	10	22	9	19	4	11	14	16	1	9			

3획성

성	3	3	3	3	3	3	3	3	3	3	3	3	3	3
명	2	2	3	3	3	3	8	8	8	8	10	10	12	12
	3	13	2	10	12	13	5	13	21	24	5	22	3	23
성	3	3	3	3	3	3	3	3						
명	13	13	18	18	20	20	21	22						
	2	22	3	14	12	15	14	13						

4획성

성	4	4	4	4	4	4	4	4	4	4	4	4	4	4
명	1	1	2	2	7	7	9	9	9	9	11	11	11	11
	2	12	1	11	4	14	2	4	12	22	2	12	14	22
성	4	4	4	4	4	4	4	4	4	4	4	4	4	4
명	12	12	12	17	17	17	19	19	20	20	20	20	21	21
	1	13	21	4	12	14	2	12	1	11	13	21	12	14

5획성

성	5	5	5	5	5	5	5	5	5	5	5	5	5	5
명	1	1	2	2	8	8	8	8	8	10	10	10	10	11
	2	12	6	16	3	5	8	16	24	3	6	8	23	2
성	5	5	5	5										
명	12	16	18	20										
	6	16	6	13										

6획성

성	6	6	6	6	6	6	6	6	6	6	6	6	6	6
명	1	2	2	2	7	7	9	10	10	10	10	11	11	12
	17	5	15	23	18	25	9	5	7	15	23	7	18	5
성	6	6	6	6	6	6	6	6	6	6				
명	12	12	17	17	18	18	18	18	21	27				
	17	23	15	18	5	7	15	17	18	5				

7획성

성	7	7	7	7	7	7	7	7	7	7	7	7	7	7	7
명	1	8	8	8	8	8	9	9	10	11	17	18	22	22	22
	24	8	9	10	16	17	8	16	6	14	8	6	9	10	16

8획성

성	8	8	8	8	8	8	8	8	8	8	8	8	8	8
명	7	7	7	7	7	8	8	8	8	8	9	9	10	10
	8	9	10	16	17	5	7	9	15	17	7	16	5	15
성	8	8	8	8	8	8								
명	16	17	17	17	21	27								
	9	7	16	8	10	10								

9획성

성	9	9	9	9	9	9	9	9	9	9	9	9	9	
명	2	2	8	8	9	6	9	12	12	20	22	22	9	
	4	22	7	8	6	2	7	12	20	12	2	7	20	

10획성

성	10	10	10	10	10	10	10	10	10	10	10			
명	1	1	7	7	8	8	14	14	17	21	22			
	12	22	1	8	7	17	7	17	8	4	1			

11획성

성	11	11	11	11	11	11	11	11						
명	2	2	10	12	20	20	21	22						
	4	22	14	12	4	21	20	2						

12획성

성	12	12	12	12	12	12	12	12	12	12	12	12	12	12
명	1	1	1	1	1	9	9	9	11	12	12	12	12	12
	20	2	4	5	12	4	12	20	12	1	9	11	13	21
성	12	12	12	12	12	12	12	12	12	12	12			
명	17	17	19	19	20	20	20	21	21	20	20			
	4	12	4	6	5	9	13	4	12	1	3			

13획성

성	13	13	13	13	13	13	13	13	13	13	13	13	13	13
명	2	2	2	2	3	3	8	8	8	12	12	18	19	19
	33	13	16	22	2	22	3	8	16	4	12	14	16	20
성	13	13	13	13	13									
명	20	20	22	22	10									
	12	5	3	2	22									

14획성

성	14	14	14	14	14	14	14	14	14	14	14	14	14	14	14
명	1	1	1	1	2	2	2	2	7	7	7	7	9	10	10
	2	16	17	23	1	15	21	23	4	16	17	24	2	1	11
성	14	14	14	14	14	14	14	14	14	14	14	14	14	14	14
명	10	10	10	11	11	17	17	18	18	19	21	21	21	21	21
	15	21	25	7	4	7	4	7	3	2	2	3	4	17	4

15획성

성	15	15	15	15	15	15	15	15	15	15	15	15	15	15
명	1	1	1	1	2	2	3	8	8	9	9	10	10	10
	2	6	17	16	6	14	14	16	24	14	23	6	8	14
성	15	15	15	15										
명	18	18	20	20										
	6	14	3	17										

16획성

성	16	16	16	16	16	16	16	16	16	16	16	16	16	16
명	1	1	1	2	2	2	7	7	7	8	8	8	8	8
	7	14	15	5	13	23	8	3	6	7	5	13	15	17
성	16	16	16	16	16	16	16							
명	8	9	9	9	17	17	21							
	23	7	8	16	8	15	8							

17획성

성	17	17	17	17	17	17	17	17	17					
명	1	8	8	8	8	12	18	20	21					
	4	7	8	10	16	6	6	15	14					

18획성

성	18	18	18	18										
명	7	8	11	17										
	6	15	6	6										

19획성

성	19	19	19	19	19	19								
명	12	13	13	13	18	20								
	6	5	16	20	20	18								

20획성

성	20	20	20	20	20	20	20	20						
명	1	1	4	9	9	11	12	12						
	4	12	9	9	12	4	1	9						

21획성

성	21	21	21	21	21	21	21	21						
명	2	3	8	10	12	12	12	20						
	14	8	3	4	12	14	4	4						

22획성

성	22	22	22	22	22	22	22	22	22	22	22	22	22	22
명	1	1	1	2	2	2	2	2	9	9	11	9	10	10
	15	2	10	1	9	11	13	23	2	7	2	16	1	3
성	22	22	22	22	22									
명	10	13	15	19	7									
	13	2	10	16	10									

25획성

성	25	25	25	25	25									
명	7	8	10	12	20									
	16	8	6	4	13									

31획성

성	31	31												
명	2	2												
	14	4												

〈참고1〉 대법원에서 인정한 동자 · 속자 · 약자 색인

감	鑑	鑒	백	栢	柏	암	巖	岩	책	册	冊
강	强	強	번	飜	翻	연	煙	烟	청	晴	晴
개	個	箇	병	幷	并	염	艷	艶	청	靑	青
개	蓋	盖	병	竝	並	영	榮	栄	청	淸	清
검	劍	劒	병	昞	昺	예	叡	睿	청	請	請
고	考	攷	보	寶	宝	위	衞	衛	초	草	艸
관	館	舘	봉	峯	峰	이	彛	彝	총	聰	聡
광	廣	広	비	祕	秘	자	姉	姊	충	沖	冲
교	敎	教	삽	揷	插	잠	潛	潜	충	蟲	虫
국	國	国	상	床	牀	장	莊	庄	풍	豐	豊
긍	亘	亙	서	叙	敍	장	墻	牆	하	廈	厦
년	年	秊	서	棲	栖	점	點	点	학	學	学
덕	德	悳	서	壻	婿	정	靜	静	항	恒	恆
래	來	来	성	晟	晠	주	週	週	현	顯	顕
례	禮	礼	수	修	脩	진	晉	晋	혜	惠	恵
룡	龍	竜	수	穗	穂	진	瑨	晋	하	畫	畵
리	裏	裡	수	壽	寿	진	眞	真	확	確	碻
무	無	无	실	實	実	집	潗	潗	활	闊	濶
미	彌	弥	아	兒	児	찬	贊	賛	회	繪	絵
배	杯	盃	아	亞	亜	찬	讚	讃	효	效	効
배	裵	裴	안	鴈	雁	참	慚	慙	훈	勳	勲·勛

예 金志勳 (○) 金志勲 (○) 金志勛 (○)
崔眞實 (○) 崔真實 (○) 崔真実 (○)

〈참고2〉 대법원에서 인정한 동자이음 색인

인명용 한자	발음 인정 범위	인명용 한자	발음 인정 범위
車	거 · 차	率	솔 · 률
見	견 · 현	識	식 · 지
更	경 · 갱	拾	십 · 습
龜	귀 · 구 · 균	什	십 · 집
豈	기 · 개	樂	악 · 요 · 락
奈	내 · 나	瑩	영 · 형
茶	다 · 차	易	이 · 역
丹	단 · 란	辰	진 · 신
復	복 · 부	參	참 · 삼
狀	상 · 장	泌	필 · 비
說	설 · 열 · 세	行	행 · 항

※ '示' 변과 '礻' 변, '⺿' 변과 '艹' 변은 서로 바꾸어 쓸 수 있다.

예 福 = 福, 蘭 = 蘭

〈참고3〉 불용문자 예시

ㄱ	
갑	甲
강	江
개	介
결	決
경	京, 慶, 庚 (어떤 역학자는 모두)
계	桂, 系
곤	坤
광	光, 鑛
구	龜, 九
국	國, 菊
귀	貴
극	極
근	根
금	錦, 今, 琴
길	吉
ㄴ	
남	南, 男
ㄷ	
대	大, 代
덕	德

도	桃
돌	乭
동	東, 冬, 童
ㄹ	
락	樂
란	蘭
로	魯
료	了
ㅁ	
마	馬
만	滿, 萬
말	末
매	梅
명	命, 明
무	武
묵	默
문	文
미	美, 未
민	敏
ㅂ	
법	法
병	炳, 丙, 柄, 秉
보	寶
복	福
봉	鳳, 峯
부	富
분	分, 粉, 芬
불	不
ㅅ	
사	絲, 四

산	山
삼	三
상	上, 霜
생	生
석	石, 錫
선	仙
설	雪
성	星
소	笑
송	松
쇠	釗(힘쓸 쇠)
수	壽, 洙
숙	淑
순	純, 順
승	勝
시	時
식	植
신	新, 伸, 辛
실	實
심	心
ㅇ	
암	岩
애	愛
양	良
여	女
연	蓮, 連
열	烈
영	榮, 英, 泳
예	禮
오	五

옥	玉, 沃
완	完
외	外
용	龍
우	隅, 雨
운	雲
웅	雄
원	元, 遠
월	月
유	留
은	銀, 殷
의	義
이	李, 伊, 二
인	仁
일	日, 一
임	任
ㅈ	
자	子
장	長
재	宰, 載, 栽, 哉, 裁, 在
점	鮎, 占
정	貞, 晶
종	宗
주	柱, 珠
죽	竹
중	仲, 重, 中
지	地, 枝
진	鎭, 眞, 進, 珍
ㅊ	
창	昌
천	天, 川, 千
철	鐵
청	淸
초	初
추	秋
춘	春
충	忠
칠	七
ㅌ	
태	泰, 兌
ㅍ	
팔	八
평	平
폐	廢
풍	豊
ㅎ	
하	夏
학	鶴
한	韓
해	海
행	幸
향	香
호	虎, 鎬, 好
홍	紅
화	花, 華
효	孝
훈	勳
휘	輝
희	喜, 姬, 熙, 憙, 嬉, 僖

제5장
팔십일수 영동운

1. 팔십일수八十一數 영동운靈動運

1. 팔십일수八十一數 영동운靈動運

1수 태초격太初格 시두운始頭運

삼라만상의 기본수요 우주 본원의 기초수로 만사의 시작과 출발을 나타내는 최상의 길상수다. 만물이 소생하는 길상수로 유의, 유덕하며 고귀한 인격은 세상사를 통달하고 발전해 부귀와 명예가 몸에 따르는 대길한 수이며 성공하여 부귀공명하고 장수한다.

2수 분산격分散格 고독운孤獨運

타고난 재능을 발휘해 잠깐 부귀 영화를 누릴 수 있겠으나 파란이나 분리, 고독, 근심, 조난, 불구, 불안, 공허, 조업, 파산, 재액 등이 따른다. 부부와 인연이 박하고 자녀와도 생리사별할 수 있는 수로 일찍이 고향을 떠나 고독과 수심으로 허송세월하게 된다. 고독하고 번뇌하며 단명할 수도 있다.

3수 명예격名譽格 복록운福祿運

음양 성형의 길수로 지혜가 뛰어나며 자식이 영준하고 도량이 바다와 같다. 명철한 두뇌와 용감무쌍한 과단성, 활동적인 천성에 힘입어

대업을 이루고 입신양명해 만인이 부러워하는 지도적인 인물이 될 수 있다. 지모와 함께 결단력과 실천력으로 성공하며 성격은 온후하며 침착하고 예민하다.

4수 사멸격死滅格 파괴운破壞運

독립심이 부족하며 하는 일마다 실패한다. 매사가 용두사미가 되는 격으로 일시적인 성공도 중도에 실패해 패가망신하니 고생이 많다. 배우자와도 불화해 이별하고 대흉수로 병난, 조난, 변사, 단명 등이 우려된다. 강인한 정신력으로 극복하면 곤궁한 삶은 살 수 있다.

5수 통어격統御格 명재운名財運

음양 화합의 길수로 성격이 온후해 대외적인 활동에 길하고 지와 덕을 겸비해 배우지 않아도 자습으로 이치를 터득할 수 있다. 일가가 흥성하며 명진사해하니 부귀영화를 누리며 장수한다. 심신이 건전하고 재물과 권위가 겸진하는 대길수다.

6수 계승격繼承格 덕후운德厚運

온후 독실한 기풍으로 만인과 화애한다. 천성이 온후하며 확고한 신념과 노력으로 사회적 대업을 성취하여 부귀영달하는 수다. 성공과 발전이 따르고 하늘의 덕과 땅의 상서로움으로 재록이 풍성하며 가정이 화락하여 천부적인 행복을 누린다.

7수 강성격剛成格 발전운發展運

명석한 두뇌와 지혜로서 독립심이 강하며 확고부동한 신념과 군센 의지로서 만인의 지도자가 될 수 있으며 자기의 노력으로 어려움을 극복하고 인내로 노력하여 대업을 성취하여 성공한다. 다만 자존심과 고집이 지나치게 강하여 친화력이 부족하고 부부간에 불화하기 쉬우니 타인과도 친화적인 사고에 노력해야 한다.

8수 발달격發達格 전진운前進運

외유내강의 성격으로 개척 정신과 인내심이 강하다. 어려운 난관을 극복하고 대업을 성취하여 명예와 부를 자수성가할 수 있는 길한 수이다. 그러나 신경이 날카롭고 독단적인 성격으로 주변 사람들과 불화할 요소도 지니고 있다. 의지가 강건해 독립적이고 노력한 만큼 부귀와 명예를 공유할 수 있는 수이다.

9수 종국격終局格 시휴운時虧運

타고난 지혜와 민첩한 수완과 기질로 일시적인 성공은 거둘 수 있으나 중도에 좌절하여 매사가 실패할 수 있으며 경제적 지위와 사회적 위치가 불안한 수이다. 조실부모하고 부부와 자식간에 생사 이별하니 고독하다. 심하면 단명할 수도 있다. 일생이 곤궁하다.

10수 귀공격歸空格 공허운空虛運

재능이 있어도 노력한 만큼의 결과가 없다. 부모 덕이 없고 시작은 많으나 용두사미가 되고 만다. 의욕이 앞서 좋은 기회도 놓친다. 질병, 조난, 병약, 형벌 등으로 고생할 수 있으며 처자식과 이별할 수도 있다. 가정적으로 곤궁함을 일생 동안 면치 못한다.

11수 갱신격更新格 재흥운再興運

판단력이 풍부하고 창의력이 뛰어나다. 명철한 두뇌, 이지적인 사

고, 진취적인 기상으로 목적을 달성한다. 음양 화합수로서 만사형통하고 매사가 순조로우며 가문이 번창한다. 부귀와 명예가 일생 유지된다.

12수 박약격薄弱格 고수운孤愁運

변덕이 심하고 까다롭다. 신중하고 사색적이지만 현실성이 떨어진다. 소극적인 약한 의지로 인해 매사가 진행이 미흡하며 어려운 처지에 놓인다. 재치와 기량으로 조금은 성과가 있겠지만 파란 많은 생활이 예상된다. 가족연이 박하여 부부 상별할 수 있고 특히 여자는 과부가 되거나 형식적인 부부생활을 하게 된다.

13수 총명격聰明格 지달운智達運

명철한 두뇌가 있어 사고력이 깊으며 이지적이다. 처세술에 능통하고 학문과 예술 중 어느 분야에 진출해도 성공을 거둘 수 있다. 탁월한 지략으로 대업을 이루고 입신양명하니 가문의 발전과 부귀함이 충만해 행복한 가정 생활이 보장된다. 무에서 유를 창조하는 천복이 따르는 매우 우수한 수리수이다.

14수 이산격離散格 파괴운破壞運

지혜와 능력은 갖추고 있으나 재앙이 뒤따라 노력에 비해 성과가 없고 매사가 뜻대로 되지 않는다. 중도에 좌절과 실패를 당한다. 가정운도 좋지 않아서 부부나 자녀와 생리병사로 고독하며 단명할 수도 있다.

15수 통솔격統率格 복수운福壽運

인덕과 복덕으로 대업을 성취한다. 가정운도 매우 좋아 부부간에 화목하고 항상 재물이 풍성하며 부귀쌍전하고 복수겸전하다. 자립으로 대성하여 상하의 신망을 얻는다. 온순하고 아량이 깊으며 덕이 높아 여러 사람에게 추앙을 받는다. 부귀영화와 수복이 무궁한 길수이다.

16수 덕망격德望格 유재운裕財運

흉이 면하여 복이 된다. 인망과 재록이 풍성한 격이다. 대업을 성취해 부귀공명을 누리는 길수이다. 항상 길운만을 맞이하는 기회를 가지며 가정에 복록이 따르게 되니 부부가 화목하고 자손이 번창한다. 여러 사람의 인덕으로 큰 성공을 이루게 되며 천성의 인자함과 천복으로 가문이 번영하는 대길수이다.

17수 용진격勇進格 창달운暢達運

의지가 견고하여 만난을 극복하고 큰 일을 이룬다. 자립으로 대성하여 이름을 천하에 알리고 여러 사람의 존경을 받는다. 특히 관록운이 강하고 해외운이 좋아 외국에서 명예와 부를 얻으니 부와 귀함이 세상에 부러울 것이 없는 길한 수이다.

18수 발전격發展格 융창운隆昌運

의지와 노력이 강하며 강한 의지로서 대업을 수행해 부귀영달하며 뭇사람의 존경을 받아 사회적으로 지위에 오르고 양명사해하는 길 격이다. 역경을 만나도 굳은 신념과 의지로서 끝내는 성공을 이루고 명예와 재물을 성취하며 주위 사람들로부터 존경과 신망을 얻고 탁월한 실력을 발휘하게 되는 대길수이다.

19수 성패격成敗格 병악운病惡運

뛰어난 지모로 대업을 성취할지라도 노력한 만큼의 결과를 기대하기 어렵고, 두뇌가 명석하고 결단력도 있으나 성공을 하여도 일시적인 성공에 불과하며 시작은 많아도 끝이 좋지 않다. 조난, 병난, 불구, 폐질, 형액, 단명 등 흉조가 있다. 육친의 덕이 없어 부부 자식과 생사 별리하기 쉽다.

20수 공허격空虛格 허망운虛妄運

일시적으로 성공하더라도 실패로 끝난다. 심신이 허약하고 육친이 부덕하여 부부나 자녀간에 생사 이별하고 형액이나 병사 등으로 단명에 이르는 흉운이다. 삶이 고독하고 매사가 재앙이 뒤따르니 자질과 재능이 있어도 빛을 보기 어렵다. 한시도 편할 날이 없으니 매사가 고달프고 허망해 일생이 고독하고 어렵게 살아가는 매우 흉한 수리수이다.

21수 자립격自立格 두령운頭領運

광명 존귀의 호운격으로 부귀 공명하고 명진사해하는 대길수이다. 탁월한 지모와 덕량은 만인의 신망을 받기에 부족함이 없다. 의지가 완고하며 매사가 의욕적이고 진취적이므로 주변 사람들로부터 신망을 얻는다. 어떠한 어려움이 닥쳐도 능히 지혜롭게 극복하고 대업을 성취한다. 여성에게는 남편운은 유리하지 않으나 사회 활동에 나서면 명망을 얻을 수 있다.

22수 중절격中折格 단명운短命運

뜻하는 바가 중도에 좌절되니 성공하기는 어렵다. 형액, 조난, 실패

등으로 역경에 처하며 가정 생활이 불길하여 처와 자식과 상별하게 된다. 자신도 질병에 시달리거나 단명하게 되는 불길한 수이다. 성격이 편협하고 독립심이 없다. 학생의 경우 학업을 중도에 포기하게 되거나 전반적으로 정체되어 운이 하락하게 되는 불길한 흉수이다.

23수 혁신격革新格 왕성운旺盛運

욱일승천의 왕성운으로 명철한 두뇌와 풍부한 덕량으로 권위가 왕성하며 대중의 신뢰와 존경을 받아 부귀와 명예를 누린다. 뜻이 원대하고 넓은 도량과 이해심으로 주변 사람들의 도움을 얻으며 인기와 명망이 높다. 인내심과 성실성으로 큰 뜻을 이루고 이름을 날릴 수 있는 대길 수이다. 여성은 다소 강한 수이나 사회 활동에 참여할 경우 큰 성공을 거둘 수 있다.

24수 출세격出世格 축재운蓄財運

지모와 재략이 출중하다. 두뇌가 뛰어나고 인화력이 출중해 주변의 신망을 한몸에 얻는 길격이다. 불굴의 노력으로 점진적인 성공을 이루어 대업을 완수하고 그 공명함이 천하에 알려지는 대길수로서 무일푼으로 점차 재물을 쌓아 부귀 영달하는 재성 대길운이다. 독립심이 강하고 외유내강한 성품으로 실속을 추구하니 원하는 목표를 달성해 가고 부부 백년 해로하고 자녀 또한 번영한다.

25수 안강격安康格 재록운財祿運

영민하고 재주가 뛰어나다. 우수한 추진력과 능란한 수완으로 자수성가해 대업을 달성하고 모든 일이 형통한다. 명예와 재물을 함께 소유하는 행복의 대길수이자 재록이 풍성한 재성운의 수이다. 가정이

화평하고 부부가 해로하니 안정적인 가정 생활을 이끌어 갈 수 있다. 일생을 큰 변화나 어려움 없이 평탄하게 살게 되고 성실하고 노력을 아끼지 않으므로 매사가 순조롭게 만사 형통한다.

26. 만달격晩達格 영웅운英雄運

성공은 일시적이고 노력에 비하여 결실이 적다. 항상 분주하고 매사가 허망하며 고생이 뒤따른다. 부모 덕이 없고 인간 관계가 사교적이지 못하며 좌절과 불운이 계속되어서 배우자나 자녀와 이별하고 불행의 풍파가 연속적으로 끊이지 않으며 부부 불화하고 자식과도 덕이 없는 불운한 일생이 곤궁하고 적막하다.

27수 대인격大人格 중절운中折絕運

강한 자부심과 추진력으로 매사에 전진하며 최선을 다하지만 인덕이 없고 강한 성격 때문에 주위의 구설수에 올라 시비 · 분쟁 등 비난이 뒤따른다. 좌절과 실패가 반복되며 가정운이 적막하여 이별이 따르고 성공을 이룬다 해도 잠깐일 뿐 실패를 맛보게 됨으로써 일생이 곤궁하다. 주변 사람들과 원만한 관계를 유지해 나가는 노력이 필요하다.

28수 풍파격風波格 파란운波瀾運

파란 많은 조난 운으로 일시적인 성공도 물거품이 된다. 조실부모, 불화쟁론, 좌절, 형액, 비난, 상해, 불구, 변사, 부부와 자식간의 생사이별 등 예상치 못한 난관에 부딪혀 파란만장한 삶을 살게 되는 일이 허다하다. 이상과 현실 사이에서 고민하고 일생이 적막하고 고독하며 고통스럽다.

29수 성공격成功格 향복운享福運

지혜와 사람됨이 뛰어나고 모든 면에 능숙하다. 왕성한 활동력과 투지로서 대업을 달성해 부귀공명하고 사회적 지위를 획득하게 되는 명망이 있는 수이다. 재주가 뛰어나고 지혜가 출중하니 처세술에도 능하다. 재산과 권력, 명예를 함께 얻을 수 있으며 어떠한 고난도 없다. 처음부터 눈부신 발전으로 부귀 영화를 누리고 자손까지도 번창하는 대길수이다.

30수 불측격不測格 불안운不安運

일시적인 성공도 물거품이 된다. 왕성한 활동력으로 매사를 의욕적으로 진행하지만 끈기가 없고 신경질적이어서 성공과 실패가 반복되고 예기치 못한 재난과 풍파로 일생이 곤궁하다. 가정운도 없어 부부불화하고 자식과도 이별하는 부침이 심한 흉수이다. 여성은 고집이 강해 배우자나 자녀와 많은 다툼을 한다.

31수 세찰격世察格 흥가운興家運

지혜가 있고 성품이 어질며 용맹하다. 대내외적으로 발전이 있고 견실하며 자주 정신과 독립심이 강해 성공적인 삶을 살게 된다. 의지가 곧고 바르며 통찰력이 우수해 대인 관계도 원만하다. 지도적인 자질을 겸하였으니 만인을 통솔하고 다스림에 부족함이 없다. 주변의 신망과 존경을 받으며 학문과 예술 분야에 소질이 있고 교육계나 정계에 입문해도 크게 성공할 수 있다. 위기 관리 능력도 탁월하며 부귀함과 명성이 그치지 않는다.

32수 순풍격順風格 왕성운旺盛運

순풍에 돛을 단 배 격으로 만사가 형통하다. 명예와 의리를 생명으로 알고 생활한다. 모든 사람의 도움으로 추앙을 받으며 귀인의 도움으로 대업을 성취해 성공한다. 의학 · 문학 · 법학 · 경영 분야에도 진출하면 성공할 수 있고 예술 계통에도 성공할 수 있으며 매사가 순조로워 평생 행복한 삶을 살 수 있다.

33수 등룡격登龍格 융성운隆盛運

빛나는 태양이 하늘로 떠오르는 형상의 수다. 자신감과 자존심이 강하고 지모가 출중하여 두각을 나타내며 큰 뜻을 품고 대업을 달성하여 권세가 충천하니 만인의 추앙을 받고 명성이 천하를 진동한다. 자신 있는 예지력으로 기회를 포착하여 성공으로 이끈다. 성격이 강하고 투명하여 타인과의 경쟁 상대가 잘 되나 큰 덕을 쌓아간다면 무리 없는 훌륭한 지도자로 일평생 공명할 수 있다.

34수 변란격變亂格 파멸운破滅運

만사가 쇠퇴하고 파멸하는 운으로서 재화가 속출해 만사가 해를 입어 화란을 초래한다. 일시적인 성공도 실패로 이어지고 처자식과도 상별하며 심지어는 형액으로 패가 망신하는 등 흉운이 속출된다. 파괴와 파멸로 파란 많은 인생을 살고 특히 여성은 남편과 이별 아니면 사별을 면하기 어렵고 주위 사람들에게도 피해를 준다.

35수 태평격泰平格 안강운安康運

지달하고 유능하다. 감성이 풍부하고 끈기가 있으며 성실한 성품으로 주변의 신망이 두터운 수이다. 인덕이 많고 지혜가 뛰어나 하는 일에 크게 성공할 수 있고 온순한 성품에 감성적이어서 문예 · 학술 · 예술에도 진출하면 크게 성공할 수 있다. 사회적으로 큰 발전에도 아무런 어려움이 없다. 가정 생활이 원만하고 부부 화합하니 가정도 화목하고 자손도 번창하여 그 영화로움이 끊이지 않는다.

36 영웅격英雄格 파란운波瀾運

의협심이 강하고 독립심도 강하나 파란 곡절이 너무 많다. 영웅적인 기질은 있으나 대업을 성취하지 못하고 곤란과 고통으로 곡절이 많은 인생이다. 부모 덕도 없고 재운도 약하여 노력을 많이 해도 결실이 따르지 않으며 금전으로 인한 근심과 재난이 따르고 가정운도 적막하여 일생이 곤궁한 흉수이다. 여성은 결혼해도 실패하며 좋은 남편을 만날 수 없는 흉수이다.

37수 정치격政治格 출세운出世運

충실하고 강한 결단력으로 천하의 어려운 일도 처리하고 대업을 성취해 명성이 진동하는 영웅운으로 천부의 행복과 부귀영예를 향수하는 대길수이다. 지모와 모략이 탁월하고 매사가 공평무사하니 주변으로부터 아낌없는 신망을 얻는다. 부귀와 명성이 함께 따르니 결코 아쉬울 것이 없다. 재물이 풍요로우며 자손이 번영하고 가정도 평화롭다. 여성은 현모양처의 길수이다.

38 문예격文藝格 학사운學士運

두뇌가 총명하고 재능이 뛰어나다. 성품이 온화하고 의지가 굳으며 끈기 있는 노력으로 어려움을 극복하고 대업을 성취하여 성공하는 수이다. 문학 · 예술 · 창작 · 발명 등으로 큰 뜻을 성취할 수 있으며 매

사가 순조로워 사회적으로도 지위에 올라 만인의 부러움을 산다. 부부운도 좋아 건강하게 장수하는 대길수이다.

39수 장성격將星格 지휘운指揮運

높은 인격과 품위를 갖추어 기회를 만나 파죽지세로 대성한다. 천성이 고결하여 인격적으로 존경을 받게 되며 모든 일을 계획하고 실천하는 민첩성이 있어 파죽지세로 성공하며 만인을 통솔하는 격이다. 사회적으로 출세를 보장받으며 가정적으로도 복록이 있어 부부 사이에 정이 좋으며 자손이 대대로 번영할 기초를 마련한다. 다소 역경이 있더라도 지혜와 인내로 위기를 모면하면 안정적인 삶으로 전환된다. 여성은 강한 운으로 남편을 다소 극하는 면이 있다.

40수 변화격變化格 공허운空虛運

일시적인 성공도 물거품이다. 조업을 지키기 어렵고 투기적 허욕으로 패가망신하는 수이다. 인덕이 부족해 하는 일마다 실패를 면하기 어렵고 주변 사람으로 인해 어려움을 겪게 되는 일이 허다하다. 하는 일마다 실패가 반복되어 좌절이 뒤따르며 노력만큼의 결실이 따르지 않는 불행이 온다. 부부상별하고 실패, 파직, 형액, 파산 등의 액운을 겪게 되어 말년이 고독하고 곤궁하다.

41수 고명격高名格 제중운濟衆運

인품과 지모를 겸비했다. 영명준수한 인품으로 현출하여 제중의 대망을 품고 실천하는 운의 수이다. 지도자의 자질이 풍부하고 대망의 포부를 가졌으며 사회적인 명망과 인품을 한몸에 얻을 수 있는 길 격이다. 강한 의지와 담력을 지녔으며 재물과 덕망을 갖추었음으로 세인의 존경과 명성을 얻으니 지도자로서 제도중생하여 그 역할을 충분히 한다. 여성은 남편의 덕과 귀한 자손과 인연이 있는 길한 수이다.

42수 신고격辛苦格 수난운受難運

박학다식하고 지혜와 재주가 뛰어나 한 일에 전념하면 성공할 수 있다. 그러나 잦은 변동으로 한 가지 일에 전념하기 힘들고 질병이나 형액 등을 모면하기 어려운 수이다. 지혜가 출중하여도 좋은 운을 만나기 어렵고 노력에 비해 결과가 미흡하므로 매사가 중도에 좌절된다. 실천력이 없어 결정적인 기회를 놓치는 등 일에 시작은 있어도 용두사미로 항상 아쉬운 흉수이다.

43수 성쇠격盛衰格 산재운散財運

일시적인 성공으로 행복한 것 같지만 내면은 곤고하고 실의와 불의의 재난 산재의 파란을 겪게 된다. 겉은 화려하고 좋아 보여도 내면의 세계는 부실하고 실속이 없어 손해 보는 일이 많다. 주변 사람들에게 이용을 잘 당하는 흉운이다. 비록 지혜와 모략이 뛰어나나 의지와 결단력이 약해 항상 실패한다. 여성은 가정이 적막하고 자녀와도 이별하는 흉수이다.

44수 침마격侵魔格 파멸운破滅運

일생 동안 끊임없는 재앙으로 평탄하지 못한 삶을 살게 된다. 일시적인 성공은 잠깐이고 하루 아침에 파멸할 수 있는 수로서 모든 일이 병난, 불구, 돌발 급격, 가정 이간, 단명 등의 흉운을 늘 암시하고 있는 흉격이다. 신경이 예민하고 기초가 불안하여 일을 진행하여도 끝까지 하기 어렵고 진행된다 하더라도 예기치 못한 돌발 사고로 인해 공사

가 허망하는 등 일생이 적막하다.

45수 대각격大覺格 현달운顯達運

뛰어난 지모와 덕량으로 순풍에 돛단 듯이 잔잔한 물결 위를 항해하니 대업을 성취하고 명성과 부귀함이 하늘에 닿으며 선견지명이 있어 만인의 사표가 되는 길격이다. 고귀한 인격과 만인의 신망과 지덕으로 모든 일을 현명하게 처리하여 마침내 대의대성하게 되니 가정이 화평하고 태평세월이다.

46수 미운격未運格 비수운悲愁運

때를 만나지 못한 영웅이며 진흙 속의 구슬이다. 만사가 여의치 못하여 곤궁하다. 어두운 밤에 길을 가는 나그네 같아 답답한 마음에 탄식만 하는 불길한 수이다. 병약과 고독으로 단명에 이르는 불행을 암시하는 흉수이다. 비록 포부와 이상이 있다한들 의지가 약하고 실천성과 융통성이 부족하니 성공하기가 매우 어렵다. 뜬구름 허무한 마음으로 깊은 수심에서 벗어나지 못하고 일생이 적막하다.

47수 출세격出世格 득시운得時運

꽃피는 형상으로 천부적인 행운을 만나 순조롭게 성공하여 재산이 풍부하고 자손이 번영할 수 있는 기초가 됨은 물론 곧은 성품과 온유한 심성으로 주변 사람들로부터 신망을 얻는 군계일학의 타고난 지도자적 재능이 있다. 맡은 바 책임을 완수하고 매사에 성실하고 정직함으로 명예와 권세를 함께 얻는다. 부부가 해로하며 건강하게 장수한다.

48수 제중격濟衆格 영달운榮達運

지모와 재능이 있으며 견고하고 인덕이 있어 만인을 제도하는 위치에 올라 이름을 떨친다. 한평생을 태평성대하고 인덕이 많아 주변에 도와주는 사람이 많으며 직장운 · 사업운 · 명예운이 좋다. 가정적으로 부부 화합하고 자손도 번영할 수 있는 기초를 마련하고 부귀 장수하는 길수이다.

49수 변화격變化格 성패운成敗運

길하면 공명영달하고 흉하면 재액이나 재앙이 속출한다. 변화가 상반되는 운성으로 대길하거나 대흉으로 전락되는 운수이다. 비록 특출하고 영특한 재능으로 자수성가를 한다 해도 다시 실패를 하는 변화무쌍한 운의 수이다. 심리 상태가 불안정하고 자신감이 결여되기 쉬우므로 쉽게 좌절을 당하게 된다. 주거 이동이 잦고 직업 변동도 잦으므로 매사가 불안정한 흉수이다. 여성은 더욱 흉한 수이다.

50수 상반격相半格 길흉운吉凶運

한 번은 성공할 수 있어도 멸망의 징조가 있어 일시적인 성공도 공허에 빠진다. 약하고 자립 정신이 없으면 심신이 허약하여 운이 따르지 않고 경제적인 어려움과 고통 속에서 가족이 이산하고 애정이 결핍되어 부부간 이별수가 있으며 패가 망신한다. 형액, 조난, 병난, 살상, 재화 등을 일으키는 노후가 적막한 흉수이다.

51수 길흉격吉凶格 성패운成敗運

일시적인 성공 운이 있으나 파란 많고 변동이 심하여 일장춘몽이 될 수 있다. 강건한 기상과 불굴의 투지, 끈기 있는 노력으로 각종 어

려움을 극복하면 대업을 성취할 수 있다. 처자와도 인연이 있으나 부침이 심하고 좌절과 실패, 곤궁한 액운으로 흉수이다.

52수 승룡격昇龍格 시승운時乘運

무에서 유를 창조하니 자수성가하고 대사를 성취할 수 있으며 대학자나 정치가를 배출할 수 있는 길수이다. 선견지명이 있어 큰 일을 도모함에 있어 그 지혜로움을 따를 자가 없으며 어떤 어려움에 봉착하더라도 절망함이 없이 불굴의 정신으로 이겨낸다. 매사 거듭할수록 성장을 이루니 온 세상에 가득하게 되는 길한 수리수이다.

53수 내허격內虛格 반길운半吉運

겉으로 보면 화려한 것 같으나 실속이 없고 허영심이 많고 책임감이 없으며 외부내빈 격이다. 완강한 성질이 있어 목적은 달성하나 박약불함의 흉수이다. 생각과 행동이 일치하기 어렵고 성품이 심약하여 현실적인 것과 거리가 먼 이상주의적 발상에 사로잡혀 발전되는 일이 없다. 삶에 굴곡이 심하여 부부 생리이별하고 재앙이 많은 불길한 흉운의 수리수이다.

54수 무공격無功格 패가운敗家運

의지가 약하여 이루는 일이 없다. 부모 덕이 없어도 일시적인 성공은 누릴 수 있다. 허영심이 많고 고집이 강하며 끈기도 없다. 불행하여 근심과 고난이 끊이지 않으니 모든 것이 일시에 사라진다. 계획하는 일마다 장애가 생기고 근심과 걱정이 끊이지 않는다. 일생이 고독하고 적막하다.

55수 미달격未達格 불안운不安運

겉으로는 매우 융성하며 행복한 것 같지만 내적으로는 근심과 재앙이 많다. 파산과 병고가 따르고 남녀 모두 가정적으로는 부부 이별의 비애와 병약이 따른다. 역경이 닥칠 때는 인내력이 부족하여 쉽게 좌절하고 성급한 결단을 내려 일시에 무너져 버리는 결과를 초래한다. 위험을 모면하기 어려운 수이다.

56수 한탄격恨歎格 패망운敗亡運

실천력이 없고 진취력이 부족하다. 두뇌는 명석하나 남의 일에 참견을 잘하고 말만 앞세우며 실천력이 없다. 용기와 인내심이 부족하여 매사에 좌절을 겪으며 노력만큼의 결실이 적어 심신이 고달프다. 매사에 실패가 많으며 손실과 재화, 망신, 고난 등의 액운이 뒤따른다. 일평생을 고난과 고통 속에 머물게 하는 흉수이다.

57수 봉시격逢時格 강성운剛盛運

재주와 지혜를 겸비하여 만사가 형통한다. 인정이 많아 어려운 사람을 도와주는 성격으로 대인 관계가 원만하다. 끈기 있는 노력으로 매사에 철저하고 원만한 처세술로 주변의 도움을 받으므로 부귀영화를 누린다. 어려운 고난은 잠깐이고 불굴의 정신과 노력으로 대업을 성취한다. 가정에 만복이 깃들고 부부가 유정하며 자손도 번영의 기초를 마련할 수 있는 대길수이다.

58수 선곤격先困格 후복운後福運

패가망신한 후에 조금씩 길해진다. 처음에는 고난과 역경으로 고생을 면하기 어려우나 인내와 끈기로 이를 극복하게 되고 말년으로 갈

수록 그동안 노력한 일들이 조금씩 아름답게 결실을 맺어 성공을 거두니 대기 만성형이라 할 수 있다. 맡은 일에 책임을 다함으로 결국 행복한 여생을 마칠 수 있다.

59수 재화격災禍格 불성운不成運

인내와 용기, 의지가 부족하니 모든 일이 어렵다. 재앙이 속출하여 역경에 빠져 가산을 탕진하는 비운의 수리수이다. 가족간의 인연이 박약하여 도움을 받을 수 없고 오히려 불화가 잦아 손실과 파산의 지경에 이른다. 한번 재난이 생기면 그것을 극복하기도 전에 다른 어려움이 또 발생하여 더욱 힘들게 되니 아무리 노력을 하여도 고독하게 생을 마감하게 되거나 병마에 시달리게 되는 흉격의 수이다.

60수 동요격動搖格 재난운災難運

어둡고 불안하다. 매사가 중심이 없고 하는 일이 잘 이루어지지 않는다. 망망대해에 외로운 쪽배처럼 병약·단명 등의 흉재를 초래하는 운의 수이다. 어디에도 안주할 수 없는 심한 이동과 변동으로 고통을 당하고 실패를 거듭하나 한 가지 일도 이룸이 없다. 가족간의 인연도 박하여 일생을 외롭고 고독하게 지내게 되는 흉수이다.

61수 이지격理智格 재리운財利運

지혜가 있어 명예와 재물을 얻고 부귀영화를 누린다. 견고한 지조와 결단성이 있고 신망을 얻게 되면 능히 목적을 달성하여 부귀안정한다. 사회적인 신망이 두터워 만인의 사표가 되고 재물과 명예를 겸비하게 되니 사업으로 대성을 이룬 후 정치계에 진출하여 노력한 만큼 성과를 얻게 된다. 부귀와 명예를 함께 이룰 수 있는 길 격의 수리

수이다.

62수 화락격花落格 쇠퇴운衰退運

사회적 권위와 신용도 패가망신한다. 운기가 쇠퇴하여 만사가 불성이요, 병약, 곤고 등이 따르는 흉수이다. 하는 일마다 실패를 거듭하고 사회적으로 신망을 얻기 어려우니 심신이 고달프다. 산 넘어 산이다. 힘겨운 성공을 이루면 예기치 못한 재앙으로 사면초가에 막막함이 더해가니 일생이 답답하고 적막함이 끝이 없다. 부부 생리사별하고 먼 타향에서 무위도식하는 삶을 산다.

63수 순성격順成格 발전운發展運

사교성이 좋으며 매사에 적극적이다. 인덕이 많으며 원만하고 포용력있는 처세로 귀인의 협조를 얻어 매사를 성공시키며 재난이 닥쳐도 불굴의 정신과 끈기로 이겨내니 그 풍요로움이 크다. 기품과 재략이 뛰어나고 부귀와 공명을 함께 얻을 수 있는 길한 격이다. 일생 동안 행운이 함께하니 귀인들도 많다. 부부해로하고 일생이 행복하다.

64수 봉상격逢霜格 쇠멸운衰滅運

운기가 쇠퇴하여 패망한다. 두뇌는 명석하나 하는 일마다 불황과 침체가 거듭되어 재물이 손실되고 명예도 잃고 만다. 의욕만 앞세워 일을 하니 시작은 있으나 마무리는 어렵고 무리한 결단력으로 중대사를 그르치니 한평생 굴곡이 심한 파란 많은 삶이다. 실패가 계속되므로 근심과 질병이 떠날 줄 모르고 계속 재난과 명예의 손실이 온다.

65수 휘양격輝陽格 흥가운興家運

적극적인 노력으로 대업을 성취한다. 상당한 지위에서 만인을 지휘하며 가문이 번창하는 수복강녕한 길상의 수이다. 성품이 온화하고 마음이 너그러우며 신의와 성실로 주변 사람들의 신망을 받으니 모든 일이 뜻대로 순조로워 재물과 명예가 부족하지 않다. 부부가 유정하고 자손까지 복 받으니 한평생이 행복 안락한 일생이다.

66수 암야격暗夜格 실등운失燈運

어두운 밤에 등불을 잃은 격으로 진퇴양난에 전도가 암담하며 재화가 속출하고 가정이 불안 패가망신한다. 주변 사람들에게도 배신을 당하여 손해를 보게 되며 부부간의 불화로 이별이 뒤따르고 매사가 재앙이고 실패가 뒤따르니 일평생 불행이 그칠 날이 없다.

67수 천복운天福運 영달운榮達運

강함과 부드러움을 겸비했다. 자존심이 강하며 고집도 있다. 그러나 도량이 넓으며 낙천적이고 활동적이며 인내심도 강하다. 매사에 막힘이 없고 한때 실패가 있더라도 다시 딛고 일어나 더 큰 성공을 이루며 모든 일들이 순조롭게 발전하고 가세가 번창한다. 남녀 모두 부부유정하여 평생 동안 행복을 누리며 부귀장수한다.

68수 명지격明智格 발명운發明運

지혜와 창의력이 뛰어나며 깊은 추리력과 예리한 관찰력으로 매사에 신중하고 치밀한 계획에 의하여 실천하는 수이다. 창조력과 재능이 우수하여 치밀한 계획과 용의주도한 실천으로 큰 성공을 거둔다. 많은 사람들의 신망과 존경을 받아 부귀를 누리며 대외적으로 출세가도를 달리고 가정적으로 부부유정하니 천하에 부러울 것이 없다.

69수 종말격終末格 정지운停止運

모든 일에 실패한다. 시작은 그럴 듯하나 점차 운이 쇠퇴하여 모든 일이 불안전하고 인덕이 없어 의지할 대상이 없다. 가족이 흩어져 부부는 융화하지 못하고 고독하게 지낸다. 병약, 고난, 단명, 악운을 유도하는 수이다. 마음이 항상 불안하고 근심이 끊이지 않으니 의지가 박약하고 우유부단하여 제대로 일을 처리할 능력을 상실한다.

70수 공허격空虛格 암야운暗夜運

매사가 흉하여 근심과 걱정이 끊이지 않으니 모든 일에 자신감이 없어 주변에 늘 걱정거리가 생긴다. 부부운마저 악연으로 서로 원수처럼 생각하는 등 형액, 불구, 횡사, 단명의 비참한 운세를 맞이할 수도 있다. 계획하는 일마다 진행되는 일이 없으며 사방을 둘러보아도 적막할 뿐 한숨 그칠 날이 없다. 부모 형제 덕도 박하여 일생이 곤궁하다.

71수 견실격堅實格 발전운發展運

착실한 성품에 용모가 준수하다. 언행과 행동이 일치하며 매사가 순조로워 하는 일마다 성공한다. 사회적으로 능력을 인정받아 만인의 부러움을 산다. 비록 선천운이 약하여 초년에 역경을 겪을 수 있으나 능히 극복해내고 자수성가하여 대업을 이루니 만사가 대길하다.

72수 상반격相半格 후곤운後困運

선부후곤이라 전반은 행복하나 행복은 잠깐이다. 처음엔 뜻하는 바대로 만사가 순행하여 순조로운 삶을 보내지만 중반 이후부터는 돌발

적인 사고와 재난으로 그동안 이루어 놓은 부와 명예가 한순간에 실추된다. 남은 여생이 고달프고 적막하다.

73수 평길격平吉格 안과운安過運

실천력과 인내력이 부족하여 대업을 성취하기가 어렵다. 비록 지혜와 용기, 결단력이 부족하다 하여도 평범함을 추구하고 작은 행복이라도 만족한다면 평탄할 삶이다. 자신의 능력 이외의 욕심을 내면 패가망신하고 형액을 면하기 어려우니 자숙하고 자족하는 마음을 가져야 한다.

74수 우매격愚昧格 불우운不遇運

성공과 실패를 반복한다. 재주는 풍부하나 운이 불행하여 뜻하지 않는 불의의 재난과 사고로 웅지를 펴지도 못하고 무위도식하며 타향살이를 하게 된다. 매사가 불운하여 실패하고 곤궁한 삶이 일생을 지배한다.

75수 적시격適時格 평화운平和運

흉함이 물러가면 길함이 몰려오고 전반생이 흉하면 후반생이 길한 격이다. 후반에는 사회적으로 안정된 기반을 만들 수 있으며 다정 다감한 부부애로 백년해로 할 수 있다. 분수를 지킬 줄 알고 끊임없이 자신을 성찰하는 자세로 살면 자손이 번영할 기초를 닦고 매사가 순조롭다.

76수 선곤격先困格 후성운後盛運

부부가 화목하지 못하고 병약하여 처자와 이별하거나 가정 파탄이 염려된다. 중년까지는 고생을 한다. 중년부터는 끈기와 노력으로 고난을 극복하니 금전운이 좋아지고 안정 속에 복록을 누리게 되며 남녀 부부가 화목하여 여생이 행복하다.

77수 전후격前後格 길흉운吉凶運

전반운은 성공하여 가정이 안정하나 후반으로는 운기가 하락하여 액운이 따른다. 부부가 불화하여 이별하는 등 실패와 성공이 반복되어 반은 길하고 반은 흉하다.

78수 선길격先吉格 평복운平福運

타고난 재능으로 초년에는 대업을 성취해 성공을 이루어 재물과 명예를 얻겠으나 중년부터는 갈수록 운이 쇠퇴하여 매사에 재앙이 따르고 실패가 연속이다. 실천력이 부족하여 용두사미 격으로 결과가 없다. 가정은 이별수는 없으나 부부 불화하고 자식 덕도 없다.

79수 종극격終極格 종말운終末運

실천력이 부족하여 사회적으로 행운이 따르지 않으므로 중도에 좌절하거나 질병으로 단명하게 되는 흉격이다. 정신이 혼미하고 의지가 박약하며 자립이 힘들며 병고가 있어 활동을 제대로 못하는 형상이다. 아무리 노력을 하여도 결과는 없다. 매사가 퇴보하여 경제적 고충을 겪게 된다. 부부운도 불길하여 생리사별하고 교통 사고, 조난, 단명 등 흉운을 유도하는 흉격의 수리이다.

80수 종결격終結格 종지운終止運

일생 동안 고난이 끊이지 않는다. 생각이 좁고 고집이 강해 타인과

융화하기 어렵고 운세마저 밝은 태양에 먹구름 낀 형상이니 뜻하는 일이 제대로 될 리 없다. 인덕도 없고 재물운도 없으며 부부 불화하고 자식과도 인연이 없다. 자신의 분수를 지키고 과욕을 삼가면 재물은 풍족하지 못해도 행복한 삶을 영위할 수 있다.

81수 환원격還元格 갱희운更喜運

자획수 중 최상수로 다시 환원하는 수리수이다. 부귀를 누리고 편안하게 장수하는 수이다. 운 기력이 왕성하고 매사가 순조로워 경사가 따른다. 명예가 실추되어도 회복할 수 있고 새롭게 시작하여도 성공할 수 있다. 인내와 끈기로 노력하면 대업을 성취하여 주위 사람들로부터 신뢰를 받을 수 있다. 자립 정신이 투철하여 행복한 삶이 보장된다.

제6장
개명

1. 개명 허가 안내

1. 개명 허가 안내

(1) 개명 전 참고사항

1) 개명 전 알아둘 사항

① 개명은 신중하게 결정해야 한다. 개명은 반드시 법원의 판결로 허가한다. 호적법 상 모든 행정 절차에 따라 개명된 이름으로 효력은 발생한다.

② 개명 허가 여부는 판사의 판단이므로 허가율이 높은 법원이 있고 낮은 법원도 있다.

③ 초 · 중 · 고생 이하 유아, 어린이에 대한 개명 허가율은 높은 편이나 그 이상 성인들은 다소 허가율이 낮은 편이다.

2) 개명허가 신청 요건 중 판결이 잘 나는 경우

① 한자가 잘못 기재 이름이 다르게 된 경우

② 심한 놀림을 받을 수 있는 이름

③ 일본식 이름을 바꾸려 하는 경우

④ 이름의 사회적 인식이 좋지 않은 경우

⑤ 남자가 여자 이름 같거나 여자가 남자 이름 같은 경우

⑥ 한자식 이름을 한글로 바꾸려는 경우

⑦ 친척 중에 동명인이 있는 경우

3) 개명허가 신청 구비 서류

① 개명 신청자의 현주소나 본적지 관할 법원 어느 곳이든 신청할 수 있다.

② 신청시 구비 서류

㉠ 개명 허가 신청서(법원 호적과)

㉡ 호적등본

㉢ 주민등록등본

㉣ 인우보증서

㉤ 인우보증 인감 2명, 주민등록 2통, 관계 서류에 서명 날인

㉥ 소견서, 소명 자료

㉦ 미성년자는 법정 대리인, 대리인의 위임장

㉧ 서류가 구비되면 법원 호적과에 제출

4) 기타 사항

① 결정문에 '허가한다'고 판결문이 송달되면 허가.

② 판결문에 '기각한다'면 기각 불허.

③ 기각 후 1개월 이내에 항고할 수 있다.

④ 주소지 변경하면 다른 관할 법원에 재신청할 수 있다.

⑤ 동일 법원이라도 개명 소명 자료를 보완하면 재신청할 수 있다.

예

개명 허가 신청

사건 본인 : 김민정(金珉正)

신 청 인 : 이숙희(李淑嬉)

사건 본인과의 관계 : 법정 대리인 관계 모

수원 지방 법원 귀중

개명 허가 신청

사건 본인 :

성명 : 김민정(金珉正)

생년월일 : 2003년 2월 8일생

본적 : 경기도 안양시 만안구 안양동 540번지의 11

주소 : 경기도 의왕시 이동 210번지의 7

신 청 인 :

성명 : 이숙희(李淑嬉)

사건 본인과의 관계 : 법정 대리인 관계 모

생년월일 : 1967년 8월 29일생

본적 : 경기도 안양시 만안구 안양동 540번지의 11

주소 : 경기도 의왕시 이동 210번지의 7

신 청 취 지

경기도 의왕시에 비치된 같은 동 번지의 호주의 호적 중 사건 본인의 이름인 김민정(金珉正)으로 기재된 것을 김준서(金畯序)로 개명하는 것을 허가한다 라는 결정을 구합니다.

신 청 이 유

존경하는 법원장님께 개명을 하고자 하는 김민정의 법정 대리인 어머니인 이숙희입니다. 10년 전 저는 일찍이 초혼에 실패 후 방황하던 중 김민정의 친부와 혼외, 미혼모로 김민정을 출산하여 지금까지 양육하고 있습니다. 그러하던 중 작년 말부터 민정이가 집에 오면 민정이라는 이름이 너무 흔하다고 짜증을 내면서 여러 번 자기 이름에 대한 불만을 토로 제가 살아온 과정도 순탄치 않았음에 이름으로 인한 성장 과정에서 인성 형성에 두려움이 앞서므로 개명 신청을 하게 되었음을 양지하시고 개명으로 인한 업무를 가중시킨 것 같아 송구스러운 마음으로 양해를 구합니다. 모쪼록 너그러우신 판단으로 저희 모녀에게 개명의 기회를 주시길 간절히 바라오며 법원장님의 앞날에 큰 기쁨이 함께 하시길 기원합니다.

2007년 월 일

사건 본인 : 김민정 (인)
신 청 인 : 이숙희 (인)
법정 대리인 관계 모

※ 첨부서류

1. 호적등본 1통
1. 주민등록등본 1통
1. 인우보증서 1통
1. 인우보증인들의 주민등록등본 2통
1. 인우보증인들의 인감증명 2통. 끝.

수원 지방 법원 귀중

인우보증서

본적 : 경기도 안양시 만안구 안양동 540번지의 11
주소 : 경기도 의왕시 이동 210번지의 7

사건 본인 : 김민정　　　주민등록번호 : 020208-2194011
신 청 인 : 이숙희　　　주민등록번호 : 650829-2536111
사건 본인과의 관계 : 법정 대리인 관계 모

보 증 사 항

사건 본인 김민정과 사건 신청인 이숙희와는 다년간 이웃 친분이 있어 개명 신청 이유에 대한 사정과 이유를 충분히 알고 있습니다. 위의 사실이 틀림이 없으며 만일 후일에 본건으로 인하여 문제가 있을 때에는 보증인등이 법적 책임을 지겠기에 이에 보증합니다.

2007년　월　일

본적 : 경기도 안양시 동안구 비산1동 533번지의 2
주소 : 경기도 안양시 동안구 호계동 967번지의 51
생년월일 : 1942년 5월 11일
보증인　이승정　(인)

본적 :
주소 :
생년월일 :　년　월　일
보증인　　(인)

수원 지방 법원　귀중

제7장

실존 성명학의 길수리 배치도

1. 성명 길수리 배치도

1. 성명 길수리 배치도

다음은 역학자 몇 명의 성명 길수리 배치도를 분석하여 특징을 알아본 것이다.

A도 H역학자

성	3	3	양	4	음							
명	5	13	양	12	음							
	13	5	양	12	음							

B도 B역학자

성	17	3	5	5	5	7	9	11	15	양	8	음
명	9	3	3	11	13	9	9	15	9	양	8	음
	9	15	13	13	9	9	15	13	9	양	16	음

① 삼원오행을 고려하지 않은 길수리 배치

A도 H역학자, B도 B역학자, C도 B역학자

② 삼원오행에서 천격天格 1을 더한 오행

B도 H역학자

③ 삼원오행을 그대로 표시한 역학자

E도 W역학자, F도 J역학자, G도 S역학자, H도 K역학자

위와 같은 특징으로 인한 올바른 판단은 독자 여러분이 할 일이다.

(1) H역학자 성씨 획수와 성명 길수리 배치도 : A도

2획성

성	2	2	2	2	2	2	2	2	2	2	2	2	2	2	2	2
명	1	14	4	9	4	19	11	5	13	16	13	22	14	9	14	19
	14	1	9	4	19	4	5	11	16	13	22	13	9	14	19	14

3획성

성	3	3	3	3	3	3	3	3	3	3	3	3	3	3
명	2	13	3	12	5	8	5	10	5	13	10	22	12	20
	13	2	12	3	8	5	10	5	13	5	22	10	20	12
성	3	3	3	3										
명	13	22	14	18										
	22	13	18	14										

4획성

성	4	4	4	4	4	4	4	4	4	4	4	4	4	4
명	2	9	3	14	4	9	9	12	11	14	11	20	12	13
	9	2	14	3	9	4	12	9	14	11	20	11	12	12
성	4	4	4	4	4	4								
명	12	19	12	21	19	20								
	19	12	21	12	20	19								

5획성

성	5	5	5	5	5	5	5	5	5	5	5	5	5	5
명	2	6	3	8	3	10	6	10	6	12	6	18	8	8
	6	2	8	3	10	3	10	6	12	6	18	6	8	10
성	5	5	5	5	5	5	5							
명	10	8	16	8	24	13	20							
	8	16	8	24	8	20	13							

6획성

성	6	6	6	6	6	6	6	6	6	6	6	6	6	6
명	2	5	2	9	2	23	5	10	5	12	5	18	7	10
	5	2	9	2	23	2	10	5	12	5	18	5	10	7
성	6	6	6	6	6	6	6	6	6					
명	7	11	9	10	15	12	23	17	18					
	11	7	9	15	10	23	12	18	17					

7획성

성	7	7	7	7	7	7	7	7	7	7	7	7	7	7
명	6	10	6	18	8	8	9	8	10	8	16	8	17	9
	10	6	18	6	8	9	8	10	8	16	8	17	8	16
성	7	7	7	7	7	7	7							
명	16	10	22	11	14	14	17							
	9	22	10	14	11	17	14							

8획성

성	8	8	8	8	8	8	8	8	8	8	8	8	8	8
명	3	5	3	13	5	10	5	24	7	8	7	9	7	10
	5	3	13	3	10	5	24	5	8	7	9	7	10	7
성	8	8	8	8										

명	10	15	10	23										
	15	10	23	10										

9획성

성	9	9	9	9	9	9	9	9	9	9	9	9	9	9	9	9
명	2	14	4	12	6	9	7	8	7	16	8	15	8	16	12	20
	14	2	12	4	9	6	8	7	16	7	15	8	16	8	20	12

10획성

성	10	10	10	10	10	10	10	10	10	10	10	10	10	10
명	1	14	3	5	5	6	5	8	6	7	6	15	7	8
	14	1	5	3	6	5	8	5	7	6	15	6	8	7
성	10	10	10	10	10	10	10	10						
명	7	14	11	14	14	15	14	21						
	14	7	14	11	15	14	21	14						

11획성

석	11	11	11	11	11	11	11	11	11	11	11	11	11	11
명	2	4	2	5	4	14	4	20	6	7	7	14	10	14
	4	2	5	2	14	4	20	4	7	6	14	7	14	10
성	11	11	11	11										
명	14	20	20	21										
	20	14	21	20										

12획성

성	12	12	12	12	12	12	12	12	12	12	12	12	12	12
명	3	3	20	4	9	4	13	4	17	4	19	4	21	13
	3	20	3	9	4	13	4	17	4	19	4	21	4	20
성	12	12	12	12	12									
명	20	9	20	12	13									
	13	20	9	13	12									

13획성

성	13	13	13	13	13	13	13	13	13	13	13	13	13	13
명	2	3	2	16	3	8	3	22	4	12	5	20	8	10
	3	2	16	2	8	3	22	3	12	4	20	5	10	8
성	13	13	13	13	13	13	13	13	13	13	13			
명	8	16	8	24	12	12	20	16	19	22	26			
	16	8	24	8	12	20	12	19	16	26	22			

14획성

성	14	14	14	14	14	14	14	14	14	14	14	14	14	14
명	1	10	2	9	2	15	2	19	3	4	3	15	3	18
	10	1	9	2	15	2	19	2	4	3	15	3	18	3
성	14	14	14	14	14	14	14	14	14	14	14	14	14	14
명	4	11	4	21	7	11	7	17	17	18	9	24	10	11
	11	4	21	4	11	7	17	7	18	17	24	9	11	10
성	14	14	14	14	14	14	14	14						
명	10	15	10	21	10	23	15	18						
	15	10	21	10	23	10	18	15						

15획성

성	15	15	15	15	15	15	15	15	15	15	15	15	15	15
명	2	14	3	14	6	10	6	17	6	18	8	9	8	10
	14	2	14	3	10	6	17	6	18	6	9	8	10	8
성	15	15	15	15	15	15	15	15	15	15	15	15	15	
명	8	16	9	14	9	17	10	14	10	23	16	16	17	
	16	8	14	9	17	9	14	10	23	10	16	17	16	

16획성

성	16	16	16	16	16	16	16	16	16	16	16	16	16	16
명	7	8	7	9	8	9	8	13	8	15	8	23	9	16
	8	7	9	7	9	8	13	8	15	8	23	8	16	9
성	16	16	16	16										
명	9	22	13	19										
	22	9	19	13										

17획성

성	17	17	17	17	17	17	17	17	17	17	17			
명	7	8	8	16	6	18	6	12	4	20	12			
	8	7	16	8	18	6	12	6	20	4	12			

18획성

성	18	18	18	18	18	18	18	18	18	18				
명	3	20	6	7	6	11	7	14	14	15				
	20	3	7	6	11	6	14	7	15	14				

19획성

성	19	19	19	19	19	19	19	19	19	19	19	19	19	19
명	2	4	2	14	4	12	6	10	6	12	10	19	12	20
	4	2	14	2	12	4	10	6	12	6	19	10	20	12
성	19	19	19	19	19									
명	13	16	13	20	16									
	16	13	20	13	16									

20획성

성	20	20	20	20	20	20	20	20	20	20	20	20	20	20
명	1	12	3	12	4	11	4	13	4	17	4	21	5	12
	12	1	12	3	11	4	13	4	17	4	21	4	12	5

성	20	20	20	20	20	20								
명	9	12	11	21	12	13								
	12	9	21	11	13	12								

21획성

성	21	21	21	21	21	21	21	21	21	21	21	21	21	
명	2	14	3	8	4	12	8	10	10	14	11	20	12	
	14	2	8	3	12	4	10	8	14	10	20	11	12	

22획성

성	22	22	22	22	22	22	22	22	22	22	22	22	22	22
명	1	10	1	16	2	9	3	10	3	13	7	9	9	16
	10	1	16	1	9	2	10	3	13	3	9	7	16	9
성	22	22												
명	10	15												
	15	10												

23획성

성	23	23	23	23	23	23	23	23	23	23	23	23	23	23
명	4	4	6	4	12	4	19	4	23	6	6	7	6	8
	4	6	4	12	4	19	4	23	4	6	7	6	8	6
성	23	23	23	23	23	23	23	23						
명	6	10	6	14	6	16	6	17						
	10	6	14	6	16	6	17	6						

24획성

성	24	24	24	24	24	24	24	24	24	24	24	24	24	24
명	1	7	2	3	2	5	2	9	2	13	2	15	3	5
	7	1	3	2	5	2	9	2	13	2	15	2	5	3
성	24	24	24	24	24	24								

명	3	15	7	8	7	11								
	15	3	8	7	11	7								

(2) B역학자 성씨 획수와 성명 길수리 배치도 : B도

2획성

성	2	2	2	2	2	2	2	2	2	2
명	1	1	1	1	11	1	3	9	3	4
	4	5	14	15	5	23	3	6	13	9
성	2	2	2	2	2	2	2	2	2	2
명	4	5	6	6	6	16	9	9	13	14
	19	11	9	15	23	19	12	14	22	19

3획성

성	3	3	3	3	3	3	3	3	3	3
명	2	2	3	3	3	3	4	5	5	8
	3	13	10	12	15	18	14	8	13	24
성	3	3	3	3	3	3				
명	24	12	13	14	14	14				
	8	20	22	15	18	21				

4획성

성	4	4	4	4	4	4	4	4	4	4
명	1	2	2	3	3	4	4	4	4	9
	2	9	11	4	14	7	9	13	21	12
성	4	4	4	4	4	4	4	4		
명	9	11	11	12	12	13	17	14		
	22	14	20	13	19	20	20	17		

5획성

성	5	5	5	5	5	5	5	5	5	5
명	2	2	2	3	3	6	6	6	8	8
	6	11	16	10	13	10	12	18	8	10
성	5	5	5	5	5	5				
명	8	8	10	11	12	13				
	16	24	11	13	12	19				

6획성

성	6	6	6	6	6	6	6	6	6	6
명	1	2	2	2	5	5	5	5	7	9
	10	5	9	15	10	12	18	26	10	9

성	6	6	6	6	6	6	6	6	6	6	6
명	9	10	10	10	10	11	11	11	12	12	12
	26	15	19	23	25	12	12	18	17	19	23

7획성

성	7	7	7	7	7	7	7	7	7	7
명	4	14	6	6	11	6	8	8	14	8
	14	10	10	11	14	18	8	9	17	10
성	7	7	7	7	7	7	7			
명	8	8	9	9	9	10	10			
	16	17	9	16	22	14	22			

8획성

성	8	8	8	8	8	8	8	8	8	8
명	3	3	3	5	5	5	7	7	7	7
	10	13	15	8	10	16	8	9	10	16
성	8	8	8	8	8	8	8	8	8	8

명	7	7	8	8	8	8	9	9	10	10
	17	24	9	13	16	17	15	16	13	15
성	8	8	8	8						
명	10	10	13	16						
	21	23	16	17						

9획성

성	9	9	9	9	9	9	9	9	9	9
명	2	2	4	4	4	6	16	7	7	7
	4	14	4	12	20	9	17	8	9	16
성	9	9	9	9	9	9	9	9	9	
명	7	8	8	8	9	9	12	12	14	
	22	8	9	15	15	20	12	20	15	

10획성

성	10	10	10	10	10	10	10	10	10	10
명	1	1	3	3	3	5	6	6	6	7
	6	7	3	5	8	8	7	5	19	8
성	10	10	10	10	10	10	10			
명	7	8	8	11	14	14	19			
	14	13	15	14	15	17	19			

11획성

성	11	11	11	11	11	11	11	11	11	11
명	4	2	2	2	4	4	5	5	6	6
	2	4	5	13	12	14	10	13	7	12
성	11	11	11	11	11	11				
명	6	6	7	10	12	12				
	15	18	14	14	12	14				

12획성

성	12	12	12	12	12	12	12	12	12	12
명	3	3	4	4	5	6	6	9	9	12
	3	14	9	13	12	11	17	12	14	13
성	12	12	12							
명	12	12	15							
	17	23	20							

13획성

성	13	13	13	13	13	13	13	13	13	13	13
명	2	3	4	4	8	8	8	12	12	14	16
	3	8	4	12	8	10	16	12	23	18	19

14획성

성	14	14	14	14	14	14	14	14	14	14
명	1	2	3	3	3	3	3	4	4	4
	12	15	4	12	15	21	22	11	17	19
성	14	14	14	14	14	14	14	14	14	
명	7	7	7	9	9	10	10	10	11	
	10	11	17	12	15	11	15	21	12	

15획성

성	15	15	15	15	15	15	15	15	15	15
명	2	2	2	3	3	6	6	6	8	8
	6	14	16	3	14	10	17	18	9	10
성	15	15	15	15	15					
명	8	8	9	9	9					
	16	24	9	14	23					

16획성

성	16	16	16	16	16	16	16	16	16	16
명	2	2	2	5	7	8	8	8	8	9
	5	13	15	8	8	9	13	15	17	7
성	16	16								
명	9	13								
	16	16								

17획성

성	17	17	17	17	17	17	17	17	17	17
명	4	4	4	6	6	6	7	7	8	16
	12	4	20	12	15	18	8	14	8	8
성	17	17	17	17						
명	8	9	12	14						
	16	9	12	21						

18획성

성	18	18	18	18	18	18				
명	6	6	6	6	7	14				
	7	11	15	17	14	15				

19획성

성	19	19	19	19	19	19	19	19	19	19
명	2	2	2	4	4	6	6	6	7	10
	4	14	16	12	14	7	10	12	22	19
성	19	19	19	19	19	19	19			
명	19	13	13	14	16	18	19			
	10	16	20	19	22	20	20			

20획성

성	20	20	20	20	20	20	20	20	20	20
명	12	3	3	3	4	4	4	4	5	9
	9	12	15	18	9	11	13	17	13	9
성	20	20	20							
명	9	12	12							
	12	13	19							

21획성

성	21	21	21	21	21	21	21	21	21	21
명	14	2	3	3	4	4	4	8	8	8
	10	14	13	14	4	12	14	8	10	16
성	21	21	21							
명	10	12	14							
	14	12	17							

22획성

성	22	22	22	22	22	22	22	22	22	22
명	2	2	2	2	3	4	4	9	7	7
	9	11	13	15	13	13	19	7	9	16
성	22	22	22							
명	9	9	16							
	14	16	19							

(3) B역학자 성씨 획수와 성명 길수리 배치도 : C도

2획성

성	2	2	2	2	2	2	2	2	2	2	2	2	2	2	2	2
명	1	5	1	14	1	22	3	12	4	9	4	11	4	19	5	6
	5	1	14	1	22	1	12	3	9	4	11	4	19	4	6	5

성	2	2	2	2	2	2	2	2	2	2	2	2	2	2	2	2
명	5	11	5	16	6	9	6	15	6	23	9	14	9	22	11	22
	11	5	16	5	9	6	15	6	23	6	14	9	22	9	22	11
성	2	2	2	2	2	2	2	2	2	2	2	2	2	2		
명	13	16	13	22	14	15	14	19	14	21	15	16	16	19		
	16	13	22	13	15	14	19	14	21	4	16	15	19	16		

3획성

성	3	3	3	3	3	3	3	3	3		3	3	3	3	3	3
명	2	13	3	10	3	12	3	18	4		4	14	5	8	5	13
	13	2	10	3	12	3	18	3	4		14	4	8	5	13	5
성	3	3	3	3	3	3	3	3	3	3	3	3	3	3	3	3
명	8	10	8	13	8	21	10	22	12	20	13	22	14	15	14	18
	10	8	13	8	21	8	22	10	20	12	22	13	15	14	18	14
성	3	3	3	3	3	3										
명	14	21	15	20	18	20										
	21	14	20	15	20	18										

4획성

성	4	4	4	4	4	4	4	4	4	4	4	4	4	4	4	4
명	2	9	3	4	3	14	4	7	4	9	4	13	4	17	4	21
	9	2	4	3	14	3	7	4	9	4	13	4	17	4	21	4
성	4	4	4	4	4	4	4	4	4	4	4	4	4	4	4	4
명	7	14	9	12	9	20	11	14	11	20	12	13	12	17	12	19
	14	7	12	9	20	9	14	11	20	11	13	12	17	12	19	12
성	4	4	4	4	4	4	4	4	4	4	4	4				
명	12	21	13	20	14	17	17	20	14	19	19	20				
	21	12	20	13	17	14	20	17	19	14	20	19				

5획성

성	5	5	5	5	5	5	5	5	5	5	5	5	5	5	5	5
명	1	10	2	6	2	11	16	2	3	8	3	10	6	10	6	12
	10	1	6	2	11	2	2	16	8	3	10	3	10	6	12	6
성	5	5	5		5	5	5	5	5	5	5		5	5	5	5
명	6	18	8		8	10	8	16	8	24	12		12	20	13	20
	18	6	8		10	8	16	8	24	8	12		20	12	20	13
성	5															
명	16															
	16															

6획성

성	6	6	6	6	6	6	6	6	6	6	6	6	6	6	6	6
명	1	10	2	5	2	9	2	15	2	23	5	10	5	12	5	18
	10	1	5	2	9	2	15	2	23	2	10	5	12	5	18	5
성	6	6	6	6	6	6	6	6	6	6	6		6	6	6	6
명	5	26	7	10	7	11	7	18	7	25	9		9	23	10	15
	26	5	10	7	11	7	18	7	25	7	9		23	9	15	10
성	6	6	6	6	6	6	6	6	6	6	6	6	6	6	6	6
명	10	19	10	23	11	12	11	18	12	17	12	19	12	23	15	17
	19	10	23	10	12	11	18	11	17	12	19	12	23	12	17	15
성	6	6	6	6												
명	15	18	17	18												
	18	15	18	17												

7획성

성	7	7	7	7	7	7	7		7	7	7	7	7	7	7	7
명	1	10	1	16	1	24	4		4	14	6	10	6	11	6	18
	10	1	16	1	24	1	4		14	4	10	6	11	6	18	6
성	7		7	7	7	7	7	7	7	7	7	7	7	7	7	7

명	8		8	9	8	10	8	16	8	17	8	24	9	16	9	22
	8		9	8	10	8	16	8	17	8	24	8	16	9	22	9
성	7	7	7	7	7	7	7	7	7	7	7	7	7	7		
명	10	14	10	22	11	14	14	17	14	18	16	22	17	24		
	14	10	22	10	14	11	17	14	18	14	22	16	24	17		

8획성

성	8	8	8	8	8	8	8	8	8	8	8	8	8	8	8	8
명	3	5	3	10	3	13	3	21	5	8	5	10	5	16	5	24
	5	3	10	3	13	3	21	3	8	5	10	5	16	5	24	5
성	8	8	8	8	8	8	8	8	8	8	8	8	8	8	8	8
명	7	8	7	9	7	10	7	16	7	17	7	24	8	9	8	13
	8	7	9	7	10	7	16	7	17	7	24	7	9	8	13	8
성	8	8	8	8	8	8	8	8	8	8	8	8	8	8	8	8
명	8	15	8	17	8	21	9	15	9	16	10	13	10	15	10	21
	15	8	17	8	21	8	15	9	16	9	13	10	15	10	21	10
성	8	8	8	8	8	8	8	8								
명	13	16	15	16	16	17	16	21								
	16	13	16	15	17	16	21	16								

9획성

성	9	9	9	9	9	9	9		9	9	9	9	9	9	9	9
명	2	4	2	6	2	14	4		4	12	4	20	6	9	6	23
	4	2	6	2	14	2	4		12	4	20	4	9	6	23	6
성	9	9	9	9	9	9	9	9	9		9	9	9	9	9	9
명	7	8	7	16	7	22	8		8	15	8	16	9	14	9	20
	8	7	16	7	22	7	8		15	8	16	8	14	9	20	9
성	9	9	9		9	9	9	9	9	9	9	9	9		9	9
명	9	23	12		12	20	14	15	15	23	15	24	16		16	22
	23	9	12		20	12	15	14	23	15	24	15	16		22	16

10획성

성	10	10	10	10	10	10	10	10	10	10	10		10	10	10	10
명	1	5	1	6	1	7	1	14	1	22	3		3	5	3	8
	5	1	6	1	7	1	14	1	22	1	3		5	3	8	3
성	10	10	10	10	10	10	10	10	10	10	10	10	10	10	10	10
명	3	22	5	6	5	8	6	7	6	15	6	19	6	23	7	8
	22	3	6	5	8	5	7	6	15	6	19	6	23	6	8	7
성	10	10	10	10	10	10	10	10	10	10	10	10	10	10	10	10
명	7	14	7	22	8	13	8	15	8	21	8	23	11	14	13	22
	14	7	22	7	13	8	15	8	21	8	23	8	14	11	22	13
성	10	10	10	10	10	10	10	10	10							
명	14	15	14	21	15	22	15	23	19							
	15	14	21	14	22	15	23	15	19							

11획성

성	11	11	11	11	11	11	11	11	11	11	11	11	11	11	11	11
명	2	4	2	5	2	22	4	14	4	20	6	7	6	12	6	18
	4	2	5	2	22	2	14	4	20	4	7	6	12	6	18	6
성	11	11	11	11	11		11	11	11	11	11	11				
명	7	14	10	14	12		13	24	14	20	20	27				
	14	7	14	10	12		24	13	20	14	27	20				

12획성

성	12	12	12	12	12	12	12		12	12	12	12	12	12	12	12
명	1	4	1	12	1	20	3		3	20	4	9	4	13	4	17
	4	1	12	1	20	1	3		20	3	9	4	13	4	17	4
성	12	12	12	12	12	12	12	12	12	12	12	12	12	12	12	12
명	4	19	4	21	5	6	5	12	5	20	6	11	6	17	6	23
	19	4	21	4	6	5	12	5	20	5	11	6	17	6	23	6
성	12	12	12	12	12	12	12	12	12	12	12	12	12	12	12	12

명	9 12	9 20	9 26	11 12	12 13	12 17	12 21	12 23
	12 9	20 9	26 9	12 11	13 12	17 12	21 12	23 12
성	12 12	12 12	12 12					
명	13 20	6 19	19 20					
	20 13	19 6	20 19					

13획성

성	13 13	13 13	13 13	13 13	13 13	13	13 13	13 13
명	2 3	2 16	2 22	3 8	3 22	4	4 12	4 20
	3 2	16 2	22 2	8 3	22 3	4	12 4	20 4
성	13 13	13	13 13	13 13	13 13	13 13	13	13 13
명	5 20	8	8 10	8 16	8 24	10 22	12	12 20
	20 5	8	10 8	16 8	24 8	22 10	12	20 12
성	13	13 13	13 13	13 13	13 13			
명	16	16 19	16 22	18 20	22 26			
	16	19 16	22 16	20 18	26 22			

14획성

성	14 14	14 14	14 14	14 14	14 14	14 14	14 14	14 14
명	1 10	1 17	1 23	2 9	2 15	2 19	2 21	2 23
	10 1	17 1	23 1	9 2	15 2	19 2	21 2	23 2
성	14 14	14 14	14 14	14 14	14 14	14 14	14 14	14 14
명	3 4	3 15	3 18	3 21	4 7	4 11	4 17	4 19
	4 3	15 3	18 3	21 3	7 4	11 4	17 4	19 4
성	14 14	14 14	14 14	14 14	14 14	14 14	14	14 14
명	2 21	7 10	7 11	7 17	7 18	7 24	9	9 15
	21 2	10 7	11 7	17 7	18 7	24 7	9	15 9
성	14 14	14 14	14 14	14 14	14 14	14 14		
명	9 24	10 15	10 23	15 18	17 18	18 19		
	24 9	15 10	23 10	18 15	18 17	19 18		

15획성

성	15	15	15	15	15	15	15	15	15	15	15	15	15	15	15	15
명	1	2	1	16	1	22	2	4	2	6	2	14	2	16	2	22
	2	1	16	1	22	1	4	2	6	2	14	2	16	2	22	2
성	15	15	15	15	15	15	15	15	15	15	15		15	15	15	15
명	3	14	3	20	6	10	6	17	6	18	8		8	9	8	10
	14	3	20	3	10	6	17	6	18	6	8		9	8	10	8
성	15	15	15	15	15	15	15	15	15	15	15	15	15	15	15	15
명	8	16	9	14	9	17	9	23	10	14	10	22	10	23	14	18
	16	8	14	9	17	9	23	9	14	10	22	10	23	10	18	14
성	15	15	15		15	15	15	15								
명	14	23	16		16	17	17	20								
	23	14	16		17	16	20	17								

16획성

성	16	16	16	16	16	16	16	16	16	16	16	16	16	16	16	16
명	1	7	1	16	1	22	2	5	2	13	2	15	2	19	2	21
	7	1	16	1	22	1	5	2	13	2	15	2	19	2	21	2
성	16	16	16	16	16	16	16	16	16	16	16	16	16	16	16	16
명	2	23	5	8	5	16	7	8	7	9	7	16	7	22	8	9
	23	2	8	5	16	5	8	7	9	7	16	7	22	7	9	8
성	16	16	16	16	16	16	16	16	16	16	16	16	16	16	16	16
명	8	13	8	15	8	17	8	21	9	16	9	23	13	16	13	19
	13	8	15	8	17	8	21	8	16	9	23	9	16	13	19	13
성	16	16	16	16	16	16	16	16	16	16	16	16				
명	13	22	15	16	15	17	19	16	19	22	23	28				
	22	13	16	15	17	15	16	19	22	19	28	23				

17획성

성	17	17	17	17	17	17	17	17	17	17	17	17	17		17	17

명	1 4	1 6	1 14	1 15	1 16	1 20	4	4 12
	4 1	6 1	14 1	15 1	16 1	20 1	4	12 4
성	17 17	17 17	17 17	17 17	17 17	17 17	17 17	17
명	4 20	6 12	6 15	6 18	7 8	7 14	7 24	8
	20 4	12 6	15 6	18 6	8 7	14 7	24 7	8
성	17 17	17	17 17	17 17	17 17			
명	8 16	12	14 21	15 16	15 20			
	16 8	12	21 14	16 15	20 15			

18획성

성	18	18 18	18 18	18 18	18 18	18 18	18 18	18 18
명	3	3 14	3 20	5 6	6 7	6 11	6 15	6 17
	3	14 13	20 3	6 5	7 6	11 6	15 6	17 6
성	18 18	18 18	18 18	18 18				
명	7 14	13 20	14 15	14 19				
	14 7	20 13	15 14	19 14				

19획성

성	19 19	19 19	19 19	19 19	19 19	19 19	19 19	19 19
명	2 4	2 14	2 16	4 12	4 14	6 10	6 12	10 19
	4 2	14 2	16 2	12 4	14 4	10 6	12 6	19 10
성	19 19	19 19	19 19	19 19	19 19	19	19 19	19 19
명	12 20	13 16	13 20	14 18	14 19	16	16 22	19 20
	20 12	16 13	20 13	18 14	19 14	16	22 16	20 19

20획성

성	20 20	20 20	20 20	20 20	20 20	20 20	20 20	20 20
명	1 4	1 12	1 17	3 12	3 15	3 18	4 9	4 11
	4 1	12 1	17 1	12 3	15 3	18 3	9 4	11 4
성	20 20	20 20	20 20	20 20	20 20	20	20 20	20 20

명	4	13	4	17	4	21	5	12	5	13	9		9	12	12	13
	13	4	17	4	21	4	12	5	13	5	9		12	9	13	12
성	20	20	20	20	20	20	20	20	20	20	20					
명	12	19	13	18	13	19	15	17	17	21	19					
	19	12	18	13	19	13	17	15	21	17	19					

21획성

성	21	21	21	21	21	21	21	21	21	21	21	21	21	21	21	21
명	2	4	2	6	2	9	2	14	2	16	3	8	3	14	3	24
	4	2	6	2	9	2	14	2	16	2	8	3	14	3	24	3
성	21		21	21	21	21	21	21	21	21	21	21	21	21	21	21
명	4		4	12	4	14	4	20	6	10	6	11	6	12	6	18
	4		12	4	14	4	20	4	10	6	11	6	12	6	18	6
성	21		21	21	21	21	21	21	21	21	21	21	21	21	21	21
명	8		8	9	8	10	8	16	9	18	10	14	10	17	11	16
	8		9	8	10	8	16	8	18	9	14	10	17	10	16	11
성	21	21	21		21	21	21	21								
명	11	20	12		14	17	17	20								
	20	11	12		17	14	20	17								

22획성

성	22	22	22	22	22	22	22	22	22	22	22	22	22	22	22	22
명	1	10	1	15	1	16	2	9	2	11	2	15	2	21	3	10
	10	1	15	1	16	1	9	2	11	2	15	2	21	2	10	3
성	22	22	22	22	22	22	22	22	22	22	22	22	22	22	22	22
명	3	13	7	9	7	10	7	16	9	16	10	13	13	16	16	19
	13	10	9	7	10	7	16	7	16	9	13	10	16	13	19	16

23획성

성	23		23	23	23	23	23	23	23	23	23	23	23	23	23	

명	4		4	6	4	12	4	19	4	23	6	7	6	17	6	
	4		6	4	12	4	19	4	23	4	7	6	17	6	6	
성	23	23	23	23	23	23	23	23	23	23	23	23	23	23	23	23
명	6	8	6	14	6	10	6	16	7	16	10	13	10	22	12	20
	8	6	14	6	10	6	16	6	16	7	13	10	22	10	20	12
성	23	23	23													
명	13	20	16													
	20	13	16													

24획성

성	24	24	24	24	24	24	24	24	24	24	24	24	24		24	24
명	1	6	1	16	1	20	2	4	2	6	2	14	4		4	17
	6	1	16	1	20	1	4	2	6	2	14	2	4		17	4
성	24	24	24	24	24	24	24	24	24		24		24	24	24	24
명	4	20	6	10	7	10	7	14	8		16		16	21	17	20
	20	4	10	6	10	7	14	7	8		16		21	16	20	17

(4) H역학자 성씨 획수와 성명 길수리 배치도 : D도

성	2	2	2	2	2	2	2	2	2	2	2	2	2	2	2	2
명	1	1	3	3	4	4	4	4	9	9	9	9	11	13	13	14
학	4	14	3	13	1	9	11	19	4	6	14	22	4	3	22	1

성	2	2	2	2	2	2	2	2	3	3	3	3	3	3	3	3
명	14	14	14	19	19	19	22	23	2	2	3	3	3	8	8	8
학	9	19	23	4	14	16	9	14	3	13	2	10	12	5	13	24

성	3	3	3	3	3	3	3	3	3	3	3	3	4	4	4	4
명	10	10	10	12	12	13	13	18	18	20	22	22	1	1	2	2
학	5	11	22	3	23	2	22	3	14	12	13	23	2	12	1	11

성	4	4	4	4	4	4	4	4	4	4	4	4	4	4	4	4
명	3	3	4	4	4	9	9	9	11	11	11	12	12	12	13	13
학	4	14	3	13	21	2	12	22	2	14	22	1	13	21	4	12

성	4	4	4	4	4	4	4	4	4	4	4	4	5	5	5	5
명	13	14	14	14	19	19	20	20	20	21	21	21	1	1	2	2
학	22	3	11	21	2	12	1	11	21	4	12	14	2	12	6	11

성	5	5	5	5	5	5	5	5	5	5	5	5	5	5	5	5
명	2	3	3	8	8	8	10	10	10	16	10	11	12	12	13	19
학	16	3	13	3	8	24	3	6	8	16	23	2	6	12	3	13

성	5	6	6	6	6	6	7	7	7	7	7	7	7	7	7	7
명	20	9	10	10	10	12	1	8	8	8	8	9	9	9	10	11
학	13	9	5	7	15	23	24	8	9	10	17	8	9	16	6	14

성	7	7	8	8	8	8	8	8	8	8	8	8	8	9	9	9
명	18	22	3	9	9	9	10	10	10	10	13	13	24	2	2	2
학	6	16	13	7	8	16	5	7	15	27	3	8	7	4	14	22

성	9	9	9	9	9	9	9	9	10	10	10	10	10	10	10	
명	8	8	9	9	12	12	12	22	1	1	1	3	3	11	11	
학	7	8	6	7	4	12	20	2	5	14	22	3	22	14	21	

성	10	10	10	10	10	10	10	10	10	11	11	11	4	12	12	12
명	13	13	14	14	14	14	21	22	23	2	10	20	21	1	1	3
학	8	22	1	7	11	21	14	1	6	4	14	4	20	4	20	3

성	12	12	12	12	12	12	12	12	12	12	12	12	12	12	12	12
명	3	4	4	4	4	9	9	12	12	13	13	19	19	20	20	20
학	20	1	9	19	21	4	12	9	13	12	20	4	6	1	3	5

성	12	13	13	13	13	13	13	13	13	13	13	13	13	14	14	14

명	20	2	2	3	8	8	8	10	12	12	19	20	22	1	2	2
학	13	3	22	2	8	16	18	22	4	12	16	12	2	2	1	15

성	14	14	14	14	14	14	14	14	14	14	14	14	14	14	14	14
명	2	2	3	3	4	4	4	9	10	10	10	10	11	11	19	21
학	21	23	4	15	3	11	21	2	1	11	15	21	4	7	2	2

성	14	14	15	15	15	15	15	15	15	15	15	15	15	16	16	16
명	21	23	1	1	2	3	3	10	10	10	18	20	20	1	2	2
학	4	2	2	16	14	3	14	6	8	14	14	3	17	15	13	23

성	16	16	16	17	17	17	17	17	18	18	18	18	18	18	19	19
명	9	9	9	1	8	8	12	20	5	6	6	14	14	15	2	2
학	7	8	16	14	7	8	6	15	6	5	15	7	15	6	4	14

성	19	19	19	19	20	20	20	20	20	20	20	20	20	20	20	20
명	12	12	13	18	1	1	3	4	4	4	4	9	11	11	11	12
학	4	20	16	20	4	12	12	1	11	17	21	12	4	14	21	1

성	20	20	20	20	20	20	21	21	21	21	21	21	21	21	22	22
명	12	12	12	13	21	21	3	8	10	11	12	12	20	20	1	2
학	3	9	13	12	4	11	8	3	14	20	4	14	4	11	10	9

성	22	22	22	22	22	22	22	22	22	22	22	22	22	22	22	22
명	2	2	3	9	9	9	10	10	10	10	13	19	23	9	11	8
학	13	23	10	2	7	16	1	3	13	15	2	16	2	14	13	10

(5) W역학자 성씨 획수와 성명 길수리 배치도 : E도

2획성

성	2	2	2	2	2	2	2	2	2	2	2	2	2	2
명	1	1	1	1	3	3	5	5	5	5	6	6	6	11
	5	14	15	22	3	13	1	6	11	10	9	15	23	5

성	2	2	2	2	2	2	2	2	2	2	2	2	2	2
명	4	4	4	6	9	9	9	9	11	6	14	14	15	13
	9	11	19	5	4	6	14	22	22	13	15	21	16	16
성	2	2												
명	16	14												
	19	19												

3획성

성	3	3	3	3	3	3	3	3	3	3	3	3	3	3
명	2	2	2	3	3	3	3	4	4	5	5	8	8	8
	3	13	21	2	10	12	18	4	14	8	10	10	13	21
성	3	3	3	3	3	3	3	3						
명	10	12	13	14	14	14	15	18						
	22	20	22	15	18	21	20	20						

4획성

성	4	4	4	4	4	4	4	4	4	4	4	4	4	4
명	1	1	2	2	3	4	4	4	4	4	7	9	9	11
	12	20	9	11	4	7	9	13	17	21	14	12	20	14
성	4	4	4	4	4	4	4	4	4	4	4			
명	11	12	12	12	12	13	13	14	14	14	17			
	20	13	17	19	21	20	21	21	17	19	20			

5획성

성	5	5	5	5	5	5	5	5	5	5	5	5	5	5
명	1	1	2	2	2	3	3	6	6	6	8	8	8	8
	10	12	6	11	16	8	10	10	12	18	8	10	16	24
성	5	5	5	5										
명	12	12	13	16										
	12	20	20	16										

6획성

성	6	6	6	6	6	6	6	6	6	6	6	6	6	6
명	1	1	2	2	2	5	5	5	5	7	7	7	7	9
	10	17	9	15	23	10	12	18	26	10	11	18	25	9
성	6	6	6	6	6	6	6	6	6	6	6	6		
명	9	10	10	10	11	11	12	12	12	15	15	17		
	23	15	19	23	12	8	17	19	23	17	18	18		

7획성

성	7	7	7	7	7	7	7	7	7	7	7	7	7	7
명	1	1	1	4	4	4	6	6	6	8	8	8	8	8
	10	16	24	4	14	22	10	11	18	8	9	10	16	17
성	7	7	7	7	7	7	7	7	7	7	7			
명	8	9	9	10	10	11	14	14	16	16	17			
	24	16	22	14	22	14	17	18	16	22	24			

8획성

성	8	8	8	8	8	8	8	8	8	8	8	8	8	8
명	3	3	13	3	5	5	5	5	7	7	7	7	7	7
	5	10	13	21	8	10	16	24	8	9	10	16	17	24
성	8	8	8	8	8	8	8	8	8	8	8	8	8	8
명	8	8	8	8	8	9	9	10	10	10	13	15	15	15
	9	13	15	17	21	15	16	13	15	21	16	16	18	22
성	8	8												
명	16	16												
	17	21												

9획성

성	9	9	9	9	9	9	9	9	9	9	9	9	9	9

명	2	2	2	2	4	4	4	6	6	7	7	7	8	8
	4	6	14	22	4	12	20	9	23	8	16	22	8	15
성	9	9	9	9	9	9	9	9	9	9	9			
명	8	9	9	9	12	12	14	15	15	16	16			
	16	14	20	23	12	20	15	23	24	16	22			

10획성

성	10	10	10	10	10	10	10	10	10	10	10	10	10	10
명	1	1	1	1	1	1	1	3	3	3	3	5	5	6
	5	6	7	13	14	21	22	3	5	8	22	6	8	7
성	10	10	10	10	10	10	10	10	10	10	10	10	10	10
명	6	6	6	7	7	7	8	8	8	8	11	13	14	14
	15	19	23	8	14	23	13	15	21	23	14	22	15	21
성	10	10	10	10	10									
명	14	15	15	19	21									
	23	22	23	19	27									

11획성

성	11	11	11	11	11	11	11	11	11	11	11	11	11	11
명	2	2	2	4	4	6	6	6	7	10	12	13	18	20
	4	5	22	14	20	7	12	18	14	14	12	24	23	27

12획성

성	12	12	12	12	12	12	12	12	12	12	12	12	12	12
명	1	1	1	1	3	3	4	4	4	4	4	5	5	5
	4	5	12	20	3	20	9	13	17	19	21	6	12	20
성	12	12	12	12	12	12	12	12	12	12	12	12	12	12
명	6	6	6	6	9	9	11	12	12	12	12	13	13	19
	11	17	19	23	12	20	12	13	17	21	23	20	22	20

13획성

성	13	13	13	13	13	13	13	13	13	13	13	13	13	13
명	2	2	3	3	4	4	4	4	5	8	8	8	10	12
	3	16	8	22	4	12	20	22	20	8	10	16	12	12
성	13	13	13	13	13	13	13	13						
명	12	12	16	16	16	16	18	19						
	20	22	16	19	22	18	20	20						

14획성

성	14	14	14	14	14	14	14	14	14	14	14	14	14	14	
명	1	1	1	2	2	2	2	2	3	3	3	3	4	4	
	2	10	17	9	15	19	21	23	4	15	18	21	7	11	
성	14	14	14	14	14	14	14	14	14	14	14	14	14	14	14
명	4	4	4	7	7	7	7	9	9	10	10	10	10	15	18
	17	19	21	10	11	17	18	9	15	11	15	21	23	18	19

15획성

성	15	15	15	15	15	15	15	15	15	15	15	15	15	15
명	1	1	1	2	2	2	2	3	3	6	6	6	8	8
	2	16	22	6	14	16	22	14	20	10	17	18	8	9
성	15	15	15	15	15	15	15	15	15	15	15	15	15	
명	8	8	8	8	9	9	10	10	10	14	16	16	17	
	10	16	18	22	14	23	14	22	23	18	16	17	20	

16획성

성	16	16	16	16	16	16	16	16	16	16	16	16	16	16	
명	1	1	1	1	2	2	2	2	2	5	5	7	7	7	
	7	15	16	22	5	13	15	19	21	8	16	8	9	16	
성	16	16	16	16	16	16	16	16	16	16	16	16	16	16	16

명	7	8	8	8	8	8	9	7	7	7	8	8	12	15	15
	22	9	13	15	17	21	18	8	14	24	8	16	12	16	20

17획성

성	17	17	17	17	17	17	17	17	17	17	17	17	17	17
명	1	1	1	1	2	2	2	2	2	5	5	7	7	7
	7	15	16	22	5	13	15	19	21	8	16	8	9	16

성	17	17	17	17	17	17	17	17	17	17	17	17	17	17	17
명	7	8	8	8	8	8	9	9	13	13	13	15	15	16	19
	22	9	13	15	17	21	16	22	16	19	22	16	17	19	22

18획성

성	18	18	18	18	18	18	18	18	18	18	18	18	18	18
명	3	3	3	5	6	6	6	6	7	11	10	14	14	8
	3	14	20	6	11	15	17	7	14	23	13	15	19	15

19획성

성	19	19	19	19	19	19	19	19	19	19	19	19	19	19
명	2	2	2	4	4	6	6	10	12	13	14	16	19	19
	4	14	16	12	14	10	12	19	20	16	18	22	20	22

20획성

성	20	20	20	20	20	20	20	20	20	20	20	20	20	20
명	1	1	1	3	3	3	4	4	4	4	4	5	9	9
	4	12	17	12	15	18	9	11	13	17	21	13	9	12
성	20	20	20	20	20	20								
명	12	12	12	12	13	15								
	5	9	13	19	18	17								

21획성

성	21	21	21	21	21	21	21	21	21	21	21	21	21	21	21
명	2	2	3	3	4	4	4	4	8	8	8	10	10	12	17
	14	16	8	14	4	12	14	20	8	10	16	14	27	12	20

22획성

성	22	22	22	22	22	22	22	22	22	22	22	22	22	22
명	1	1	1	1	2	2	3	7	7	7	7	9	10	10
	10	14	15	16	9	11	13	4	9	10	16	16	3	13
성	22	22	22	22										
명	10	13	13	16										
	15	4	16	19										

31획성

성	31	31	31	31	31	31	31	31	31	31	31	31	31	
명	1	1	2	2	2	2	2	4	4	6	7	7	8	
	6	16	20	4	6	16	21	4	17	16	10	14	8	

(6) J학자 성씨 획수와 성명 길수리 배치도 : F도

2획성

성	2	2	2	2	2	2	2	2	2	2	2	2	2	2
명	1	22	4	19	9	9	22	11	11	19	19	1	1	1
	22	1	19	4	14	22	9	10	22	14	11	4	5	10
성	2	2	2	2	2	2								
명	1	4	9	11	11	9								
	15	9	4	4	5	13								

3획성

성	3	3	3	3	3	3	3	3	3	3	3	3	3	3
명	8	8	20	18	20	2	3	2	13	3	12	8	8	10
	13	21	12	14	15	3	2	13	2	12	3	5	24	22
성	3	3												
명	13	21												
	22	14												

4획성

성	4	4	4	4	4	4	4	4	4	4	4	4	4	4
명	20	19	7	9	11	19	12	20	17	21	19	1	2	1
	1	2	14	12	22	12	21	13	14	14	22	2	1	12
성	4	4	4	4	4	4	4	4	4					
명	12	9	2	11	7	9	9	20	20					
	1	2	11	2	4	4	22	11	21					

5획성

성	5	5	5	5	5	5	5	5	5	5	5	5	5	5
명	2	3	13	10	12	8	8	8	20	1	1	2	3	10
	16	13	3	6	6	8	16	24	13	2	12	6	3	3
성	5	5												
명	8	20												
	5	6												

6획성

성	6	6	6	6	6	6	6	6	6	6	6	6	6	6
명	1	2	2	10	12	10	9	10	12	17	17	18	21	1
	17	15	23	5	5	7	24	5	23	15	18	17	18	24
성	6	6	6	6	6	6	6	6						

명	2	11	7	18	7	9	19	11						
	5	7	18	7	25	9	16	14						

7획성

성	7	7	7	7	7	7	7	7	7	7	7	7	7	
명	18	10	8	8	9	1	8	8	17	9	8	9	8	
	6	6	8	16	16	24	10	17	8	8	9	9	15	

8획성

성	8	8	8	8	8	8	8	8	8	8	8	8	8	8
명	10	7	8	7	8	9	16	10	17	7	9	7	7	17
	5	8	7	16	5	16	9	15	16	9	7	10	17	7
성	8	8												
명	8	27												
	9	10												

9획성

성	9	9	9	9	9	9	9	9						
명	22	12	12	20	2	9	8	8						
	2	12	20	12	4	6	7	8						

10획성

성	10	10	10	10	10	10	10	10	10					
명	1	14	7	7	8	8	17	21	14					
	12	7	1	8	7	17	8	4	17					

11획성

성	11	11	11	11	11	11	11							
명	2	22	10	20	21	2	20							
	22	2	14	21	20	4	4							

12획성

성	12	12	12	12	12	12	12	12	12	12	12	12	12	12
명	1	20	9	19	21	9	20	1	1	12	19	12	1	20
	1	1	4	4	4	20	9	4	15	1	6	1	20	1
성	12	12	12	12	12	12	12	12						
명	19	9	19	21	9	20	1	1						
	6	4	4	4	20	9	4	5						

13획성

성	13	13	13	13	13	13	13	13	13	13	13	13	13	13	13
명	2	20	8	10	20	19	2	3	2	22	3	22	12	18	18
	16	5	16	22	12	20	3	2	22	2	22	3	12	14	17

14획성

성	14	14	14	14	14	14	14	14	14	14	14	14	14	14
명	9	2	19	21	21	2	2	18	7	17	21	11	7	7
	2	15	2	2	17	21	23	3	4	4	4	7	16	17
성	14	14	14	14	14	14	14	14	14	14	14	14	14	
명	17	7	10	10	1	2	1	1	1	21	10	10	11	
	7	24	11	15	2	1	16	17	23	3	21	1	6	

15획성

성	15	15	15	15	15	15	15	15	15	15	15	15	15	15	15
명	1	2	2	3	10	18	10	8	8	10	20	1	1	9	9
	17	6	14	3	6	6	8	16	24	14	17	2	16	7	23

16획성

성	16	16	16	16	16	16	16	16	16	16	16	16	16	16
명	1	2	2	9	8	8	8	21	8	17	1	1	9	19
	7	13	23	8	13	15	17	8	23	15	14	15	6	6

17획성

성	17	17	17	17	17	17	17							
명	18	8	21	20	1	8	8							
	16	16	14	15	4	7	10							

19획성

성	19	19	19	19	19	19								
명	2	22	13	11	13	12								
	11	11	20	7	5	6								

20획성

성	20	20	20	20	20	20	20	20	20	20	20			
명	1	1	12	9	12	11	11	21	4	11	18			
	10	12	1	12	9	10	21	11	11	4	7			

22획성

성	22	22	22	22	22	22	22	22	22	22	22	22		
명	1	2	1	10	2	9	2	11	2	2	10	15		
	2	1	10	1	9	2	11	2	13	23	3	10		

(7) S역학자 성씨 획수와 성명 길수리 배치도 : G도

2획성

성	2	2	2	2	2	2	2	2	2	2	2	2	2	2
명	1	1	1	1	1	1	4	4	9	9	9	9	9	11
	4	5	10	14	22	15	9	19	6	4	13	14	22	4
성	2	2	2	2	2	2	2	2	2	2	2			
명	11	11	11	14	14	19	19	19	19	22	22			
	5	10	22	9	19	4	11	14	16	1	9			

3획성

성	3	3	3	3	3	3	3	3	3	3	3	3	3	3
명	2	2	3	3	3	3	8	8	8	8	10	10	12	12
	3	13	2	10	12	13	5	13	21	24	5	22	3	23
성	3	3	3	3	3	3	3	3						
명	13	13	18	18	20	20	21	22						
	2	22	3	14	12	15	14	13						

4획성

성	4	4	4	4	4	4	4	4	4	4	4	4	4	4
명	1	1	2	2	7	7	9	9	9	9	11	11	11	11
	2	12	1	11	4	14	2	4	12	22	2	12	14	22
성	4	4	4	4	4	4	4	4	4	4	4	4	4	4
명	12	12	12	17	17	17	19	19	20	20	20	20	21	21
	1	13	21	4	12	14	2	12	1	11	13	21	12	14

5획성

성	5	5	5	5	5	5	5	5	5	5	5	5	5	5
명	1	1	2	2	8	8	8	8	8	10	10	10	10	11
	2	12	6	16	3	5	8	16	24	3	6	8	23	2
성	5	5	5	5										
명	12	16	18	20										
	6	16	6	13										

6획성

성	6	6	6	6	6	6	6	6	6	6	6	6	6	6
명	1	2	2	2	7	7	9	10	10	10	10	11	11	12
	17	5	15	23	18	25	9	5	7	15	23	7	18	5
성	6	6	6	6	6	6	6	6	6	6				

명	12	12	17	17	18	18	18	18	21	27				
	17	23	15	18	5	7	15	17	18	5				

7획성

성	7	7	7	7	7	7	7	7	7	7	7	7	7	7	7
명	1	8	8	8	8	8	9	9	10	11	17	18	22	22	22
	24	8	9	10	16	17	8	16	6	14	8	6	9	10	16

8획성

성	8	8	8	8	8	8	8	8	8	8	8	8	8	8
명	7	7	7	7	7	8	8	8	8	8	9	9	10	10
	8	9	10	16	17	5	7	9	15	17	7	16	5	15
성	8	8	8	8	8	8								
명	16	17	17	17	21	27								
	9	7	16	8	10	10								

9획성

성	9	9	9	9	9	9	9	9	9	9	9	9	9	
명	2	2	8	8	9	6	9	12	12	20	22	22	9	
	4	22	7	8	6	2	7	12	20	12	2	7	20	

10획성

성	10	10	10	10	10	10	10	10	10	10	10			
명	1	1	7	7	8	8	14	14	17	21	22			
	12	22	1	8	7	17	7	17	8	4	1			

11획성

성	11	11	11	11	11	11	11	11						
명	2	2	10	12	20	20	21	22						
	4	22	14	12	4	21	20	2						

12획성

성	12	12	12	12	12	12	12	12	12	12	12	12	12	12
명	1	1	1	1	1	9	9	9	11	12	12	12	12	12
	20	2	4	5	12	4	12	20	12	1	9	11	13	21
성	12	12	12	12	12	12	12	12	12	12	12			
명	17	17	19	19	20	20	20	21	21	20	20			
	4	12	4	6	5	9	13	4	12	1	3			

13획성

성	13	13	13	13	13	13	13	13	13	13	13	13	13	13
명	2	2	2	2	3	3	8	8	8	12	12	18	19	19
	33	13	16	22	2	22	3	8	16	4	12	14	16	20
성	13	13	13	13	13									
명	20	20	22	22	10									
	12	5	3	2	22									

14획성

성	14	14	14	14	14	14	14	14	14	14	14	14	14	14
명	1	1	1	1	2	2	2	2	7	7	7	7	9	10
	2	16	17	23	1	15	21	23	4	16	17	24	2	1
성	14	14	14	14	14	14	14	14	14	14	14	14	14	14
명	10	10	10	10	11	11	17	17	18	18	19	21	21	21
	11	15	21	25	7	4	7	4	7	3	2	2	3	4
성	14	14												
명	21	21												
	17	4												

15획성

성	15	15	15	15	15	15	15	15	15	15	15	15	15	15

명	1	1	1	1	2	2	3	8	8	9	9	10	10	10
	2	6	17	16	6	14	14	16	24	14	23	6	8	14
성	15	15	15	15										
명	18	18	20	20										
	6	14	3	17										

16획성

성	16	16	16	16	16	16	16	16	16	16	16	16	16	16
명	1	1	1	2	2	2	7	7	7	8	8	8	8	8
	7	14	15	5	13	23	8	3	6	7	5	13	15	17
성	16	16	16	16	16	16	16							
명	8	9	9	9	17	17	21							
	23	7	8	16	8	15	8							

17획성

성	17	17	17	17	17	17	17	17	17					
명	1	8	8	8	8	12	18	20	21					
	4	7	8	10	16	6	6	15	14					

18획성

성	18	18	18	18										
명	7	8	11	17										
	6	15	6	6										

19획성

성	19	19	19	19	19	19								
명	12	13	13	13	18	20								
	6	5	16	20	20	18								

20획성

성	20	20	20	20	20	20	20	20						
명	1	1	4	9	9	11	12	12						
	4	12	9	9	12	4	1	9						

21획성

성	21	21	21	21	21	21	21	21						
명	2	3	8	10	12	12	12	20						
	14	8	3	4	12	14	4	4						

22획성

성	22	22	22	22	22	22	22	22	22	22	22	22	22	22
명	1	1	1	2	2	2	2	2	9	9	11	9	10	10
	15	2	10	1	9	11	13	23	2	7	2	16	1	3
성	22	22	22	22	22									
명	10	13	15	19	7									
	13	2	10	16	10									

25획성

성	25	25	25	25	25									
명	7	8	10	12	20									
	16	8	6	4	13									

31획성

성	31	31												
명	2	2												
	14	4												

(8) K역학자 성씨 획수와 성명 길수리 배치도 : H도

2자성

성	2	2	2	2	2	2	2	2	2
명	19	11	9	9	13	9	9	1	3
	4	10	12	16	10	14	4	10	10

3자성

성	3	3	3	3	3	3	3	3	3
명	18	12	3	20	13	10	8	3	8
	14	6	15	12	5	22	24	12	5

4자성

성	4	4	4	4	4	4	4	4	4	4
명	13	9	3	13	12	9	9	19	9	20
	4	22	14	12	5	12	2	12	4	15

5자성

성	5	5	5	5	5	5	5	5	5	5
명	12	12	18	10	2	8	20	1	8	10
	4	6	14	6	6	5	4	12	24	14

6자성

성	6	6	6	6	6	6	6	6	6	6	6	6
명	10	10	9	19	11	9	19	10	9	9	12	11
	7	5	6	4	4	14	16	15	16	9	23	14

7자성

성	7	7	7	7	7	7	7	7	7	7

명	22	9	11	10	8	8	8	30	11	9
	10	16	5	6	17	16	10	15	14	15

8자성

성	8	8	8	8	8	8	8	8	8	8
명	10	7	3	13	9	7	10	9	7	8
	15	16	12	12	6	6	6	7	17	16

9자성

성	9	9	9	9	9	9	9	9	9	9	9
명	7	12	6	9	20	13	22	8	2	9	2
	16	20	17	7	12	4	10	7	4	6	14

10자성

성	10	10	10	10	10	10	10	10	10	10
명	14	11	11	19	13	3	21	3	14	14
	7	12	4	12	12	10	4	12		17

11자성

성	11	11	11	11	11	11	11	11	11
명	21	12	14	10	4	20	2	4	14
	20	12	4	14	20	4	4	2	23

12자성

성	12	12	12	12	12	12	12	12	12	12
명	9	9	1	13	9	3	23	3	11	20
	14	4	10	4	12	14	12	10	12	15

13자성

성	13	13	13	13	13	13	13	13
명	12	3	8	12	12	12	18	18
	12	15	16	23	6	4	14	17

14자성

성	14	14	14	14	14	14	14	14
명	3	3	3	10	9	11	11	9
	12	22	15	15	6	7	12	12

15자성

성	15	15	15	15	15	15	15	15
명	2	8	3	20	9	9	22	10
	14	24	14	4	23	7	15	7

16자성

성	16	16	16	16	16	16	16	16	16	16
명	9	13	9	9	19	19	2	9	21	19
	6	4	4	7	5	4	14	16	4	6

17자성

성	17	17	17	17	17
명	8	8	12	18	8
	16	7	6	6	10

18자성

성	18	18	18	18	18	18	18	18	18	18
명	3	18	11	20	14	7	11	19	7	14
	12	17	6	15	15	6	10	10	10	7

19자성

성	19	19	19	19	19	19	19	19
명	11	2	13	2	12	6	6	12
	7	4	20	14	17	7	12	4

20자성

성	20	20	20	20	20	20
명	11	9	1	11	12	3
	4	23	12	14	20	15

21자성

성	21	21	21	21
명	10	12	14	2
	14	4	10	22

22자성

성	22	22	22	22	22	22	22	22	22	22
명	9	14	13	4	13	9	19	13	10	9
	14	2	4	12	12	16	4	2	5	4

26자성

성	26	26	26	26
명	9	3	11	9
	6	12	4	4

제8장

실존 성명학의 이론과 비평

1. 측자파자 작명론
2. 육수 작명론
3. 동자삼 작명론
4. 곡획 작명론
5. 한글 음파 작명론
6. 주역 작명론

1. 측자파자 작명론

(1) 측자파자測字破字 작명론이란

측자파자 작명이란 한자의 자획을 나누거나 결합하여 파자된 글자의 뜻으로만 인간의 운명을 예측, 안락한 삶을 유지하고자 연구하는 학문이라고 이해되고 있다.

(2) M역학자의 측자파자 작명론과 반론

M역학자는 그의 저서에서 '우리의 경제와 국방력처럼 이름도 마찬가지이다. 좋은 이름을 가진 사람은 빈곤하지 않고 출세하지 못한 사람 없다. 이름 3자의 큰 글자를 가진 사람이면 건강을 잃었거나 수명이 짧은 사람도 없다'며 측자파자 성명학이 역사상 최초의 논리적인 성명학임을 강조하고 사주의 신뢰성과 기존 작명론을 부정하며 측자파자 성명학만이 새로 창안된 합리적인 논리라고 이름을 풀어 설명하였다. 그렇다면 이것이 객관적인 논리로 인정받을 수 있을 것인가? M학자 저서에 실린 율곡栗谷 이이先生의 이름 풀이다.

"율곡栗谷 선생은 사임당 신씨의 장남으로서 잉태할 때 꿈 속에서 문살에 용이 어리는 것을 보고 잉태하여 출생했다는 의미에서 어릴 때의 아명兒名을 견룡見龍이라 했고 아호雅號를 율곡이라 했으니……."

M역학자의 해석은 다음과 같다. 본명 이이李珥는 오얏 이李에 귀고리 이珥를 써서 오얏나무의 한 쪽 모서리에 걸린 귀고리라는 뜻이다. 또는 해무리 이, 귀막이옥 이로도 읽는데 귀막이란 지금의 보청기를 말하고 해무리란 구름에 가려진 태양을 나타낸다. 당시에도 가장 존경받던 어머니 사임당 신씨는 전국에서도 손꼽히는 학자였다. 그런데도 이런 내용의 이름을 지었다는 것은 결국 글자의 깊은 뜻을 익히는 방식이 없었는 이야기가 된다. 따라서 이 이름의 뜻은 귀고리 이珥의 생김새가 임금 왕王과 귀 이耳의 합자이므로 왕의 옆에서 귀 노릇을 하는 학자나 신하가 되라는 뜻으로 이이 선생은 신동神童이라는 칭호를 받고 자라서 13세 때 진사초시에 합격하는 영예를 차지했다. 하지만 관직에 나가서는 오래 머물지 못하고 방황하다가 최고 수 54세까지도 못 살고 48세에 죽고 말았다. 만약 유전자의 형성이나 타고난 사주팔자라는 것이 있다면 이렇지는 않을 것이다.

또한 이이 선생의 아호 율곡栗谷은 곧 밤나무 골짜기란 뜻이다. 밤 율栗은 꿋꿋하게 선 사람의 모습인 나무 목木 위에다 어두운 뚜껑을 덮는다는 뜻의 덮을 아襾의 변형체인 서녁 서西로 나무의 머리를 덮었으므로 죽음을 의미한다. 원래 이 글자는 불교에서 어둠으로 덮는다는 의미를 지닌다. 결국 아호로 불려진 율곡栗谷은 곧 죽음을 의미한 것이며 한정된 복이 48세로 나타난다. 만약 이 아호를 50세 이후부터 사용했다면 64세에 죽는다. 즉 서쪽의 밤나무 골짜기로 간다는 뜻이다. 이와 같이 모든 이름은 그 글자의 뜻에 따라서 그 사람의 현실과 운명으로 직결된다. 하지만 똑같은 이름일 때 다소간의 지배를 받는 여건도 부여된다. 성씨와 이름은 똑같은데 살아가는 생활의 여건이 다른 것은 크게 나누어 두 가지로 분류된다.

필자의 의견

덮을 아襾를 서西 자의 변형체라고 하지만 서西 자에는 서녁 서 자라는 분명히 다른 뜻이 있음을 모르고 풀이하였다. 서 자의 자형은 새가 둥지에 앉은 모습이며 자의는 저녁이면 새가 둥지에 든다는 뜻이라고 중국문자공작위원회 이락의 선생은 풀이하고 있다. 그러함에도 저자는 덮을 아로 해석, 율栗 자는 나무의 머리를 덮었음으로 죽음을 의미한다고 하는 말은 잘못된 논리라고 의심할 수밖에 없다.

또 다른 세종대왕世宗大王 이도李祹(53세, 재위 기간 32년)의 이름 풀이이다. 이李는 오얏나무로서 복을 담는 그릇, 상서로운 기운을 담는 그릇, 귀신을 모실 때 사용하는 그릇을 만든다는 뜻이다. 복 도祹는 상서로울 도로서 보일 시示와 질그릇 도匋의 합자로 지금의 향로香爐를 나타낸다. 즉 제사를 모실 때 향을 피워서 귀신의 도움을 받는다는 뜻으로 만들어진 글자다. 질그릇 도匋는 쌀 포勹와 장군 부缶의 합자이며 장군 부缶는 교도소의 죄수들과 병원의 환자들이 사용하는 변기통, 오줌통, 항아리를 나타낸 글자다. 그러므로 복 도祹의 한정된 복인 47, 57세가 지나면 질병이 침노하여 환자가 되기 마련이다. 이와 같이 세종은 40대 중반부터 병환에 시달리다가 죽었다. 도祹는 최고 수가 없고 기본 수 60세뿐이다.

어떤 이름이든 상관없이 글자가 겉으로 나타낸 뜻으로 세종의 이름 복 도祹를 복 있는 글자로 해석하는 이가 많으나 부수 변으로 사용된 보일 시示가 현실이 아닌 것이 나타난다는 영상적映像的인 것을 암시하므로 글자의 부수 변에 치중하지 말고 그 주인이 되는 글자의 뜻을

먼저 추출해서 사용해야 옳다. 그러므로 복 도祹는 보일 시 변示을 떼고 나면 질그릇 도匋(즉, 항아리)가 되며 또 다시 항아리의 껍데기를 벗기면 장군 부缶가 된다. 장군 부缶가 주인이 되는 글자이므로 장군 부의 뜻이 그 사람의 운명에 가장 많은 영향력을 행사한다. 장군 부는 병원이나 교도소의 죄수들이 사용하는 오물통, 변기통을 나타낸 글자이므로 결국 환자가 사용할 항아리가 된다. 이러한 글자가 이름에 들면 그 글자에 나타난 한정된 복에 해당하는 숫자에서 환자가 되는 것이다. 그리고 모든 글자는 여러 개의 부수변이 합류하여 한 개의 글자를 형성한다.

필자의 의견

부缶 파자를 해설함에 교도소의 죄수들과 병원의 환자들이 사용하는 항아리, 변기통, 오줌통으로 잘못 해석하고 있다. 부缶의 뜻은 ① 액체를 담는 그릇 ② 고대 악기의 일종 ③ 용량의 단위임에도 변기통, 오줌통 등으로 해석, 글자의 원래 뜻을 잘못 파자 해석하였다고 본다.

M역학자는 그의 저서에서, "소리로 짓는 이름은 해설하기에는 좋을 수 있으나 실제로 검증해보면 모두가 틀린다. 그러나 측자파자 성명학은 무엇이든 분석이 가능하다. 그것은 뜻을 위주로 효과를 노리기 때문이다"라고 하였다.

필자의 생각

소리음파는 과학적으로 좋은 소리와 나쁜 소리를 나눔이 검증되고 있음을 알아야 한다. 이의 증명은, 첫째 식물을 통한 실험이다. 채소를 심고 한 곳에는 좋은 소리, 좋은 음파, 좋은 음악을 들려주고 다른 한 곳은 그냥 재배했을 때 좋은 소리를 듣고 자란 채소가 성장이 빠르고 건강하여 병원체에 저항력이 강하게 나타나고 있음이 실험을 통해 확인, 지금 농촌에서 이 방법으로 각종 농작물을 재배하고 있다. 둘째 위와 같은 방법을 꽃과 동물의 우사나 계사에도 적용, 가축이 빨리 자라고 꽃도 건강하게 더욱 탐스럽게 핀다고 한다. 셋째 음파는 음악 치료 연구로 임상에서 적용, 환자를 음악으로 치료하고 있다.

M역학자는 '수리와 음양'에 관해 "1960년대 초반부터 한글을 사용하자는 정부의 시책에 못이긴 일부 역학자들이 그 글자에 나타난 획수를 짝수와 홀수로 나누고 성명학에 음양오행을 이용한 것이다. 지금까지 뛰어난 역학자는 그것이 맞지 않다는 것을 알고 있기 때문에 성명학으로 인정하지 않고 있다. 수리음양을 1, 3, 5, 7, 9획일 때는 양이라 하고 2, 4, 6, 8, 10 짝수를 음이라 분류한 것이다"라고 말하고 있다.

필자의 의견

음영의 숫자, 홀수 양과 짝수 음은 이미 5,000년 전 복희 시대의 용마하도에서 표시하였던 것이지 일부 역학자가 분류한 것이 아님을 알아야 한다.

M역학자는 '키와 체격'에 관해 다음과 같이 밝히고 있다. "키와 덩치는 부모의 유전자에 의해서 대부분 결정되는 수가 많으나 약 85%는 이름으로 결정된다. 이름 3자 형성에서 글자가 크거나 크다는 뜻으로 나타나면 키가 크고 덩치도 크지만 그러하지 못한 자는 대부분 작거나 왜소한 편이다. 이것이 이름에 나타난 후천운의 영향력이다"라고 한다.

필자의 생각

이 말에 동의할 사람이 얼마나 될까? 필자는 전적으로 동의할 수

없다.

또한 '지명과 이름 글자와의 관계'에 관해 "자기 이름에 나타난 글자와 비슷한 지명을 찾아서 살면 더욱 삶이 편하다. 김대중 당선자가 대전과 대천에서 득표를 많이 한 것과 충청도忠淸道 충忠 자 모두 김대중 대통령의 중中 자와 관련이 있다"고 말하고 있다.

필자의 생각

지역과 성명에 동자가 있다고 해서 버거운 삶이 향상될까? 이러한 논리는 근거가 없다고 본다.

M역학자는 '부모와 자식'에 관해서 "부모의 이름이 좋은데 자식의 이름이 나쁘면 그 자식이 올바르게 자라지 못하여 부모의 한정된 복이 끝날 무렵 자식으로 인하여 고통이 따르고 파산한다. 심하면 자식을 잃을 수도 있다"라고 말하고 있다.

필자의 생각

부모와 자식 이름의 영향력이 절대 운명을 좌우할까?

'성씨와 조상'에 관하여 M역학자는 "이름 3자 중 가장 앞에 사용된 성씨의 영향력은 유아기 때부터 나타나며 타고난 성씨의 영향력은 엄청나게 큰 작용을 한다. 성씨가 아름답지 못하고 뜻이 부족한 글자는 운명에 절대적인 영향력을 미친다고 하였다"고 했다.

필자의 생각

뜻이 부족한 성씨를 조상으로부터 물려받아 가난하게 산다면 얼마나 조상을 원망하며 살아갈까? 성씨의 영향력이 운명에 얼마만큼 절대적일까?

(3) 성씨의 측자파자 해설

다음은 성씨의 측자파자 해설이다. 파자의 뜻대로 운명적인 삶이 지배할지는 의문이며 논리가 매우 주술적이라고 생각한다.

김金 – 큰 산 밑의 돌, 구슬
이李 – 나무와 아들, 부모와 자식
박朴 – 나무에 달린 복 덩어리
류柳 – 토끼처럼 연약한 가지로 구성된 버드나무
배裵 – 아무리 잘 입어도 새의 날개가 아니다.
선宣 – 고기 덩어리를 벌려서 먹고 판다는 뜻
개介 – 남의 고기에도 끼어들어 타인의 입에 들어갈 수 있으며 물건에도 끼어들고 남의 안방까지 끼어들 수 있다.
문文 – 글을 떠벌린다.
송宋 – 집 안에 갇힌 나무
주朱 – 나무 중간에 사람이 걸려 있어 나무가 자랄 수 없다.
기奇 – 남에게 끼어들어 괴상한 짓도 잘한다.
길吉 – 선비의 입에서 좋은 말만 나온다.
정丁 – 머리를 꿰달아 메다.
국國 – 의심이 많고 세심하다.
공公 – 개인의 사적인 이득을 감정으로 잘 나타낸다. 마음이 작고 잘다. 공적인 일에서 이득을 취한다.
손孔 – 구멍의 새가 고단하다. 자식, 배우자 덕이 없다.
정郭 – 부모와 이별, 가족과도 이별, 헤어져 사는 직업
광廣 – 지붕 밑에 넓은 광장, 창고가 있다.

구具 — 사람의 얼굴처럼 네모난 상자

황黃 — 술을 좋아하고 잔꾀를 부린다. 노력하면 재물은 넉넉하다.

갈葛 — 넝쿨이 엉키고 엉켜서 어떤 잡초도 생존하지 못한다.

강姜 — 여자를 거느리는 사람이 왕, 양의 탈을 쓴 사람이 잘난 척.

고高 — 높은 집과 관공서 건물, 재물은 따르나 말썽이 따른다.

맹孟 — 자식이 그릇 위에 있다. 일을 성사시키려면 고통이 따른다.

원元 — 어려서 총명하지만 한정된 복이 따른다.

2. 육수 작명론

(1) 여러 역학자들의 육수 작명론

① B역학자 육수 작명론

주역의 육효를 응용한 작명 이론으로 청룡青龍, 주작朱雀, 구진句陳, 등사騰蛇, 백호白虎, 현무玄武 등으로 육수六獸라고 하거나 육신六神이라고 한다.

② J역학자 육수 작명론

주역의 육효六爻에서 응용한 작명이론이나 명리학의 십신十神에 비중을 두어 인간의 길흉화복을 추론하는 작명론으로 육효와 십신의 혼합 작명론이라고 볼 수 있다. 그러니 J역학자는 음양의 중요성을 강조하면서도 음양을 훼손하고 무시한 부분이 많아 필자가 여기서 지적해 보고자 한다.

- 훼손한 부분

  우주 이치에서 볼 때 아무리 작은 미생물일지라도 음양의 구분이 있게 마련인데 어찌 음끼리 혹은 양끼리 결합이 가능한가.

- 무시한 부분

성명 길수리 배치도에서 양은 양, 음은 음

성	3	5	5	5	7	9	11	15	17	8
명	3	3	11	13	9	9	15	9	9	8
	15	13	13	9	9	15	13	9	9	16

- '삼원오행'에 관하여 J역학자는 저서에서 "학설의 주장이 저마다 다르다. 일반인이 쉽게 접할 수 있도록 설득력이 있어야 한다. 문제는 중국식이나 일본식 이론에 빠져 번역서에 의존하다 보니 이런 폐단이 온 것이 아니냐"고 한다.

  필자의 의견

  음양오행과 저자가 작명 논리로 응용한 주역이나 명리학도 원문에 근거, 번역한 이론이며 음양오행을 근본으로 한 동양 철학도 중국이 발원지이며 번역한 이론이다.

- '80수 수리 해설'에 관하여 J역학자는 수리 자체에 의미를 두고 있다.

  필자의 의견

  좋은 한글 이름을 지어서 한자를 선택하고 싶어도 수리가 맞지 않으면 결국 원하지 않는 한자로 선택할 수밖에 없으므로 감명도 한자의 필획을 음양으로 구분, 육신으로 길흉을 판단함에 한자 선택과 한글 발음에 선택의 제한이 있음도 알아야 한다.

다음은 독자들에게 이해를 돕기 위해 육수론에 대한 두 역학자의 작명 논리를 간단하게 발췌, 비교해본 것이다.

(2) B역학자 육수 작명론

1) 육수법六獸法

육수六獸란 청룡青龍, 주작朱雀, 구진句陳, 등사騰蛇, 백호白虎, 현무玄武를 말하며 육신六神이라고도 한다. 생년간生年干을 기준으로 하여 밑에서부터 위로 붙여 나간다. 갑을년생甲乙年生은 초효初爻에 청룡青龍, 병정년생丙丁年生은 주작朱雀, 무년생戊年生은 구진句陳, 기년생己年生은 등사騰蛇, 경신년생庚辛年生은 백호白虎, 임계년생壬癸年生은 현무玄武를 각각 붙여 나간다.

六位 \ 年日干		甲乙	丙丁	戊	己	庚辛	壬癸
姓主	上爻	玄	青	朱	句	蛇	白
姓從	五爻	白	玄	青	朱	句	蛇
名上字主	四爻	蛇	白	玄	青	朱	句
名上字從	三爻	句	蛇	白	玄	青	朱
名下字主	二爻	朱	句	蛇	白	玄	青
名下字從	初爻	青	朱	句	蛇	白	玄

年日生 \ 六親	寅卯年生 (甲乙日生)	巳午年生 (丙丁日生)	辰戌丑未年生 (戊己日生)	申酉年生 (庚辛日生)	亥子年生 (壬癸日生)
父	水(亥子)	木(寅卯)	火(巳午)	土(辰戌丑午)	金(申酉)
兄	木(寅卯)	火(巳午)	土(辰戌丑午)	金(申酉)	水(亥子)
財	土(辰戌丑午)	金(申酉)	水(亥子)	木(寅卯)	火(巳午)
孫	火(巳午)	土(辰戌丑午)	金(申酉)	水(亥子)	木(寅卯)
官	金(申酉)	水(亥子)	木(寅卯)	火(巳午)	土(辰戌丑午)

일간日干을 기준으로 하며 붙일 때도 있으나 이 책에서는 주로 연간年干을 기준으로 하며, 붙일 때는 생략해서 기록한다. 앞에 나와 있는 도표를 참고하기 바란다.

① 청룡青龍

청룡은 희열지신喜悅之神으로 좋은 일이 생기며 매사가 순조롭다.

- 관官에 붙으면 벼슬과 명예에 길하고, 선천명先天命과 잘 합국合局되면 고관, 군왕, 대통령, 수상, 군 장성, 성인 군자 등이 된다.
- 손孫에 붙으면 아버지 덕이 있고 부모가 장수하며 사업이 길하게 된다.
- 재財에 붙으면 어진 아내를 얻으며 재물운이 길하고 어머니 덕도 길하다.
- 형兄에 붙으면 형제가 많거나 우애가 있고 길하다.
- 진辰에 붙으면 조실부모하고, 매사가 불성되며 납치나 유괴를 당할 수 있다.
- 사오화세巳午火世에 붙으면 주색으로 패가한다.
- 진사세辰巳世에 붙으면 포화의 위험이 따른다.
- 사巳에 붙으면 조실부모하고 낙상이나 급사 등이 따른다.
- 신유申酉에 붙으면 손발이 상한다.

② 주작朱雀

주작은 구설지신으로 시비, 구설, 송사, 언쟁, 투쟁 등이 따르며, 남에게 욕을 먹는다.

- 관官에 붙으면 법관 등의 벼슬이 좋고, 선천명과 잘 합국되면 장관이나 법무장관이 될 수도 있다.
- 손孫, 재財, 부父, 형兄에 붙으면 길하다.
- 형세兄世에 붙으면 집안이 다툼으로 어지럽고 구설이 따른다.
- 사오화세巳午火世가 살을 띠면 화재를 당한다.
- 축丑에 붙으면 매사가 불성되며 다리가 잘리거나 범법, 급변란 등이 생긴다.

- 술戌에 붙으면 형벌을 당한다.

③ 구진句陳

구진은 토지지신土地之神으로 이사나 매매 등의 부동산에 관계된 일이 생긴다.

- 관官에 붙으면 하급관으로 일반 행정관이 길하다.
- 부父나 형兄에 붙으면 부모 형제와 일찍 생사이별하기 쉽다.
- 재財나 손孫에 붙으면 처궁과 자식궁, 재물운이 약하여 근심이 따른다.
- 토공土空에 붙으면 토지가 없다.
- 해자亥子에 붙으면 살을 띠고, 공망空亡되면 수액사한다.
- 묘卯에 붙으면 부부궁과 자손궁이 흉하며 매사가 어렵다.
- 진辰에 붙으면 형벌을 당한다.
- 술戌에 붙으면 형벌을 당하거나 손발을 상한다.

④ 등사騰蛇

등사는 허언지신虛言之神으로 놀랄 일, 괴상한 일, 시끄러운 일, 구설수, 흉몽 등이 생긴다. 남에게 속임이나 사기를 당하며 여행이나 이사 등 이동하는 일이 생긴다.

- 관官에 붙으면 중급관으로 판사, 검사, 검찰, 내무 장관, 경찰 국장 등에 길하다.
- 손孫, 재財, 형兄에 붙으면 길하다.
- 자子에 붙으면 만사가 이루어지지 않는다.
- 해자亥子에 붙으면 수액으로 급사하는 수가 있다.
- 화세火世에 붙고 살을 띠면 화재가 두렵다.
- 축술丑戌에 붙으면 맞아 죽는다.

⑤ 백호白虎

백호는 혈광지신血光之神으로 숙살기肅殺氣가 있어 횡액, 관재, 구설, 재물 파탄 등의 사고가 생기고, 교통 사고나 질병으로 갑자기 수술하는 일이 생긴다.

- 관官에 붙으면 무관에 길하고 고관격으로 내무 장관, 군 장성, 총리까지 될 수 있다.
- 손孫, 재財, 형兄, 부父에 붙으면 흉하다.
- 오午에 붙으면 매사가 성사되지 않으며 부부와 자손이 흉하고 화액이 우려된다.
- 신유금申酉金에 붙으면 흉작용이 강하다.
- 신유申酉에 붙고 살을 띠면 호랑이나 맹수에게 잡아먹히거나, 벼락으로 몸을 다친다.
- 유酉에 붙으면 부부와 자손이 흉하며 화액이 염려되고, 살을 띠면 칼에 맞아 죽는다.
- 재財에 붙으면 늙을수록 공망空亡이다.
- 인묘寅卯에 붙으면 낙상하거나 급사한다.
- 오효신금五爻申金에 붙으면 길거리에서 불의의 사고를 당하거나 경찰과 시비하는 일이 생긴다.

⑥ 현무玄武

현무는 도적지신盜賊之神으로 도난, 사기, 음사, 암매, 계약 해결, 사업 실패, 수표 부도 등의 일이 생긴다.

- 관官에 붙으면 무관, 경찰, 하급 공무원 등이 된다.
- 재財나 손孫에 붙으면 하급격이다.
- 육친六親에서 재財, 손孫, 부父, 형兄에 임하면 좋지 않다.
- 신申에 붙으면 매사가 불성되며 낙상하거나 급사한다.

- 형세兄世에 붙으면 팔패주색八敗酒色한다.
- 해자수亥子水에 붙으면 도둑이나 사기 등에 걸리기 쉽다.
- 사巳에 붙으면 화액을 당하거나 급사한다.
- 미未에 붙으면 낙상하거나 급사한다.

2) 음령오행을 지지로 표출하는 방법

성명姓名 석자의 주종음主從音 오행五行에 지지地支를 붙이되 양목陽木은 인寅, 음목陰木은 묘卯, 양화陽火는 오午, 음화陰火는 사巳를 붙인다.

양토陽土는 1, 3, 5, 11, 13, 15, 21, 23, 25, 31, 33, 35, 41, 43, 45 등의 획수이면 진辰을 붙이고, 7, 9, 17, 19, 27, 29, 37, 39, 47 등의 획수이면 술戌을 붙인다. 음토陰土는 2, 4, 6, 12, 14, 16, 22, 24, 26, 32, 34, 36, 42, 44, 46 등의 획수는 미未, 8, 10, 18, 20, 28, 30, 38, 40, 48 등의 획수는 축丑을 사용한다. 양금陽金은 신申, 음금陰金은 유酉, 양수陽水는 자子, 음수陰水는 해亥를 각각 붙이면 된다.

陰陽五行	陽木	陰木	陽火	陰火	陽土 7,9	陽土 1,3,5	陰土 8,10	陰土 2,4,6	陽金	陰金	陽水	陰水
地支	寅	卯	午	巳	戌	辰	丑	未	申	酉	子	亥

庚壬壬庚	
戌子午申	
午 蛇 官 火	7 ○ 이李
○ 句 ○ ○	
酉 朱 兄 金	16 ● 석錫
卯 青 財 木	
辰 玄 父 土	13 ○ 영暎
辰 白 父 土	

庚辛丙丁	
寅巳午丑	
申 青 孫 金	11 ○ 최崔
○ 玄 ○ ○	
酉 白 孫 金	8 ● 창昌
丑 蛇 兄 土	
卯 句 官 木	6 ● 규圭
○ 朱 ○ ○	

庚己庚丁	
午巳戌亥	
申 青 父 金	17 ○ 장蔣
戌 玄 官 土	
卯 白 孫 木	4 ● 개介
○ 蛇 ○ ○	
申 句 父 金	5 ○ 석石
寅 朱 孫 木	

壬丙己乙	
辰申丑丑	
卯 玄 官 木	8 ● 김金
亥 白 財 水	
申 蛇 孫 金	17 ○ 종鍾
戌 句 兄 土	
子 朱 財 水	9 ○ 필泌
午 青 父 火	

음령오행을 붙이는 데 있어서 주의해야 하는 문자는 다음과 같다. 토土로 보기 쉬우나 모두 화火로 본다.

- 양(량 梁 良 樑 兩 糧 諒)
- 역(력 力 曆 歷)
- 여(녀 女)
- 연(련 連 戀 練 鍊 蓮 聯)
- 여(려 呂 侶 麗)
- 열(렬 列 烈 洌)

(3) V역학자 육수 작명론

1) 육수 붙이는 방법

육수는 원래 주역에서 육효六爻에 사용되었는데 차츰 성명학에서 쓰이고 있어 설명을 덧붙이고자 한다.

육수에는 원래 청룡靑龍, 주작朱雀, 구진句陳, 등사騰蛇, 백호白虎, 현무玄武가 있으며, 밑에서 위로 올려붙이면 된다. 이때 생년간을 기준으로 하여 붙인다.

육수의 특성은 다음과 같다.

① 청룡靑龍 : 좋은 일이 많으며 경사, 승진, 합격 등 원만하고 좋을 것을 의미한다. 귀격貴格인 운명에 이것이 붙을 경우 한 나라인 원수가 될 수도 있다.

② 주작朱雀 : 구설, 시비, 언쟁 등을 의미하며, 직업으로는 언론, 교직, 방송 등 말을 많이 하는 직업을 의미한다.

③ 구진句陳 : 하는 일이 늦거나 걱정이 따르는 것을 의미한다.

④ 등사騰蛇 : 육효에서는 놀라는 것으로 보나 성명에서는 이것이 붙으면 도리어 장군, 군인, 경찰, 검사 등 형권을 잡는 경우를 보았다.

⑤ 백호白虎 : 매우 강력한 운성을 뜻하며 사업가에게는 큰 재물이 따르나 배우자에게 애로가 생길 수 있고 교통 사고, 수술 등을 의미하며 3,4나 7,8에 붙으면 자식궁에 문제가 있으나 전체 배합을 보아 판단하여야 한다. 유명한 장수나 의로운 열사에게서 많이 보았다.

⑥ 현무玄武 : 일시적인 어려움이 있을 수도 있으나 대기만성하기도 한다.

이 육수는 일반적으로 연주年柱의 천간天干을 위주로 보는데, 일부에서는 일주日柱(四柱)로 보기도 하므로 두 가지 다 일리가 있는 것으로 보고 참고하면 된다. 四柱

2) 갑목甲木 기준으로 볼 때 육친이 나오는 실례

① 1갑甲 형제, 동료, 친구, 동업자

비견 : 오행이 서로 같다. 음양도 서로 같다.

② 2을乙 이복 형제, 시고모, 시숙

겁재 : 오행이 서로 같다. 음양이 서로 다르다.

③ 3병丙 장모, 아들, 딸, 손자

식신 : 갑甲이 병丙을 생生하여 목생화木生火하며 음양이 같아 식신이라 한다.

④ 4정丁 손녀, 조부, 조모, 아들, 딸

상관 : 오행이 화火가 되어 목생화木生火하고 음양도 서로 달라 상관이다.

⑤ 5무戊 첩, 아버지, 형수, 시어머니

편재 : 오행이 양토陽土이고 목극토木剋土하니 편재라 일컫는다.

⑥ 6기己 형수, 숙부, 고모, 삼촌

정재 : 오행이 음토陰土이고 갑목甲木이 목극토木剋土하니 정재라 한다.

⑦ 7경庚 아들, 외조모, 남자, 정부

편관 : 오행이 양금陽金이 되어 갑목甲木을 도리어 금극목金剋木하니 편관이다.

⑧ 8신辛 딸, 증조부, 남편, 시동생

정관 : 오행이 음금陰金이 되어 갑목甲木을 금극목金剋木하니 정관이라 부른다.

⑨ 9임壬 서모, 조모, 사위, 이모

편인 : 갑목甲木을 생生해주나 같은 양이므로 편인이라 칭한다.

⑩ 0계癸 어머니, 장인, 손녀

정인 : 갑목甲木을 음수陰水가 생生하여 계생갑癸生甲하니 정인으로 부른다.

3) 육신의 변화 표출표

동양 철학은 모든 것이 상대적으로 구성되어 있다. 그러므로 여기서도 숫자의 상대성을 응용하여 볼 수 있는데, 다음과 같이 보면 된다. 여기에 나오는 십신十神도 상대적으로 보면 되는데, 이것을 변화시켜 보는 것을 '변화 표출표'라 일컫는다.

〈육신 도출도표 1〉

숫자 명운	日干 通變	甲 日	乙 日	丙 日	丁 日	戊 日	己 日	庚 日	辛 日	壬 日	癸 日
1	비견比肩	甲	乙	丙	丁	戊	己	庚	辛	壬	癸
2	겁재劫財	乙	甲	丁	丙	己	戊	辛	庚	癸	壬
3	식신食神	丙	丁	戊	己	庚	辛	壬	癸	甲	乙
4	상관傷官	丁	丙	己	戊	辛	庚	癸	壬	乙	甲
5	편재偏財	戊	己	庚	辛	壬	癸	甲	乙	丙	丁
6	정재正財	己	戊	辛	庚	癸	壬	乙	甲	丁	丙
7	편관偏官	庚	辛	壬	癸	甲	乙	丙	丁	戊	己
8	정관正官	辛	庚	癸	壬	乙	甲	丁	丙	己	戊
9	편인偏印	壬	癸	甲	乙	丙	丁	戊	己	庚	辛
0	인수印綬	癸	壬	乙	甲	丁	丙	己	戊	辛	庚
1	비견比肩	寅	卯	巳	午	辰/戌	丑/未	申	酉	亥	子
2	겁재劫財	卯	寅	午	巳	丑/未	辰/戌	酉	亥	子	亥
3	식신食神	巳	午	辰/戌	丑/未	申	酉	亥	子	寅	卯
4	상관傷官	午	巳	丑/未	辰/戌	酉	申	子	亥	卯	寅
5	편재偏財	辰/戌	丑/未	申	酉	亥	子	寅	卯	巳	午
6	정재正財	丑/未	辰/戌	酉	申	子	亥	卯	寅	午	巳
7	편관偏官	申	酉	亥	子	寅	卯	巳	午	辰/戌	丑/未
8	정관正官	酉	申	子	亥	卯	寅	午	巳	丑/未	辰/戌
9	편인偏印	亥	子	寅	卯	巳	午	辰/戌	丑/未	申	酉
0	인수印綬	子	亥	卯	寅	午	巳	丑/未	辰/戌	酉	申

※ 인수와 정인은 같은 의미이다.

甲日 기준일 때 甲은 비견이 되고

乙日 기준일 때 乙은 비견이 되며,

甲日 기준일 때 乙은 겁재가 되고

乙日 기준일 때 甲은 겁재가 된다.

이렇게 보면 이해가 쉬울 것이다.

> 1은 1, 2는 2, 3은 9, 4는 0, 5는 7, 6은 8, 7은 5, 8은 6, 9는 3, 0은 4로 보면 된다.

당연히 부모가 있으므로 자식이 있기에 자식을 의미하는 3과 4는 부모를 의미하는 9와 0을 상대적으로 볼 수 있는 것이다. 이 도표는 자주 쓰이므로 참고하여 보면 된다.

다음은 이씨 왕조의 시조인 이성계의 예를 들어보자.

예

을해乙亥 여기餘氣먹고 출생하다. 1335년 10월 ?일 자시생子時生

소리 오행	이름	획수	十神表			육수	사주
			餘氣	中	正氣		
戊土	李	7	1	5	7	현무	時 日 月 年
			×	×	×	백호	甲 己 丁 乙 乾
							子 未 亥 亥 命
庚金	戊	7	3	7	9	등사	용신用神 : 편재偏財인 계수용신癸水用神이다.
戊土			1	5	7	구진	
							※ 갑을일甲乙日은 청룡青龍부터
乙木	桂	10	8	2	4	주작	시작하나 '계桂'의 끝소리 글자
			×	×	×	청룡	가 없으므로 비우고 시작한다.

32세 계미癸未대운부터 용신운에 들었다. 47세 경신庚申년에 왜놈들을 소탕하고 50세 갑자甲子년에 동북도원수가 되었고, 59세 계주癸酉년은 용신用神년이라 왕으로서 위엄을 갖출 수 있었으나, 74세 무자戊子년에

는 용신인 계수癸水를 합合해 버리고 대운인 기묘己卯가 계수를 극剋해 버리니 그만 사망하고 말았다.

고故 박정희 대통령의 예이다.

예

정사丁巳 여기餘氣먹고 출생하다. 1917년 9월 30일 인시생寅時生							
소리오행	이름	획수	十神表			육수	四柱
			餘氣	中	正氣		
乙木	朴	6	6	4	8	청룡	時 日 月 年
			8	6	0	현무	戊 庚 辛 丁 乾
庚金	正	5	3	1	5	백호	寅 申 亥 巳 命
戊土			1	9	3	등사	용신用神 : 상관傷官이 용신用神이다.
戊土	熙	13	1	9	3	구진	
×			×	×	×	주작	천간이 정화丁火이므로 주작부터 시작하여 육수를 붙이면 된다.

※ 용신이란 나를 돌봐주는 수호신을 의미한다.

위의 예처럼 8(명예)에 청룡이 붙어 있으니 귀한 命이다. 그러나 5(妻官)에 백호가 있어 을축생乙丑生 부인(육영수 여사)이 저격을 당했다. 대통령 자신도 을미년己未年 갑술월甲戌月 병인일丙寅日에 총격으로 운명을 다하는 불운을 맞았다. 이는 사주의 용신인 계수癸水가 을미년己未年에 극剋을 당했기 때문에 그 운을 다했다고 보기도 한다.

4) 육신 표출과 육신의 이해

사주나 이름에는 반드시 육신이 붙어 다니는데, 이 육신은 운명이나 운세를 볼 때 긴요히 쓰이고 있을 뿐만 아니라 감정하는 데 있어서

도 기준이 되고 있다. 서로의 관계를 쉽게 이해하기 위해서 다음의 도표를 보기로 하자.

〈육신 표출도표 2〉

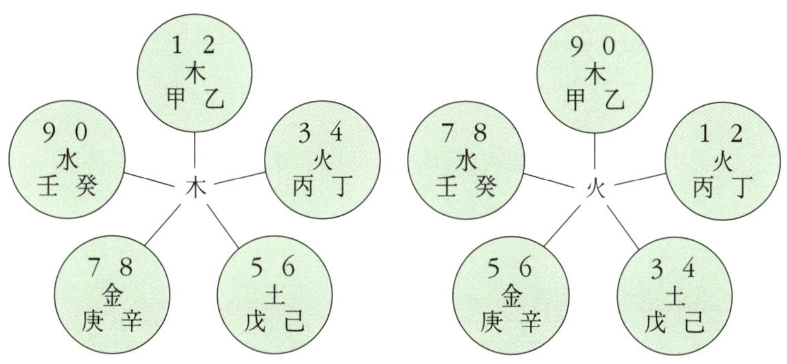

〈天干이 甲乙 범띠 · 토끼띠일 때〉 〈天干이 丙丁 뱀띠 · 말띠일 때〉

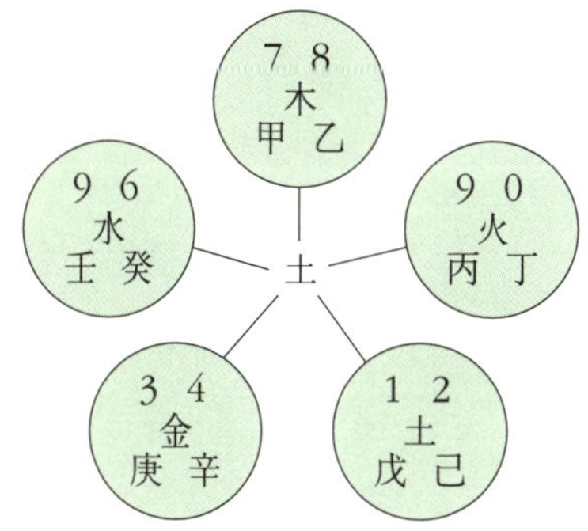

〈天干이 戊己 용띠 · 개띠 · 소띠 · 양띠일 때〉

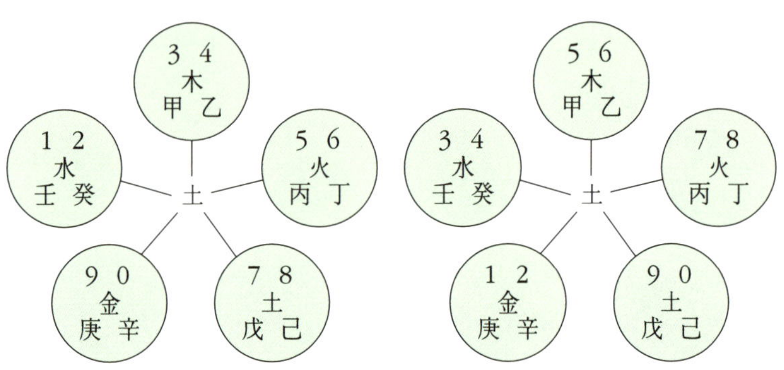

〈天干이 壬癸 돼지띠 · 쥐띠일 때〉 〈天干이 庚辛 잔나비띠 · 닭띠일 때〉

5) 소리오행의 육신과 육수 붙이는 방법

여기서 나오는 소리오행의 육신과 육수 붙이는 방법은 이름을 실제 감정하며 응용하는 데 매우 중요하므로 잘 읽고 판단하기 바란다. 이름에서는 한자의 음양에 따라 명운이 각각 다르게 표현되는데, 이는 '육신 조견표'를 보고서 숫자로 된 육신을 찾아볼 수 있을 것이다. 다음에 나오는 예를 보면 이해가 가리라 본다.

辛金 丁火	愼	14획	신
丙火	度	9획	도
己土	喜	12획	희

뱀띠		
신	6	정재
	2	겁재
도	1	비견
희	4	상관

왼쪽의 도표는 '육신 표출표'를 찾아 십신十神을 숫자로 찾아보면 되는데, 정기正氣를 먹고 태어났기에 뱀띠를 보고 굵은 숫자를 적으면 된다. 즉, 신愼이라면 신금辛金과 정화丁火가 나오는데 뱀띠와 신금이 짝수일 때를 보게 되면 굵은 숫자로 6이 나오게 된다. 이는 명리 용어로 정재라 일컫는다. 작은 숫자 4는 여기로 태어났을 때 나오는

육신으로 상관이라 한다. 그러나 이 경우는 10월 절기인 입동이 15일이나 지나 정기正氣에 해당하기 때문에 정재인 6으로 보면 되는 것이다. 마찬가지로 병화丙火가 뱀띠일 때는 1이 된다. 기사己巳일 때는 상관인 4가 나오는 것은 표출표를 참고하면 알 수가 있는 것이다.

3. 동자삼 작명론

(1) 동자삼 작명론이란

N역학자는 동자삼 작명학을 한글 성명만으로 사람의 운세를 초년, 중년, 말년으로 구분하여 예견하고 검증해주는 새로운 인생 항로의 잣대라고 말하고 있다. 이 원리는 한글의 자음과 모음에 고유번호를 부여하여 사람의 성명에 인운 인자가 발생하게 한다. 과학적이고 수학적인 기법에 의하여 산출된 인운 인자의 결합과 한글 성명의 NSM 그래프가 인연과 성명에 대하여 과거, 현재, 미래의 성공과 실패를 분명히 확인시켜 주는 특성을 가지고 있다고 저자는 주장한다.

(2) N역학자의 〈동자삼의 꿈〉에서의 주장과 반론

1) 〈동자삼의 꿈〉에서의 주장

다음은 동자삼 작명학의 창시자인 N역학자 〈동자삼 꿈〉에서의 개운에 대한 주장으로 그의 저서에서 발췌한 내용이다.

① 동자삼 꿈에 의한 개운

임산부가 동자삼이나 산삼의 꿈을 꾸면 산삼의 기와 정기가 꿈

꾸는 동안 태아의 탯줄을 타고 태아에게 전이되고 신생아가 태어나면 산삼의 정기를 이어받아 훌륭하게 된다. 훌륭하게 되는 정도는 산삼의 꿈 내용에 따라 차이가 있다. 일반 사람들도 산삼의 꿈을 꾸면 꿈의 계시에 따라 개운 효과가 있는데 해몽은 직설적인 것이 많다. 산삼을 캐면 길운이고 그 효과는 산삼의 수, 모양, 크기 등에 따라 비례된다. 산삼을 꿈에서 얻으면 그의 건강, 명예, 재산은 NSM 동자삼 그래프의 해법에 준한다. 동자삼에 의한 꿈의 개운은 다음과 같다.

- 산삼을 먹는 꿈은 지혜와 총명이 함께 하여 위대한 과학자, 예술가, 실업가, 정치가, 종교인 등이 탄생할 수 있다.
- 산삼을 세 뿌리 캐서 줄로 엮거나 등에 메고 다니거나 지게에 지거나 머리에 이고 있는 꿈은 임산부가 왕을 낳을 징조이고, 일반 사람들은 자녀가 큰 인물이 되거나 자신도 왕 노릇을 하는 사람이 된나.
- 산삼을 캤는데 부패되어 냄새가 천지를 진동하면 귀인이 되고, 냄새를 맡아 자신이 죽으면 운수 대통이며 부패만 되어 있다면 노력을 해도 성과가 전혀 없다,
- 산삼을 보고 캐는데 산삼은 없고 샘물이 솟아 나온다면 맑은 샘물이 가득 차면 재운 복이 샘물 양과 같고, 황토색의 샘물은 반대 현상이 일어난다. 만약에 맑은 샘물이 한강을 이룬다면 천하의 갑부가 된다.
- 산삼을 캐다가 돌이 무너져 못 캐면 하던 일이 방해가 되어 사업의 중단을 의미하고 자신의 몸이 돌에 깔려 죽으면 만사 형통하여 새로운 일이 대성공한다.

- 산삼을 캐러 가는 길에 여인을 만나 아무 탈이 없으면 재수가 없고 여인을 데리고 산 속에서 동침하면 소원이 성취된다.
- 산삼을 캐서 솥에 달여서 혼자 먹으면 혼자만 대성하고 여러 사람과 같이 먹으면 기업체를 가진 사람이면 대성공한다.
- 산삼을 타인에게 주거나 잃거나 버리는 꿈은 남을 위해 일하고 자신에게는 아무런 이득이 없다.
- 산삼을 보고도 캐낼 수 없다면 욕심만 있을 뿐이다.
- 산삼 한 뿌리만 캐면 한 번만은 대성공하는데 국가 고시에 합격하여 큰 인물이 된다.
- 산삼을 캐러 가는데 길을 잃어버리면 실직된다.
- 산삼을 캐는데 안개가 끼고 어두워져 산삼을 못 캐면 사업에 발전상 지장이 생겨 문을 닫는다.
- 산삼을 캐는데 학이 보이고 학이 산삼을 물고 하늘로 날아가면 반드시 여걸을 낳는다. 일반 사람들은 승진한다.
- 산삼을 캐는데 뱀이 나타나서 방해를 하면 여자 유혹에 낭패를 당하거나 사기를 당한다.
- 산삼을 캐러 가다가 넘어지거나 미끄러지면 하던 사업이 무너지고 부도 처리된다.
- 산삼을 캐는데 산신령이 말리면서 3일 뒤에 캐러 오너라 하면 3일 뒤에 뜻밖의 행운이 온다.
- 산삼을 캐러 갔는데 산꼭대기에 올라가 큰 소리를 질러 산천이 우렁차면 천하를 얻는 인물이 된다. 아니면 장군이 되거나 세계적인 명성을 얻는다.
- 산삼을 캐러 갔는데 호랑이를 만나 무서워 내려오면 명예를 빼앗기고 자신은 가난을 면치 못한다.

- 산삼을 캐러 갔는데 산돼지를 만나면 재산운과 관계가 있고 산돼지가 산 아래로 모두 내려가면 재물이 나가는 것이며, 산돼지 울음 소리를 따라서 같이 하면 하는 일마다 대성한다. 또 산돼지 새끼가 12마리인데 자기에게 오면 1년 동안 경사가 있고 재물이 들어온다. 산돼지와 새끼가 수풀 속에 모여 있는 것을 보면 재산이 일고, 서로 싸우면 재산 싸움이 일어난다.
- 산삼을 굴에서 캐면 탄광업에 종사하는 사람은 금맥을 찾게 되고, 일반 사람들은 고생 끝에 보람을 느낀다.
- 산삼을 캐러 가는 길에 비를 만나 젖은 옷을 벗어서 나체가 되면 자랑할 일거리가 생기고, 흠뻑 젖은 채로 있으면 중병을 앓고, 이 상태에서 대소변을 보면 환자일 경우는 병이 곧 낫고, 일반인들은 막혔던 일들이 잘 풀린다.
- 산삼을 캐러 갔는데 산불이 나서 산이 계속 타고 있으면 하는 일이 불과 같이 번창하고, 불이 타다가 꺼지면 사업이 융성하다가 섬차 놀락하며, 스스로 불끄기에 동참하면 스스로 자멸되는 일을 저지른다.
- 산삼을 캐러 갔는데 어두워서 헤매다가 해와 달과 별빛이 비추어 산삼을 캐면 만사 형통, 구하는 대로 얻을 수 있고, 산삼은 못 캐도 노력하면 언제든지 가능하고 희망적이다.
- 산삼을 캐러 갔는데 갑자기 천둥이 치고 비가 쏟아져 비를 피하면 행운이 물러가고, 비를 맞으면서 계속 산삼을 캐면 하던 일이 계속 잘 되며 천둥에 벼락이 떨어져 자신이 놀라 큰소리를 외치면 명성을 얻고, 죽게 되면 영광스러운 일이 생기고, 죽을 뻔하다가 살아나면 무슨 일이 될 듯하다가 성사되지 않는다. 또 번갯불이 동에서 서로 이동하는 것 같으면 사업이 발

전되고 서에서 동으로 이동되는 것 같으면 사업이 후퇴한다.

새 천년에는 참된 사람마다 산삼의 꿈을 꾸고 계시를 얻어 개운의 길을 얻을 것이다.

② 동자삼 작명론에 대한 필자의 의견

- 동자삼이 이르기를 "인간의 지혜로 이룰 수 없는 일을 내가 너에게 전하니 소중히 다루어 실용화하되 풀이를 올바르게 하라"고 하였다. 저자는 동자삼 작명학을 과학이라고 말하는데, 꿈을 통해 동자삼의 계시를 받아야만 개운의 길이 열린다면 과연 이를 과학이라고 말할 수 있을까. 음탕한 꿈도 돼지꿈보다 성공률이 높다는 논리가 정말 과학인가? 임산부가 동자삼이나 산삼의 꿈을 꾸면 기와 정기가 꿈꾸는 동안 탯줄을 타고 그 기운이 전이되고 정기를 받아 훌륭하게 된다는 그 근거도 과학일까?
- 인연 감정에서 실제 관계자의 사건 발생 시기를 무조건 중년운세(31~50세)로 감정했는데 실제 사건 발생 시기로 봤을 때 말년 운세로 감정을 했었어야 옳았다.

사건 발생 시기

이승만(74세) – 김구(73세)　　이승만(83세) – 신익희(64세)

박정희(62세) – 김재규(52세)　　김영삼(66세) – 김대중(67세)

- 필자가 감정한 내재 가치의 대상 인물은 실존했던 인물이다. 두 사람 모두 내재가치 성공형 A급 금의 환향형이며 순 성공률도 300~500%가 넘고, NSM 그래프도 양호했으나 피살자로 생을 마감했다.

실존 인물 내재 가치 산출표

인운인자 치환표, 성공률, 실패율 김창용 피살자											
김창용 자, 모음 분리		ㄱ	ㅣ	ㅁ	ㅊ	ㅏ	ㅇ	ㅇ	ㅛ	ㅇ	합계
인운인자 치환표 전환		1	10	5	10	1	8	8	6	8	
인연감정	성공률(%)	10	90	30	90	10	80	80	70	80	540
조견표 근거	실패율(%)	90		70		90					250

인운인자 치환표, 성공률, 실패율 최영진 피살자											
김창용 자, 모음 분리		ㅊ	ㅗ	ㅣ	ㅇ	ㅕ	ㅇ	ㅈ	ㅣ	ㄴ	합계
인운인자 치환표 전환		10	5	10	8	4	8	9	10	2	
인연감정	성공률(%)	90	30	90	80	60	80	50	90	50	620
조견표 근거	실패율(%)		70					50			120

후천적 내재가치 산출표

김창용 피살자

짝수 인운인자	홀수 인운인자	성공률 (%)	실패율 (%)
① 후천전 내재가치 규정에 근거			
② 인운인자 내재가치는 조견표 근거			
	1	10	90
10		90	
	5	30	70
10		90	
	1	10	90
8		80	
8		80	
6		70	
8		80	
소계	성공률(%)	540	
	실패율(%)		250
짝수 보너스 6개		60	
홀수 보너스 3개			30
총 계		600	280
순성공율 / 순실패율		600%	280%
후천적 내재가치 감정규정 근거		성공형A급 금의환향	

최영진 피살자

짝수 인운인자	홀수 인운인자	성공률 (%)	실패율 (%)
① 후천전 내재가치 규정에 근거			
② 인운인자 내재가치는 조견표 근거			
10		90	
	5	30	70
10		90	
8		80	
4		60	
8		80	
	90	50	50
10		90	
2		50	
소계	성공률(%)	620	
	실패율(%)		20
짝수 보너스 7개		60	
홀수 보너스 2개			30
총 계		685	140
순성공율 / 순실패율		685%	140%
후천적 내재가치 감정규정 근거		성공형A급 금의환향	

NSM 작명 그래프 그리기

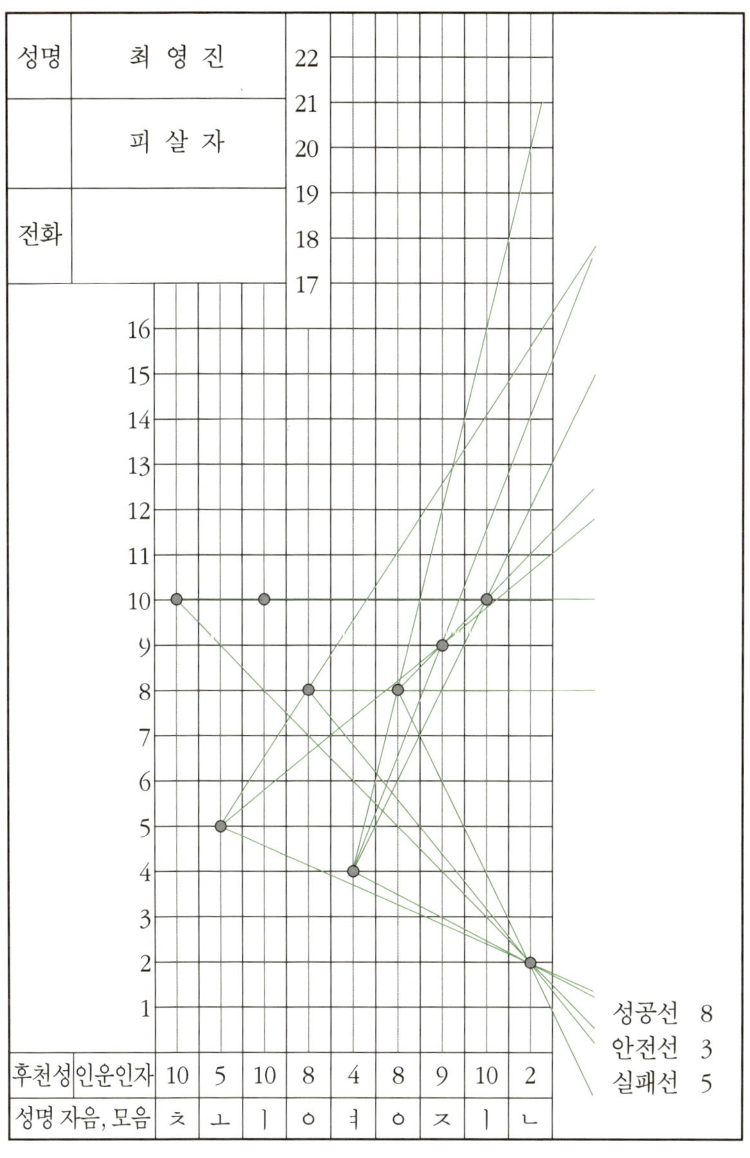

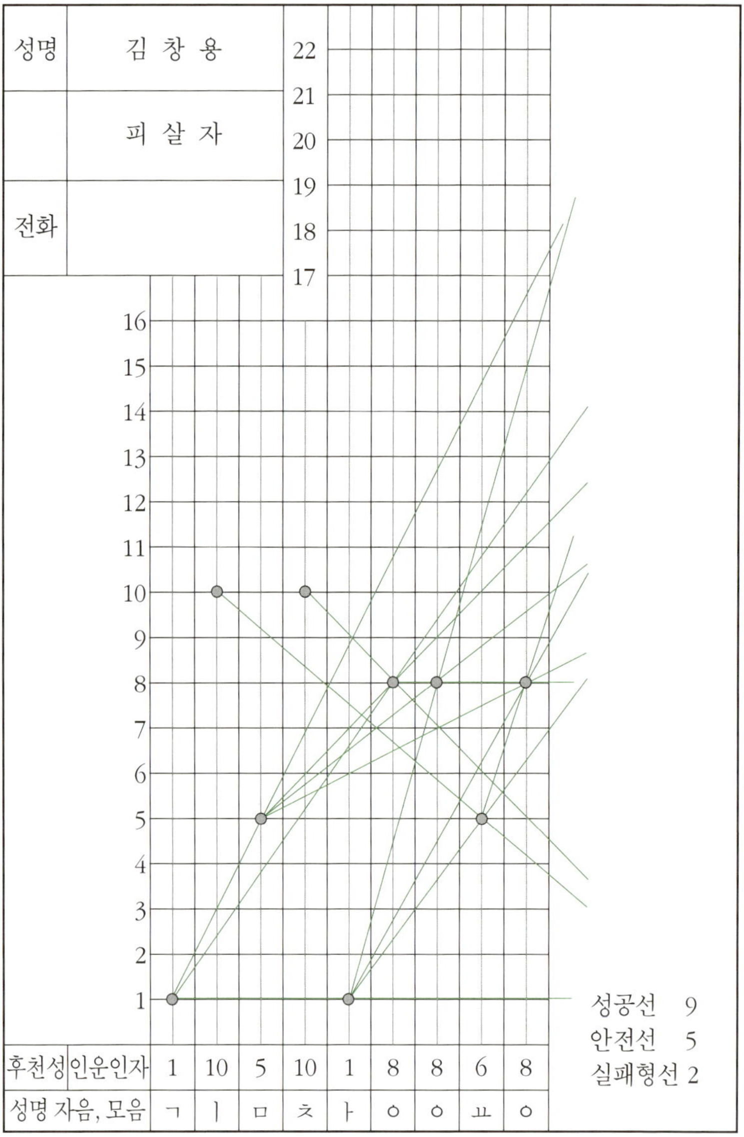

성명
김 창 용
피 살 자
전화
22
21
20
19
18
17
16
15
14
13
12
11
10
9
8
7
6
5
4
3
2
1
후천성 인운인자 1 10 5 10 1 8 8 6 8
성명 자음, 모음 ㄱ ㅣ ㅁ ㅊ ㅏ ㅇ ㅇ ㅛ ㅇ
성공선 9
안전선 5
실패형선 2

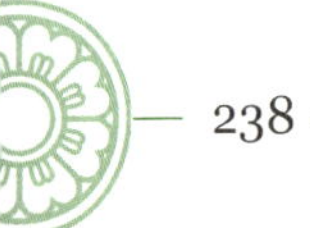

2) 필자의 의견

성명학은 동양 철학의 일부분이라 생각한다. 성명학이 고전인 주역을 근거로 음양오행설이 주체가 되어 인간의 후천운을 개운함에 목적을 두고 그동안 발전해왔음은 주지의 사실이다.

이에 동자삼 작명학은 한글 성명만으로 건강, 명예, 재운의 성공과 실패를 예측, 검증할 수 있다 하였으니 그 논리가 갖고 있는 이론은 엄청난 지각 변동을 일으키고 있다. 그러나 필자는 위와 같은 주장에 동의할 수 없다. 동자삼 작명학을 집대성한 창시자의 수년간 노력하고 연구한 의지에는 존경심을 보내지만, 지금 현재의 논리로서는 많은 부분에서 부족하고 자의적인 해석으로 객관성이 결여돼 있음이 명백한 사실이다. 그럼에도 동자삼 개운 수혜자는 개운 사항을 돋보기로 보듯이 직접 확인할 수 있다 하였으니, 동자삼 꿈에 의한 개운이 과학이라 하고자 한다면, 과학이란 이론과 실제가 일치해야 함은 물론 결과에 이르는 논리의 과정이 많은 사람들에게 신뢰를 받아야 하므로 공인된 검증 기관에서 과학으로서 공인을 검증받아야만 할 것이다. 이에 필자는 본래 뜻을 훼손하지 않고 있는 그대로 창시자의 뜻을 정확하게 전하기 위하여 저서에서 내용을 발취하였음에 양해를 구한다. 이는 또한 독자들에게 정확한 정보를 제공하므로 이해와 판단을 구하고자 하는 것이다. 앞으로 동자삼 작명학이 더더욱 발전하기를 기대하면서 앞으로 동자삼 학회는 필자가 주장한 반론에 관심을 기울여 과학이라면 접근에 충실하도록 논리를 보완하고 학문적 가치를 더욱 높여 대중에게 인정받는 작명론으로 사랑받기를 기대한다.

4. 곡획 작명론

(1) 곡획 작명론이란

곡획曲劃 작명이란 이름과 성을 포함한 한자의 필획을 더한 숫자와 곡획, 한자, 숫자를 더한 숫자에 고유한 선천생수를 더한 전체 합한 숫자로 조견표에 의해 길흉을 판단하는 것이다.

① 선천생수先天生數

곡획 작명론을 알기 위해서는 먼저 선천생수를 알아야 한다(선천생수 : 태어난 해年에 깃들어 있는 고유숫자).

甲子	甲戌	甲申	甲午	甲辰	甲寅
42	48	37	34	56	38
乙丑	乙亥	乙酉	乙未	乙巳	乙卯
40	42	33	46	52	40
丙寅	丙子	丙戌	丙申	丙午	丙辰
46	44	36	44	38	32
丁卯	丁丑	丁亥	丁酉	丁未	丁巳
32	38	46	42	46	41
戊辰	戊寅	戊子	戊戌	戊申	戊午
34	36	48	55	44	30

己巳	己卯	己丑	己亥	己酉	己未
37	34	55	30	41	32
庚午	庚辰	庚寅	庚子	庚戌	庚申
48	43	57	44	32	46
辛未	辛巳	辛卯	辛丑	辛亥	辛酉
43	41	59	38	30	35
壬申	壬午	壬辰	壬寅	壬子	壬戌
51	30	52	41	59	37
癸酉	癸未	癸巳	癸卯	癸丑	癸亥
53	35	32	35	44	40

② 길흉대조표

60	○	76	○	92	×	108	○	124	○	140	○
61	×	77	×	93	○	109	×	125	×	141	×
62	○	78	○	94	×	110	○	126	○	142	○
63	×	79	×	95	○	111	×	127	×	143	×
64	○	80	○	96	×	112	○	128	○	144	○
65	×	81	×	97	○	113	×	129	×	145	×
66	○	82	○	98	×	114	○	130	○	146	○
67	×	83	△	99	○	115	×	131	×	147	×
68	○	84	○	100	×	116	○	132	○		
69	×	85	×	101	○	117	×	133	×		
70	○	86	○	102	×	118	○	134	○		
71	×	87	×	103	○	119	×	135	×		
72	○	88	○	104	×	120	○	136	○		
73	×	89	○	105	○	121	×	137	×		
74	○	90	×	106	○	122	○	138	○		
75	×	91	○	107	×	123	×	139	×		

※ 吉 — ○　凶 — ×　보통 — △

(2) 곡획 작명론에 관한 J역학자의 주장과 반론

1) 곡획 작명론에 관한 J역학자의 주장

J역학자는 저서에서 인간의 운명은 곡획 논리에 결정되기 때문에 사주 관상 등 선천운이 아무리 좋아도 곡획 논리로 분석, 이름이 흉하면 일평생 불행을 면할 길이 없다고 하였다. 곡획 작명법은 이론과 실제가 아주 정확하게 일치함을 확인하였다 한다.

2) 필자의 의견

필자는 곡획 원리에 따라 분석해 본 결과, 일치되는 것도 있지만 일치되지 않는 사람도 다수가 있어 저자의 주장대로 그렇게 꼭 일치되지 않아 정확성에는 문제가 있음을 발견하였다. 일치되지 않은 사람도 있음을 예시를 통해 소개해 보겠다.

예	金	永	三	쾌상 67 凶
		곡획	필획	
	16	8	8	
	13	8	5	
	6	3	3	
	32	丁卯生	선천생수	

姜 東 根 변호사 1961生 辛丑 선천생수36

19획 17획 22획(필획곡획포함) 전체 합한 수리 96凶

姜 東 範 변호사 1957生 丁酉 선천생수42

19획 17획 35획(필획곡획포함) 전체 합한 수리 113凶

金 炳 宰 변호사 1951生 辛卯 선천생수59

16획 20획 22획(필획곡획포함) 전체 합한 수리 117凶

金 光 浩 서울대 교수 1928生 戊辰 선천생수34

16획 14획 21획(필획곡획포함) 전체 합한 수리 85凶

金 炳 畇 강원대 교수 1953生 癸巳 선천생수32

16획 20획 19획(필획곡획포함) 전체 합한 수리 87凶

金 東 圭 경남신문 사장 1933生 癸酉 선천생수53

16획 17획 12획(필획곡획포함) 전체 합한 수리 98凶

金 東 圭 대한주택공사 사장 1932生 壬申 선천생수51

16획 17획 12획(필획곡획포함) 전체 합한 수리 96凶

李 相 範 삼성중공업사장 1944生 甲申 선천생수37

16획 19획 35획(필획곡획포함) 전체 합한 수리 107凶

金 聖 圭 대우증권 이사 1942生 壬午 선천생수30

16획 27획 12획(필획곡획포함) 전체 합한 수리 87凶

이름이 길吉하면서도 실패한 사람들

金 先 錫 청주지법 원장 1941生 辛巳 선천생수41

16획 14획 35획(필획곡획포함) 전체 합한 수리 106吉

1997년 6월 심장마비로 사망

朴 成 春 1964生 甲辰 선천생수 56

12획 16획 19획(필획곡획포함) 전체 합한 수리 103吉

1992년 3월 목포선착장에서 추락사

李 喆 雨 1963生 癸酉 선천생수35

16획 26획 18획(필획곡획포함) 전체 합한 수리 95吉

1991년 1월 방콕에서 자동차 충돌 사고로 사망

5. 한글 음파 작명론

(1) 한글 음파 작명론이란

우주 만물은 진동하고 있으며 진동하는 것은 소리가 난다. 이러한 소리는 무서운 에너지를 발산, 부르는 이름은 엄청난 에너지를 발산하여 우주 만물과 인체는 물론 모든 분야에 큰 영향을 미친다. 이름을 연구하는 학문이 한글 음파 이름학이다.

(2) 한글 음파 작명론에 관한 H학자의 주장과 반론

1) 한글 음파 작명론에 관한 H학자의 주장

H학자는 그의 저서에서 "21세기 인류의 최대 발전 과제는 정보 산업과 한글 음파 이름학이다. 인간에게는 선천적 조건과 후천적 변화가 있다. 선천적 조건은 재래식 성명이나 사주를 말하고 후천적 변화는 한글 음파 이름을 말한다. 선천적 조건은 과거를 지배하고 사후를 생각한다. 후천적 변화는 자신의 의지와 노력에 달려 있으며, 그 결과에 따라 미래가 결정된다. 선천적 조건은 부모로부터 받고 태어나지만 후천적 변화는 태어나서 자기가 선택하고 만드는 것이다. 후천적

변화를 좌우하는 것은 음파, 즉 음파 에너지다"라고 말하고 있다.

2) 필자의 의견

한글 음파 이름학이 과연 저자의 평가처럼 위대한 인류의 업적으로 다른 사람도 공감할 수 있을까? 음파의 힘이 운명과 역사를 바꾸고 죽어서도 주위 사람에게 영향력을 남겼을까? 과학적이고 논리적이라 하지만 필자의 생각은 한글 음파 이름학의 논리는 기존 동양 철학의 변형된 모방 논리로 보는 것이 타당하지 않을까 하는 생각이다.

그 이유는, 첫째 한글 음파 이름학의 역기능과 순기능은 오행의 상극도 원리의 모방이고, 둘째 한글 음파 이름학의 구성은 한글 자음 발음 오행의 본체이며, 셋째 한글 음파 이름학의 구성과 성질은 명리학에서 육친의 본체이며, 넷째 음파수의 특성도 십신의 변형된 모방이며, 다섯째 10진법과 자연도 음양오행의 배속도에 속하고, 여섯째 10진법과 신체도 음양오행의 배속도 본체이기 때문이다.

위와 같은 이유로 한글 음파 작명학은 변형된 모방임에 틀림이 없다. 더욱이 선천적 조건은 재래식 성명이나 사주를 말하면서 후천적 변화의 논리로 선천적 논리를 적용, 이를 인류의 위대한 업적 운운하는 것은 논리의 비약이라 지적하지 않을 수 없다.

위와 같은 사실을 확인하기 위해 저자의 책에서 발췌한 내용을 제시한다.

(3) 한글 음파 작명론에 관한 H학자의 책 내용

1) 한글 음파 이름학의 구성과 기능

① 한글 음파 이름학의 구성

소리는 다섯 가지로 나누어 어금닛소리 즉, 아음(ㄱ, ㅋ)과 혓소리 즉, 설음(ㄴ, ㄷ, ㄹ, ㅌ)과 목구멍소리 즉, 후음(ㅇ, ㅎ)과 잇소리 즉, 치음(ㅈ, ㅊ)과 입술소리 즉, 순음(ㅁ, ㅂ, ㅍ)으로 구성한다. 이 소리는 서로 만나서 새로운 소리를 만들며 강력한 에너지를 발산한다. 이 소리가 서로 만나면서 이롭게 만나는 것을 순기능이라 하고 해롭게 만나는 것을 역기능이라 하는데 〈도표 1〉과 같다.

〈도표 1〉

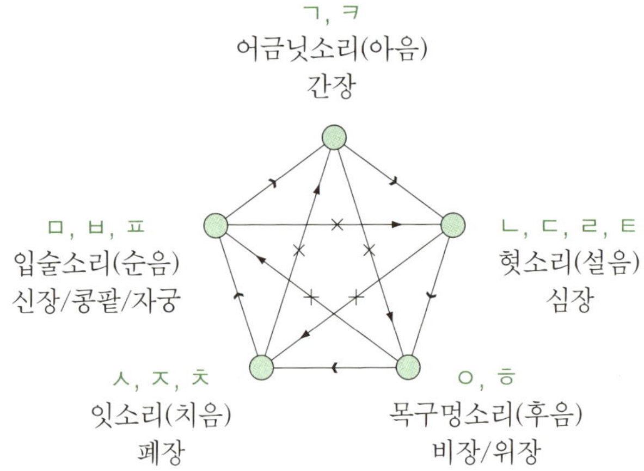

〈도표 2〉 음수파와 특성

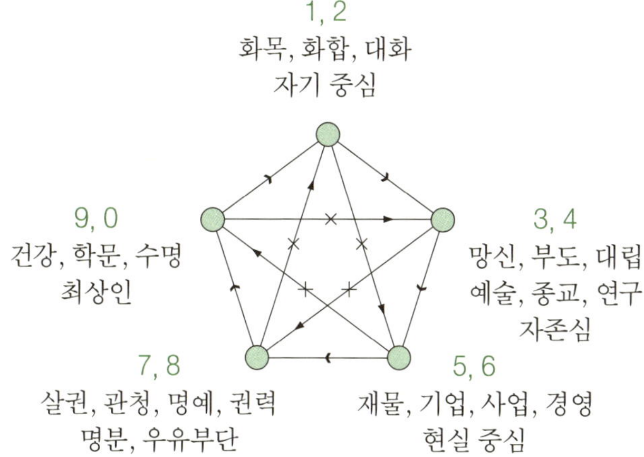

② 한글 음파 이름학의 기능

〈도표 3〉

1차 기능	핵심 기능	3차기능
6 6 → 1차 주기능, 1차 부기능	0 8 → 핵심 주기능, 핵심 부기능	8 6 → 3차 주기능, 3차 부기능
2 2 → 2차 부기능, 2차 주기능	6 4 → 보조 부기능, 보조 주기능	4 2 → 4차 부기능, 4차 주기능
2차 기능	보조 기능	4차 기능

2) 음파수와 가족 관계

〈도표 4〉 남자일 경우

음파수	가족 관계	비고
① 음파수	나, 친형제, 동서, 동창생	
② 음파수	이복 형제, 자부, 사촌, 며느리	친구
③ 음파수	손자, 처가 식구	
④ 음파수	손녀, 외할아버지, 장모, 외숙모, 할머니	
⑤ 음파수	아버지, 애인(남), 처남, 형수	
⑥ 음파수	아버지, 처, 처제, 형수, 제수, 고모, 백부, 이모부	
⑦ 음파수	아들, 매제	
⑧ 음파수	딸, 손자 며느리, 외할머니	
⑨ 음파수	서모, 이모, 계모, 할아버지, 증손자, 외삼촌	
ⓞ 음파수	어머니, 증손녀, 장인	

〈도표 5〉 여자일 경우

음파수	가족 관계	비고
① 음파수	나, 친형제, 시아버지, 남편의 애인	
② 음파수	이복 형제, 시아버지 형제, 남편의 애인, 시숙, 시고모	친구
③ 음파수	딸, 외할아버지	
④ 음파수	아들, 할머니, 시누이, 남편, 외숙모	
⑤ 음파수	아버지, 시어머니	
⑥ 음파수	증손녀, 외손녀, 삼촌, 백부, 숙부	
⑦ 음파수	애인(여), 남편의 형제, 외할머니	
⑧ 음파수	남편, 자부, 증조할아버지	
⑨ 음파수	사위, 할아버지, 서모, 이모, 외삼촌	
ⓞ 음파수	어머니, 손녀	

3) 한글 음파 이름학 구성의 성질

한글 음파 이름은 십진법에 의해 숫자로 1, 2, 3, 4, 5, 6, 7, 8, 9, 0으로 표시하며 이를 음파수라 한다. 음파수는 ㄱ, ㅋ인 어금닛소리, ㄴ, ㄷ, ㄹ, ㅌ인 혓소리, ㅇ, ㅎ인 목구멍소리, ㅅ, ㅈ, ㅊ인 잇소리, ㅁ, ㅂ, ㅍ인 입술소리에서 나오는 에너지가 인간의 출생 연도의 에너지에 따라 변하는 것이다. 이 음파수는 인간 관계와 특성을 나타내는 것으로 한글 음파 이름학에서 음파수가 나타내는 기능과 내용은 〈도표 6〉과 같다.

〈도표 6〉 음파수와 인간 관계

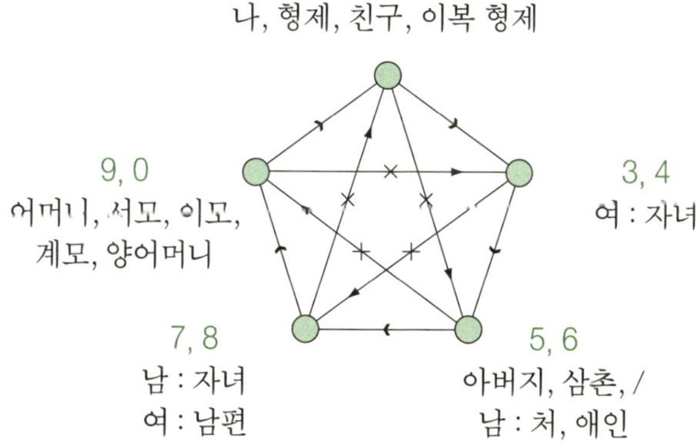

4) 10진법과 신체

〈도표 7〉

구분 \ 10진법		1	2	3	4	5	6	7	8	9	0
오장	양	간장		심장		비장		폐장		신장	
육부	음	쓸개(담)		작은 창자		위		큰창자(대장)		방광	
오장 기능		담즙의분비		피의 순환		소화 기능		호흡 기능		배설 기능	

질병	대	간염 담낭염 간경화	협심증 고혈압 저혈압	위하수 위암 피부병	천식 관절염 비후염	자궁암 신장염 방광염
	소	정신질환 간질 야맹증	몽정 경기 야뇨증	위경련 위염 변비	폐결핵 갑상선 이질	성병 요통 자궁 내막염
오관		눈	혀	입	코	귀
맛		신맛	쓴맛	단맛	매운맛	짠맛

5) 10진법과 자연

〈도표 8〉

구분 \ 10진법	1	2	3	4	5	6	7	8	9	0
방향 5기 분류	동쪽 (동기)		남쪽 (남기)		중앙 (중기)		서쪽 (서기)		북쪽 (북기)	
계절	봄		여름		사계절		가을		겨울	
월	1,2,(3)		4,5,(6)		3,6,9,12		7,8,(9)		10,11,(12)	
계절특성	생동		번성		양분		수확		저장	
오행	목		화		토		금		수	
색깔	청(파랑)		적(빨강)		황(노랑)		백(흰)		흑(검정)	
하루	아침		점심		중간		저녁		밤	
특성	인자		예의		믿음		의리		지혜	
자연 현상	초원, 숲, 나무		난로, 전등, 태양		정원, 농장, 산		철광, 쇠, 열매		구름, 바다, 물	
	큰나무	가지 있는 나무 (화분)	태양, 뜨거운 불	난로, 촛불, 부드러 운 불	큰산, 육지, 제방	정원, 논, 밭	쇠, 철광	보석, 은, 진주	염수, 큰물, 소낙비	이슬, 서리, 눈, 가랑비

6) 한글 음파 이름에 사용할 수 없는 글자

① 한글 음파 이름에 사용할 수 없는 글자

아래 한글(소리 글자)을 음파 이름(NDS)에 사용하면 가족 관계에 해로운 음파가 작용하여 서로간의 이별과 불화는 물론 불구, 살상, 난치병, 형벌, 단명, 부도 등의 불행이 생기며 성공과 행복에 장애가 많고 어려움과 고통이 따른다. 아래 글자들을 이름에 사용하여서는 안 된다.

강·갱·경·공·광·궁·긍·남·납·념·놈·눔·늠·님·닙·담·답
돔·람·렴·렵·룸·름·림·립·만·말·망·맹·면·멸·명·몰·몽
문·물·민·밀·반·발·방·번·벌·변·별·병·본·봉·분·불·붕
빈·빌·빙·삭·산·살·색·석·선·설·속·손·솔·숙·순·술·슬
식·신·실·악·암·임·엄·염·옥·욱·음·읍·입·작·잔·적·전
절·족·존·죽·준·줄·즉·즐·직·진·질·착·찬·찰·척·천·철
촉·촌·축·춘·출·측·칙·친·탐·탑·판·팔·편·폄·평·푼·풍
필·학·함·합·험·혁·협·혹·홉·훅·흑·흠·흡

※ 단, 특별한 경우와 전공 및 직업에 따라 위의 글자들을 사용해도 아주 좋은 음파로 변할 수 있다.

② 태어나면서부터 불운한 성씨

강 · 경 · 공 · 남 · 만 · 맹 · 명 · 몽 · 문 · 민 · 반 · 방 · 변 · 봉 · 빈 · 석 · 선 · 설 · 손 · 신 · 임 · 염 · 전 · 진 · 천 · 함

7) 한글 음파 이름에 사용할 수 없는 글자이면서 성공한 사람들

① 의사

유명철(정형외과) / 장병철(연세의대 흉부외과) / 천병철(고대 예방 의학

과) / 임민식(재활의학과) / 임석진(신당동) / 손병남(이촌동) / 박준명(햇살재활의학과) / 강선옥(인선소아과) / 신남철(KFM 가정의학과) / 임명준(임명준 안과) / 강석경(강석경 소아과) / 강명철(MS 소아과) / 민병철(문래동) / 신민철(영등포) / 강남민(강남민 이비인후과) / 신준(성형외과) / 강진경(내과) / 신명진(메리놀병원)

② 변호사

강명선(여, 1964년생) / 강병준(남, 1960년생) / 강신옥(남, 1936년생) / 곽경직(남, 1958년생) / 곽명철(남, 1969년생) / 김경진(남, 1970년생) / 김경천(남, 1958년생) / 김광진(남, 1968년생) / 김남선(남, 1962년생) / 김남혁(남, 1973년생) / 남명진(남, 1958년생) / 문경식(남, 1970년생) / 문광신(남, 1960년생) / 강찬식(남, 1913년생) / 손명숙(여, 1968년생) / 심광옥(여, 1943년생) / 문광명(남, 1969년생)

③ 일반 직장인

강석봉(한국 기계연구원) / 강석남(한국 식품개발연구원) / 진명식(한국 지질연구원) / 한광남(한국 광고연구원장) / 민병옥(한국 신발피혁연구소) / 임석진(한국 헤겔학회회장) / 강경석(대학교 교육위원회) / 명선식(낙농진흥회회장) / 민병준(한국 광고주협회) / 진병문(정통부 표준기획) / 강경선(서울대학교) / 강만식(서울대학교) / 강민석(서울대학교) / 강병남(물리대학교) / 강신욱(대법관) / 신신(법원 행정처) / 신철식(예산 심의관) / 강봉석(문화관광부) / 강석민(농업 기반공사)

6. 주역 작명론

(1) 주역 작명론이란

필자의 생각으로 주역 작명론이란 주역의 논리를 응용, 괘상으로 감명하여 인간의 길흉화복을 추정하고, 취길피흉할 수 있는 작명론이 아닐까 한다. 주역 작명론에는 여러 가지 방법이 있으나 일반인이 응용하기 쉬운 두 가시 방법을 소개, 비교하고자 한다.

1) 작괘법作卦法

① A 작괘법

성명 중에서 이름자의 획수를 합해 8로 나누고 남는 수로 내괘(하괘)를 정하고, 성을 포함한 이름 획수를 8로 나누어서 남는 수로써 외괘(상괘)를 정하게 되는 것이다. 단, 포함 획수가 8 이하일 때는 그대로 숫자를 작괘로 정하면 된다.

남는 수 一 ☰ 천天

남는 수 二 ☱ 택澤

남는 수 三 ☲ 화火

남는 수 四 ☳ 뢰雷

남는 수 五 ☴ 풍風

남는 수 六 ☵ 수水

남는 수 七 ☶ 산山

남는 수 八 ☷ 지地

예 1.

張 赫	원격 14÷8=6(남는 수)	☵ 하괘
11 14	정격 25÷8=1(남는 수)	☰ 상괘

작괘하면 천수송이 된다.

예 2.

朴 正 熙	원격 18÷8=2(남는 수)	☱ 하괘
6 5 13	정격 24÷8=8(남는 수)	☷ 상괘

작괘하면 지택림이 된다.

예 3.

乙 支 文 德	원격 19÷8=3(남는 수)	☲ 하괘
1 4 4 15	정격 24÷8=8(남는 수)	☷ 상괘

작괘하면 지하명이가 된다.

② B 작괘법

우선 성을 제외한 이름 첫 글자의 획수를 8로 나누고 남는 수를 상괘로 한다. 이름 글자 끝자의 획수를 8로 나누어 하괘를 구한다. 그 다음 성과 이름을 포함한 획수를 6으로 나누어 남는 수로 동효로 삼아 다시 괘를 구해 이름이 담고 있는 운세를 본다.

예

金 正 悳(德)	5 ÷ 8 = 5	☴ 상괘
	12 ÷ 8 = 4(남는 수)	☳ 하괘

작괘를 하면 풍괘익이 된다.

그러한 다음 성과 이름을 포함하여 6으로 나누어 남는 숫자를 동효로 삼는다. 25 ÷ 6 = 1에서 1은 동효가 되므로 초효가 음양이 바뀌어 완성된 작괘로 운세를 본다.

☴　　☴
☳　　☷

초효, 풍뢰익, 풍지관으로 바뀌어 완성된 작괘가 된다.

2) 괘卦 풀이

■ 건위천乾爲天 ☰
☰

자연에 비유하면 하늘의 움직임이다. 사람에 비교하면 남성적이고 또 장년기를 상징하며 용이 하늘로 치솟아 오르는 형상이다. 사업으로는 성업, 완전 조업을 의미한다. 따라서 긴장한 상황 속에 있으며 책임 또한 무겁다. 이 괘는 가장 좋은 괘다. 너무나 좋기 때문에 모든 것은 차면 기운다는 것으로 도리어 불길한 것으로 역전할 우려가 있다. 현재 귀한 위치에 있는 이거나 또는 평소에 근면한 사람에게는 지극히 좋은 괘이지만 평소에 근면하지 아니한 사람, 거짓말이 많은 사람, 오만한 사람들에게는 악운으로 역전되기가 십상이다. 그러므로 운명은 선용하는 사람에게만 행운을 가져다준다는 말이 된다. 특히 행운이기 때문에 오만심을 불러일으키기 쉬우니 조심하라.

[운수] 모든 일이 이제 출발하는 형상이다. 모든 사업과 기획은 순조롭다. 물질 면보다 정신적인 면에서 명성을 올릴 것이다.
[소망] 사리에 맞는 일이면 이루어질 것이다. 손윗 사람에게 상담하면 좋은 결과를 얻으리라. 취직, 시험 등은 성공할 것이다.
[혼담] 여자에게는 좋은 운이나 남자에게는 좋지 못하다. 데릴사위라면 좋다.
[생산] 아들이다.
[건강] 두뇌, 신경 계통의 병에 조심하라. 현재 약간 스트레스 기미에 있다.
[여행] 대체로 무난한 편이나 조심하지 아니하면, 부상할 우려가 있다.
[분쟁 · 소송] 사이에 사람을 내세우는 것이 좋다. 중재자에게 일임하는 것이 득책이다.
[실물] 서남방에 찾아보라.
[대인] 늦더라도 온다.
[재수] 겉치레가 좋다고 해서 함부로 덤비다간 큰 손실을 볼 조짐이 있다. 자중하여 조심하라.

곤위지坤爲地 ☷☷

괘의 모양은 전부 음효로 되어 있다. 이 괘는 땅을 상징한다. 이 괘는 사람에 비유하면 여성의 심볼이다. 아내는 화순하고 부지런하게 남편을 도우며 자녀를 길러 가정을 지키는 가운데 보람

과 행복이 약속된다. 또 사회 생활에 비하면 남의 부하의 모습이다. 윗사람을 도와 그늘에서 불편 없이 일을 하고 있으면 노력이 인정되고 신임받게 될 것이다. 결론적으로 이 괘는 인내력을 보이며 기다리는 괘다. 겨울이 오면 봄도 멀지 않은 것이니 앞으로 두 달 욕심부리지 말고 묵묵히 끈기있게 노력하면서 윗사람이나 선배의 지도에 좇으면 멀지 않아 성운이 올 것이다. 서남방에서 어떤 사람이나 노파가 당신을 도와주려 하고 있다. 성업은 자립한 상업이나 생산업보다 샐러리맨이 좋고 외교 방면보다 내부의 사무 계통이 성운에 향할 것이다. 당신이 여자라면 결혼에서 좋은 인연을 얻을 것이다. 노력이 바르게 평가되어 성운에 향할 것이다. 물질의 욕심을 억제하라.

[소망] 지금은 장애가 있어 당장 이루어지지는 않는다. 급히 굴지 말고 묵묵히 때를 기다리라.
[혼담] 아주 훌륭한 이상적인 인연이나 급히 서두르지 마라. 급히 굴면 장애가 생긴다.
[생산] 순산. 산후를 조심하라.
[건강] 소화기 계통의 병이나 피로에서 오는 간장병 등에 조심하라. 오래 끌 염려가 있다.
[여행] 조금 뒤로 연기하는 것이 좋다. 다만 단체 여행은 무하다.
[분쟁 · 소송] 정당한 주장이라도 급히 굴면 순조롭지 못하다.
[실물] 당장은 나오지 않는다.
[대인] 저편에서 그런 뜻이 있다. 곧 올 것이다.
[재정] 노력하면 노력한 만큼은 갚음이 있으리라.

■ 수뇌둔水雷屯 ☵☳

둔屯은 정체한다, 고민한다는 뜻이다. 당신이 현재 고민 속에 있음을 보여주고 있다. 희망을 가지고 전진하려는 의사가 있지만 현재로서는 어찌할 수 없는 상태에 있다. 결혼 문제 같은 것도 말은 있으나 곧 성립되지는 않는다. 당신은 지금 외적 여건에 제약되면서 고난을 겪고 있다. 그러나 결코 희망을 버려서는 안 된다. 실망할 까닭은 없다. 당신의 계획은 결코 잘못된 것이 아니며 장차의 대운이 기대된다. 인내하면서 꾸준히 노력하라. 그러면서 때를 기다리라. 초조하게 서두르거나 혼자의 힘으로 독주하지 말고 후배와 우인, 특히 여성의 협력을 구하는 것이 좋다. 어쨌든 현재는 고난의 시기이니 앞으로 3개월만 참고 기다리면 4개월만에는 전환, 희망의 호운이 있을 것으로 보인다.

[운수] 당신 자신은 정당하나, 주위의 상황이 모두 불리하다. 꾹 참고 때가 오기를 기다리라.

[소망] 새로운 일은 당장 성취되지는 않는다. 그러나 씨를 뿌려놓아야 한다. 장래의 희망이 좋다. 끈기 있게 노력을 계속하라.

[혼담] 늦어지기는 하나 서西의 수數에 인연이 있다. 4개월 후면 이루어질 것이다.

[생산] 남자, 조금 난산일 듯하다.

[건강] 신경쇠약, 히스테리, 변비에서 오는 얼굴빛의 쇠약 등을 조심하라.

[여행] 중지함이 좋다. 수난, 색난의 징조가 있다.

[분쟁 · 소송] 급속히는 해결되지 않는다. 대리인을 세우는 것이

좋다.

[실물] 찾기 어렵다.

[재정] 금전의 고난이 있다. 여성이나 후배에게 융통을 의논해 보라.

■ 산수몽山水蒙 ☶☵

몽蒙은 교육을 말하고 있는 괘로서 현재는 사물이 분명하지 못하지만, 곧 광명한 때가 올 것을 의미한다. 운수는 처음은 그다지 좋지 못하다. 노력하면 그만큼 호전될 것이니 희망을 가지고 힘쓰라. 어린이나 젊은이의 장래, 혹은 지금부터의 사업의 진전 등을 점쳐서 이 괘를 얻으면 전도유망하리라. 특히 아이들의 장래를 점치다가 이 괘를 얻으면 장차 큰 인물이 될 것을 기대할 수 있다. 또 학문 연구에 관계있는 일이면 모두 길할 것이다.

[운수] 급히 서두르지 말고 선배의 의견을 좇으라. 점차로 운기가 돌아올 것이다.

[소망] 자기 분수에 맞는 일 한 가지만을 선택하여 그것만 집중적으로 노력하면 성취할 것이다. 욕심을 부리거나 급히 굴면 실패한다.

[혼담] 이루어지지 못한다.

[생산] 대체로 순산.

[건강] 소화기 계통의 병에 조심하라. 조금 오래갈지도 모른다.

[분쟁 · 소송] 지금은 아직 불리하다.

[여행] 중지함이 좋다. 도난, 병난의 징조가 있다.

[실물] 찾지 못한다. 경우에 따라서는 어린이에게 물어보라.
[대인 · 음신] 올 의사는 있으나 늦어질 것 같다.
[재정] 수표, 어음, 증서 등에 의한 사고가 있겠다. 금융은 현재 순조롭지 못하다.

■ 수천수水天需 ☵☰

수需는 기다린다, 대기한다는 뜻이다. 여유 있는 침착한 마음으로 몸과 마음을 기르면서 힘을 축적하여 앞에 오는 일에 대비하고 최후의 5분간을 기다리라. 큰 성공을 기대할 수 있다. 초조하지 말고 급히 서두르지 마라. 그리고 저돌의 만용을 삼가라. 그러한 일을 저지르면 큰 고난을 가져올 것이다. 신규의 계획은 하지 않는 것이 좋다. 무리하면 곤경에 빠지리라. 행운은 앞으로 약 2개월만 기다려라. 그러나 만약 지금까지 이미 오랜 시일을 노력해온 일이라면 곧 가까운 시기에 성취된다고 생각하여도 좋다. 남녀간에 연상자와의 색난(색정상의 곤란한 문제)의 징조가 있다. 난처한 지경에 빠져들기 쉽다. 조심하라.

[운수] 초조해 하지 말고 여유 있는 마음으로 힘을 기르면서 때를 기다리면 멀지 않아 원조자와 협력자가 나타날 것이다.
[소망] 지금 당장은 성취하지 못한다. 그러나 천천히 달성해가는 일이면 길하다.
[혼담] 혼인할 때가 오지 않았다. 강행하면 후회하리라.
[교섭 · 분쟁] 뱃심 좋게 버텨라.
[여행] 여행 중 고난, 화난의 징조가 있다.

[실물] 찾아보아도 헛될 뿐이다.

[대인 · 음신] 늦어서 온다.

[재정] 당장은 별 수 없지만 재수는 좋다. 뜻밖의 일로 수입이 있을 것이다.

■ 천수송天水訟 ☰ ☵

송訟은 다툼, 소송, 재판을 의미하는 괘다. 남과는 의견이 맞지 않고 마음이 통하지 않는다. 특히 윗사람, 아랫사람 사이가 서로 화합하지 않고 대립 항쟁하는 상태이다. 천명과 시운이 지금 당신에게는 아직 돌아오지 않았기 때문이다. 당신이 지금 쇠운에 있다는 것을 고요히 마음에 새기면서 겸손한 생각으로 상사와 우인에게 의논하고 그 의견에 따라 행동하면 성공의 길로 향하게 될 것이다. 만일 자기의 의사를 고집하고 자기의 지혜를 과신하여 무리한 진행을 강행하며 남과 대립하고 상쟁하면 큰 실패의 화를 면치 못하리라. 아무리 당신이 정당하다고 생각하여도 소송하면 패소할 것이다. 결정적인 증거를 제시할 수 없을 것이다. 사기 행위나 소송 사건에 휩쓸려 들어갈 우려가 있다. 결혼 문제도 그다지 좋은 결과는 기대할 수 없다. 당신이 여성이라면 딜레마에 빠져 고민하게 될지도 모른다. 지금의 불운에서 당신을 구출하는 길은 당분간 고개를 숙이고 유순한 태도로 남과 협력하는 일이다. 이것이 장차 당신을 길운으로 인도할 것이다.

[운수] 쇠운에 있다. 조심하는 마음을 가지라.

[소망] 방해가 있어서 이루어지지 않는다.

[혼담] 손윗 사람의 방해로 성립되지 않는다.

[생산] 조금 난산의 기미가 있다. 영양에 주의하고, 산후를 조심하라.

[건강] 대수롭잖은 병이라도 방심하면 오래 끌기 쉽다. 변비를 조심하라.

[분쟁 · 소송] 불리하다. 중간에 사람을 넣어 화해함이 좋다.

[여행] 색난의 징조가 있다. 잘못하여 여행 중에 풍류 기분을 냈다가는 크게 봉변을 하리라.

[실물] 여성에 관계 있다. 생각잖은 때에 발견될 것이다.

[대인 · 음신] 이쪽에서 부르면 올 것이다.

[재수] 지금은 절약이 필요한 때다. 잔돈은 생긴다.

■ 지수사地水師 ☷☵

지수사는 전쟁을 의미하는 괘로 당신은 지금 싸움터로 나가는 장군과 같다. 전쟁에는 위험과 곤란이 많다. 전쟁에 뛰어난 참모가 필요하다. 복심의 부하를 양성하라. 그리하면 길운으로 향하는 길이 열릴 것이다. 당신이 남성이라면 야심이 크다. 계획이나 사업의 규모도 거대하다. 그러나 진행은 매우 완만한 편이다. 당신이 여성이라면 실업가 타입이며, 보수형이거나 얌전한 주부형은 아닌 편이다. 여자거나 남자거나 이 괘를 얻은 경우에는 이성관계가 상당히 개방적이며 교제가 화려한 편일 것이다.

[운수] 남 때문에 고통을 당하거나 남에게 고통을 주는 시기다. 강한 운으로 행동하기는 하나 위험을 내포하고 있다. 다른 사람

에게 추대되어 일을 맡게 될 것이다.

[소망] 처음에는 어려우나 뒤에는 이루어진다.

[혼담] 흉하다. 다툼이 끊어지지 않는 징조가 보인다. 다만 재혼인 경우면 길하다.

[생산] 조금 난산의 기미가 있다.

[건강] 위험하다. 차를 운전하는 사람이면 당분간 사고를 일으키지 않도록 조심하라. 병은 설사, 신경통의 징조가 있다.

[분쟁 · 소송] 차근히 진행하면 잘 될 수 있으나 몸 달아 서둘면 진다.

[여행] 중지함이 좋다.

[실물] 찾지 못한다. 찾더라도 못쓰게 되어 있다.

[대인 · 음신] 생각잖는 때에 온다.

[재정] 금전 상의 분쟁이 일어나기 쉽고 들어오고 나가고 하는 일이 허다한 때이다. 말하자면 나가는 비용이 많은 경향이 있다.

■ 수지비水地比 ☵☷

수지비는 인화를 상징하는 괘로 지도자의 주변의 많은 사람들이 그를 추모하여 모여드는 형상을 나타내고 있다. 이 괘는 팀 워크를 의미하는 것이다. 팀 워크는 많은 사람이 한 가지의 목적을 위하여 하는 것이니 협력과 조화가 가장 중요한 요건이다. 그러나 남과 선의의 경쟁에서 주저할 필요는 없다. 차라리 적극적으로 앞서야 할 것이다. 당신이 하는 일이 공동 사업체나 협동 사업이면 더욱 좋다. 당신이 남성이라면 많은 여성을 매혹시킬 가능성이 있다. 반대로 여성으로서는 심상치 않은 사태가 벌어지게 된다. 남에게 뒤진 자는 딱한 일이 생긴다고 하였으나 결혼에 대하여는 좋은 괘다. 조화를 이룰 수 있는 가정이 기대된다.

[운수] 선배나 아는 사람에게 신뢰하는 마음으로 의논하면 좋은 지시를 얻을 것이며, 그것으로 인하여 운수는 열릴 것이다. 협동하여 하는 일은 길하다.
[소망] 이루어진다.
[혼담] 좋은 인연이다. 늦어지면 순조롭지 못하다.
[생산] 순산. 여아.
[건강] 병이 들게 되면 급히는 낫지 않는다. 피부병을 조심하라.
[교섭 · 소송] 친구의 힘을 빌면 잘될 수 있다.
[여행] 위로 여행은 길하다.
[실물] 빠르면 찾을 수 있으나 날짜가 늦어지면 찾기 어렵다.
[대인 · 음신] 기별이 온다.
[재정] 도박이나 사행 행위를 하면 실패할 징조가 있다.

■ 풍천소축風天小畜 ☴
☰

풍천소축은 조금 막아 둔다, 조금씩 저축한다는 뜻이다. 지금은 무엇인가 펴질 듯하다가 장애가 생기고, 될 듯하다가 틀어지곤 한다. 사업이나 계획이 뜻과 같지 않다. 앞으로 3개월만 참으라. 물질은 풍족한 운세. 부부 생활은 권태기에 있다. 부부 싸움은 금물, 모든 일은 아내에게 내맡겨 놓고 있는 상태이며 내 주장의 경향이 있다.

[운수] 부부 관계가 순조롭지 않기 때문에 그것이 운수에 영향을 미치고 있다. 미혼인 경우는 직장 같은 곳의 팀 워크가 혼란해질 것을 의미하며 친구와의 관계가 나빠진다.

[소망] 방해가 생기기 쉽다.

[혼담] 두 번, 세 번 교섭이 있은 뒤에 성립한다.

[생산] 유산할 우려가 있다.

[건강] 병은 낫다가 더하다가 오래 끌 징조가 보인다. 신경 계통의 병, 신경통에 조심하라.

[교섭 · 분쟁] 조금 정체된다. 그렇다고 조급증을 부리면 모든 것이 수포로 돌아간다.

[여행] 중지하는 것이 좋다.

[실물] 찾지 못한다.

[대인 · 음신] 처소가 자주 바뀌어서 제때에 되지 않는다.

[재정] 잔돈에는 재수가 좋다.

■ 천택리天澤履 ☰☱

천택리는 밟는다는 뜻이다. 이 괘는 범의 꼬리를 밟는 것 같은 위험의 상태에 있는 것이다. 그러므로 남을 앞서서 일을 일으키면 실패하리라. 남의 뒤를 이어 받아 하는 일이면 처음에는 매우 곤란한 것 같이 보이지만 결국 성공할 것이다. 노고가 많은 만큼 성과도 크다. 성실한 마음으로 예의를 지키며 바른 길을 실천하는 것이 성공하는 길이다. 모호한 태도와 아무렇게나 적당히 해보자는 마음으로 시작한 일은 뒤에 커다란 불안이 생길 것이니 조신하라. 색정 과다의 징조가 있으니 이성 관계에 조심하지 않으면 아주 난처한 일이 생길 것이다.

[운수] 처음은 놀라는 일이 있어도 뒤에는 기쁨이 있을 때다. 선배나 손윗 사람과의 교재에 예의를 잃는 일이 없도록 하라.
[소망] 신분에 맞지 않는 일은 성취하지 못한다.
[혼담] 한 번 틀어지는 일이 있으나 뒤에 이루어진다. 그러나 어쩐지 불안한 심정이다.
[생산] 순산. 딸.
[건강] 대체로 건강하다. 만일 병이 나게 되면 오래 끌게 된다. 호흡기 계통과 성병에 조심하라.
[교섭 · 분쟁] 예의를 지키는 것이 필요하다. 소송은 뒷일을 생각하여 의논해서 해결하는 것이 좋다.
[예의] 놀라는 일이 있을 것이다. 방탕한 생각은 갖지 마라.
[실물] 여자에게 물어보라. 그러나 좀처럼 찾기 어렵다.
[재정] 아주 재수가 좋을 듯하면서 별로 신통한 것은 못된다. 특히 이익에 눈이 어두워 예의를 잃는 일이 있으면 크게 손해를 보리라.

■ 지천태地天泰 ☷☰

태泰는 크다, 통通한다는 뜻이다. 하늘의 마음은 땅을 살피기 위하여 아래로 내려와 있고 땅의 마음은 하늘을 돕기 위하여 올라간다. 그러므로 하늘과 땅은 서로 화합한다. 이 괘는 주역의 육십사 괘 중 제일 이상적인 대길운의 괘이다. 회사가 합병, 협동하여 경영하는 사업, 결혼, 연출, 출판 등이 서로 연결되고, 진행

하는 일은 무엇이나 안정하고 번영함을 보여주고 있다. 그러나 너무나 순풍에 돛단 격으로 순조롭기 때문에 방심하거나 지나치게 낙관하여 나태하거나 불성실한 마음을 일으켜 실패하는 일이 있을 수 있다. 호운에 방심 말라는 교훈을 지키며 조심하는 마음으로 더욱 노력하라. 이 괘를 얻으면 멀지 않아 손윗 사람이나 선배의 지도를 얻어 일도 순조롭고 가정도 원만하며 가정 생활이 행복하여진다. 가정의 운이 나빠서 원만하지 못한 사람에게는 좀처럼 이 괘가 나오지 않는다. 좋은 아들의 운수가 있다. 주소의 이동, 색정 관계에 약간 난점이 있을지도 모른다.

[운수] 아주 순조롭다. 그러나 정상까지 올라간 산에서는 내려올 길 밖에 없는 법, 현재의 운세가 너무 좋으면 앞으로는 조금 자제하는 조심함이 좋다. 지나친 무리만 하지 않으면 지금은 어떤 일도 길하다.

[소망] 이루어진다. 그러나 성급히 서둘지 마라.

[혼담] 좋은 인연이다. 가까운 사람 가운데 말썽 내는 이가 있어 약간 곡절이 있으나 결국은 이루어진다.

[생산] 순산.

[건강] 부주의로 약간 건강을 해치는 일이 있을 것이나 별로 걱정할 일은 아니다.

[교섭 · 소송] 너무 지나치면 실패한다.

[여행] 아베크avec 여행을 의미한다. 산재할 징조가 있다.

[실물] 곧 찾게 된다. 파손되어 있을지도 모른다.

[대인] 이쪽에서 재촉하면 반드시 온다.

[재수] 순조롭다. 금융도 원활하게 융통된다. 방심하면 재수 역전

한다.

■ 천지부天地否 ☰
☷

천지부는 막혀서 통하지 않는다는 뜻이다. 이때 당신은 시기가 올 때까지 은인자중함이 좋다. 이 시점에서 성급하게 초조하거나 신경질적인 처사를 하였다가는 더욱 수렁으로 빠져 들어가게 된다. 그저 꾹 참고 기다리는 것이 상책이다. 앞으로 3개월이나 4개월만 참으면 지금의 노고는 뒷날 영화의 원인이 되리라. 지금 움직이면 그만큼 손실이 온다. 운수가 꽉 막힌 형상이므로 아무 일도 통하지 않는다. 연애 관계도, 부부 관계도 그러하다. 입학, 입사, 사람의 채용, 거래 등의 경우에 이 괘가 나온다면 이번은 아주 단념하고 마음의 찬스를 기다리게 하라.

[운수] 현재는 괴로우나 뒤에는 즐거움을 얻을 수 있다.
[소망] 빨리는 이루어지지 않으나 뒤에 10분의 7, 8은 성취된다.
[혼담] 조금 장애가 있으나 어느 쪽에서나 양보하면 성립한다.
[생산] 조금 걱정된다. 미리 의사와 충분한 연락을 해두면 무사하리라. 그리고 남편의 협력이 필요하다.
[건강] 뇌출혈. 혈행부조血行部調면 위험하다. 변괘變卦를 조사해보라. 여성이면 피부에 기미가 생긴다.
[교섭 · 소송] 순조롭지 않다. 성급히 서두르면 모조리 실패한다.
[여행] 가까운 곳 이외에는 중지함이 좋다.
[실물] 찾지 못한다.
[대인] 지금 장애가 있어서 오지 않는다. 만일 온다면 예고 없이

불시에 올 것이다.

[재수] 지금은 빚 쓸 생각도 무리이다. 도난과 인장 증서도 조심하라.

■ 천화동인川火同人 ☰☲

하늘은 높이 있다. 불은 높은 곳을 향하여 타오른다. 어두운 밤길에서 헤매고 있을 때 뜻밖에 앞을 비춰주는 등불을 얻어 든든한 마음으로 걷고 있는 희망의 상징이다. 지금까지의 노고와 근심은 사라지고 뜻밖에 남의 도움을 받아 만사가 뜻대로 되어간다. 윗사람에게 총애를 얻고 친구에게 협력을 얻는다. 협동 사업이면 더욱 큰 발전을 할 것이며 공적인 성질의 것이면 더구나 좋다. 초조해 하는 경향이 있으나 꿋꿋이 버티어 가야 한다. 친근자와의 협동은 우여곡절이 생기기 쉽다. 입학 시험, 취직 시험 같은 경우에 이 괘를 얻으면 반드시 성공할 것이다.

[운수] 희망에 차서 전진하는 때이다. 친우의 도움을 받는다.

[소송] 손윗 사람이나 노부인의 원조가 있으면 빨리 달성하리라. 모든 일을 단독으로 진행하지 말고 협력자를 얻음이 필요하다.

[혼담] 재혼이거나 본인들끼리 약속이 된 경우가 많다. 이루어진다. 그러나 약간 불순성이 있다. 다른 곳에 미련이 남아 있는 듯하다.

[생산] 순산.

[건강] 건강에 조심하면 좋다. 열병, 전염병에 조심하라.

[교섭] 잘하면 해결된다. 분쟁 사건은 신분이 높은 사람의 도움을

빌려 화해하는 것이 득책이다.

[여행] 행동이 있는 여행이면 길하다. 그러나 이성이 동행하면 뒤에 말썽이 생긴다.

[실물] 빠르면 찾을 수 있다.

[대인] 반드시 온다.

[재수] 한 몫을 나누어 얻는 형상이다. 꿩 먹고 알 먹는 생각은 실패의 근본, 친구를 잃는다.

■ 화천대유火天大有 ☲☰

대유大有괘는 관대하고 공명 정대한 덕을 가지고 세상을 다스리는 군자의 모습이다. 태양이 높은 하늘에서 빛나고 있는 형상으로 성운을 보여준다. 그러나 자칫하면 업신여겨 친구를 잃을 것이다. 친척과 동료 혹은 여자에 대하여 조금 고민이 있을 수 있다. 또 성운이 좋다고 함부로 지나치게 행동하면 뒷날 반발이 온다. 당신이 여성이라면 인기가 있고, 좋은 연분이 윗어른으로부터 올 것이다. 당신이 남성이라면 멀지 않아 중요한 위치에 앉게 되리라.

[운수] 정신적인 면, 학문적인 일은 대길하고 그 외 모든 것이 성운이나 세가 지나쳐서 실패를 부를 우려가 있다. 자중하라.

[소망] 과람한 소망은 성취하지 못한다. 자신의 신분에 알맞은 것이면 성공하리라.

[혼담] 조금 늦어지기는 하나 이루어진다. 여자가 성급히 굴어서 일을 파탄시킬 우려가 있다.

[생산] 빨리 앞당겨 의사와 상의하라.

[건강] 고열성의 질환에 조심하라. 중태에 빠지기 쉽다.

[교섭] 적극적으로 추진해도 좋다.

[여행] 연장자의 의견을 쫓으면 길하다.

[실물] 높은 곳 또는 신, 불의 근처에 있을 것이다.

[대인] 올 의사가 있으니 이쪽에서 또 한 번 어서 오라고 말을 붙여보라.

[재수] 출비出費가 많다. 금융도 가능하리라.

■ 지산겸地山謙 ☷☶

겸謙은 겸양, 겸허로서 남에게 양보하면 편안하고 여러 사람의 호응을 얻어 많은 사람의 두목이 된다고 가르치고 있다. 당신이 여성이라면 한층 더 겸허하고 겸양함이 필요하다. 지금 당신의 수변에서는 교만하고 방자하다고 당신에 대한 보이콧의 공기가 돌고 있다. 당신의 명석한 두뇌로 좋은 의논할 상대자를 만나 좋지 못한 분위기를 전환하도록 노력하라. 결코 그것은 어려운 일이 아니고 당신이 몸을 낮추는 태도를 보이면 그만인 것이다. 2개월 뒤면 모든 것이 호전될 것이다. 또 이 괘에는 여난의 징조가 있다. 이성 관계가 복잡하여 매우 딱한 경우에 있는 상태를 보이고 있다.

[운수] 팀 워크가 어쩐지 순조롭지 않다. 당신이 한번 겸양해봄이 좋다. 그것으로 인하여 해결할 수 있을 것이다.

[소망] 남의 협력을 얻으면 성취하리라.

[혼담] 손윗 사람에게 맡겨두면 좋은 인연을 얻을 수 있으리라.

[생산] 순산.

[건강] 성병 또는 허리 이하의 장애에 주의하라.

[교섭] 너무 강경하게 나가면 불리하다. 사이에 사람을 넣어 맡겨두는 것이 득책이니라.

[여행] 염려 없으나 되도록 빨리 돌아오는 것이 안전하리라.

[실물] 동, 북 또는 물건의 아래에 찾아보라.

[대인] 늦어서야 온다. 조심하라.

[소망] 늦어서야 이루어진다. 때로는 두 번, 세 번 실패되는 듯이 보이기도 하지만 결국은 성취한다. 끈기 있게 버티어 가라.

[혼담] 잘 진행되어 길하다. 다만 저편의 가정에서 약간 말썽이 있을지 모르나 염려할 만한 영향은 없다.

[생산] 순산.

[건강] 오랜 병으로 앓고 있는 이는 쾌차하는 편으로 가고 있지만 급작스러운 병이면 조금 염려된다. 조속히 진찰을 받으라.

[교섭] 냉정한 태도를 잃으면 실패한다.

[여행] 등산은 조금 고생할 징조가 있다. 선배나 좋은 지도자와 동반하면 좋다.

[실물] 단념하라. 찾지 못한다.

[대인] 중도에 장애가 있다. 조금 기다려야 하겠다.

[재수] 수입보다 지출이 많은 경향에 있다.

■ 뇌지예雷地豫 ☳☷

우레가 땅 위로 터져나와 하늘에 오르는 기세로 봄을 맞는 형상

으로 운세가 강성한 때다. 예豫는 즐겁다, 또는 미리의 뜻이다. 새로운 기획을 하는 일도 매우 좋다. 다만 예비 지식과 충분한 조사를 함이 좋다. 또 뒷날의 감음을 막기 위하여도 완성에 가까워지면 명확한 지시를 하여 둠이 좋다.

[운수] 순서를 따라 노력하면 크게 성공할 때이니 취미나 오락을 위한 일에 탐닉하지 마라. 승부나 도박 같은 일에 마음을 빼앗기면 몸을 그르칠 우려가 있다. 본업에 소홀하기 쉬운 조심도 약간 보인다. 조심하라.

[소망] 늦어서야 이루어진다. 때로는 두 번, 세 번 실패되는 듯이 보이기도 하지만 결국은 성취한다. 끈기 있게 버티어 가라.

[혼담] 잘 진행되어 길하다. 다만 저편의 가정에서 약간 말썽이 있을지 모르나 염려할 만한 영향은 없다.

[생산] 순산.

[건강] 오랜 병으로 앓고 있는 이는 쾌차하는 편으로 가고 있지만 급작스러운 병이면 조금 염려된다. 조속히 의사의 진찰을 받으라.

[교섭] 냉정한 태도를 잃으면 실패하리라.

[여행] 등산은 조금 고생할 징조가 있다. 선배나 좋은 지도자와 동반하면 좋다.

[실물] 단념하라. 찾지 못한다.

[대인] 중도에 장애가 있다. 조금 기다려야 하겠다.

[재수] 수입보다 지출이 많은 경향이 있다.

■ 택뢰수澤雷隨 ☱☳

수隨는 즐겨 따라 움직이는 상태로 종속적인 조금은 약한 운이나 결코 악운은 아니다. 주거가 바뀌거나 고향을 떠나거나 또는 직장을 그만두는 일이 생기겠으나 그러한 움직임을 좇아도 무방하다. 더 좋은 일의 계기가 될 수도 있다. 또 남성인 경우에는 매력적인 여성이 나타나서 마음을 들뜨게 만들 징조가 있다. 결혼에는 매우 좋은 괘, 저쪽에서 원해서 좋은 인연이 맺어진다. 부부간의 정의도 좋을 것이다.

[운수] 현재는 무엇인가 남의 일로 바쁘다. 운수는 중운으로 지금부터 뒤는 비교적 순조롭다.

[소망] 대개는 이루어진다. 남에게 부탁하는 것도 길하리라. 돈의 융통도 적은 것이면 무난하다.

[혼담] 저쪽에서 매우 원하고 있다. 빨리 성취된다.

[생산] 순산.

[건강] 대수롭지 않은 것 같은 증세라도 병이 나거든 곧 정밀한 진찰을 받으라. 악화할지 모른다.

[교섭] 씨름에는 이겼으나 승부에 졌다는 식, 결국은 마이너스.

[여행] 해도 무방하다.

[실물] 곧 찾아진다.

[대인] 2인 동반으로 온다.

[재수] 수입도 많고 지출도 많다. 금전의 융통은 소액이면 좋다.

■ 산풍고山風蠱 ☶
☴

문 안에 도둑이 있는 형상으로 불안과 위험을 잉태하고 있다. 이 파탄은 먼저 자신의 부패와 안이에서 배태된 것이다. 이제 그 부패와 혼란, 고난은 극도에 도달하고 있다. 이제 곧 새로운 것이 시작될 전환기가 가까워 온다. 이 때에 깊이 반성하고 그 원인을 찾아 과감한 결심으로 외과 수술 같은 철저한 제거 대책을 세워 실천하라. 그리하면 전화위복할 수 있으리라. 이것이 당신의 운세를 빨리 회복하는 유일한 방법이다. 이 시기를 놓치면 후회하여도 미치지 못하리라. 인사 문제, 이성 관계에 반성되는 일이 있으리라. 또 이 괘에는 여성의 애정 문제로 고민하는 모습이 두드러지게 나타나고 있다. 미혼의 경우에도 이미 상당히 깊은 관계를 의미하고 미망인이면 젊은 연인이 생겨서 집안을 어지럽게 만드는 징조가 있다. 또는 정상이 아닌 수태의 위험성이 있기도 하다.

[운수] 파탄을 의미하는 쇠운 시기에 있다.
[소망] 내부로부터 파괴되어 뜻대로 되지 않는다.
[혼담] 저쪽에는 이전부터 따로 의중의 사람이 있다.
[생산] 유산할 위험성이 있다.
[건강] 정밀한 진찰을 받으라. 결과에 따라서는 수술이 필요할 수도 있다.
[교섭] 오래도록 끌어간다.
[여행] 도난을 조심하라.
[실물] 동쪽 또는 북쪽에 찾아보라.

[대인] 여성의 방해가 있어서 오지 않는다.

[재수] 내부적으로 출비가 많아 적자이다.

■ 지택임地澤臨 ☷☱

이 괘는 상하가 서로 사귀어 친화하는 따사로움이 있는 괘로서 신분에 상응한 소망은 성취된다는 것을 보여주고 있다. 사람들의 협력으로 생각지 않던 발전이 있을 것이다. 당신의 탁월한 기획도 부하와 후배들의 운용과 협력으로 결실할 것이다. 텔레비전, 라디오, 기타 연출적인 일에는 더할 수 없이 좋은 괘다. 당신이 여성인 경우에는 유혹이 많다. 조심하지 않으면 생활의 화려가 지나쳐 색난을 일으킬 우려가 있고 질투를 받아 괴로워할 징조도 있다. 또 주거가 불안하고 부모 자식간에 말다툼이 일어날 징조도 보인다. 연애 결혼은 마음이 유동하는 경향이 있다.

[운수] 적극적으로 진행함이 좋다. 그러나 서로 어딘가 흡족한 느낌이 들 때부터 성급히 서두르지 마라. 이제 성운을 향하고 있다.

[소망] 이루어진다.

[생산] 순산하지만 산후를 조심하라.

[혼담] 어머니나 손윗 여성의 의견에 따르면 길하리라.

[건강] 앙진성 질환, 늦지 않도록 조기 치료에 주의하라.

[교섭] 빨리 결말을 짓도록 하면 유리하지만 오래 끌면 불리하다.

[여행] 가까운 여행은 무방하나 먼 곳의 여행은 흉하다. 당분간 연기함이 좋다.

[실물] 제삼자의 손에 넘어갔기 때문에 알고도 찾지 못한다.

[대인] 온다.
[재정] 저금을 되찾아내는 징조가 있다. 금전의 융통은 수 삼차 교섭한 뒤라야 할 수 있다.

■ 풍지관風地觀 ☴☷

땅 위에 큰 바람이 부는 형상으로 생각지 않은 일에 고생하는 상태를 보이고 있다. 분규 문제에 말려들어 고생하는 일이 있을지 모르나, 만사를 정직하고 성의 있게 처리하면 뜻밖의 원조를 얻을 수 있으리라. 관觀은 자세히 본다는 뜻이다. 세상의 동태와 인심의 동향을 잘 관찰하여 주위에 뇌동하지 말고 성의로 선처하면 당신의 지위는 확립하리라. 또 이 괘는 위에서 가르치고 아래서 복종하는 모습을 보이고 있으므로 교육자, 또는 지도적 지위에 있는 이에게는 길운의 괘다. 주거의 변동, 직장의 이동이 있을 징조가 있다. 도난과 여난에 조심하라.

[운수] 처음은 좋고 뒤는 나쁘다. 정직과 성의로서 행동하면 뜻밖의 원조가가 출현하리라.
[소망] 이루어진다. 그러나 급속히는 되지 않는다.
[혼담] 저편에서 자진해 오면 이루어진다. 그러나 이편에서 희망한 경우에는 이루어지지 않는다.
[생산] 난산의 우려가 있다.
[건강] 불의의 부상에 주의하라.
[교섭 · 분쟁] 급히 굴면 불리하다. 현재 상대 편에게 홀리는 상태.
[여행] 하찮은 사고에 주의하라.

[실물] 찾지 못한다.
[대인] 여성의 방해가 있어서 생각 중에 있다.
[재정] 그다지 좋은 편이 못된다.

■ 화뇌서합火雷噬嗑 ☲☳

입 안에 있는 굳고 딱딱한 말린 고기를 물어 끊어서 완전 저작이 가능하게 되면 만사가 형통하는 형상이다. 무엇이 이 사이에 끼어 있는 것처럼 방해가 있어서 불유쾌한 기분이다. 처음은 여러 가지 장애가 있으나 단호한 태도로 대처하면 점차 호조로 전환할 것이다. 조급히 굴지 말고 신경질적인 행동을 조심하며 온화하게 나가면 생각 밖에 행복이 가까이 있음을 알리라. 이 괘는 매우 길운인 것이다. 특히 상업에 강운이다. 신규 사업 등은 난관은 있으나 성공할 것이다.

[운수] 자기의 뜻대로 움직이지 않으므로 초조해하고 있는 형상이나 단호한 태도로 전진하면 장애는 제거될 것이다. 뱃심으로 밀고 나가라.
[소망] 남의 방해가 있어서 급속히는 이루어지지 않는다.
[혼담] 피차간에 방해가 있다. 친척의 반대가 있어서 진전되지 않는다.
[생산] 순산한다. 아들이다. 그러나 입덧이 심할 듯하다. 편식하지 않도록 주의하라.
[건강] 신경 쇠약이나 히스테리 증세면 오래 끌 우려가 있다. 어금니가 좋지 못하다. 자신이 자동차를 운전할 경우에는 운전에

조심하라.

[교섭 · 분쟁] 사이에 사람을 넣으면 복잡하여진다. 소송이 일어날지도 모른다. 요주의.

[여행] 단시일에 돌아오는 여행이면 무관하다. 가벼운 말다툼 같은 것이 있을지도 모른다.

[실물] 무엇의 사이나 아래에 있다.

[대인 · 음신] 방해가 있어서 이제 곧 오지 못하나 이쪽에서 연락하면 올 가능성도 있다.

[재수] 한 손으로 받아 다른 손으로 내주는 상태이다.

■ 산화분山火賁 ☶☲

분賁은 꾸민다, 장식한다는 뜻이다. 친구나 아는 사람 사이에 교제가 중단되는 일이 생긴다. 만일 분쟁이 일어나게 되면 큰소리나 허세를 피우지 말고 빨리 이쪽에서 굽혀 들어감이 좋다. 예술, 예능, 방송 관계 같은 비교적 화려한 일에는 당신의 새로운 기획과 아이디어가 성공할 기회가 있다. 적극적으로 추진하면 좋다. 좋은 협력자도 나타날 것이다. 사업의 경영은 허세나 겉치레에 치우치지 말고 내용의 충실과 실력 양성에 유의하면 형통하리라.

[운수] 수입보다 지출이 많은 생활 방식 때문에 괴롭다. 이때 긴축함이 좋다. 그러나 예술, 예능, 방송 관계에 종사하는 경우라면 그러한 생활 방식이 도리어 계기가 될 수도 있다.

[소망] 이루어진다. 그러나 조금 늦어진다.

[혼담] 결국 성립하지 않는다. 모든 일이 겨냥이 빗나가는 형세에 있다. 결혼 이외의 교섭이나 취직 따위도 당분간 보류함이 좋다.

[생산] 순산. 딸.

[건강] 열병이면 중증의 징조가 있다.

[교섭] 사이에 사람을 넣으면 길하다.

[여행] 해도 좋다.

[실물] 찾기 어렵다.

[대인] 늦기는 하나 온다.

[재수] 속으로 고난할 때다. 차용은 소액이면 가능하다.

■ 산지박山地剝 ☶☷

괘의 형태는 양효 하나에 음효가 다섯으로 무력하고 쇠퇴하는 것을 보여주는 괘이다. 그러나 역으로 최악의 경우에 처하였을 때 이 괘를 얻으면 도리어 모든 것을 탈피하고 전환기에 접근하였음을 가르치는 것이 된다. 처음에는 대수롭지 않게 생각한 일이 점점 벌어져서 나중에는 수습할 수 없는 형편에 이를지도 모른다. 선배나 손윗 사람의 의견을 충분히 들어서 진행함이 좋다. 그리고 사업이나 대인 관계에서 내용보다 외면, 실력보다도 허세를 부리는 폐단이 있어 실패의 원인이 된다. 연애나 혼인 관계에 있어서는 한 남자에게 여자 다섯 명이라는 상태이므로 남성은 여성에게 유혹되기 쉽고 또 방탕하기 쉽다. 여성은 남성에게 속기 쉽고 여성 상호간에 라이벌이 생기고 질투가 일어나기 쉽다. 이 괘는 어떤 일에도 충분한 사전 조사를 하지 아니하면 발밑에서부터 무너지기 쉽다는 것을 가르치고 있다. 그러나 참고 때를 기다리면 멀지 않아 호운이 온다. 만일 당신이 이미 곤란의 절정 상태에 있다면 그 기성 상태는 곧 붕괴되고 새로운 행운의 전기가 곧 임박하고 있다는 것을 암시한다.

[운수] 방심하면 밀려 떨어질 위험한 상태에 있다. 그리고 도난, 화재, 교통 사고 등에 주의하라.
[소망] 급속히는 되지 않는다. 그러나 서서히 이루어질 것이다.
[혼담] 초혼이면 흉하고 재혼이면 길하다.
[생산] 순산이다. 그러나 무리하면 유산할지도 모른다.
[건강] 과도에서 오는 신경 쇠약, 알코올 중독에 의한 임포턴츠의 경향이 있다. 병자가 노인이고 장병이면 특히 주의하라. 의사를 찾아가는 것이 좋다.
[교섭] 시간이 걸리고 성가시겠다. 게다가 기력이 부족하기 때문에 불리하다.
[여행] 돌아오는 길에 조금 난색이 있다. 또 항공기 여행은 중지함이 좋다.
[실물] 찾지 못한다.
[대인] 오기는 하지만 매우 늦어진다.
[재수] 남 때문에 손실이 많을 때다. 욕심 피우지 않으면 재수는 있다. 예정의 반 정도로 만족하라.

■ 지뇌복地雷復 ☷☳

복은 돌아온다, 회복한다는 뜻이다. 겨울이 가고 봄이 다시 돌아오는 것을 상징한다. 마음에 불만스러운 일도 7일 동안만 참으

면 뜻밖에 이익이 된다. 이 괘는 7과 깊은 관계가 있다. 문제의 성질에 따라 7일, 7주, 7월 등 7의 수가 행운을 가져온다. 또 분은 되돌아오는 것이므로 실패한 사업이 다시 성운을 회복할 수도 있고 별거하던 부부가 다시 모여 화합하게 되는 일도 가능하다. 함께 일하다 갈라진 옛 동료가 다시 찾아와서 협력하는 경우도 생각할 수 있다. 그러나 한편 충분한 계획이 없는 신규 사업 등이 진행하다 말고 제자리로 돌아오는 역현상이나 시집갔던 여성이 친정으로 돌아오는 경우도 있을 수 있다. 그러나 이러한 형태는 어디까지나 예외이며 변칙에 불과한 것이다. 당신 마음의 준비만 충분하면 그러한 역현상에 빠질 리는 없을 것이다. 원칙적으로 당신은 지금 발전과 번영을 약속할 수 있는 행운의 길을 출발하고 있는 것이다.

[운수] 성운으로 향하는 징조가 보인다. 무엇인가 최근 가슴이 열리는 것 같은 느낌이다. 조금만 참으라. 행운은 이미 오고 있다.
[소망] 하늘로부터 보물을 받는 기상. 모든 것이 순조롭게 이루어진다.
[혼담] 재혼이면 좋다. 초혼인 경우에는 두 번째 말하는 자리가 성립된다.
[생산] 순산. 아들.
[건강] 나아가던 병이 도로 더할 우려가 있다.
[교섭] 끈기 있게 오래 끌면 유리하다.
[여행] 동행이 있으면 좋다.
[실물] 겹쳐 쌓아 둔 물건 밑에 있다. 찾을 수 있다.
[재수] 점차로 돈이 들어온다. 축재할 징조가 보인다.

■ 천뇌무망天雷无妄 ☰ ☳

봄 하늘에 우레가 울면 비가 와서 만물을 생동하게 한다. 이제 모든 것이 형통하고 발전하며 번영하는 행운을 보여주는 괘다. 금전이나 재산보다는 명예 방면에 더 길한 운이다. 그리고 무관이나 남에게 군림하는 지위에 있는 이는 대길하다. 뜻밖에 남의 도움을 얻어 성공할 수 있으나 뜻하지 아니한 일로 고난을 당하는 일도 생길 수 있다. 그러나 결론적으로 지금 당신은 성운 속에 있으며 앞으로도 더욱 발전할 것이다.

[운수] 지금 당신은 불안한 상태에 있다. 그러나 그것은 당신 자신의 마음에서 오는 것이다. 실상 당신은 지금 대길한 운세에 있다. 앞으로 더욱 발전할 것이다. 오직 정당한 방법으로 성실하게 나갈 뿐이다.

[소망] 이루어진다. 그러나 실리보다 소문이 크다.

[혼담] 정당한 방법과 성실한 마음으로 추진하면 반드시 이루어진다.

[생산] 순산. 아들.

[건강] 불면증의 기미가 있다. 별안간에 발병할 징조가 있다. 그러나 별다른 치료를 받지 않고 저절로 낫는다.

[교섭] 적극적으로 나가면 길하다. 그러나 정당한 것이 아니면 도리어 난경에 빠진다.

[여행] 남의 의견에 좇으면 길하다. 장사를 위한 여행은 손해를 본다. 항공 여행은 하지 않는 것이 좋다.

[실물] 남의 손에 떨어졌으므로 다시 돌아오지 않는다.

[대인] 오지 않는다.
[재수] 겉으로는 매우 좋은 듯이 보이나 실익이 없다.

■ 산천대축山天大畜 ☶☰

대축大畜은 크게 축적한다, 크게 기른다는 뜻이다. 수양과 지식, 신망을 높이고, 친구를 사귀고, 인재를 양성하고, 신체의 건강을 향상시킨다. 사업가이면 자금의 준비와 기업에 대한 능력을 기르는 등 모든 일에 충분한 준비가 되어 있으며 실력을 가지고 있다. 또 크게 준비 중에 있는 상태를 보인다. 그러므로 장차 크게 활약과 발전을 할 수 있으며 어떠한 일에도 적극적으로 나아가 대길하여 성공할 수 있을 것이다. 그러나 지금 당장은 축적 중에 있으며 기르는 과정에 있다. 창고의 쌀, 저수지의 물이므로 아직 그것이 지금 먹는 밥, 관계하고 있는 물은 아니다. 조급히 굴지 말고 착실하게 시종일관 실력을 기르면서 눈 앞에 다가 온 대운을 기다림이 좋다. 지금 용이 막 하늘에 오르려고 몸을 도사리는 순간에 있다.

[운수] 많은 곤란의 뒤에 희망을 성취하는 형상이다. 도중에 좌절하는 일이 없도록 하면 희망대로 결과를 얻을 수 있으리라.
[혼담] 너무 급진적으로 추진하면 불리하다. 침착하게 시간의 여유를 가지고 진행하면 좋은 인연을 얻으리라.
[생산] 예정보다 늦어진다. 순산. 아들.
[건강] 스트레스의 경향. 피부에 기미가 생기거나 부스럼이 나기 쉽고 변비 기미가 있다. 수면과 음식에 유의하라.

[교섭] 상대편에서 말을 걸어와서 성립되는 형상이므로 오래 걸린다.

[여행] 여행지에서 사고가 생길 우려가 있다. 또 여행 중 집안에 변동이 있을지도 모른다.

[실물] 동북쪽에 있다. 끈기 있게 찾아보라.

[대인] 매우 늦어진다.

[재수] 매우 좋다. 금전의 융통도 유망하다.

■ 산뢰신山雷頤 ☶☳

이는 턱, 기르는 것을 상징한다. 음식, 언어 등 모든 관계에 있는 일을 의미한다. 겉으로 보아 무사태평한 듯하나 내심에는 고민이 많은 형상으로 분쟁 사건이나 색정 관계에 대해서는 특히 근신해야 한다. 하는 일도 윗사람으로부터 방해를 받고 아랫사람으로부터 반발을 일으켜 딜레마에 빠지는 일도 생긴다. 지금은 장래의 성장을 위하여 준비하고 있는 과정이니 당장 이루어지기를 바라지 마라. 당신에게 입은 선악의 관문이요, 길흉화복의 항구인 것이다. 음식을 절제하고 언어를 조심하라.

[운수] 모처럼 쌓아올린 공든 탑이 남 때문에 무너질 징조가 보인다. 이런 경우에는 상사나 부하보다 차라리 동료와 협력함이 좋다.

[소망] 이루어진다. 그러나 자신이 생각하던 것과는 조금 어긋나는 결과가 될 것이다.

[혼담] 성립된다. 그러나 뒤에 경제적인 고난이 있다. 부부가 함

께 벌어먹을 각오라면 문제는 다르다.

[생산] 예정보다 조금 늦어진다.

[건강] 음식의 조심과 절식에 유의하라. 위장과 간장이 악화되어 있다. 치통에 조심하라.

[교섭] 오래 끌겠다. 타협하지 않으면 조정되지 아니한다.

[여행] 장도 여행은 삼가함이 좋다.

[실물] 벽장, 다락이나 상자 속을 찾아보라. 외부라면 동북쪽에 있다.

[대인] 막는 사람이 있어서 와도 아주 늦거나 그렇지 않으면 오지 않는다.

[재수] 먹고 살아갈 정도라면 무난하다.

■ 택풍대과澤風大過 ☱☴

현재 당신의 운수는 겉보기에는 매우 화려하나 내면에 위험과 고난이 있는 상태이다. 남녀 관계에 있어서도 스캔들이 많고 좋지 못한 교제인 줄 알면서도 발을 빼지 못하는 상태다. 건전하지 못하고 정상적이 아닌 애욕에 말려들고 있는 징조가 보인다. 이 괘를 얻은 때는 한 걸음 물러서서 짐을 가볍게 하는 방법을 생각하는 것이 무난하다. 그러나 만일 굳은 신념과 각오가 있다면 용감하게 난국에 맞서서 대결해 나가면 위험하고 벅차긴 하지만 마침내는 극복할 수 있을 것이다. 양자 중 하나를 선택하는 길밖에 없다. 머지않아 길운의 문이 열릴 것이다.

[운수] 수입과 지출의 균형이 안 맞기 때문에 고민하고 있다.

[소망] 일견 성취될 듯하면서 결국은 안되고 만다.

[혼담] 이루어지지 않는다. 무리하여 성립시키려 하면 어느 한편에 사고가 생긴다. 그러나 재혼이나 나이의 차가 많은 사이면 이루어진다.

[생산] 난산. 뱃 속의 어린애의 발육이 너무 지나치다.

[건강] 남성은 과로, 여성은 병이 나기 쉽다.

[교섭] 의견의 일치가 어렵다. 내 주장만 고집하면 불리하다.

[여행] 생각지 않은 사고가 일어난다.

[실물] 찾지 못한다.

[대인] 서로 어긋난다.

[재정] 자금 난, 당장의 구면도 막연하다.

■ 습감習坎 ☵☵

습감은 물이 겹쳐 있다는 뜻이며 위험과 고난이 겹쳐 있음을 상징하는 괘다. 매우 곤란한 일과 재해가 중첩하는 때이며, 공동사업이나 남의 일 때문에 큰 손실이나 재난을 당할 우려가 있다. 사기와 도난에 조심하라. 애정 관계에 있어서도 일생에 상흔을 남길 만한 심각한 상처를 받는 일이 있을지도 모른다. 두 사람이 서로 목숨을 버리는 징조(정사 등)가 있다. 지금이 최악의 경우라면 악운의 궁극이니 곧 새 운으로 전환하게 되어 길운이 전개될 것이다. 용기를 잃지 말고 기다리라. 이 괘는 종교에 관계있는 사람, 학자, 연구가 등 정신 면에 관한 일에 종사하는 이에게는 좋은 괘다. 지도적 지위에 서게 될 것이다.

[운수] 신체의 컨디션이 좋지 않다. 색난의 징조가 있고 돈의 융통도 나쁘다. 모든 것이 순조롭지 않다. 당장 조급한 타개책을 위하여 몸부림치면 도리어 깊이 빠져 들어간다. 지금부터 2개월이나 5개월 동안 고요히 기다리라. 그때부터 점차 호운으로 전환할 것이다. 만일 당신이 오늘 또는 금주의 운수 같은 단기간의 일을 점쳐 이 괘를 얻었다면 특히 열병(발열성병), 형사 사건, 교통사고 등에 조심하라. 위험 신호가 있다.

[소망] 이루어지지 않는다.

[혼담] 당분간 중지함이 좋다.

[생산] 쌍둥이를 생산하거나 유산할 우려가 있다.

[건강] 노이로제, 머리의 병, 열병 등에 조심하라. 한때 위험한 상태에 빠진다.

[교섭] 피차에 손해 보는 상태. 오래 걸린다.

[여행] 순환과 도난의 우려가 있다.

[실물] 도난당한 것은 찾지 못한다. 잃어버린 물건이면 깨끗한 곳에 있다. 그러나 늦어서야 발견한다.

[대인 · 음신] 방해가 있어 오지 않는다.

[재수] 매우 곤궁하다. 금전의 융통도 지금은 되지 않는다.

■ 이위화離爲火 ☲☲

오월의 밝은 태양 광선을 받으며 신록의 잎들이 싱싱한 젊음을 반짝이고 있는 기상이다. 이 괘는 불과 같은 광명, 정열, 약동을 상징하는 것으로 성운을 보이는 괘다. 운세가 불과 같이 강렬하므로 항상 부드럽고 화순한 마음으로 자신을 견제하고 남에게

겸손하며 일에 신중하라. 그리하면 크게 길하리라. 불은 필요한 것이나 사용 방법을 그르치면 도리어 위험이 있다. 항상 바른 마음을 지키지 않으면 위험이 일어날 우려가 있다. 마음이 항상 동요하고 옮아가는 상태로 안정하지 않고 일정한 목적을 집정하지 못하는 형상이다. 애정 관계에 있어서는 매우 정열적이긴 하나 마음이 항상 움직이고 있어 믿음이 적다.

[운수] 남에게서 계승한 일이면 길하다. 자신의 재치를 지나치게 믿다가는 실패할 우려가 있다.

[소망] 선배의 힘을 빌려서 성취한다. 문자에 관계있는 일이면 대길하다. 문학, 연구 논문, 시험, 인쇄, 출판, 신문 잡지 등.

[혼담] 얼마 동안 중지함이 좋다. 여기저기서 말이 있긴 하지만 마음이 이리저리 유동하여 이루어지지 않는다.

[생산] 순산. 딸. 쌍둥이일 수도 있다.

[건강] 급성 병, 악화하기 쉽다.

[교섭] 분쟁은 해결이 나지 않고 교섭은 서로 멀어져 간다. 교섭의 경우에는 친구를 사이에 넣어보라.

[여행] 될 수 있으면 연기함이 좋다.

[실물] 깨끗한 곳에 있거나 빨리 여성에게 물어보라. 생각지 않은 곳에서 찾게 된다.

[대인] 온다.

[재수] 약간 손재수가 있다. 금전의 융통은 친구에게 부탁해보라.

■ 택산함澤山咸 ☱

☶

함咸은 감感과 같다. 무엇을 하여도 민감하고 육감이 잘 움직이며 남의 공감을 얻어 순조롭게 수행되는 상태이다. 대통한 운수를 보인다. 무슨 일이나 바라는 대로 이루어지는 때이다. 뜻밖에 좋은 일이 멀지 않아 있을 것이다. 모든 하는 일에 친구와 선배의 원조를 얻어 성공한다. 전보, 전화를 이용하는 것이 더욱 효과적일 것이다. 그리고 미술, 음악, 무용, 영화, 연예, 기타 예술에 관계되는 일이면 크게 성공할 수 있다. 결혼에는 지극히 좋은 괘다. 그리고 취직, 입학에도 좋다. 경마, 증권, 등 센스가 비중을 차지하는 승부에 길운이다. 그러나 분수에 넘는 짓을 하면 도리어 실패할 우려가 있다.

[운수] 원조, 지지가 있어서 만사 순조롭다. 반면에 시기도 있는 것을 알라. 색정 관계에 조심함이 좋다.

[혼담] 매우 훌륭한 연분이다. 손윗 사람에게 부탁하면 빨리 이루어진다.

[생산] 순산.

[건강] 약간 스트레스 기미가 있으며 과로의 상태이다.

[교섭] 쉽게 결말이 난다. 저쪽이 휘어드는 눈치니 이쪽에서 조금 유도하면 곧 접근할 수 있을 것이다.

[여행] 동행이 좋다. 신혼 여행의 징조.

[실물] 아이들이나 부인에게 물어보라.

[대인] 편지나 전화를 하면 곧 온다.

[재수] 수입, 지출 모두 크다. 손윗 사람의 의견을 참고하면 더욱 큰 이익을 얻을 수 있다.

■ 뇌풍항雷風恒 ☳
☴

항恒은 항구하는 뜻이다. 무슨 일이나 종래대로 평범하게 계속하면 변화가 없으나, 무엇인가 새로운 일, 새로운 자극을 구하려 한다. 현재 진행 중에 있는 일도 조급히 추진하려 하면 중도에서 좌절되기 쉽다. 현상 유지가 무난한 시기다. 부부 관계도 마음이 동요되고 있어서 서로 감정의 대립 같은 것이 움직이고 있다. 서로 반성과 이해로서 위기를 극복하라. 악운은 아니나 변화를 구하면 도리어 나쁜 결과를 가져오게 된다.

[운수] 이쪽에서 먼저 움직이지 말고 피동적인 위치에서 잘 조종하면 호운을 얻으리라.
[소망] 급히 서둘지 말아야 이루어진다.
[혼담] 서로 그다지 탐탁하게 생각하지 않은 모양이나 나쁜 인연은 아니다.
[생산] 순산. 딸.
[건강] 만성인 병, 신경통, 위병 등에 조심하라.
[교섭] 오래 끌겠다. 한때 내버려두는 것이 결과적으로 길하다.
[여행] 먼 곳의 여행은 중지함이 좋다.
[실물] 뜻밖에 몸의 주변에 있다.
[대인] 도중에 방해가 있어서 늦어진다.
[재수] 재수운은 좋다. 상당한 행운이 있으리라.

■ 천산天山돈 ☰
☶

돈은 피해가 숨는 것, 나아가면 불리하고 물러가면 길한 괘다. 쇠운에 기울어져 있으니 한 걸음 물러서서 전선을 축소하고 수비의 태세로 모든 것을 신중히 생각하여 처리하라. 지금은 노심하는 일이 많다. 남에게 시기 받고 헐뜯기고 모든 일에 실수가 많으며 사면초가인 상태에 있다. 그렇다고 무심히 있다간 의외의 위험에 부딪칠 우려가 있다. 이러한 경우에는 아무리 바르고 옳은 일을 해보아도 나의 성의가 남에게 통하지 않는다. 고요히 때를 기다리는 것이 무난하다. 그러나 이 괘는 처음은 불길하나 뒤에는 형통하는 형세가 있으므로 현재가 곤란, 역경에 있는 때라면 이 역경을 벗어나는 징조로 보아도 좋다. 기회를 봐서 뛰쳐나가는 것도 좋다. 그러나 정세의 파악을 충분히 한다는 것이 전제 조건인 것이다. 이 괘는 곤란하고 어려운 운세의 괘이기는 하나 이미 입신에 성공한 이와 접객업, 영화, 연극, 기타 예능 관계의 사람들에게는 대길한 괘다.

[운수] 점차 저조로 기울어진다. 다만 예능인, 카바레 등에는 길하다.

[소망] 중도에 방해가 있어서 이루어지지 않는다.

[혼담] 대체로 성립되지 않는다.

[생산] 유산에 조심하라.

[건강] 가벼운 증세 같으면서 뜻밖에 오래간다. 쇠약해져 있다.

[교섭] 저쪽에 유리하다. 방해하는 자가 있다.

[여행] 신, 불에 예배하기 위한 여행이면 길하다. 일반 여행은 중지함이 좋다.

[실물] 누가 집어간 듯하다. 빨리 손을 쓰지 않으면 찾지 못하다.

[대인] 장애가 있어서 당분간 오지 않는다.

■ 뇌천대장雷天大壯 ☳☰

대장大壯은 성대하다는 뜻이다. 우레가 하늘에서 명동하는 형상으로 얼핏 보아 좋은 것 같이 보이면서도 실질이 수반하지 않는 괘다. 성운이다. 예의를 바르게 하여 절도에 어긋나는 일이 없으면 행복을 얻을 것이나 자신의 재지, 금력, 세력을 믿고 남을 업신여기면 재난이 올 것이다. 특히 윗사람의 노여움을 받을 것이다. 사업 같은 것은 발전성이 충분하다. 커다란 기획을 가지고 적극적으로 활약하는 것은 좋다. 다만 위에 적은 몇 가지를 명심하여 스스로 경계하라.

[운수] 정진이 지나쳐서 실패하는 일이 있다. 적당하게 브레이크를 걸 줄 알아야 한다. 승부에는 강한 운세이지만 놀라는 일이 있을 것이다. 부상은 대수롭지 않으나 차가 대파되었다는 것 같은 사고가 나기 쉽다.
[소망] 줄 잡으면 이루어진다.
[혼담] 중매자의 말에 거짓이 있다. 또 이 괘에는 결혼을 수반하지 않는 이성 관계에 위험의 일단이 있는 것을 보이고 있다.
[생산] 조심하지 않으면 놀라는 일이 있을지도 모른다. 그러나 대체로 순산.
[건강] 급격히 오는 병의 징조가 있다. 지금 고혈압이라면 불면증, 술, 변비를 조심하라.
[교섭] 상대편이 용하게 빠져나가 버릴 것 같다. 억지의 고집은

불리하다.

[여행] 여행지에서 재난을 만날 우려가 있다. 중지하는 것이 무난하다.

[실물] 멀리로 가져가 버린다. 찾지 못한다.

[대인] 동행인이 있으면 함께 온다.

[재수] 외부적으로 실비가 많고 돈의 융통은 있으나 실상이 없다. 뒤쫓아도 헛될 뿐이다.

■ 화지진火地晋 ☲☷

이 괘는 지평선 위에 나타난 아침의 태양이 하늘로 오르고 있는 상태다. 높이 오르면 오를수록 광명은 더욱 커지고 어둠은 사라지는 형상이어서 운수가 점차 강성하여져 만사가 발전하고 번영한다. 진晋은 진進과 같은 뜻으로 전진을 의미한다. 만사에 전진함이 좋다. 다만 운기가 너무 강하다고 자만하여 겸손하지 못한 행동이나 나태한 마음을 가지면 모처럼의 행운도 놓치고 말게 될 것이니 명심하라. 이 괘는 표면은 화려하고 내면이 공허한 경향이 있다. 무슨 일이든지 착실하고 근면하게 해야 된다. 그러면 비로소 대성할 수 있으리라.

[운수] 크게 활기를 가지고 목적을 향하여 전진하라. 대길운이다.

[소망] 조금 늦어지긴 하나 결과는 길하다.

[혼담] 좋은 인연이다.

[생산] 순산.

[건강] 가벼운 병에 걸릴 일이 있다. 노인이라면 조금 염려된다.

[교섭] 이쪽에서 추진하면 해결이 빨라진다.

[여행] 좋다.

[실물] 멀리 가지고 가버렸다.

[대인] 길보를 가져오리라.

[재수] 나가는 비용이 많다. 그러나 그보다 많은 것이 되어 뒤에 돌아온다.

■ 지화명이地火明夷 ☷☲

명이明夷는 태양이 지하에 들어간 상태다. 지금 당신은 고난의 속에 빠져 있다. 그러나 참고 때를 기다리면 입신출세할 징조가 보이는 괘다. 어둠 속에서 당신의 바른 자세를 남에게 보이려 하는 것은 무리이다. 사업 면에서는 이미 상처를 입고 있다. 약간의 손해라면 이때에 사업에서 손을 떼어 이 이상 손해를 가중하지 않도록 소저하는 것이 현명하다. 가정적으로도 무엇인가 의기 소침하여지는 일이 생기고 친척, 우인과 음신을 끊는 일이 일어나기 쉽다. 결혼도 연애도 행운일 수는 없다. 만사를 수비의 태세로 행동을 조심성 있게 하면서 적어도 앞으로 2개월 정도는 참고 기다려야 한다. 그러나 학문의 연구, 시험의 준비, 남의 눈에 띄지 않는 일에는 좋은 운수를 보인다.

[운수] 남의 말이나 행동을 선의로 해석하여 실패하는 일이 있으리라. 또 평소에 실언하는 버릇이 있다. 조심하지 않으면 큰 재난을 야기시키거나 뜻밖의 여난이 있을 것이다.

[소망] 방해가 있어서 성취하지 못한다.

[혼담] 매우 좋은 듯한 혼담이지만 결국 성립되지 않는다.
[생산] 순산.
[건강] 방심하면 큰 걱정이 생길 것이다.
[교섭] 불리하다.
[여행] 도난, 화난의 우려가 있다.
[실물] 찾지 못한다. 도난이다.
[재수] 크게 불길하다. 지금은 빚도 얻을 수 없다.

■ 풍화가인風火家人 ☴☲

풍화가인괘는 가정을 상징한다. 일가 합심하여 가운을 이끌어가는 상태이다. 가정적이고 원만하지만 여성적이고 잔잔한 운세이다. 당신은 지금 평온 무사한 것에 권태를 느끼어 현재가 불만이라고 생각한다. 무엇인가 한 가지 그럴듯한 일을 해보고 싶어하는 경향에 있다. 그러나 무리하면 스스로 불운을 초래하리라. 조심하라. 착실히 본업을 지키면 행복이 온다. 집에서 하는 일, 내면적인 일은 길하나 밖에서 하는 일은 불리하다. 남에게 의뢰하는 일, 협동하는 일도 길하다.

[운수] 작은 것에서부터 큰 것에 이른다. 서서히 운기는 상승한다.
[소망] 남의 협력을 얻으면 성취된다.
[혼담] 친절한 부인에게 의뢰하면 좋은 인연을 얻을 수 있다.
[생산] 순산.
[건강] 허탈증, 신허의 징조.
[교섭] 조금 어수선하나 유리하게 전개된다.

[여행] 가정 위안 여행 등이 대길하다.
[실물] 집 안에 있기는 하나 발견이 늦어진다.
[대인] 이쪽에서 편지를 내라. 돈에 관한 일이면 여성을 사이에 넣으면 성공한다.
[재수] 쓸데없는 출비가 많다.

■ 화택규火澤睽 ☲☱

규睽는 서로 괴리한다, 반목한다는 뜻이다. 다투는 일이 많은 징조이니 말과 행동에 조심하라. 그렇지 않으면 사고를 일으킬 것이다. 지금까지 잘못도 많고 고생도 많았으며 쓸데없는 낭비를 하기도 하였다. 때로는 남과 싸움 끝에 상해 사건 같은 것을 저지를지도 모른다. 남성이 여성에 대한 점에서 이 괘를 얻으면 대흉하다. 특별한 조심이 없으면 그 여성 때문에 큰 해를 받으리라. 일상 생활의 사소한 일에는 길운이다. 모든 일에 겸허하고 대국적 견지에서 남의 처지를 이해하라. 그리고 손윗 사람, 선배의 의견을 존중하라. 앞으로 3개월 이내에 변화가 있고 희망이 솟아오를 것이다.

[운수] 자신의 의사와 상반되어 고민한다. 언동에 조심하라.
[소망] 방해가 있어서 이루어질 가망은 없다.
[혼담] 중지하는 것이 현명하다.
[생산] 순산. 예정과 맞지 않아 당황하는 일이 있으리라.
[건강] 의사에게 한번 진찰을 받음이 좋다. 교통 사고에 조심하라.
[교섭 · 분쟁] 판매 교섭 같은 것은 완급을 살펴 잘 진행하면 성공

하리라. 무슨 사고 같은 경우에 이쪽에 정당한 이유가 있더라도 평화적으로 선처함이 좋다.

[실물] 급히 서두르면 찾을 수도 있다.

[대인 · 음신] 당신의 의심 때문에 모처럼 오려고 하는 상대자를 고민하게 한다.

[재수] 검약하여 뒷날에 대비하라. 수입보다 지출이 많다.

■ 수산건水山蹇 ☵ ☶

건蹇은 험난하다, 다리를 절단하다는 뜻이다. 지금 당신은 매우 불운 속에 있다. 사람의 힘으로는 타개할 수 없는 난관에 가로막혀 있음을 깨닫고 오직 참고 견디면서 고요히 제자리를 지켜 불운을 최소한에 그치게 하라. 틈 있는 대로 책을 읽으면 뜻밖에도 거기에서 인생 철학을 배워 마음의 양식을 얻는 일이 있으리라. 불운 다음에는 행운이 오는 법, 고요히 기다리면 곧 새로운 아침이 온다.

[운수] 무엇을 하여도 안된다. 움직이면 실패가 올 뿐이다. 당분간 고요한 마음으로 내일을 기다리면서 선배와 손윗 사람의 지도를 기대하라.

[소망] 좀처럼 이루어지지 않는다. 그러나 뒤에 조그마한 소망은 달성된다.

[혼담] 말은 그럴 듯하나 말과 사실은 거리가 있다. 그만두는 것이 좋다.

[생산] 약간 난산. 아기가 약하다.

[건강] 중병, 화재의 장애나 사고에 조심하라.

[교섭] 진전되지 않는다. 분쟁 사건이라면 만나서 좋도록 상의함이 좋다.

[여행] 도중에 장애가 있다.

[실물] 도난이거나 물건 속에 휩싸여 들어가서 찾지 못한다.

[대인] 저쪽에 무엇인가 딱한 사정이 생겨서 당분간 오지 못한다.

[재수] 금전적으로 여유가 없을 때이다.

■ 뇌수해雷水解 ☳☵

해解는 푼다는 뜻이다. 겨울의 눈과 얼음이 풀리고 봄이 돌아온 형상으로 지금까지의 고난이 해소되는 상태를 보이는 길운의 괘다. 해는 풀린다는 뜻이나 굳은 것만이 풀리는 것은 아니다. 지금까지 있어 온 것과 헤어지는 일도 있을 수 있다. 항상 협조하는 마음을 갖고 부드럽고 남을 돕는 마음을 가져라. 만약 약혼 중에 있다면 빨리 서두름이 좋다. 자칫 잘못하면 혼담이 해소될 우려가 있다. 또 이 괘는 배를 태고 멀리 여행을 하는 일이 있을 징조이다. 또 두 사람의 부하가 협력하여 난을 구제해주는 기상이니 해외 무역 같은 것도 유망하다. 부하, 동료의 정신적 지원과 착상으로 이익을 얻으리라.

[운수] 기회를 얻어 단번에 약진할 수 있을 것이다. 해외 파견 등이 매우 유망하다.

[소망] 묵은 소망은 이루어지나 새로운 소망은 상당한 긴 시간이 필요하다.

[혼담] 오래 끌면 성립되지 않는다.

[생산] 순산. 아들.

[건강] 염려할 바 없다.

[교섭] 정직하게 그리고 빨리 추진함이 유리하다. 에누리하는 심정을 가졌다간 파탄을 초래할지도 모른다.

[여행] 여행지에서 옛 친구를 만나 일이 뜻밖에 발전하는 등 무엇인가 길한 일이 있을 것이다.

[실물] 도난이 아니면 높은 곳에 있다.

[대인] 이쪽에서 연락하면 온다.

[재수] 기회를 얻어 큰 이익을 거두리라.

■ 산택손山澤損 ☶☱

손損은 손실을 의미하나 그것이 뒤에 더 큰 이익을 가져오는 것을 상징한다. 뒤가 길한 괘이다. 이 괘는 당신이 상대자에게 봉사해 줌으로써 장래에 그것이 몇 배로 되어 되돌아오는 것을 가르치고 있다. 이 손은 단순한 손실은 아닌 손損하여 익益을 얻는 손孫인 것이다. 낚시 길에 이 괘를 얻으면 큰 어획은 의심할 여지가 없다. 결혼에는 이보다 좋은 괘는 없다. 부부는 화합하고 자복이 좋고 가정 생활이 원만하고 행복할 것이다. 계약 같은 것은 당장은 성립되지 않지만 뒤에 성립된다. 다만 욕심을 부리면 큰 손실을 보리라. 도박에 손대지 마라.

[운수] 정신적인 면을 중시하면 좋은 결과를 얻으리라. 인간 관계는 만사에 성의가 제일이다. 정성껏 남을 도우라. 새로운 기획,

투자 모두 좋다. 반드시 좋은 결과를 가져오리라.

[소망] 사람의 일에 백퍼센트의 완성은 없는 법이니 칠팔할의 성공에 만족하라.

[혼담] 좋은 인연이다. 그러나 너무 급히 서두르지 마라.

[생산] 순산.

[건강] 지나침이 없도록 생활을 절제하라.

[교섭] 손윗 사람이나 신뢰하는 친구의 힘을 빌리라. 단독으로는 되지 않는다.

[여행] 조금 번민이 있다. 예정보다 돌아오는 것이 늦어지는 경향이 있다.

[실물] 금방 알아내지는 못한다.

[대인] 단번에 오지는 않으나 몇 번이고 계속 독촉하면 반드시 올 것이다.

[재수] 일견 손해본 것 같은 일이 뒤에 이익이 된다. 지출보다 수입이 크다.

■ 풍뇌익風雷益 ☴
☳

익益은 보태다, 더하다의 뜻으로 성운으로 향하는 것을 상징한다. 익은 윗 것을 덜어서 아래에 보태는 것이니 국가가 큰 토목공사를 하여 주민에게 이익을 주는 것과 같은 것이다. 당신이 샐러리맨이라면 승진, 진급할 것이다. 남에게 협조를 얻고 좋은 부하와 동료를 얻는다. 생각지 않은 풍문이나 주거의 불안정이 마음을 우울하게 하는 일이 있을지 모르지만 염려할 것은 없다. 주거의 변동은 있는 것이 도리어 좋은 결과를 가져온다. 이 괘는 관공청의 토목 사업이나, 농업 같은 일에 관계하면 크게 이익을 얻을 수 있는 괘다. 당신이 여성이라면 남의 연애 관계를 도우려다가 별안간 당신 자신에게 좋은 혼담이 생긴다. 좋은 인연이다.

[운수] 적극적으로 전진함이 좋다.
[소망] 윗사람의 힘을 얻어 성취한다.
[혼담] 조금 성급히 구는 경향이 있으나 이루어질 것이다.
[생산] 순산.
[건강] 장병長病에 걸릴 우려가 있다. 교통 사고에 조심하라.
[교섭] 유리하나 오래 끌면 불리하게 된다. 윗사람의 의견을 들으라.
[여행] 일을 위한 여행에 분주하리라. 길하다.
[실물] 우선 여성에게 물어보라.
[대인 · 음신] 동행자가 있을지도 모른다.
[재수] 뜻밖의 수입이 있다. 재수 대통.

■ 택천쾌澤天夬 ☱☰

쾌夬괘는 윗사람을 밀치고 전진하는 상태를 보이는 강운의 괘다. 당신이 높은 지위에 있다면 부하들에게 하극상의 공기가 감돌고 있어 고립될 우려가 있다. 그러니 당신은 항상 한 걸음 사양하고 유화한 마음을 지니도록 함이 좋다. 순탄한 때에 뜻밖의 재난이 일어날 염려가 있다. 조그마한 일로 언쟁이 벌어지고 말썽이 생긴다. 증서 따위나 주거에 관하여 걱정이 있을 징조가 있다. 연애는 짝사랑, 무리하지 않는 것이 좋다. 부부간에는 냉전 상태, 이혼을 생각하리만큼 심각하다. 다시 한 번 자기 반성이 필요하다.

[운수] 좋은 때는 지극히 좋다. 그러나 현재 순조롭지 못한 상태에 있다면 손발도 움직일 수 없는 질식 상태의 시기인 것이다.
[소망] 중도에 좌절되는 상태, 방해가 있다.
[혼담] 좋은 인연이다. 그러나 신원 조사를 충분히 하라.
[생산] 대개 순산.
[건강] 방심할 수 없는 병증의 징조이다.
[교섭] 적극적으로 추진함이 길하다. 정직으로 밀고 가라.
[여행] 놀라는 일이 있을지도 모른다. 실비가 많을 것이다.
[실물] 손에 되돌아오지 않는다.
[대인] 여성이면 올 것이다. 그러나 지금 생각하고 있다.
[재수] 빈곤한 뒤에 큰 재물을 얻는 운수. 그러나 요행에서 오는 것은 아니다. 지금까지의 당신의 계획, 아이디어가 그렇게 만드는 것이다.

■ 천풍구天風姤 ☰ ☴

구姤는 우연히 만난다는 뜻이다. 뜻밖에 재앙을 당하는 일이 있을 것이다. 교통 사고, 사기 사건 따위에 조심하라. 직업 여성이라면 윗사람의 특별한 호의가 있어서 딱하다. 상대방은 불순한 마음으로 있다. 결혼은 바라지 않는 것이 좋다. 이 괘는 결혼에는 좋지 못한 괘다. 모든 일을 신뢰할 만한 사람과 의논함이 좋다. 내 고집만으로 나가다간 실패한다. 모든 일에 장애가 있어서 될 듯한 일도 어렵게 되는 경우가 많다. 방심하지 말고 노력을 계속하라. 만사를 항상 자신의 분수와 위치를 생각하면서 지나치거나 날뛰는 일이 없게 하라. 그것이 행운을 가져오리라. 또 이 괘는 소위 '물장사'에 유리한 괘다.

[운수] 운수가 쇠운에 향하여 있다. 크게 대비책을 생각하라.
[소망] 방해가 있어서 이루어지지 않는다.
[혼담] 손위의 장애가 있어 이루어지지 않는다.
[생산] 조금 난산의 기미가 있다. 영양을 고르게 하고 산후에 조심하라.
[건강] 가벼운 증세라도 방심하면 오래간다. 변비에 조심하라.
[교섭] 불리한 편이 많다. 사이에 사람을 넣어 화해함이 좋다.
[여행] 색난의 징조가 있다. 여행 중에 풍류하고 흥청거리다간 아주 딱한 난경에 빠지게 된다.
[실물] 여성에게 관계 있다. 생각지 않은 때에 나온다.
[대인] 이쪽에서 먼저 부르면 온다.
[재수] 목하 절약이 필요하다. 작은 돈은 들어온다.

■ 택지澤地취 ☱
☷

이 괘는 그 형태를 보면 아래로 세 개의 음효가 연속하고 있고 맨 위에도 음효가 있는 사이에 두 개의 양효가 있어서 마치 잉어가 폭포를 치달려 올라가서 이제 막 마지막 코스의 문턱에 도달한 상태 같다. 그래서 이 괘를 잉어가 용문에 오르는 기상이라고 말한다. 승진, 승급, 입학 시험, 선거 등에 대길한 괘다. 이 괘는 매우 운세가 강력하고 또 모인다는 뜻이므로 동지를 얻고 협력자를 얻을 수 있으며 장사는 번창하고 돈과 물건은 집착된다. 영화, 연극, 연예 등 사람의 많은 동원을 기대하는 기획은 성공할 것이다. 항상 겸허한 마음과 정성되고 정직한 태도로 유순하고 관대하라. 그리하면 모든 일은 저절로 순조롭게 성취될 것이다. 그리고 조상의 신령과 신불에 감사와 제사를 올리면 더욱 길하다.

[운수] 손위와 선배의 인도로 뜻밖에 성공을 얻으리라. 이성에게 뜨거운 사랑을 받아 약간 난처한 상태다.

[소망] 대체로 이루어지나 여성의 방해가 있을 듯하다.

[혼담] 길하다. 그러나 오래 끌면 안 될지도 모른다. 중매자가 필요하다. 두 사람만이 결정한 이야기는 뒤에 깨어질 것이니 조심하라.

[생산] 순산. 딸.

[건강] 건강하다. 그러나 식중독이나 위병 등에 조심하라.

[교섭] 조금 불리하다. 빨리 해결되도록 노력하라. 새로운 말썽이 생길 징조가 보인다.

[여행] 온천장이나 해수욕장을 여행한다. 여행은 즐겁다.

[실물] 남의 손에 넘어갔을지도 모르나 찾아질 것이다.

[대인] 늦어도 온다.

[재수] 수입이 순조롭다. 약간의 투기성은 가져도 좋다. 서서히 이익이 있으리라.

■ 지풍승地風升 ☷
☴

승升괘는 땅 속에 심은 씨앗이 점차로 지상에 돋아 나오는 것을 상징하는 괘로서 승진과 젊음을 의미한다. 이 괘는 입신 출세를 보이는 상승하는 행운이다. 그러므로 사업 같은 것도 소자본으로 시작하여 거부가 될 수 있다. 그러나 투기나 도박은 금물이다. 한꺼번에 공을 서두르면 모처럼의 호운을 실패로 전락시킬 것이다. 차근차근 견실하게 부단한 노력으로 성장을 점진시켜야 한다. 빚을 져가며 일할 때는 아니다. 작은 자본이나마 자기 자본으로 하면 적소 성대할 것이다. 착실한 보조로 가면 대략 4개월 이내에 반드시 좋은 일이 있을 것이다. 또 이 괘는 여성에게는 좋은 괘다. 반드시 좋은 인연이 있어 순조롭게 결혼의 코스로 들어갈 수 있을 것이다. 또 임신의 징조가 있으며, 주거에는 안정성이 없어 약간 곤란을 느끼게 된다.

[운수] 신중하게 나가면 대리大利를 얻으리라. 멀지 않아 승진, 승급이 있다. 무슨 일이건 전진하면 좋고 후퇴하면 불길하다.

[소망] 조금 기다리면 저절로 이루어진다.

[혼담] 좋은 인연이다.

[생산] 생산. 딸.

[건강] 조금씩 병은 쾌차해 간다.

[교섭] 처음 마음먹은 대로 진행하는 것이 좋다. 중간에 든 사람을 신뢰하는 일도 좋다.

[여행] 무사 평안하다. 해외 여행이면 도중에서 좋은 뉴스를 듣는다.

[실물] 날짜를 경과해야 알아진다.

[대인] 올 것이다.

[재수] 수입이 순조롭다. 당신의 조그마한 아이디어나 뉴스가 재수와 연결된다.

■ 택수곤澤水困 ☱☵

곤困은 곤란, 곤궁, 곤고의 뜻으로 사대 난괘 중의 하나이다. 지금 당신은 모든 것이 뜻대로 되지 않고 마음과 몸이 번민과 피로로 지쳐 있다. 지금은 불운의 심연에 빠져 있다. 고요한 마음으로 은인자중하며 때를 기다리라. 마음을 바르게 가지고 전도의 희망을 믿으며 부단한 자신의 수양과 실력 향상에 노력하라. 멀지 않아 호운으로 전환할 것이다. 뒤에는 귀인에게 도움을 받아 출세할 기회가 올 것이다. 항상 말을 조심하고 자신을 반성하라.

[운수] 아무리 노력하여도 효과가 나타나지 않는다. 말하여도 남이 신용하지 않는다. 대선배에게 상의하라.

[소망] 지금은 조금 무리이다. 귀인의 조언이 필요하다.

[혼담] 말이 안 통하는 듯하지만 손윗 사람의 중매가 있으면 성립할 것이다. 인연으로서는 좋은 편이다.

[생산] 순산. 조심하지 않으면 조산할 염려가 있다.

[건강] 폭음, 폭식을 조심하라. 목에 고기 뼈가 걸리거나 치통을 앓을 징조가 있다.

[교섭] 오래 끌기 때문에 고통을 당한다.

[여행] 곤란이 있을 징조가 있다. 중지함이 좋다.

[실물] 찾기 어렵다.

[대인 · 음신] 이쪽에서 생각하는 것처럼 저쪽에서는 생각하지 않고 있다.

[재수] 예상이 어긋난다. 올라갈 것을 예상하고 물건을 사면 큰 손해를 볼 것이다. 도박은 절대 불가.

■ 수풍정水風井 ☵☴

정井은 우물이며 우물의 두레박처럼 올라갔다, 내려갔다 하는 형상이다. 우물은 사람의 일상 생활에 없을 수 없는 소중한 것이다. 이것을 퍼 올리려는 의욕과 노력을 가지라. 우물은 퍼낼수록 새로운 물이 솟아오르는 것, 자신의 목만을 축이려는 것이 아니고 남에게도 봉사해야 한다는 것을 잊어서는 안 된다. 남의 위에 있는 사람은 부하의 노고를 위로하고 그 목마름을 풀어줄 것을 잊어서는 안 된다. 우물과 두레박이 서로 끊을래야 끊을 수 없는 관계인 것처럼 부부 관계도 서로 헤어질 듯한 기색이 있을지라도 헤어지지 못하며 헤어져서도 안 된다. 두레박이 끊어지면 맑은 우물물도 퍼낼 수 없다.

[운수] 어쩐지 한쪽이 오르면 한쪽이 내려가는 형상으로 서로 맞지 않는다. 곤란을 상징한다. 그러나 의욕과 노력을 지속하면 길운을 얻는다.

[소망] 작은 소망은 이루어지지만 큰 소망은 어렵다.

[혼담] 처음은 순조롭게 진행되나 결국은 파탄한다.

[생산] 난산의 우려가 있다.

[건강] 재발하기 쉽고 재발하면 중태에 이를 우려가 있다. 생활에 절제를 가지라.

[교섭] 될 듯 말 듯 시원스런 해결이 나지 않는다. 끈기있게 행동하라.

[여행] 중지함이 좋다.

[실물] 집 안에 있다.

[대인] 사정이 있어서 못 온다.
[재수] 돈의 들어가고 나가는 것이 원활하다. 재수는 매우 좋다. 차금 같은 것도 순조로이 빌려 올 수 있다.

■ 택화혁澤火革 ☱☲

혁革은 개혁, 혁명의 뜻이다. 개혁함이 길하다는 것을 보이는 괘다. 만사 묵은 것을 버리고 새 것을 취한다. 거기에 개혁의 기쁨이 있다. 사물의 개혁, 가옥의 개축 이전, 직업의 전환 등 모두 길하다. 이미 그러한 경향으로 진행되고 있는 것으로 보인다. 사세와 조리를 잘 살펴 개악이 되지 않게 하라. 남녀를 물론하고 색난에 조심하라. 여성에게는 결혼 이외에서 임신할 우려가 있다. 전부터의 계약 같은 것이 이제 변경되는 일이 있겠으나 차라리 그렇게 되는 것이 장래성이 있어 좋다.

[운수] 호조가 강한 운이다. 말하자면 시대의 각광을 받으려는 정열에 불타고 있다. 또 승부하면 승리한다.
[소망] 처음은 늘어지지만 뒤에는 급속히 이루어진다. 당신의 새로운 계획, 아이디어의 발전성이 있다.
[혼담] 급히 서두르지 마라. 초혼에는 그다지 신통치 못하다. 그러나 재혼은 길하다.
[생산] 아들. 산후에 조금 어려운 일이 있다. 산모는 조심함이 좋다.
[건강] 오래된 병이면 의외의 위험성이 있으니 조심함이 좋다. 생명의 위험이 있는 때이니 의사를 바꾸어 전문 병원에 입원하여 만전의 방도를 강구하면 희망이 보일 것이다. 가족 중 교통 사고

에 조심하라.

[교섭] 조금 시간을 끌지 모르지만 유리하게 진행된다.

[여행] 여정의 변경이 생길 것 같다. 서쪽이나 남쪽이면 길하다.

[실물] 두어 두고 잊어버려서 남의 손에 들어가 있다.

[대인] 심정이 변하여 오지 않는다. 저쪽이 여자라면 올 희망이 있다.

[재수] 지출이 많으니 조심하라. 승부에는 강한 운수가 있다.

■ 화풍정火風鼎 ☲☴

이 괘는 남의 두목이 되는 운세를 보이는 괘다. 이 괘를 얻는 때는 묵은 것을 버리고 새 것을 받아들여 사물을 고쳐 새롭게 하는 것이 길하다. 신중하게 일을 처리하면 노력한 만큼 성과를 얻고 새로운 것을 얻는다. 새로운 계획으로 재출발하면 성공한다. 윗사람에게 기용되어 입신출세할 징조가 있다. 모든 일을 협력하여 수행하면 크게 발전할 것이다. 3의 숫자에 인연이 있다. 결혼에도 시어머니가 있는 것이 좋다. 단 두 사람만의 생활을 희망하면 뜻밖에 또 한 사람이 끼어들게 된다. 그러나 빨리 아기를 낳은 때는 그렇지 않다. 어떤 일에나 중심적 지위를 담당하게 된다. 샐러리맨이면 승진하여 좋은 지위에 오른다. 또 일은 새로운 계획으로 의외의 성공을 얻는다. 주거가 바뀌는 일이 생긴다.

[운수] 조금 뒤에 기회가 성숙되어 영달하고 안정을 얻는다.

[소망] 이루어진다. 그러나 처음의 목적과는 다를지 모른다. 남과 협력하는 것이 성공의 근본이 된다.

[혼담] 저쪽에서는 충분한 호의를 가지고 있다. 이쪽의 회답을 기다리고 있다. 성립된다.

[생산] 산후를 조심하라. 초산이면 아들, 둘째이면 딸.

[건강] 열병이나 머리의 병을 조심하라.

[교섭] 사이에 사람을 넣는 것이 원만하다.

[여행] 호화로운 여행은 흉하다. 여행 중 비운 사이에 자택에 사고가 생길 염려가 있다.

[실물] 높은 곳에 있어서 나오기 어렵다.

[대인] 온다.

[재수] 취미나 도락으로 산재한다. 금전의 융통은 가능하다. 금액이 예상과 어긋난다.

■ 진위뢰震爲雷 ☳
☳

신위뢰괘는 두 마리의 용이 한 개의 구슬을 다투는 모습이다. 소리는 있어도 형태는 없는 상태이다. 이 괘는 운세가 강력하고 복이 있는 번창을 상징하는 괘다. 그러나 경쟁자가 있어서 서로 방해하기 때문에 모처럼 잡은 행운도 소리만 있고 형체가 없는, 실리가 적은 결과를 가져오기 쉽다. 또 진은 진동한다, 위엄을 떨친다, 결단한다, 발분한다는 뜻이 있다. 가독을 상속하거나 선배의 협력으로 큰 명성을 얻을 가능성이 있다. 성냄으로 하여 일을 깨뜨릴 위험성이 있다. 주위에 놀랄 일이 일어날 것이다. 실지의 피해는 적을 것이다. 당신을 꾸짖는 사람이 실상은 당신 편이라는 것을 명심하라. 결혼은 한 구슬을 두 용이 쫓는 형상이므로 라이벌이 있다. 그리고 초혼에는 그다지 좋지 못하다.

[운수] 좋은 협력자를 얻으면 놀랄만한 발전이 가능하다.

[소망] 이루어질 듯하면서 좀처럼 이루어지지 않는다.

[혼담] 초혼에는 그다지 좋지 못하다. 그러나 재혼이면 길하다.

[생산] 조금 어려움이 있다.

[건강] 지병이 재발할 우려가 있다. 고혈압에 조심하라.

[교섭] 유리하다. 그러나 초조하지 마라.

[여행] 여행에서 놀라는 일이 있겠다.

[실물] 당분간 찾지 못한다.

[대인] 가까운 곳에서는 늦어지고 먼 곳에서 빨리 온다.

[재수] 손해 보는 일이 많다. 복된 운수는 많으나 조금 더 기다려야 한다.

■ 간위산艮爲山 ☶☶

간艮은 정지한다는 뜻이다. 산이 막혀서 전진할래야 전진할 수 없어서 제자리 걸음 하고 있는 상태다. 초조하여 무리하게 움직이면 발이 미끄러져 위험에 빠진다고 계시하고 있다. 당신은 지금 당신 자신이 전진할 수 없는 사정이 있는 것으로 보인다. 어쨌든 정지해야 할 때는 정지하고 전진해야 할 때는 전진해야 하는 것이 중요하다. 지금 이미 착수하고 있는 일은 그대로 추진하고 지금부터 착수하려는 일은 당분간 중지해야 할 때다. 결혼 문제도 같은 논리가 있다. 또 이 괘는 근심과 기쁨 두 개의 산이 포개진 형태이므로 일이 우선 성립되는 경우가 있어도 실제로 금전 상의 실익은 없는 일이다. 산업 관계에도 협력자를 얻지 못하는 때다. 지금은 움직이지 않는 산처럼 멈춰 서서 행동을 정지하고 장래의 준비를 위하여 실력을 기르는 것이 좋다.

[운수] 당분간은 전진할 수 없다는 각오를 가져라.
[소망] 될 듯하면서도 방해가 많고 모든 것이 지금은 제대로 되지 않는다.
[혼담] 번번히 말은 있지만 성립되지 않는다.
[생산] 예정보다 날짜가 늘어진다.
[건강] 병은 급속히 낫지 않는다. 신경통, 류머티스, 간경변 등에 조심하라.
[교섭] 침착한 마음으로 교섭하면 길하다.
[여행] 중지하게 되는 징조이다.
[실물] 집 안에 있다.
[대인] 오지 않는다.
[재수] 실패에 조심, 차금은 재삼 교섭한 뒤라야 가능하다.

■ 풍산점風山漸 ☴ ☶

점漸은 전진을 뜻하는 길운의 괘다. 순서를 따라 점차로 전진할 것을 가르치고 있다. 승진도 멀지 않다. 하나의 지위를 얻으면 이것을 토대로 하여 다시 전진하라. 그러나 한 걸음 한 걸음 경솔함이 없도록 조심하라. 여색에 방탕할 염려가 있고, 상대편도 바람을 피우는 기분이다. 그러나 그만큼 물질적이나 인격적으로 손실이 온다. 임신의 징조가 있다. 정식 결혼에는 길하다. 중매를 세워 순서를 밟아 추진하면 평화로운 가정을 가질 수 있을 것이다. 해외에의 진출을 위한 일에 인연이 있다. 항공 여행의 징

조도 보인다. 적은 것을 쌓아 큰 것을 성취하는 상태로 시간이 걸리더라도 차근차근 착실히 나아가면 앞 길에 성공이 기다리고 있다.

[운수] 길운하지만 출발을 잘못하면 결과에 커다란 차이를 가져온다. 전근, 전직 같은 일이 있기 쉬운 때이나 북과 남은 장래의 지위에 상당한 차이를 초래할 것이다. 무슨 일이거나 이 경우에는 윗사람이나 선배의 의견을 좇는 것이 결과가 좋다.

[소망] 점차로 목적을 달성하는 상태이다.

[혼담] 좋은 인연이다.

[생산] 순산. 딸

[건강] 늦어지면 사병死病이 되어버릴 위험이 있다. 의사를 바꿈이 좋다.

[여행] 길하다. 항공 여행의 징조가 있다.

[교섭] 오래 끄는 것이 유리하다.

[실물] 못 찾는다.

[대인] 늦더라도 온다. 길보吉報가 있을 것이다.

[재수] 점점 호조를 보여 재물이 들어온다.

■ 뇌택귀매雷澤歸妹 ☳☱

이 괘는 음과 양이 서로 사귀어 즐겨하는 남녀의 모습을 표현하는 괘이다. 결혼을 의미하는 괘로서 출발이 중요하다는 것을 가르치고 있다. 남성이 이 괘를 얻으면 색정에 잘못이 있다. 여자에 의하여 잘못이 생길 수 있으므로 당분간 여자를 멀리하라. 또

부부 불화의 징조가 보인다. 귀매歸妹괘는 결혼을 의미하는 괘이긴 하나 정식의 결혼보다는 육체적인 의미를 보이는 면이 많다. 결혼을 점쳐서 이 괘가 나오면 길하나 초혼이면 잠깐 중지하는 것이 좋다. 이 괘는 출발의 중대성을 가르치는 것이니 만사를 조심하여 나아감이 좋다. 남과의 교섭에도 같다. 적극적으로, 지출하지 말고 수동적으로 조심성 있게 행동해야 할 때다.

[운수] 처음엔 좋을 듯하지만 도중에서부터 기대에 어그러진다. 수동적으로 행동하라. 부정, 중도 좌절, 불의의 놀라움의 징조가 있다.

[소망] 방해가 있어서 오래 걸린다.

[혼담] 초혼은 흉하나 재혼은 무관하다.

[생산] 순산. 아들.

[건강] 지병의 재발에 조심하라.

[교섭 · 분쟁] 위약違約 관계에서 사선이 일어난다.

[여행] 장사일 이외에는 중지함이 좋다. 아베크 여행은 뒤에 귀찮은 일이 생긴다.

[실물] 여성에 관계가 있다.

[대인] 급속히는 오지 않으나 이쪽에서 연락을 하면 응답이 있을 것이다.

[재수] 비용에 비하여 수입이 적다. 금전의 융통은 여성에게 부탁하면 성공할 것이나 뒤에 말썽이 생긴다.

■ 뇌화풍雷火豊 ☳☲

풍豊은 성대의 뜻으로 이 괘는 우레와 전광처럼 강성한 괘다. 전기 관계의 일이면 이익이 있고, 농업이면 풍작을 의미한다. 현재 호조를 보이고 있는 이에게는 현재의 일이 잘 추진되지만 차면 기우는 법이니 새로운 일에 손대지 말고 내부의 충실에 주력을 기울여 지키는 방향으로 힘쓰는 것이 좋다. 예능 관계나 문화인에게는 좋은 괘로서 발전성이 크다. 이 경우에는 적극적으로 전진함이 길하다. 여성이면 풍만한 미인의 형상이나 또 임신의 징조이기도 하다.

[운수] 보기에는 좋지만 초조감이 감돌기 시작한다. 말썽이 생길지도 모른다.

[소망] 유망한 것처럼 보이면서 뜻 밖에 실리가 없다.

[혼담] 말 듣기에는 매우 좋지만 실제는 그렇지 못하다. 후회하지 않도록 충분히 조사함이 좋다.

[생산] 산후를 조심해야 한다.

[건강] 가벼운 것 같으나 방심하면 특병特病으로 되어 버린다.

[교섭] 머리의 회전을 빠르게 하여 속히 결정 지우면 유리하다. 욕심을 부리면 실패한다. 전기 관계의 판매 등에 대규모의 희망이 있다.

[여행] 빨리 돌아오는 여행이면 무관하다. 될 수 있으면 중지하는 것이 좋다.

[실물] 찾지 못한다.

[대인] 급히 오지 않는다. 조금 늦어서 온다.

[재수] 대길하다.

■ 화산려火山旅 ☲ ☶

려旅는 나그네다. 심신에 안정이 없고 날 저문 때 피곤한 다리를 끌고 잘 곳을 찾는 모습이다. 지금까지의 운은 끝이 나고 현재는 불안한 운에 놓여 있다. 애교가 없고, 남과의 조화가 나쁘며 고독하다. 그러나 연구적인 것과 문학적인 면에는 길하다. 또 주거에 대하여 노고가 많다. 화재에 조심하라. 늘 외출이 많다. 외국 유학 같은 일에는 좋은 괘이다. 모든 경우에 수동적인 자세로 있는 것이 좋다. 자신이 적극적으로 나가면 실패를 부르기 쉽다. 처음에는 그럴 듯한 이야기도 최후에 가서는 딴판으로 변해버리는 허무한 결과 때문에 낙담하는 일이 많을 때다. 그리고 여자 혼자서 간다는 쓸쓸한 모습이 있다. 부부의 사이에도 본의 아니면서 별거하는 일도 있다. 결혼은 거주, 직업 등이 불안정하기 때문에 좀처럼 이루어지지 않는 형상이다. 지금은 고요히 기다려야 하는 때다.

[운수] 언제나 쫓기는 것 같은 초조감에 사로잡히고 마음이 쓸쓸하고 허전하다. 당분간 되어가는 대로 맡겨두고 기다려 보라. 이 괘는 이름을 높인다는 뜻으로 연구나 진학 따위에는 좋은 결과를 얻을 것이다.

[소망] 조금은 이룰 수 있다. 그러나 많은 것을 구하면 모두를 잃는다.

[혼담] 이루어지지만 오래가지 못한다.

[생산] 고민이 많다.

[건강] 한때 좋아지기는 하지만 중태이다.

[교섭] 앞으로 연기하는 것이 유리하게 된다.
[여행] 해외 여행은 길하나 그밖의 다른 여행은 중지하는 것이 길하다.
[실물] 빨리 찾아보면 나온다. 높은 곳이나 남쪽에 있다.
[대인] 늦어지긴 하지만 온다.
[재수] 취미적인 일이나 이성 관계에 비용이 많다. 돈은 들어온다.

■ 손위풍巽爲風 ☴☴

손巽은 바람이며 바람은 순종하는 성질로 어느 틈바구니로도 찾아 들어가는 부드럽고 유순한 성질이 있다. 기회를 잡을 수 있는 형상이다. 이 괘는 이리 불리고 저리 날리고 가는가 하면 오는 형상으로 방황하는 모습이다. 어름어름하고 있다가는 진퇴를 결정짓지 못하는 일이 생길 염려가 있다. 모든 일에 겸손하고 부드러운 태도로 성의를 다하여 몇 번이고 몇 번이고 거듭하면 마침내는 모든 것이 순조롭게 성취될 것이다. 혼담은 성립되지 않는다. 서로가 더 좋은 자리가 나올 듯한 마음 때문에 결단을 내리지 못한다.

[운수] 내 고집을 세우면 실패하고, 남과 협조하면 길하다.
[소망] 방해하는 이가 있다. 부인의 중개를 빌면 성취한다.
[혼담] 괴로운 사정이 많다.
[생산] 순산. 아들.
[건강] 노인이면 위험하나 젊은이면 걱정할 것 없다. 곧 회복한다.
[교섭] 너무 강경하게 나가면 일이 틀어진다.

[여행] 예정 일자보다 오래 걸리겠다.
[실물] 여성에게 물어봐서 모르면 단념하라. 나오지 않는다.
[대인] 서로 어긋나는 경향이다.
[재수] 겉치레를 꾸미거나 책략을 부리지 아니하면 상당히 재수가 좋을 것이다.

■ 태위택兌爲澤 ☱☱

이 괘는 신월이 못에 비친 형상으로 태兌는 즐거움을 의미한다. 현재는 실리가 없으나 뒤에 즐거움이 있다는 뜻이다. 희망에 빛나는 즐거움을 표시하고 있으나 일에 매듭이 없고 밑도 끝도 없어서 겉보기에는 좋지만 내면으로는 괴로움이 있는 형상이다. 남에게는 겸손하고 성실하고 예의 바르게 대하며, 자신은 바르고 선한 것을 마음에 굳게 지켜나가면 점차로 남의 공감과 협력을 얻을 수 있을 것이다. 이 괘는 앞으로 살수록 호전하고 발전하는 운세를 보인다. 금전 관계에는 의외로 크게 행운을 잡을 것이다. 또 판매원, 외무 사원, 방송, 가수, 신문 관계 등 입에 관계있는 일에 종사하는 이에게는 좋은 운이다. 가까운 장래에 새로운 기획에 의한 일이 마련될 것이다.

[운수] 몸과 마음을 노고한 뒤에 길하여지는 형상이다.
[소망] 될 듯하면서 좀처럼 이루어지지 않는다. 실력이 부족한 탓도 있는 듯하다. 잘 이해시키도록 노력하라.
[혼담] 약간 난점이 있다. 잘 조사하여 처리하라. 재혼에는 길하다.
[생산] 순산. 딸. 발육이 조금 늦다.

[건강] 위, 십이지장 궤양, 대장염, 식중독 따위에 주의하라. 그리고 이가 나쁘지 않은지 주의하여 살피라.

[교섭] 성의를 보이면 조정된다.

[여행] 비용이 매우 많이 든다. 그러나 재난이나 사고 같은 것은 없으리라.

[실물] 빨리 찾으면 나올 것이다. 여성에게 힌트가 있을 것이다.

[대인] 서쪽에서 연락이 빠르다. 근간에 곧 온다.

[재수] 있을 듯하면서 없다. 그러나 차츰차츰 들어오게 된다.

■ 풍수환風水渙 ☴ ☵

순풍에 돛을 올린 상태로 만사가 뜻대로 되는 것을 상징하는 강성한 운이다. 환渙은 봄바람이 얼음을 녹여 버리는 뜻이다. 지금까지의 곤란이 해소되고 점차로 희망이 다가오는 것을 보인다. 지금까지의 악운이 당신에게서 사라지는 길조이다. 이 괘는 해운 또는 항해의 기상이 있어서 주위에 해외 무역, 유학 문제 등이 일어날 수 있다. 또 흩어지다, 산난하다는 뜻도 있는 것이므로 굳건하고 확고한 의지와 노력을 소홀히 하면 모처럼의 행운이 전락할 염려가 있다. 돈은 들어오긴 하지만 나가는 것이 많다. 매일 다망한 일에 쫓기게 되므로 침착하고 조심하는 마음이 아니면 물건을 잃어버리고 약속을 어기며 계획의 순서를 전도하는 등 차근차근한 면이 부족하여져서 신용을 잃기 쉽다. 사업에서부터 모든 일이 쾌적하게 계획대로 진전된다. 그러나 일을 조급히 서두르면 뜻밖에 실패를 가져올 염려가 있다. 항상 봄바람 같은 온화한 마음씨로 남에게 대하라. 좋은 조언자가 출현할 것이다.

[운수] 지금까지의 고난이 사라지고 순풍에 돛을 올린 기상이다. 바쁘긴 하지만 그만큼 보람이 있다. 당신의 역량을 발휘할 때가 왔다. 그러나 너무 기를 펴는 바람에 산재하지 않도록 조심하라.
[소망] 순서를 따라 진전하면 조금 시일은 걸리지만 이루어진다.
[혼담] 이루어진다. 그러나 세심한 주의를 하지 않으면 방해가 생긴다.
[생산] 유산의 위험이 있다. 조심하라.
[건강] 방심하면 안 된다.
[교섭] 손위 선배에게 일임하는 것이 득책이다.
[여행] 예정 일자보다 늦어진다.
[실물] 못 찾는다.
[대인] 곧 오지는 않지만 조금 지나서 길보를 가지고 온다.
[재수] 산재가 많을 때이다.

■ 수택절水澤節 ☵☱

절節은 절제, 절도를 지켜 멈출 때 멈추고 자연에 역행함이 없어 천천히 전진하는 것을 길한 것으로 한다. 즐거움과 괴로움이 교대로 오는 때이니 즐거움이 있다고 하여 함부로 우쭐거리지 마라. 역전할 우려가 있다. 일 관계로 비용의 지출이 많고 인정이 원수가 되는 경우가 있기도 하다. 유혹이 많은 때이므로 그럴 듯한 달콤한 이야기가 있더라도 적당히 멈춰 서서 상대자를 잘 관찰함이 좋다. 만사를 주의 깊게 천천히 행동하는 것이 가장 중요하다. 당신이 여성이라면 남을 속이려고 하다가 도리어 속는 현상이 있다. 상대자는 한술 더 뜨는 사람이다.

[운수] 즐거움과 근심이 교대로 오는 상태로 절도를 지켜 절제해야 할 때다. 멀지 않아 운수는 점차로 호전한다. 요사이 당신은 따지는 버릇이 있는 듯하다. 이 까닭에 처신하기가 거북하여져서 자신의 위치를 잃어버릴 염려가 있다. 또 남의 헐뜯음을 받을 징조도 있다.

[소망] 자신의 신분에 적당한 것이면 이루어진다.

[혼담] 이루어진다. 그러나 급히 서둘러서는 안 된다.

[건강] 음식의 부주의나 여색 관계에서 일어나는 병을 조심하라.

[교섭] 사이에 사람을 넣으므로 실패한다. 이쪽이 정당하여도 지금은 불리하다.

[여행] 여행지에서 사고가 일어날지도 모른다. 예정이 틀어진다. 중지함이 좋을 듯하다.

[실물] 지금은 눈에 안 보이지만 오랜 뒤에 있는 데가 알려진다.

[대인 · 음신] 매우 늦어진다.

[재수] 수입이 고르지 않다. 다음의 비약을 위하여 저축하고 있는 형상이다. 금전의 융통은 이자가 비싸다.

■ 풍택중부風澤中孚 ䷼

중부中孚는 성실, 믿음성의 뜻으로 정직하고 근면한 사람에게는 대길한 괘다. 성의를 다하여 전진하면 큰 일을 성취할 수 있을 것이다. 이쪽에서 말을 걸어가면 상대편에서 받아들이는 형상으

로 판매하는 일, 교섭하는 일 따위에 길하다. 사업 계획이나 아이디어 같은 것도 세상의 인정을 받게 된다. 알이 병아리로 부화되는 것이다. 만사 호조를 보일 때일수록 유혹이 많은 법이니 감언으로 가까이 접근하여 오는 자가 있을 것이다. 이것을 물리쳐야 한다. 또 자신의 지지를 과신하고 선배, 손위의 충고를 소홀히 다루다가는 실패할 위험이 있다. 이 괘는 그 형태가 상·하괘가 서로 키스하는 모습을 하고 있다. 남녀가 서로 연모하는 상태로 진심으로 상사상애하고 있다. 빨리 부모와 선배에게 의논하여 결혼으로 골인하는 것이 좋다. 또 이 괘는 둘 사이에 어린애가 생기는 것을 암시하고 있다. 부부 사이는 의좋은 부부이나 그러면서 부인에게 유혹이 있기 쉬운 때이다.

[운수] 재능을 인정받아 발전할 것이나 재능을 과신하면 실패한다. 독주는 못쓴다.

[소망] 성실을 잃지 않고 나아가면 소망대로 성공한다.

[혼담] 만사를 손위에 맡기면 좋은 인연이 성립된다(이 괘에는 여자 부정의 의미가 있으나 걱정할 것은 없다).

[생산] 순산. 산후에 조금 조심하라. 유산의 버릇이 있는 이는 남편의 협력이 필요하다.

[건강] 조그마한 일로 건강을 해치면 뜻밖에 중태로 될 위험성이 있다. 빨리 요양할 것. 간경변.

[교섭] 길게 끌다가 겨우 조정이 되긴 하지만 기대하던 만큼 이익은 없다.

[여행] 배를 타고 여행할 징조이다.

[실물] 무엇인가에 휩싸여 들어가 있는 형상이다.

[대인] 이쪽에서 불러 보면 온다.

[재수] 겉보기는 화려하지만 예상한 4분의 1 정도의 수입이 있을 뿐이다. 그러나 재수는 좋다.

■ 뇌산소과雷山小過 ☳☶

이 괘는 지키는 태도로 차근차근 작고 가늘게 살아가라는 것을 가르친다. 능력의 한계에서 줄잡아 살아간다는 생활 태도를 잊어서는 안 된다. 위만 쳐다보고 달리다간 발뿌리가 위험하다는 것을 경고하고 있다. 남의 의뢰를 가볍게 받아들이면 후일 분쟁의 원인이 된다. 남과 서로 배반하는 일이 있어 고민이 많은 때다. 또 이 괘는 집을 나간다는 징조가 있다. 소인이 불선을 꾀하는 기상이니 자신의 위험을 모르고 이욕에 눈이 어두워져 실패할 우려가 있다. 모든 일에 스스로 지키는 태도와 겸양의 덕을 발휘하여 남과의 평화를 유지하도록 함이 좋다. 결혼은 말뿐이고 실지가 없는 듯하다.

[운수] 지금은 고생하고 있으나 곧 기회가 온다. 초조하게 굴지 말고 오는 운을 잘 붙잡도록 하라.

[소망] 될 듯 될 듯하면서 좀처럼 이루어지지 않는다. 지금 당신은 시기를 놓치고 있다.

[혼담] 흉하다. 하찮은 일에 고민하고 있다. 말뿐이고 진행되지 않는다.

[생산] 조금 늦겠다. 낳는 아기가 조금 약한 것 같다.

[건강] 별 일은 없다. 그러나 치료를 실기失期하면 오래 끌 우려가

있다.

[교섭] 서로가 양보하지 않기 때문에 오래 끌겠다. 조금 양보해 봄이 좋겠다.

[여행] 여행 중에 병, 도난의 우려가 있다. 중지함이 좋다. 처녀를 깨친다는 뜻이 있다.

[실물] 물 가나 집 안이라면 북쪽에 있을 것이나, 기대할 만한 것은 못된다.

[대인] 음신은 있겠으나 본인은 좀처럼 움직이지 않는다.

[재수] 가계를 긴축할 필요가 있다. 많이 벌 것 같으면서 실은 손실을 본다. 그럴듯한 이야기에 욕심내지 마라.

■ 수화기제水火旣濟 ☵☲

이 괘는 〈주역〉 육십사괘 중 가장 음양의 위치가 바르고 서로 호응하는 상태를 갖춘 이상적인 형태를 한 괘다. 기제旣濟는 이미 성취하였다는 뜻으로 성취한 것을 그 상태로 유지하는 데 힘쓰고 있는 시기를 표현한다. 현상 유지는 전진보다 더욱더 힘든 일이니 새로 일에 착수하거나, 이상 더 큰 성공에 욕심을 부리면 크게 전락할 위험이 있다. 현재의 일을 그대로 계속하라. 결혼은 성립하며 사이도 화목하다. 그 상태를 최후까지 지속하도록 서로 노력하라. 부부 사이는 음양이 서로 호응하고 있어 명실 상부하게 부족함이 없다. 그러면서 어딘가 불만하는 마음이 없지 않다. 서로가 너무 현명하기 때문이다.

[운수] 길흉의 변화가 많은 때로 남과 협력하여 가면 길하다. 불

순한 이성 교제가 많으니 조심하라.

[소망] 조금 방해가 있어서 늦어진다.

[혼담] 이루어진다. 그러나 뒤에 불만이 생긴다. 신중히 조사하여 처리하라.

[생산] 순산.

[건강] 가볍다고 생각한 병이 오래 가게 된다. 성적 노이로제의 기미가 있다.

[교섭] 종국에 가서 희망이 있다. 절대로 덤비지 말아야 한다.

[여행] 사고 또는 색난이 생길 위험이 있다.

[실물] 당분간 찾아도 나오지 않는다.

[대인] 온다. 이쪽이 기다리고 있는 반대의 대답으로 나타난다.

[재수] 초조하게 굴면 실패한다.

■ 화수미제火水未濟 ☲☵

이 괘는 이제부터 희망을 가지고 소원을 성취하는 괘다. 지금은 아직 이루어지지 못하였으나 시기가 와서 성취하는 것을 의미한다. 천천히 할수록 좋은 괘이니 조급히 굴지 말고 조금씩 점차로 전진하라. 차츰 길운에 향하고 있다. 마음먹은 일을 말할까 하지 말까 하고 망설이고 있는 상태이다. 여성에게는 기쁜 일이 있는 괘다. 이 괘는 모든 것에 젊음을 표시하고 있다. 초로의 남자가 젊은 처녀에게 마음을 빼앗기고 있는 모습이나 무리한 노릇이다. 더구나 상대자가 좋지 못한 것 같다.

[운수] 앞으로 갈수록 호조를 보인다. 끝이 좋으면 모든 것이 좋

은 것이다.

[소망] 급히 굴어서는 이루어지지 못하지만 늦으면 성취할 것이다.

[생산] 순산. 딸.

[건강] 병자는 점점 쾌차해가고 있다.

[교섭] 불리하다. 분쟁 사건이면 이편이 수그러지지 않으면 안 된다.

[여행] 긴 여행은 중지함이 좋다.

[실물] 놓고 잊어버린다. 찾지 못한다.

[대인] 그럴 이유가 있어서 오지 않는다.

[재수] 어쩐지 비용의 지출이 많고 안정하지 못한다.

제9장

부수명 지원오행

一	一	丨	丶	丿	乙	亅	二	二	亠
획	한 일	뚫을 곤	점 주	삐침	새을	갈구리궐	획	두 이	돼지 해
	木	木	木	별-金	木	金		木	두-火
人	儿	入	八	冂	冖	冫	几	凵	刀
사람 인	어진 인	들 입	여덟 팔	멀경 몸	민갓머리	이수 변	안석 궤	위튼입구	칼 도
火	木	木	金-8	경-土	멱-水	빙-水	水	감-수	金
力	勹	匕	匚	匸	十	卜	卩	厂	厶
힘 력	쌀 포몸	비수 비	튼입구몸	감출혜몸	열 십	점 복	병부 절	민엄 호	마늘 모
土	포-金	金	방-土	혜-水	水	火	卩-水	엄-水	사-木
又	三	口	囗	土	士	夂	夊	夕	大
또 우	획	입 구	큰 입구	흙 토	선비 사	뒤저올치	걸을 쇠	저녁 석	큰 대
水		水	水	土	木	水	土	水	木
女	子	宀	寸	小	尢	尸	屮	山	巛
계집 녀	아들 자	갓 머리	마디 촌	작을 소	절름발왕	주검 시	왼손 좌	뫼 산	개미허리
土	水	면-木	土	水	土	水	木	土	천-水
工	己	巾	干	幺	广	廴	廾	弋	弓
장인 공	몸 기	수건 건	방패 간	작을 요	엄 호	민책받침	스물입발	주살 익	활 궁
火	土	木	木	水	엄-木	인-木	공-木	金	火
彐	彡	彳	忄	扌	氵	犭	阝	阝	四
튼가로왈	터럭 삼	중인 변	심방 변	재방 변	삼수 변	개사슴록	우부 방	좌부 변	획
계-火	火	척-火	火-4	수-木-4	水-4	견-土-4	읍-土-7	부-土-8	
心	戈	戶	手	支	攴	文	斗	斤	方
마음 심	창 과	지게 호	손 수	지탱할지	칠 복	글월 문	말 두	날 근	모 방
火	金	木	木	土	金	木	火	金	土
无	日	曰	月	木	欠	止	歹	殳	毋
없을 무	날 일	가로 왈	달 월	나무 목	하품 흠	그칠 지	죽을 사	둥글월문	말 무
水	火	火	水	木	火	土	알-水	수-金	土

比	毛	氏	气	水	火	灬	爪	父	爻
견줄 비	터럭 모	각시 씨	기운 기	물 수	불 화	연화 발	손톱 조	아비 부	점괘 효
火	火	火	水	水	火	화-火	金	木	火
爿	片	牙	牛	犬	王	礻	耂	艹	辶
장수 장	조각 편	어금니 아	소 우	개 견	구슬 옥	보일 시	늙을 로	초 두	책받침
木	木	金	土	土	왕-金	木	土	木	착-土
罒	五	玄	玉	瓜	瓦	甘	生	用	田
그물 망	획	검을 현	구슬 옥	오이 과	기와 와	달 감	날 생	쓸 용	밭 전
木		火	金	木	土	土	木	水	土
疋	疒	癶	白	皮	皿	目	矛	矢	石
필 필	병들 엄	필 발	흰 백	가죽 피	그릇 명	눈 목	창 모	화살 시	돌 석
土	녁-水	水	金	金	金	木	金	金	金
示	禸	禾	穴	立	衤	罒	六	竹	米
보일 시	짐승 유	벼 화	구멍 혈	설 립	옷 의	그물 망	획	대 죽	쌀 미
木	木	木	水	金	木	木		木	木
糸	缶	网	羊	羽	老	而	耒	耳	聿
실 사	장군 부	그물 망	양 양	깃 우	늙을 로	말이을이	쟁기 뢰	귀 이	오직 율
木	土	木	土	水	土	水	木	火	火
肉	臣	自	至	臼	舌	舛	舟	艮	色
고기 육	신하 신	스스로자	이를 지	절구 구	혀 설	어그러천	배 주	괘이름간	빛 색
水	火	木	土	火	火	木	木	土	土
艸	虍	虫	血	行	衣	襾	西	七	見
초 두	범 호	벌레 충	피 혈	다닐 행	옷 의	덮을 아	서녘 서	획	볼 견
木	木	水	水	火	木	金	金		火
角	言	谷	豆	豕	豸	貝	赤	走	足
뿔 각	말씀 언	골 곡	콩 두	돼지 시	벌레 치	조개 패	붉을 적	달릴 주	발 족
木	金	金	木	水	水	金	火	火	土

身	車	辛	辰	辵	邑	酉	釆	里	镸
몸 신	수레 거	매울 신	별 진	책받침	고을 읍	닭 유	분별할변	마을 리	긴 장
火	火	金	土	착-土	土	金	火	土	木
八획	金	長	門	阜	隶	隹	雨	青	非
	쇠 금	긴 장	문 문	언덕 부	미칠 이	새 추	비 우	푸를 청	아닐 비
	金	木	木	土	水	火	水	木	水
九획	面	革	韋	韭	音	頁	風	飛	食
	낯 면	가죽 혁	가죽 위	부추 구	소리 음	머리 혈	바람 풍	날 비	밥 식
	火	金	金	木	金	水	木	火	水
首	香	十획	馬	骨	高	髟	鬥	鬯	鬲
머리 수	향기 향		말 마	뼈 골	높을 고	터럭 발	싸울 투	울창주창	막을 격
水	木		火	金	火	표-火	金	木	土
鬼	十一획	魚	鳥	鹵	鹿	麥	麻	十二획	黃
귀신 귀		물고기 어	새 조	짠땅 로	사슴 록	보리 맥	삼 마		누를 황
火		水	火	水	土	木	木		
黍	黑	黹	十三획	黽	鼎	鼓	鼠	十四획	鼻
기장 서	검을 흑	바느질치		맹꽁이맹	솥 정	북 고	쥐 서		코 비
木	水	木		민-土	火	金	水		金
齊	十五획	齒	十六획	龍	龜	十七획	龠		
가지런제		이 치		용 룡	거북 귀		피리 약		
土		金		土	水		火		

틀리기 쉬운 부수

玉(王) : 임금 왕 4획은 玉변의 원획 5획으로 씁니다.

心(忄) : 심방변 3획은 心의 원획 4획으로 씁니다.

水(氵) : 삼수변 3획은 水의 원획 4획으로 씁니다.

示(礻) : 보일시변 4획은 示의 원획 5획으로 씁니다.

网(罒) : 그물 망 5획은 网의 원획 6획으로 씁니다.

衣(衤) : 옷의 의 5획은 衣의 원획 6획으로 씁니다.

艸(艹) : 풀초 의 4획은 艸의 원획 6획으로 씁니다.

辵(辶) : 책받침 의 4획은 辵의 원획 7획으로 씁니다.

阜(阝) : 언덕 부(좌부방부) 3획은 阜의 원획 8획으로 씁니다.

邑(阝) : 고을 읍(우부방부) 3획은 邑의 원획 7획으로 씁니다.

肉(月) : 고기육(달월변) 4획은 肉의 원획 6획으로 씁니다.

手(扌) : 손 수(재방변) 3획은 手의 원획 4획으로 씁니다.

老(耂) : 늙을 로는 4획이나 老의 원획 6획으로 씁니다.

숫자 일(一)부터 십(十)까지는 뜻이 지닌 수를 획수로 계산한다

一	二	三	四	五	六	七	八	九	十
1획	2획	3획	4획	5획	6획	7획	8획	9획	10획

한자의 획수 계산에 대해서는 성명 학자마다 의견이 다릅니다. 필획의 획수를 기준으로 해야 한다는 측과 자전字典의 원획을 기준으로 해야 한다는 측으로 나뉘어 있습니다. 원획을 기준으로 할 때의 예는 다음과 같습니다. 洙(물가 수)는 필획으로는 9획이나, 원획은 10획이 됩니다. 즉, 삼수변은 水(수)에서 나온 것이 되어 4획으로 보는 것입니다.

못다한 이야기

철학은 과학이 아니다. 불변하는 진리일 뿐이다. 성명학도 철학의 일부분이다. 따라서 진리로서, 학문으로서 많은 사람들로부터 높은 평가와 진정한 가치를 인정받고 공감대 속에서 발전해야 함이 당연한 사실임에도 지금 우리는 많은 성명학설의 홍수 속에서 혼란에 빠져 있는 상황이다. 일부의 학설은 자기의 논리가 최고임을 내세우며 지나친 자기 주장의 옹고집으로 성명학에 관심을 갖고 있는 많은 사람들로부터 실망을 사기도 하고 있다. 이런 점 때문에 '성명학 전체가 사람들로부터 불신을 받지 않을까' 하는 조심스러운 마음도 생긴다. 또한 이러한 문제의 불씨는 검증되지 않은 논리와 학문성, 진리에 대한 진정성의 결함이 가장 큰 원인이므로 동양 철학에 몸 담고 있는 역학자 누구도 자유로울 수 없으며 안주할 수도 없는 일이다.

생각해 보면 어느 성명학설도 그 논리가 갖고 있는 결과만을 놓고서는 실험 · 검증 · 평가할 수 없으므로 이 학설에 대한 인식에 객관성이 부족한 것은 당연한 일일지도 모른다. 오늘날 이런 현실의 모습은 역학자들이 불러들인 업보일 수도 있다. 대부분 역학자들은 자기가 주장하는 성명학 논리가 가장 합리적이면서도 철학적이고 과학적이라고 자화자찬만 하고 있을 뿐 겸손해 하는 미덕과 역지사지하는 너그러움은 어디에서도 찾아볼 수 없기 때문이다. 심지어 어떤 역학자는 20세기 인류가 발견한 최대의 업적이 첫째는 반도체이고 둘째는 ㅇㅇ이름학이란 말을 서슴지 않는데 과연 이런 말에 동의할 사람이 창시자 외에 얼마나 될지가 의문이다. 이는 논리의 비약이며 코미디 같은 농담이 아닐까?

필자는 어떤 논리도 갖고 있지 않다. 동양 철학에 심취해 많은 성명학설을 연구하고 실존했던 인물들을 대상으로 검증해 봤지만 그 어느 학설도 그들이 주장하는 실제와는 현저한 차이가 있음은 물론 지나간 일을 밝히고 미래를 예언하는 부분에 있어서는 한계가 있다는 것을 확인했으며 실제에 접근하지 못하는 많은 학설이 있음을 충분하게 인식했다.

일례를 들어 성명학에서 문자가 갖고 있는 소리와 뜻이 작명함에서 가장 중요한 절대적 선택의 기준이 됨은 자명한 일이다. 그런데 한글은 사음 문사이고 한자는 뵤의 눈자임에 각각 가지고 있는 문자의 뜻이 상이함에도 뜻은 소리에 동화되어 사라져 버리고 그 소리가 가지고 있는 것은 자음오행뿐이라고 하는 것은 한자가 가지고 있는 생명, 본래의 뜻의 가치를 무시하는 엄청난 모순에 할 말을 잃게 한다.

어떤 역학자는 지극히 종교적인 논리로 무슨 계시에 의해 개운한다고 하는 작명학설을 주장하는데 학설은 분명 종교가 아니기 때문에 주술적인 논리로 접근하고 있음을 과학이라 주장할 수 없을 것이다. 심지어 남녀의 음탕한 꿈도 돼지꿈보다 성공률이 높다는 황당무계한 논리는 많은 국민들에게 부정적인 시각을 갖게 해 학문으로서의 가치와 철학으로서의 진리가 소멸되지 않을까 하는 우려마저 앞선다.

우주 만물이 음양의 생성으로 태어나고 변화함은 동양 철학의 근본임에도 작명에서 이름 석 자 모두 순 양이나 순 음으로 해도 무방하다는 논리는 과연 합리적인가. 한자 본래의 뜻은 좌우의 부수가 그 한자를 나타내는 근본 오행의 뜻을 가지고 있음에도 지池(못 지) 자를 써 놓고 땅이라고 하는 역학자가 있으니 모두 뜻의 중요함을 망각하고 있는 일이다. 한자의 필획에서 구九와 십十획을 구획과 십획으로 하는 것도 한자가 가지고 있는 뜻의 중요함과 관련이 있음을 알아야 한다. 간지干支에 고유한 숫자를 붙인 것이 복희시대 5,000년을 넘었다. 어떤 역학자는 고유한 숫자의 홀수는 양, 짝수는 음으로 정한 것까지도 1960년대의 우리나라 역학자에 의해 분류되었다고 하니 몰라도 너무 모른다.

역시 한자가 완성된 문자로 만들어질 때 자원오행도 뜻으로 함께 표현되었을 것이라면 자원오행의 역사도 2,000년 전쯤 되지 않을까 한다. 한자가 갖고 있는 뜻의 오행인 자원은 동양 철학의 근본으로 가치가 있음을 모두 인식해야 하지 않을까. 또한 한자가 중국 문자라고만 인식하여서도 안된다. 일찍이 우리 민족은 고구려 이전부터 북방문화의 중심에 항상 같이했고 우리 문화, 우리 역사의 발전도 불교, 유교 문화가 기초가 되었다. 이 문화와 사상은 한자를 통해 전수 · 계승해 온 것이다. 우리가 받아들인 것은 한자와 불교, 유교 사상이며 중국 문자로 인한 사대주의가 아니다.

오늘날 선박, 메모리, 반도체는 서양 과학에서 출발했지만 우리의 것으로 만들었기 때문에 세계 제일의 산업으로 발전하고 있다. 중국 한자가 기초가 되어 동양 철학의 근본이 되었다고 하여도 우리 민족의 사상과 문화로 발전시키면 우리의 것이 되지 않을까 의심에 여지가 없다.

참고문헌

고제희, 《풍수공부》, 동학사, 1998.

김두규, 《우리땅 우리풍수》, 동학사, 1998.

김배성, 《성공하는 이름짓기 사전》, 창해, 2002.

_____, 《사주 심리치료학》, 창해, 2004.

김봉준, 《통변술 해법》, 삼한출판, 2003.

_____, 《만세력 대전》, 삼한출판, 2004.

남궁상, 《한국 성명학보감》, 역학사, 1990.

남만성, 《주역풀이》, 민중서원, 1994.

남시모, 《동자삼 작명학》, 가림출판사, 2000.

맹정훈, 《바른 작명학 강의》, 고원, 2002.

민승만, 《측자파자 성명학》, 문창성, 1998.

박기봉, 《한자 정해》, 비봉출판사, 1996.

박주현, 《용신분석》, 동학사, 1999.

박홍식, 《작명 해명》, 삼한출판, 2000.

백영관, 《사주 정설》, 명문당, 2002.

백운학, 《이름 짓는 법》, 농양서적, 1999.

안현덕, 《신작명법》, 좋은글, 2001.

오상익, 《장경》, 동학사, 1994.

오현리, 《좋은이름 길라잡이》, 동학사, 2000.

이석영, 《사주첩경》, 한국역학교육학원, 1994.

이정이 · 이대영, 《누가 이름을 함부로 짓는가》, 국제작명주식회사, 2005.

전은희 · 한요섭, 《한글 음파 이름학》, 서예문인화, 2006.

정경연, 《부자되는 양택풍수》, 평단문화사, 2005.

정도명, 《쉽게 푼 주역》, 삼한출판, 2004.

정보국, 《작명대전》, 가림출판사, 2000.

정현주, 《음악 치료 연구》, 학지사, 2004.

조용학, 《좋은 이름과 만족한 성생활》, 이화문화출판사, 1999.

중앙일보, 《6만의 파워 엘리트》, 중앙일보사, 1994.

최창조, 《청오경 · 금낭경》, 민음사, 2001.

제 2 부

덕암 인명용 한자

글자의 품격	품격의 내용	사용가 불가	비고란의 표시
大吉	우수함	권장 사용	권장
中吉	보통임	사용	사용
小吉	조금 나쁨	선별적 사용	선별 사용
不用	아주 나쁨	사용 불가	불가

※ 작명만을 기준으로 한 글자의 품격이다.

보기

- 선별적 사용은 사주에 따라 사용 가능하다.
- 사용불가 글자도 사주에 따라 극소수는 사용 가능
- 뜻이 좋고 글자 획수가 너무 많아도 中吉 또는 小吉
- 뜻이 좋고 자음이 나빠도 中吉 또는 小吉
- 동자이음은 무조건 小吉로 표시하였다.
- 작용이 나빠 불길한 기존 글자도 뜻에 무게를 두었다.
- 기존 성명을 가진 분들 不用, 不吉 문자 때문에 조금 상향 조정하였다.
- 상호 아호와는 절대 관계가 없다.
- 성자字는 무조건 中吉

자음	자	자의	획수	부수	획수 오행	자원 오행	주음 종음 오행	음양	자의 품격	비고
가	家	살, 남편, 집, 전문, 집안 가, 계집 고	10	宀	水	木	木	음	小吉	선별 사용 동자이음
	佳	아름다울, 좋을, 클	8	人	金	火	木	음	大吉	권장
	街	대로, 거리, 한길, 길	12	行	木	火	木	음	中吉	사용
	可	옳을, 찬성할, 견딜	5	口	土	水	木	양	中吉	사용
	歌	노래, 노래할, 읊을, 새 지저귈	14	欠	火	金	木	음	小吉	선별 사용
	加	더할, 있을, 베풀, 처할	5	力	土	水	木	양	中吉	사용
	價	값, 가치, 수, 역할	15	人	土	火	木	양	中吉	사용
	仮	빌, 용서할	6	人	土	火	木	음	小吉	선별 사용
	架	건너지, 시렁, 세울, 능가할	9	木	水	木	木	양	中吉	사용
	暇	겨를, 한가할, 여유 있을, 틈	13	日	火	火	木	양	中吉	사용
	嘉	아름다울, 착할, 뛰어날, 기쁠	14	口	火	水	木	음	大吉	권장
	嫁	시집갈, 떠넘길, 가다, 일할	13	女	火	土	木	양	小吉	선별 사용
	稼	심을, 농사, 익은 벼이삭	15	禾	土	木	木	양	中吉	사용
	賈	나라 이름, 성, 값 가, 장사 고	13	貝	火	金	木	양	小吉	선별 사용 동자이음
	駕	보낼, 멍에, 수레, 가마, 뛰어날	15	馬	土	火	木	양	中吉	사용
	伽	절, 중의 집	7	人	金	火	木	양	小吉	선별 사용
	迦	부처 이름, 막을, 차단, 만날	12	辵	木	土	木	음	小吉	선별 사용
	柯	자루, 가지, 밥그릇	9	木	水	木	木	양	中吉	사용
	呵	꾸짖을, 웃을 가, 어조사 아	8	口	金	水	木	음	小吉	선별 사용 동자이음

자음	자	자의	획수	부수	획수 오행	자원 오행	주음 종음 오행	음양	자의 품격	비고
가	哥	노래, 노랫소리, 사람 부르는	10	口	水	水	木	음	小吉	선별 사용
	枷	도리깨, 횃대, 칼	9	木	水	木	木	양	中吉	사용
	珂	굴레, 흰 옥돌, 조개 이름	10	玉	水	金	木	음	中吉	사용
	痂	헌데딱지, 옴	10	疒	水	水	木	음	不用	불가
	苛	꾸짖을, 매울, 사나울, 학대할	11	艸	木	木	木	양	不用	불가
	袈	가사, 승려의 옷	11	衣	木	木	木	양	小吉	선별 사용
	訶	꾸짖을, 야단할	12	言	木	金	木	음	小吉	선별 사용
	跏	책상다리할	12	足	木	土	木	음	小吉	선별 사용
	軻	맹자 이름, 굴대, 위험한 수레	12	車	木	火	木	음	小吉	선별 사용
	假	거짓, 바꿀 가, 이를 격, 멀, 끝날 하	11	人	木	火	木	양	不用	불가 동자이음
각	各	각각, 제각기, 서로, 여러	6	口	土	水	木 木	음	不用	불가
	角	뿔, 구석 각, 꿩 우는 소리 곡, 사람 이름 록	7	角	金	木	木 木	양	不用	불가
	脚	파발군, 다리, 정강이, 밟을	13	肉	火	水	木 木	양	不用	불가
	閣	문설주, 세울, 선반, 누각	14	門	火	木	木 木	음	中吉	사용
	却	도리어, 물리칠, 그칠, 물러날	7	卩	金	木	木 木	양	中吉	사용
	覺	곧을, 깨달을, 달인 각, 깰 교	20	見	水	火	木 木	음	小吉	선별 사용 동자이음
	刻	모질, 사각, 새길, 벗길	8	刀	金	金	木 木	음	小吉	선별 사용
	珏	쌍옥, 각 · 곡, 사람 이름	9	玉	水	金	木 木	양	小吉	선별 사용 동자이음
	恪	공경할, 삼갈, 정성, 법	10	心	水	火	木 木	음	中吉	사용 표준각

자음	자	자의	획수	부수	획수 오행	자원 오행	주음 종음 오행	음양	자의 품격	비고
각	殼	껍질, 씨, 내리칠	12	殳	木	金	木 木	음	小吉	선별 사용
	慤	삼갈, 성실할, 정성	15	心	土	火	木 木	양	中吉	사용
간	干	방패, 방어할, 참여할	3	干	火	木	木 火	양	小吉	선별 사용
	間	사이, 가까울, 줄일	12	門	木	木	木 火	음	中吉	사용
	看	방문할, 볼, 지킬, 분별할	9	目	水	木	木 火	양	中吉	사용
	刊	책 펴낼, 깎을, 새길, 자를	5	刀	土	金	木 火	양	中吉	사용
	肝	간, 충정, 정성	9	肉	水	水	木 火	양	不用	불가(신체)
	幹	줄기, 몸, 기둥 간, 주관할 관	13	干	火	木	木 火	양	小吉	선별 사용 동자이음
	簡	글, 편지, 대쪽, 정성	18	竹	金	木	木 火	음	中吉	사용
	姦	어지러울, 간사할, 거짓, 간음할	9	女	水	土	木 火	양	不用	불가
	懇	정성, 간절할, 구할	17	心	金	火	木 火	양	小吉	선별 사용
	艮	어긋날, 견고할, 괘이름 산, 글 흔	6	艮	土	土	木 火	음	不用	불가 동자이음
	侃	강직할, 화락할, 굳셀	8	人	金	火	木 火	음	大吉	권장
	杆	지레, 나무 이름, 몽둥이, 방패	7	木	金	木	木 火	양	中吉	사용
	玕	옥돌, 아름다운 돌, 나무 이름	8	玉	金	金	木 火	음	中吉	사용
	竿	횃대, 장대, 죽순, 화살대	9	竹	水	木	木 火	양	中吉	사용
	揀	가려낼 간 · 련, 분간할	13	手	火	木	木 火	양	小吉	선별 사용 동자이음
	諫	막을, 간할, 고칠, 충고할 간, 헐뜯을 란	16	言	土	金	木 火	음	小吉	불가 동자이음
	墾	개간할, 다스릴, 대비할, 힘쓸	16	土	土	土	木 火	음	小吉	선별 사용

자음	자	자의	획수	부수	획수 오행	자원 오행	주음 종음 오행	음양	자의 품격	비고
간	栞	도표, 깎을, 벨	10	木	水	木	木 火	음	小吉	선별 사용
	奸	범할, 간통할, 구할, 위반할	6	女	土	土	木 火	음	不用	불가
	柬	가릴, 분간, 편지	9	木	水	木	木 火	양	中吉	사용
	桿	방패, 지렛대, 나무 이름, 몽둥이	11	木	木	木	木 火	양	中吉	사용
	澗	큰 수의 이름, 산골물, 산골짜기	16	水	土	水	木 火	음	中吉	사용
	癎	간기, 경풍, 간질, 지랄병	17	疒	金	水	木 火	양	不用	불가
	磵	산골물, 산골짜기	17	石	金	金	木 火	양	中吉	사용
	稈	짚, 볏짚	12	禾	木	木	木 火	음	中吉	사용
	艱	어버이상, 어려울, 괴로워할, 험악할	17	艮	金	土	木 火	양	小吉	선별 사용
갈	渴	겁할, 목마를, 물 잦을 걸	13	水	火	水	木 火	양	不用	불가
	葛	갈포(거친 베), 칡, 넝쿨	15	艸	土	木	木 火	양	中吉	사용
	乫	땅 이름	6	乙	土	木	木 火	음	中吉	사용
	喝	고함칠, 꾸짖을 갈, 목이 맬 애	12	口	木	水	木 火	음	不用	불가 동자이음
	曷	어찌, 언제, 해칠	9	日	水	火	木 火	양	小吉	선별 사용
	碣	선돌 게, 비 갈, 크게 노할 알	14	石	火	金	木 火	음	不用	불가 동자이음
	竭	다할, 물 마를, 망할, 끝날	14	立	火	金	木 火	음	不用	불가
	褐	털옷, 베옷, 천인, 갈색	15	衣	土	木	木 火	양	小吉	선별 사용
	蝎	전갈 갈, 나무굼벵이 할	15	虫	土	木	木 火	양	不用	불가 동자이음
	鞨	말갈 갈, 두건 말	18	革	金	金	木 火	음	不用	불가 동자이음

자음	자	자의	획수	부수	획수 오행	자원 오행	주음 종음 오행	음양	자의 품격	비고
감	甘	맛좋을, 달, 상쾌할	5	甘	土	土	木 水	양	中吉	사용
	減	빼기, 덜, 줄일, 지칠	13	水	火	水	木 水	양	不用	불가
	感	느낄, 감동할, 부딪칠	13	心	火	火	木 水	양	中吉	사용
	敢	굳셀, 용감할, 감히	12	攴	木	金	木 水	음	大吉	권장
	監	볼, 보살필, 우두머리	14	皿	火	金	木 水	양	大吉	권장
	鑑	비칠, 거울, 성찰할, 교훈	22	金	木	金	木 水	음	中吉	사용
	鑒	鑑과 同字	22	金	木	金	木 水	음	中吉	사용
	勘	헤아릴, 조사할	11	力	木	土	木 水	양	中吉	사용
	堪	견딜, 뛰어날, 하늘	12	土	木	土	木 水	음	中吉	사용
	瞰	내려다볼, 멀리볼, 볼	17	目	金	木	木 水	양	中吉	사용
	坎	구덩이, 험할, 괴로워할, 숨길	7	土	金	土	木 水	양	不用	불가
	嵌	산 깊을 감, 빌릴 참	12	山	木	土	木 水	음	不用	불가 동자이음
	憾	섭섭할, 한 감, 근심할 담	17	心	金	火	木 水	양	不用	불가 동자이음
	戡	칠, 평정할, 죽일	13	戈	火	金	木 水	양	中吉	사용
	柑	감자나무 감, 재갈 먹일, 입 다물 겸	9	木	水	木	木 水	양	不用	불가 동자이음
	橄	감람나무	16	木	土	木	木 水	음	中吉	사용
	疳	감질, 감병, 매독, 창병	10	疒	水	水	木 水	음	不用	불가
	紺	감색, 밤물	11	糸	木	木	木 水	양	中吉	사용
	邯	현 이름 감, 땅 이름 한, 풍성할 함	12	邑	木	土	木 水	음	小吉	선별 사용 동자이음
	龕	감실, 이길, 담을	22	龍	木	土	木 水	음	小吉	선별 사용

자음	자	자의	획수	부수	획수 오행	자원 오행	주음 종음 오행	음양	자의 품격	비고
갑	甲	첫째, 천간, 껍질, 갑옷	5	田	土	木	木 水	양	中吉	사용
	鉀	갑옷	13	金	火	金	木 水	양	中吉	사용
	匣	작은 상자	7	匚	金	木	木 水	양	小吉	선별 사용
	岬	산허리, 산골짜기	8	山	金	土	木 水	음	中吉	사용
	胛	어깨	11	肉	木	水	木 水	양	不用	불가(신체)
	閘	물문 갑, 문 여닫을 압	13	門	火	木	木 水	양	不用	불가 동자이음
강	江	겸손할, 강, 큰 내, 별 이름	7	水	金	水	木 土	양	大吉	권장
	降	내릴, 숨을 강, 항복할 항	14	阜	火	土	木 土	음	不用	불가 동자이음
	講	익힐, 강론할, 정론할 강, 화해할 구	17	言	金	金	木 土	양	小吉	선별 사용 동자이음
	强	굳셀, 강할, 굳을, 근할	12	弓	木	金	木 土	음	中吉	사용
	強	强의 俗字	11	弓	木	金	木 土	양	中吉	사용
	康	평안할, 즐거울, 클, 튼튼할	11	广	木	木	木 土	양	大吉	권장
	剛	굳셀, 강철, 단단할 쇠	10	力	水	金	木 土	음	大吉	권장
	鋼	강철, 강쇠, 단련할 쇠	16	金	土	金	木 土	음	中吉	사용
	綱	통관할, 벼리, 법, 그물	14	糸	火	木	木 土	음	中吉	사용
	杠	깃대, 다리	7	木	金	木	木 土	양	大吉	권장
	堈	언덕, 항아리, 밭두둑	11	土	木	土	木 土	양	中吉	사용
	岡	산등성이, 언덕, 산봉우리	8	山	金	土	木 土	음	大吉	권장
	崗	언덕, 산봉우리, 산등성이	11	山	木	土	木 土	양	中吉	사용
	姜	굳셀, 성, 강 이름	9	女	水	土	木 土	양	大吉	권장
	橿	나무 이름, 굳센 모양, 성한 모양	17	木	金	木	木 土	양	中吉	사용

자음	자	자의	획수	부수	획수 오행	자원 오행	주음 종음 오행	음양	자의 품격	비고
강	彊	굳셀, 힘센 활	16	弓	土	金	木 土	음	中吉	사용
	慷	강개할, 슬퍼할, 개탄할	15	心	土	火	木 土	양	小吉	선별 사용
	畺	지경, 죽어 썩지않을	13	田	火	土	木 土	양	小吉	선별 사용
	疆	넘어질, 지경, 끝, 밭두둑	19	田	水	土	木 土	양	小吉	선별 사용
	糠	겨, 쌀겨, 매우 작은	17	米	金	木	木 土	양	小吉	선별 사용
	絳	강 이름, 진홍색, 땅 이름	12	糸	火	木	木 土	양	中吉	사용
	羌	종족 이름, 굳셀, 성	8	羊	金	土	木 土	음	中吉	사용
	腔	빈속 강, 양포, 양 갈빗대 공	14	肉	火	水	木 土	음	小吉	선별 사용 동자이음
	舡	오나라 배 강, 배 선	9	舟	水	木	木 土	양	小吉	선별 사용 동자이음
	薑	생강	19	艸	水	木	木 土	양	中吉	사용
	襁	업을, 포대기	18	衣	金	木	木 土	음	中吉	사용
	鱇	안강, 아귀	22	魚	木	水	木 土	음	小吉	선별 사용
	嫝	편안할, 여자 이름	14	女	火	土	木 土	음	中吉	사용
	跭	세울 강·항, 머뭇거리	13	足	火	土	木 土	양	中吉	사용
개	改	고칠, 바꿀, 따로	7	攴	金	金	木	양	小吉	선별 사용
	皆	다, 함께, 두루 마칠	9	白	水	火	木	양	中吉	사용
	個	낱, 단위, 치우칠	10	人	水	火	木	음	中吉	사용
	箇	낱(個와 공통)	14	竹	火	木	木	음	小吉	선별 사용
	開	깨우칠, 열, 놓아줄 개, 산 이름 견	12	門	木	木	木	음	小吉	선별 사용 동자이음
	介	끼일, 갑옷, 도울, 소개할 개	4	人	火	火	木	음	中吉	사용
	慨	분개할, 슬퍼할, 피로할, 개탄할	15	心	土	火	木	양	小吉	선별 사용

자음	자	자의	획수	부수	획수 오행	자원 오행	주음 종음 오행	음양	자의 품격	비고
개	葢	덮을, 아마 개, 어찌 아니할 합, 땅 이름 갑	16	艸	土	木	木	음	小吉	선별 사용 동자이음
	盖	葢의 俗字	11	皿	木	水	木	양	小吉	선별 사용
	价	심부름, 착할, 클	6	人	土	火	木	음	中吉	사용
	凱	승리 노래, 즐길, 함성, 좋을	12	几	木	木	木	음	中吉	사용
	愷	즐거울, 편안할, 열릴	14	心	火	火	木	음	中吉	사용
	漑	물댈, 씻을 개, 강 이름 강	15	水	土	水	木	양	中吉	사용 동자이음
	塏	높고 건조할	13	土	火	土	木	양	大吉	사용
	愾	성낼 개, 한숨쉴 희, 이를 흘	14	心	火	火	木	음	小吉	선별 사용 동자이음
	疥	옴, 학질, 더러울	9	疒	水	水	木	양	不用	불가
	芥	겨자, 티끌 개, 작은 풀, 갓 갈	10	艸	水	木	木	음	小吉	선별 사용 동자이음
	豈	어찌 기, 개가 개	10	豆	水	水	木	음	小吉	선별 사용 동자이음
	玠	큰 홀	8	玉	金	金	木	음	大吉	권장
객	客	손님, 나그네, 의탁할	9	宀	水	木	木 木	양	小吉	선별 사용
	喀	토할, 토하는 소리	12	口	木	水	木 木	음	小吉	선별 사용
갱	更	다시 갱, 고칠 경	7	日	金	火	木 土	양	小吉	선별 사용 동자이음
	坑	구덩이, 빠질, 묻을	7	土	金	土	木 土	양	中吉	사용
	粳	메벼	13	米	火	木	木 土	양	中吉	사용
	羹	국 갱, 땅 이름 랑	19	羊	水	土	木 土	양	小吉	선별 사용 동자이음
갹	醵	추렴할 갹·거	20	酉	水	金	木 木	음	小吉	선별 사용 동자이음

자음	자	자의	획수	부수	획수 오행	자원 오행	주음 종음 오행	음양	자의 품격	비고
거	去	갈, 버릴, 잃을	5	厶	土	水	木	양	小吉	선별 사용
	巨	클, 많을, 어찌	5	工	土	火	木	양	大吉	권장
	居	살, 있을, 앉을	8	尸	金	木	木	음	中吉	사용
	車	수레 거 · 차, 수레바퀴	7	車	金	火	木	양	小吉	선별 사용 동자이음
	擧	시험, 들, 오를, 일으킬	18	手	金	木	木	음	中吉	사용
	距	떨어질, 클, 뛸	12	足	木	土	木	음	中吉	사용
	拒	물리칠, 막을, 방어할, 겨룰	9	手	水	木	木	양	中吉	사용
	據	의지할, 근원 거, 움킬 극	17	手	金	木	木	양	不用	불가 동자이음
	渠	개천, 클, 갑옷, 우두머리	13	水	火	水	木	양	大吉	권장
	遽	급할, 두려울, 거처, 절박할	20	辵	水	土	木	음	不用	불가
	鉅	강할, 클, 높을	13	金	火	金	木	양	大吉	권장
	炬	횃불, 태울, 등불	9	火	水	火	木	양	大吉	권장
	倨	거만할, 멍할	10	人	水	火	木	음	小吉	선별 사용
	据	일할, 의거할, 경영할	12	手	木	木	木	음	中吉	사용
	祛	쫓을, 보낼, 열, 떠날	10	示	水	木	木	음	不用	불가
	踞	웅크릴, 걸터앉을, 거만할	15	足	土	土	木	양	不用	불가
	鋸	톱, 톱질할	16	金	土	金	木	음	不用	불가
건	建	세울, 일으킬, 열쇠	9	廴	水	木	木 火	양	大吉	권장
	乾	하늘, 굳셀 건, 마를 간	11	乙	木	金	木 火	양	小吉	선별 사용 동자이음
	件	사건, 구별할, 나눌	6	人	土	火	木 火	음	小吉	선별 사용
	健	건강할, 튼튼할, 매우, 잘할	11	人	木	火	木 火	양	大吉	권장

자음	자	자의	획수	부수	획수 오행	자원 오행	주음 종음 오행	음양	자의 품격	비고
건	巾	수건, 덮을, 두건	3	巾	火	木	木 火	양	小吉	선별 사용
	虔	정성, 공경할, 단정할	10	虍	水	木	木 火	음	大吉	권장
	楗	문빗장, 방죽, 다리 피로할	13	木	火	木	木 火	양	小吉	선별 사용
	鍵	열쇠, 빗장, 건반	17	金	金	金	木 火	양	中吉	사용
	愆	허물, 과실, 어지러질, 병	12	心	木	火	木 火	음	不用	불가
	腱	힘줄 밑동 건, 힘줄 근	15	肉	土	水	木 火	양	不用	불가(신체) 동자이음
	騫	허물, 이지러질, 손상할, 잘못할	20	馬	水	火	木 火	음	不用	불가
	蹇	절, 멈출, 강할, 교만할	17	足	金	土	木 火	양	小吉	선별 사용
걸	傑	뛰어날, 클, 굴하지 않을	12	亻	木	火	木 火	음	大吉	권장
	乞	빌 걸, 줄 기	3	乙	火	木	木 火	양	不用	불가 동자이음
	杰	傑의 俗字	8	人	金	火	木 火	음	大吉	권장
	桀	사나울, 홰, 뛰어날, 거칠	10	木	水	木	木 火	음	小吉	선별 사용
검	儉	검소할, 적을, 험할	15	人	土	火	木 水	양	中吉	사용
	劍	칼, 찌를, 검법	15	刀	土	金	木 水	양	不用	불가
	劒	劍과 同字	16	刀	土	金	木 水	음	不用	불가
	檢	봉함, 검사할, 교정할, 바를	17	木	金	木	木 水	양	大吉	권장
	瞼	눈꺼풀, 고울	18	目	金	木	木 水	음	中吉	사용
	鈐	비녀장, 자물쇠, 도장	12	金	木	金	木 水	음	中吉	사용
	黔	검을 검, 귀신 이름 금	16	黑	土	水	木 水	음	小吉	선별 사용 동자이음
	劫	위협할, 빼앗을, 어수선할, 부지런할	7	力	金	水	木 水	양	不用	불가
	怯	겁낼, 무서워할, 약할, 피할	9	心	水	火	木 水	양	不用	불가

자음	자	자의	획수	부수	획수 오행	자원 오행	주음 종음 오행	음양	자의 품격	비고
겁	迲	가래 겁·가	14	辵	火	土	木 水	음	不用	불가
개	揭	높이 들, 주워올릴 게, 질 갈, 세울 걸	13	手	火	木	木 水	양	小吉	선별 사용 동자이음
	偈	빠를, 쉴, 굳센 모양, 튼튼할	11	人	木	火	木 水	양	中吉	사용
	愒	쉴, 휴식할	16	心	土	火	木 水	음	中吉	사용
격	格	바로잡을, 격식, 인품 격, 그칠 갈	10	木	火	水	木 木	음	小吉	선별 사용 동자이음
	擊	칠, 충돌할, 다스릴 격, 사람 이름 계	17	手	金	木	木 木	양	不用	불가 동자이음
	激	과격할, 흐를, 맑을	17	水	金	水	木 木	양	中吉	사용
	隔	막을, 멀, 사이 뜰	18	阜	金	土	木 木	음	中吉	사용
	檄	격문, 편지, 빼어날	17	木	金	木	木 木	양	大吉	권장
	膈	흉격, 종틀	16	肉	土	水	木 木	음	不用	불가
	覡	바수, 남자무당	14	見	火	火	木 木	음	不用	
견	犬	개, 하찮을	4	犬	火	土	木 火	음	不用	불가
	見	볼 견, 나타날 현, 관 덮는 보 간	7	見	金	火	木 火	양	不用	불가 동자이음
	堅	굳셀, 굳을, 튼튼할, 갑옷	11	土	木	土	木 火	양	大吉	권장
	肩	어깨 견, 맡길 경, 어깨뼈 간, 여위고 약할 흔	10	肉	水	水	木 火	음	不用	불가(신체) 동자이음
	絹	비단, 명주, 그물, 올무	13	糸	火	木	木 火	양	大吉	권장
	遣	보낼, 파견할, 선물, 내쫓을	17	辵	金	土	木 火	양	中吉	사용
	牽	당길, 거느릴, 줄, 이를	11	牛	木	土	木 火	양	中吉	사용
	鵑	두견새, 접동새, 두견화, 소쩍새	18	鳥	金	火	木 火	음	中吉	사용

자음	자	자의	획수	부수	획수 오행	자원 오행	주음 종음 오행	음양	자의 품격	비고
견	甄	질그릇 견, 질그릇 진, 밝힐 계	14	瓦	火	土	木 火	음	不用	불가 동자이음
	繭	누에고치, 솜옷, 이어질	21	糸	木	木	木 火	양	不用	불가
	譴	꾸짖을, 허물, 재앙, 구름	21	言	木	金	木 火	양	小吉	선별 사용
결	決	결코, 결단할, 터질, 정할	8	水	金	水	木 火	음	小吉	선별 사용
	結	맺을, 마칠, 다칠 결, 상투 계	12	糸	木	木	木 火	음	不用	불가 동자이음
	潔	깨끗할, 바를, 청렴할	16	水	土	水	木 火	음	中吉	사용
	缺	모자랄, 떠날, 이지러질 결, 머리띠 규	10	缶	水	土	木 火	음	不用	불가 동자이음
	訣	이별할, 비결 결, 결정할 계	11	言	木	金	木 火	양	不用	불가 동자이음
	抉	도려낼, 폭로할	8	手	金	木	木 火	음	不用	불가
겸	兼	모를, 겸할, 쌓을, 같을	10	八	水	金	木 水	음	大吉	권장
	謙	겸손할, 덜, 사양할 겸, 족할 협, 혐의 혐, 속을 참	17	言	金	金	木 水	양	小吉	선별 사용 동자이음
	鎌	낫, 모서리, 농기구	18	金	金	金	木 水	음	小吉	선별 사용
	慊	흐뭇하지 않을 겸, 족할 협, 의심할 혐	14	心	火	火	木 水	음	不用	불가 동자이음
	箝	끼울, 재갈 먹일	14	竹	火	木	木 水	음	不用	불가
	鉗	다물, 칼, 시기할, 집다	13	金	火	金	木 水	양	小吉	선별 사용
경	京	서울, 클, 높을	8	亠	金	土	木 水	음	大吉	권장
	景	경치, 볕, 사모할 경, 그림자 영	12	日	木	火	木 水	음	小吉	선별 사용 동자이음
	經	날, 경서, 경영할, 날실, 길	13	糸	火	木	木 水	양	大吉	권장
	庚	일곱째 천간, 나이	8	广	金	金	木 水	음	中吉	사용

자음	자	자의	획수	부수	획수 오행	자원 오행	주음 종음 오행	음양	자의 품격	비고
경	耕	부지런할, 밭 갈, 평평하게 할, 농사	10	耒	水	土	木 土	음	大吉	권장
	敬	공경할, 훈계할, 삼갈	13	攴	火	金	木 土	양	中吉	사용
	輕	가벼울, 모자랄, 조급할, 경솔할	14	車	火	火	木 土	음	小吉	선별 사용
	驚	놀랄, 두려울, 허둥댈	23	馬	火	火	木 土	양	小吉	선별 사용
	慶	경사, 착할, 상	15	心	土	火	木 土	양	小吉	선별 사용
	競	겨룰, 나아갈, 굳셀	20	立	水	金	木 土	음	小吉	선별 사용
	竟	다할, 마칠, 거울	11	立	木	金	木 土	양	中吉	사용
	境	지경, 장소, 형편	14	土	火	土	木 土	음	中吉	사용
	鏡	거울, 비출, 밝힐	19	金	水	金	木 土	양	中吉	사용
	頃	이랑, 잠깐, 요즈음 경, 반걸음 규	11	頁	木	火	木 土	양	小吉	선별 사용 동자이음
	傾	기울, 누울, 위태로울, 겨룰	13	人	火	火	木 土	양	小吉	선별 사용
	硬	굳을, 난난할 강할	12	石	木	金	木 土	음	小吉	선별 사용
	警	경계할, 방어할, 깨울, 영리할	20	言	水	金	木 土	음	小吉	선별 사용
	徑	지름길, 곧을, 건널	10	彳	水	火	木 土	음	中吉	사용
	卿	벼슬, 재상, 밝힐	12	卩	木	木	木 土	음	中吉	사용
	倞	셀, 다툴 경, 멀 량	10	人	水	火	木 土	음	小吉	선별 사용 동자이음
	鯨	고래, 쳐들, 수고래	19	魚	水	水	木 土	양	小吉	선별 사용 (고기류)
	坰	들, 땅 이름, 국경	8	土	金	土	木 土	음	中吉	사용
	耿	빛날, 비출, 맑을, 깨끗할	10	耳	水	火	木 土	음	大吉	권장
	更	고칠, 개선할, 바꿀, 통과할 경, 다시 갱	7	日	金	火	木 土	양	小吉	선별 사용 동자이음

자음	자	자의	획수	부수	획수 오행	자원 오행	주음 종음 오행	음양	자의 품격	비고
경	炅	빛날, 깨끗할, 열	8	火	金	火	木 土	음	大吉	권장
	梗	대강, 가시나무, 굳셀, 정지할	11	木	木	木	木 土	양	中吉	사용
	憬	깨달을, 그리워할, 멀리할, 동경할	16	心	土	火	木 土	음	大吉	권장
	暻	밝을, 환할	16	日	土	火	木 土	음	中吉	사용
	璟	옥광채 날 경·영	17	玉	金	金	木 土	양	小吉	선별 사용 동자이음
	擎	떠받칠, 높이 들, 높을	17	手	金	木	木 土	양	大吉	권장
	瓊	주사위, 구슬, 옥 경, 아름다운 옥 선	20	玉	水	金	木 土	음	小吉	선별 사용 동자이음
	儆	경계할, 위급할	15	人	土	火	木 土	양	小吉	선별 사용
	俓	지름길, 곧을, 건널	9	人	水	火	木 土	양	中吉	사용
	涇	곧게 뻗을, 통할, 흐름, 강 이름	11	水	木	水	木 土	양	大吉	권장
	莖	줄기, 근본, 기둥 경, 지황 영	13	艸	火	木	木 土	양	小吉	선별 사용 동자이음
	勁	힘, 굳셀, 예리할	9	力	水	金	木 土	양	中吉	사용
	逕	좁은 길, 지름길, 곧	14	辵	火	土	木 土	음	中吉	사용
	熲	빛날, 불빛, 경침	15	火	土	火	木 土	양	大吉	권장
	檠	繁과 同字, 등불, 활을 바로잡는 틀, 도지개	17	木	金	木	木 土	양	中吉	사용
	冏	빛날, 밝을, 창	7	冂	土	火	木 土	양	大吉	권장
	勍	셀, 강할, 굳셀	10	力	水	金	木 土	음	大吉	권장
	烱	무더울 경, 빛날 형	11	火	木	火	木 土	양	小吉	선별 사용 동자이음
	絅	끌어죌, 홑옷	11	糸	木	木	木 土	양	不用	불가

자음	자	자의	획수	부수	획수 오행	자원 오행	주음 종음 오행	음양	자의 품격	비고
경	脛	정강이, 바른 모양	13	肉	火	水	木 土	양	不用	불가(신체)
	頸	목줄기, 목덜미	16	頁	土	火	木 土	음	不用	불가
	磬	목멜, 경쇠, 빌, 허리 굽힐	16	石	土	金	木 土	음	不用	불가
	痙	힘줄 당길, 근육 경련	12	疒	木	水	木	음	不用	불가
	璥	경옥, 옥 이름	18	玉	金	金	木	음	中吉	사용
	囧	빛날, 밝을, 창	7	口	金	水	木 土	양	大吉	권장
	檠	등잔걸이, 도지개, 바로잡을	17	木	金	木	木 土	양	中吉	사용
	鶊	꾀꼬리	19	鳥	水	火	木 土	양	不用	불가(동물)
계	癸	열째 천간, 헤아릴, 무기	9	癶	水	水	木	양	中吉	사용
	季	끝, 막내, 젊을	8	子	金	水	木	음	中吉	사용
	界	지경, 경계, 한포, 부근	9	田	水	土	木	양	中吉	사용
	計	꾀 계·결, 생각할, 계략	9	言	水	金	木	양	小吉	선별 사용 동자이음
	溪	시내, 산골짜기, 텅빌, 헛될	14	水	火	水	木	음	中吉	사용
	鷄	닭, 가금	21	鳥	木	火	木	양	小吉	선별사용 (조류)
	系	이을, 실마리, 혈통	7	糸	金	木	木	양	中吉	사용
	係	걸릴, 이을, 계	9	人	水	火	木	양	中吉	사용
	戒	재계할, 경계할, 삼갈, 교훈	7	戈	金	金	木	양	中吉	사용
	械	형틀, 기구, 도구, 병기	11	木	木	木	木	양	中吉	사용
	繼	이을, 계통, 뒤이을	20	糸	水	木	木	음	小吉	선별 사용
	契	약속, 인연, 맺을 계, 애쓸 결, 이름 글·설	9	大	水	木	木	양	小吉	선별 사용 동자이음
	桂	달, 월계수, 계수나무	10	木	水	木	木	음	中吉	사용

자음	자	자의	획수	부수	획수 오행	자원 오행	주음 종음 오행	음양	자의 품격	비고
계	啓	가르칠, 인도할, 나눌, 일깨울	11	口	木	水	木	양	中吉	사용
	階	섬돌, 계단, 오를, 품계	17	阜	金	土	木	양	中吉	사용
	繫	맬, 죄수	19	糸	水	木	木	양	小吉	선별 사용
	誡	경계할, 훈계할, 삼갈, 명검	14	言	火	金	木	음	小吉	선별 사용
	烓	화덕, 밝을, 작은 화덕	10	火	水	火	木	음	中吉	사용
	屆	신고할, 이를, 다다를, 지극할	8	尸	金	木	木	음	中吉	사용
	堺	경계 안, 지경, 사이	12	土	木	土	木	음	中吉	사용
	悸	늘어질, 두근거릴, 두려워할	12	心	木	火	木	음	小吉	선별 사용
	棨	창, 부절	12	木	木	木	木	음	小吉	선별 사용
	磎	谿와 同字	15	石	土	金	木	양	中吉	사용
	稽	두드릴, 머무를, 쌓을, 조아릴	15	禾	土	木	木	양	小吉	선별 사용
	谿	공허할, 막힌 시내, 각시메뚜기	17	谷	金	水	木	양	中吉	사용
고	古	옛, 오랠, 선인	5	口	土	水	木	양	小吉	선별 사용
	故	옛, 원래, 끝, 연고	9	攴	水	金	木	양	小吉	선별 사용
	固	굳을, 단단할, 항상, 완고할	8	口	金	水	木	음	小吉	선별 사용
	苦	쓸, 괴로울, 거칠	11	艸	木	木	木	양	不用	불가
	高	높을, 비쌀, 고상할	10	高	水	火	木	음	小吉	선별 사용
	考	상고할, 밝힐, 죽은 애비	8	老	金	土	木	음	小吉	선별 사용
	攷	考의 古字	6	攴	土	土	木	음	小吉	선별 사용
	告	알릴, 하소연할, 뉘우쳐줄 고, 청할 곡, 국문할 국	7	口	金	水	木	양	不用	불가 동자이음

자음	자	자의	획수	부수	획수 오행	자원 오행	주음 종음 오행	음양	자의 품격	비고
고	枯	마를, 수척할, 죽을, 오래될	9	木	水	木	木	양	不用	불가
	姑	시어머니, 아직, 고모, 여자	8	女	金	土	木	음	小吉	선별 사용
	庫	성, 창고, 곳집, 문 이름	10	广	水	木	木	음	中吉	사용
	孤	외로울, 고아, 배반할	8	子	金	水	木	음	不用	불가
	鼓	북, 두드릴, 맥박, 탈	13	鼓	火	金	木	양	中吉	사용
	稿	볏짚, 원고, 초안	15	禾	土	木	木	양	中吉	사용
	顧	돌아볼, 관찰할, 고용할, 마음쓸	21	頁	木	火	木	양	中吉	사용
	叩	두드릴, 물어볼, 정성	5	口	土	水	木	양	中吉	사용
	敲	두드릴, 회초리	14	攴	火	金	木	음	中吉	사용
	皐	못, 언덕, 높을 고, 명령할 호	11	白	木	水	木	양	小吉	선별 사용 동자이음
	暠	휠, 깨끗할, 명백할 고, 휠 호	14	日	火	火	木	음	小吉	선별 사용 동자이음
	呱	울, 아이 울	8	口	金	水	木	음	不用	불가
	尻	꽁무니, 자리잡을	5	尸	土	水	木	양	不用	불가
	拷	약탈할, 칠, 빼앗을	10	手	水	木	木	음	不用	불가
	槁	허술할, 마를, 때릴	14	木	火	木	木	음	不用	불가
	沽	조악할, 팔, 매매할, 술창고	9	水	水	水	木	양	小吉	선별 사용
	睾	못 고, 광대할 호	14	目	火	木	木	음	不用	불가 동자이음
	羔	새끼 양, 흑양	10	羊	水	土	木	음	不用	불가(동물)
	股	정강이, 넓적다리, 가닥질	10	肉	水	水	木	음	不用	불가(신체)
	膏	은혜, 살찔, 기름진 땅, 고약	14	月	火	水	木	음	中吉	사용

자음	자	자의	획수	부수	획수 오행	자원 오행	주음 종음 오행	음양	자의 품격	비고
고	菰	줄, 진고, 태	11	艸	木	木	木	양	小吉	선별 사용
	菰	피리, 대나무	14	艸	火	木	木	음	小吉	선별 사용
	藁	마를, 나무 마를	20	艸	水	木	木	음	小吉	선별 사용
	蠱	악기, 독, 벌레, 미혹할	23	虫	火	水	木	양	不用	불가
	袴	바지 고, 사타구니 과	12	衣	木	木	木	음	不用	불가 동자이음
	誥	훈계할, 고할, 알릴	14	言	火	金	木	음	小吉	선별 사용
	賈	장사할, 장사 고, 값 가	13	貝	火	金	木	양	小吉	선별 사용 동자이음
	辜	저버릴, 허물, 반듯이	12	辛	木	金	木	음	小吉	선별 사용
	錮	가로막을, 땜질할, 가둘, 단단할	16	金	土	金	木	음	小吉	선별 사용
	雇	고용할, 품팔, 갚을 고, 새 이름 호	12	隹	木	火	木	음	不用	불가 동자이음
	痼	고질, 오래될	13	疒	火	水	木	양	不用	불가
	杲	밝을, 높을	8	木	金	木	木	음	大吉	권장
곡	谷	골, 막힐 곡, 흉노할 록	7	谷	金	水	木 木	양	不用	불가 동자이음
	曲	굽을, 가락, 구석 곡, 땅 이름 구	6	曰	土	土	木 木	음	不用	불가 동자이음
	穀	곡식, 기름, 길할, 착할	15	禾	土	木	木 木	양	中吉	사용
	哭	울, 노래할, 곡	10	口	水	水	木 木	음	不用	불가
	斛	휘, 헤아릴	11	斗	木	火	木 木	양	小吉	선별 사용
	梏	쇠고랑 곡, 클 각	11	木	木	木	木 木	양	不用	불가 동자이음
	鵠	고니 곡, 클 호	18	鳥	金	火	木 木	음	不用	불가(조류) 동자이음

자음	자	자의	획수	부수	획수 오행	자원 오행	주음 종음 오행	음양	자의 품격	비고
곤	困	막다를, 괴로울, 부족할, 어려울, 곤할	7	口	金	水	木 火	양	不用	불가
	坤	땅, 괘 이름	8	土	金	土	木 火	음	小吉	선별 사용
	昆	형, 맏, 벌레, 뒤	8	日	金	火	木 火	음	小吉	선별 사용 (곤충)
	崑	산 이름, 곤륜산	11	山	木	土	木 火	양	中吉	사용
	琨	옥돌, 패옥	13	玉	火	金	木 火	양	中吉	사용
	錕	구리, 붉은 쇠, 수레바퀴 쇠	16	金	土	金	木 火	음	中吉	사용
	梱	문지방, 두드릴	11	木	木	木	木 火	양	小吉	선별 사용
	棍	몽둥이 곤, 묶을 혼	12	木	木	木	木 火	음	不用	불가 동자이음
	滾	구를, 흐를, 샘솟을, 뚫을	15	水	土	水	木 火	양	中吉	사용
	袞	삼공의 예복, 곤룡포, 삼공, 띠	11	衣	木	木	木 火	양	中吉	사용
	鯤	고니, 물고기알, 큰 물고기 이름	19	魚	水	水	木 火	양	不用	불가(물고기)
골	骨	뼈, 강직할, 가골	10	骨	水	金	木 火	음	不用	불가(신체)
	汨	빠질, 잠길	8	水	金	水	木 火	음	不用	불가
	滑	미끄러울 골, 어지러울 활	14	水	火	水	木 火	음	不用	불가 동자이음
공	工	장인, 공교할, 악인樂人	3	工	火	火	木 土	양	大吉	권장
	功	일, 공로, 명예, 가슴	5	力	土	木	木 土	양	大吉	권장
	空	빌, 없을, 하늘, 부질없는	8	穴	金	水	木 土	음	不用	불가
	共	함께, 한가지, 공경, 향할	6	八	土	金	木 土	음	中吉	사용
	公	귀, 공변될, 존칭, 관청	4	八	火	金	木 土	음	小吉	선별 사용
	孔	구멍, 심히, 클	4	子	火	水	木 土	음	小吉	선별 사용

자음	자	자의	획수	부수	획수 오행	자원 오행	주음 종음 오행	음양	자의 품격	비고
공	供	이바지할, 공손할, 바칠	8	人	金	火	木 土	음	大吉	권장
	恭	공손할, 조심할, 본받을	10	心	水	火	木 土	음	大吉	권장
	攻	칠, 공격할, 공교할	7	攴	金	金	木 土	양	不用	불가
	恐	두려울, 협박할, 으를	10	心	水	火	木 土	음	不用	불가
	貢	바칠, 천거할, 구실	10	貝	水	金	木 土	음	大吉	권장
	珙	큰 옥, 옥 이름	11	玉	木	金	木 土	양	大吉	권장
	控	당길, 던질, 고할 공, 칠 강	12	手	木	木	木 土	음	小吉	선별 사용 동자이음
	拱	당길, 고할, 보옥, 아름	10	手	水	木	木 土	음	中吉	사용
	蚣	지네 공, 여치 송	10	虫	水	水	木 土	음	不用	불가(벌레) 동자이음
	鞏	볶을, 묶을, 두려워할	15	革	土	金	木 土	양	不用	불가
곶	串	곶, 익힐, 꿸	7	丨	金	金	木 金	양	不用	불가
과	果	실과, 결과, 용감할 과, 강신제 관, 거북 이름 라	8	木	金	木	木	음	不用	불가 동자이음
	課	매길, 고시, 부서, 부과할	15	言	土	金	木	양	中吉	사용
	科	과정, 과거, 법률, 품등	9	禾	水	木	木	양	中吉	사용
	過	지날, 초월할, 심할, 건널	16	辵	土	土	木	음	小吉	선별 사용
	誇	자랑할, 자만할, 거칠	13	言	火	金	木	양	小吉	선별 사용
	寡	적을, 과부, 약할	14	宀	火	木	木	음	小吉	선별 사용
	菓	과일, 과자, 나무열매	14	艸	火	木	木	음	大吉	권장
	鍋	냄비, 내통, 기름통, 바퀴통	17	金	金	金	木	양	中吉	사용
	顆	낟알, 흙덩이, 작은 머리	17	頁	金	火	木	양	中吉	사용
	跨	넘을 과, 걸터앉을, 사타구니 고	13	足	火	土	木	양	小吉	선별 사용 동자이음

자음	자	자의	획수	부수	획수 오행	자원 오행	주음 종음 오행	음양	자의 품격	비고
과	戈	창, 전쟁, 싸움	4	戈	火	金	木	음	不用	불가
	瓜	오이, 참외, 호박, 수박	5	瓜	土	木	木	양	不用	불가(식물)
곽	郭	성곽, 둘레, 가장자리	15	邑	土	土	木 木	양	中吉	사용
	廓	둘레, 외성 곽, 클 확	14	广	火	木	木 木	음	不用	불가 동자이음
	槨	덧널, 궤	15	木	土	木	木 木	양	小吉	선별 사용
	藿	콩잎 곽, 낙화 깔릴 수	22	艸	木	木	木 木	음	小吉	선별 사용 동자이음
관	官	벼슬, 관청, 섬길	8	宀	金	木	木 火	음	中吉	사용
	觀	볼, 드러낼, 생각, 드러날	25	見	土	火	木 火	양	中吉	사용
	關	빗장 관, 시위 당길 완	19	門	水	木	木 火	양	不用	불가 동자이음
	館	감실, 객사, 관청, 묵을	17	食	金	水	木 火	양	中吉	사용
	舘	館의 俗字	16	舌	土	水	木 火	음	中吉	사용
	管	다스릴, 주관할, 피리, 대롱	14	竹	火	木	木 火	음	中吉	사용
	貫	꿸, 지위, 깰 관, 당길 만	11	貝	木	金	木 火	양	不用	불가 동자이음
	慣	버릇, 익숙할	15	心	土	火	木 火	양	中吉	사용
	冠	갓, 볏, 으뜸	9	冖	水	木	木 火	양	中吉	사용
	寬	너그러울, 넓을, 느슨할	15	宀	土	木	木 火	양	中吉	사용
	款	정성, 사랑, 문서, 새길	12	欠	木	金	木 火	음	大吉	권장
	琯	옥피리 관, 금옥빛 곤	13	玉	火	金	木 火	양	小吉	선별 사용 동자이음
	錧	쟁기, 비녀장, 중요할	16	金	土	金	木 火	음	小吉	선별 사용
	灌	물댈, 따를, 씻을, 정성	22	水	木	水	木 火	음	中吉	사용

자음	자	자의	획수	부수	획수 오행	자원 오행	주음 종음 오행	음양	자의 품격	비고
관	瓘	옥 이름, 서옥	23	玉	火	金	木 火	양	中吉	사용
	梡	도마, 장작, 땔나무	11	木	木	木	木 火	양	小吉	선별 사용
	串	익힐 관, 꿸 천, 곶 곶	7	丨	金	金	木 火	양	不用	불가 동자이음
	棺	널, 입관할	12	木	木	木	木 火	음	不用	불가
	鑵	두레박, 가마솥	24	缶	火	土	木 火	음	小吉	선별 사용
	菅	골풀 관, 골·풀 간	14	艸	火	木	木 火	음	不用	불가 동자이음
괄	括	묶을 단속할, 수용할	10	手	水	木	木 火	음	不用	불가
	刮	깎을, 갈	8	刀	金	金	木 火	음	不用	불가
	恝	걱정 없을 개, 여유 없을 괄, 산 이름 계	10	心	水	火	木 火	음	不用	불가 동자이음
	适	빠를, 신속할	13	辵	火	土	木 火	음	不用	불가
광	光	빛날, 경치, 번영할	6	儿	土	火	木 土	음	小吉	선별 사용
	廣	넓을, 직경, 빛날	15	广	土	木	木 土	양	大吉	권장
	広	廣의 俗字	6	广	土	木	木 土	음	大吉	권장
	鑛	쇳돌, 광석	23	金	火	金	木 土	양	中吉	사용
	狂	미칠 광, 개달릴 곽	7	犬	金	土	木 土	양	不用	불가 동자이음
	侊	클, 성할, 푸짐할	8	人	金	火	木 土	음	大吉	권장
	洸	성낼, 물 용솟을 광, 깊을 황	10	水	水	水	木 土	음	小吉	선별 사용 동자이음
	珖	옥피리, 옥 이름	11	玉	木	金	木 土	양	大吉	권장
	桄	광랑나무, 횡목	10	木	水	木	木 土	음	中吉	사용
	匡	바르다, 구제할, 도울, 두려울	6	匚	土	土	木 土	음	中吉	사용

자음	자	자의	획수	부수	획수 오행	자원 오행	주음 종음 오행	음양	자의 품격	비고
광	曠	밝을, 황야, 멀, 들판	19	日	水	火	木 土	양	大吉	권장
	旼	빛날, 뜨거울, 바칠, 밝을	8	火	金	火	木 土	음	大吉	권장
	壙	들판, 공허할, 광	18	土	金	土	木 土	음	中吉	사용
	筐	작은 비녀, 광주리, 침상교	12	竹	木	木	木 土	음	小吉	선별 사용
	胱	방광, 오줌통	12	肉	木	水	木 土	음	不用	불가(신체)
괘	掛	걸, 걸어놓을, 변할, 점괘	12	手	木	木	木	음	小吉	선별 사용
	卦	걸, 매달, 괘, 변할	8	卜	金	木	木	음	不用	불가
	罫	줄 괘, 거리낄 홰	14	网	火	木	木	음	不用	불가 동자이음
괴	塊	흙덩어리, 혼자, 소박할	13	土	火	土	木	양	不用	불가
	愧	부끄러워할, 탓할 괴, 모욕할 괘	14	心	火	火	木	음	不用	불가 동자이음
	怪	기이할, 도깨비, 의심할	9	心	水	火	木	양	不用	불가
	壞	무너실, 파괴할 괴, 앓을 회	19	土	水	土	木	양	不用	불가 동자이음
	乖	떨어질, 어그러질, 배반할	8	丿	金	火	木	음	不用	불가
	傀	클, 꼭두각시 괴, 클 회	12	人	木	火	木	음	不用	불가 동자이음
	拐	속일, 꾀일, 지팡이	9	手	水	木	木	양	不用	불가
	槐	홰나무, 삼공자리	14	木	火	木	木	음	不用	불가
	魁	으뜸, 우두머리, 클, 작은 언덕	14	鬼	火	火	木	음	不用	불가
굉	宏	클, 광대할, 두루, 넓을	7	宀	金	木	木 土	양	不用	불가
	紘	갓끈, 밧줄, 묶을, 넓을	10	糸	水	木	木 土	음	不用	불가
	肱	팔뚝	10	肉	水	水	木 土	음	不用	불가

자음	자	자의	획수	부수	획수 오행	자원 오행	주음 종음 오행	음양	자의 품격	비고
굉	轟	울릴, 천둥소리, 요란한 물소리	21	車	木	火	木 土	양	不用	불가
교	交	사귈, 서로, 벗, 섞일	6	亠	土	火	木	음	大吉	권장
	校	학교, 교정볼, 달릴 교, 풍길 효	10	木	水	木	木	음	小吉	선별 사용 동자이음
	橋	다리, 강할, 썰매 교, 빠를 고	16	木	土	木	木	음	小吉	선별 사용 동자이음
	敎	가르칠, 본받을, 스승, 종교	11	攴	木	金	木	양	大吉	권장
	教	敎의 俗字	11	攴	木	金	木	양	大吉	권장
	郊	성 밖, 교외, 들	13	邑	火	土	木	양	小吉	선별 사용
	較	견줄, 비교할, 드러낼 교, 차이 각	13	車	火	火	木	양	不用	불가 동자이음
	巧	공교할, 예쁠, 꾸밀, 기교	5	工	土	火	木	양	中吉	사용
	矯	바로잡을, 용감할, 힘쓸	17	矢	金	金	木	양	大吉	권장
	僑	높을, 거처, 창, 뛰어날	14	人	火	火	木	음	大吉	권장
	喬	높을, 솟을, 뛰어날, 창	12	口	木	水	木	음	大吉	권장
	嬌	아리따울, 맵시, 교만할, 뽐낼, 사랑할	15	女	土	土	木	양	中吉	사용
	膠	아교, 굳을, 화할 교, 어지러운 모양 뇨, 어긋날 호	17	肉	金	水	木	양	不用	불가 동자이음
	咬	새소리	9	口	水	水	木	양	小吉	선별 사용
	嶠	악곡 이름, 높을, 산길, 산마루	15	山	土	土	木	양	中吉	사용
	攪	물소리, 어지러울, 뒤섞을, 흔들	24	手	火	木	木	음	小吉	선별 사용
	狡	시기할, 교활할, 간교할, 빠를	9	犬	水	土	木	양	不用	불가
	皎	달빛, 햇빛, 깨끗할	11	白	木	金	木	양	大吉	권장

자음	자	자의	획수	부수	획수 오행	자원 오행	주음 종음 오행	음양	자의 품격	비고
교	絞	목맬 교, 초록빛 효	12	糸	木	木	木	음	不用	불가 동자이음
	翹	발돋움, 꼬리, 날개, 재능	18	羽	金	火	木	음	不用	불가
	蕎	메밀, 풀, 대극	18	艸	金	木	木	음	小吉	선별 사용
	蛟	상어, 교룡	12	虫	木	水	木	음	不用	불가(어류)
	轎	가마, 작은 가마	19	車	水	金	木	양	小吉	선별 사용
	鮫	상어, 교룡	17	魚	金	水	木	양	不用	불가(어류)
	驕	교만할, 속일 교, 사냥개 효	22	馬	木	火	木	음	不用	불가 동자이음
	餃	경단, 엿	15	食	土	水	木	양	小吉	선별 사용
	姣	예쁠, 요염할, 음란할, 깨끗할	9	女	水	土	木	양	小吉	선별 사용
구	九	아홉, 많을, 오래될	9	乙	水	水	木	음	小吉	선별 사용
	口	입, 구멍, 인구, 말할	3	口	火	水	木	양	小吉	선별 사용
	求	구할, 청할, 탐낼, 힘쓸	7	水	金	水	木	양	中吉	사용
	救	도울, 구원할, 고칠	11	攴	木	金	木	양	中吉	사용
	究	궁리할, 다할, 궁구할	7	穴	金	水	木	양	中吉	사용
	久	오랠, 기다릴, 변하지 않을	3	丿	火	水	木	양	小吉	선별 사용
	句	글귀, 굽을, 지명, 벼슬 이름	5	口	土	水	木	양	中吉	사용
	舊	옛, 오랠, 친구	18	臼	金	土	木	음	小吉	선별 사용
	具	갖출, 온전할, 더할	8	八	金	金	木	음	中吉	사용
	俱	함께, 갖출, 동일할	10	人	水	火	木	음	中吉	사용

자음	자	자의	획수	부수	획수 오행	자원 오행	주음 종음 오행	음양	자의 품격	비고
구	區	구분할, 나눌, 제각각 구, 숨길 우	11	匚	木	土	木	양	小吉	선별 사용 동자이음
	驅	달릴, 몰아낼, 핍박할	21	馬	木	火	木	양	不用	불가
	苟	진실로, 다만, 한패	11	艸	木	木	木	양	中吉	사용
	拘	잡을, 거리낄, 주저할	9	手	水	木	木	양	不用	불가
	狗	개, 강아지, 범 새끼	9	犬	水	土	木	양	不用	불가(짐승)
	丘	높을, 언덕, 맏, 공자 이름	5	一	土	土	木	양	中吉	사용
	懼	놀랄, 위태로울, 두려할, 협박할	22	心	木	火	木	음	不用	불가
	龜	거북, 땅 이름, 나라 이름 구, 거북 귀, 터질 균	16	龜	土	水	木	음	不用	불가(어류) 동자이음
	構	얽을, 지을, 도모할, 맺을	14	木	火	木	木	음	中吉	사용
	球	지구, 공, 옥경, 아름다운 옥경	12	玉	木	金	木	음	中吉	사용
	坵	언덕, 맏	8	土	金	土	木	음	中吉	사용
	玖	옥돌, 아홉, 검은 옥돌	8	玉	金	金	木	음	中吉	사용
	矩	곱자, 법, 땅	10	矢	水	金	木	음	中吉	사용
	邱	언덕, 땅 이름	12	邑	木	土	木	음	中吉	사용
	銶	끌	15	金	土	金	木	양	小吉	선별 사용
	溝	도랑, 개천, 멀어질	14	水	火	水	木	음	中吉	사용
	購	살, 화해할, 구해드릴, 보상할	17	貝	金	金	木	양	小吉	선별 사용
	鳩	비둘기, 모을, 편안할	13	鳥	火	火	木	양	不用	불가(조류)
	軀	몸, 신체	18	身	金	土	木	음	不用	불가(신체)
	耈	늙을, 늙은이, 오래살	11	老	木	土	木	양	不用	불가

자음	자	자의	획수	부수	획수 오행	자원 오행	주음 종음 오행	음양	자의 품격	비고
구	枸	구기자, 레몬, 호깨나무	9	木	水	木	木	양	小吉	선별 사용
	仇	거만한 모양, 원수, 원망할	4	人	火	火	木	음	不用	불가
	勾	지울, 굽을, 갈고리, 잡을	4	勹	火	金	木	음	不用	불가
	咎	재앙, 허물, 책망 구, 성 고	8	口	金	水	木	음	不用	불가 동자이음
	嘔	기꺼이 말할, 노래할, 토할	14	口	火	水	木	음	小吉	선별 사용
	垢	수치, 때, 티끌, 나쁠	9	土	水	土	木	양	小吉	선별 사용
	寇	약탈할, 도둑, 원수, 난리	11	宀	木	木	木	양	不用	불가
	嶇	험할, 괴로워할, 험한 길	14	山	火	土	木	음	不用	불가
	廐	모이, 마구, 마구간, 벼슬 이름	14	广	火	木	木	음	小吉	선별 사용
	柩	널, 나무상자	9	木	水	木	木	양	不用	불가
	歐	새소리, 토할, 뱉을, 노래할	15	欠	土	火	木	양	不用	불가
	毆	때릴, 구타할, 땅 이름	15	殳	土	金	木	양	不用	불가
	毬	공, 둥근 물체, 덥껍질	11	毛	木	火	木	양	小吉	선별 사용
	灸	뜸, 뜸질할, 버틸	7	火	金	火	木	양	小吉	선별 사용
	瞿	놀라울, 볼, 놀라서 볼, 검소할	18	目	金	木	木	음	小吉	선별 사용
	絿	급할, 구할, 작을	13	糸	火	木	木	양	小吉	선별 사용
	臼	깍지낄 국, 들 거	6	臼	土	土	木	음	不用	불가 동자이음
	舅	장인, 시아버지, 외삼촌, 처남	13	臼	火	土	木	양	不用	불가
	衢	성, 네거리, 도로, 갈림길	24	行	火	火	木	음	不用	불가
	謳	노래할, 민요 구, 따뜻해질 후	18	言	金	金	木	음	不用	불가 동자이음

자음	자	자의	획수	부수	획수 오행	자원 오행	주음 종음 오행	음양	자의 품격	비고
구	逑	구할, 짝, 배우자, 모을	12	辵	木	土	木	음	小吉	선별 사용
	鉤	사닥다리, 갈고리, 낫, 찾아낼	13	金	火	金	木	양	小吉	선별 사용
	駒	젊은이, 망아지, 말, 짐승의 새끼	15	馬	土	火	木	양	小吉	선별 사용
	鷗	갈매기 구·우	22	鳥	木	火	木	음	不用	불가(조류)
국	國	나라, 고향, 서울	11	口	木	水	木 木	양	小吉	선별 사용
	国	國의 俗字	8	口	金	水	木 木	음	小吉	선별 사용
	菊	국화, 대국, 술패랭이	14	艸	火	木	木 木	음	小吉	선별 사용
	局	판, 판국, 사태, 살	7	尸	金	木	木 木	양	中吉	사용
	鞠	성, 공, 기를 국, 궁궁이 궁	17	革	金	金	木 木	양	小吉	선별 사용 동자이음
	麴	누룩, 술, 누에채반	19	麥	水	木	木 木	음	不用	불가
	鞫	국문할, 다할, 굽어 들어간	18	革	金	金	木 木	양	小吉	선별 사용
군	君	임금, 주권자, 우두머리, 남편	7	口	金	水	木 火	양	中吉	사용
	郡	고을, 관청, 쌓을	14	邑	火	土	木 火	음	小吉	선별 사용
	軍	군사, 진칠, 전투	9	車	水	金	木 火	양	小吉	선별 사용
	群	무리, 떼, 많을, 화합할	13	羊	火	土	木 火	양	中吉	사용
	窘	막힐, 궁해질 군, 글, 굴 굴	12	穴	木	水	木 火	음	小吉	선별 사용 동자이음
	裙	치마, 속옷, 가장자리	13	衣	火	木	木 火	양	不用	불가
굴	屈	굽을, 다할, 물러날 굴, 꺾을 절	8	尸	金	土	木 火	음	不用	불가
	窟	움, 굴, 사람 모이는	13	穴	火	水	木 火	양	不用	불가 동자이음

자음	자	자의	획수	부수	획수 오행	자원 오행	주음 종음 오행	음양	자의 품격	비고
굴	堀	굴, 땅굴 팔	11	土	木	土	木 火	양	不用	불가
	掘	팔 굴, 뚫을 권, 서두를 졸	13	手	火	木	木 火	양	不用	불가 동자이음
궁	弓	활, 궁술, 단위	3	弓	火	火	木 土	양	小吉	선별 사용
	宮	집, 담, 세자	10	宀	水	木	木 土	음	中吉	사용
	窮	다할, 궁할, 궁리할	15	穴	土	水	木 土	양	不用	불가
	躬	몸, 자신, 활, 몸소	10	身	水	水	木 土	음	不用	불가
	穹	클, 하늘, 막다름, 깊을	8	穴	金	水	木 土	음	小吉	선별 사용
	芎	궁궁이, 천	9	艸	水	木	木 土	양	小吉	선별 사용
권	券	정성스러울, 문서, 확실할, 주먹	8	刀	金	金	木 火	음	中吉	사용
	權	권세, 저울, 시초	22	木	木	木	木 火	음	中吉	사용
	勸	권할, 도울, 즐길	20	力	水	土	木 火	음	大吉	권장
	卷	책, 접을, 문서, 분명할	8	卩	金	木	木 火	음	中吉	사용
	拳	주먹, 힘쓸, 공손할	10	手	水	木	木 火	음	中吉	사용
	圈	우리, 감방, 경계, 술잔	11	口	木	水	木 火	양	小吉	선별 사용
	眷	돌아볼, 그리워할, 친척, 은혜	11	目	木	木	木 火	양	中吉	사용
	倦	게으를, 피로할, 고달플	10	人	水	火	木 火	음	不用	불가
	捲	구부러질, 걷을, 힘쓸, 말	12	手	木	木	木 火	음	小吉	선별 사용
	淃	물 돌아 흐를	12	水	木	水	木 火	음	中吉	사용
궐	厥	나라 이름, 그것, 다할, 조아릴	12	厂	木	土	木 火	음	小吉	선별 사용
	闕	대궐, 문, 제외할	18	門	金	木	木 火	음	小吉	선별 사용
	獗	사납게 날뛸, 날뛸	15	犬	土	土	木 火	양	不用	불가

자음	자	자의	획수	부수	획수 오행	자원 오행	주음 종음 오행	음양	자의 품격	비고
궐	蕨	고사리, 고비, 마름	18	艸	金	木	木 火	음	不用	불가
	蹶	넘어질 궐, 뛰어 일어날, 움직일 궤	19	足	水	土	木 火	양	不用	불가 동자이음
궤	軌	길, 궤도, 수레 자국	9	車	水	金	木	양	不用	불가
	机	책상, 나무 이름	6	木	土	木	木	음	不用	불가
	櫃	함, 궤	18	木	金	木	木	음	不用	불가
	潰	어지러울, 무너질, 성낼, 달아날	16	水	土	水	木	음	不用	불가
	詭	이상할, 속일, 기만할, 이길	13	言	火	金	木	양	不用	불가
	饋	제사 이름, 먹일, 대접할, 밥, 선물	21	食	木	水	木	양	不用	불가
귀	貴	귀할, 소중할, 바랄, 값비쌀	12	貝	木	金	木	음	小吉	선별 사용
	歸	돌아갈, 시집갈, 끝낼	18	止	金	土	木	음	小吉	선별 사용
	鬼	귀신, 도깨비, 지혜로울	10	鬼	水	火	木	음	不用	불가
	龜	나라 이름, 거북, 등뼈, 오래될	16	龜	土	水	木	음	不用	불가
	句	구절, 구, 거리낄, 굽을	5	口	土	水	木	양	小吉	선별 사용
	晷	그림자, 햇빛	12	日	木	火	木	음	小吉	선별 사용
	鐀	생기날 궤, 줄 의, 광택나는 쇠 귀	14	金	火	金	木	음	中吉	사용 동자이음
규	叫	부르짖을, 울, 부를	5	口	土	水	木	양	不用	불가
	規	모범, 규범, 훈계	11	見	木	火	木	양	中吉	사용
	糾	얽힐 규, 삿갓 가뜬할 교	8	糸	金	木	木	음	不用	불가 동자이음
	圭	홀, 모서리, 서옥	6	土	土	土	木	음	中吉	사용
	奎	별 이름, 가랑이	9	大	水	土	木	양	大吉	권장

자음	자	자의	획수	부수	획수 오행	자원 오행	주음 종음 오행	음양	자의 품격	비고
규	珪	서옥, 이름, 홀, 규소	11	玉	木	金	木	양	大吉	권장
	揆	헤아릴, 법, 꾀	13	手	火	木	木	양	中吉	사용
	逵	큰길, 거리, 수중길	15	辵	土	土	木	양	大吉	권장
	窺	엿볼, 볼, 반걸음	16	穴	土	水	木	음	小吉	선별 사용
	葵	해바라기, 접시꽃, 아욱	15	艸	土	木	木	양	小吉	선별 사용 (식물)
	槻	물푸레나무	15	木	土	木	木	양	小吉	선별 사용
	硅	규소 규, 깨뜨릴 괵	11	石	木	金	木	양	不用	불가 동자이음
	竅	구멍, 통할	18	穴	金	水	木	음	小吉	선별 사용
	赳	용감할, 재능, 헌걸찰	9	走	水	土	木	양	中吉	사용
	閨	부인, 규수, 계집, 길목에 세운 문	14	門	火	木	木	음	中吉	사용
	糺	糾와 同字, 볼 규, 맺힐 교	7	糸	金	木	木	양	中吉	사용 동자이음
균	均	밭갈, 고를 균, 울림 운, 따를 연	7	土	金	土	木 火	양	小吉	선별 사용 동자이음
	菌	무궁화 나무, 버섯 균·권, 버선 훤	14	艸	火	木	木 火	음	不用	불가 동자이음
	畇	밭 일굴 균·윤, 개간할	9	田	水	土	木 火	양	不用	불가 동자이음
	鈞	고를, 가락, 무게 단위, 하늘	12	金	木	金	木 火	음	中吉	사용
	勻	적을, 흩어질, 고를, 성	4	勹	火	金	木 火	음	小吉	선별 사용
	筠	윤택할, 대나무, 푸른 껍질	13	艸	火	木	木 火	양	中吉	사용
	龜	거북 귀, 틀 균, 나라 이름 구	16	龜	土	水	木 火	음	不用	불가
귤	橘	귤나무	16	木	土	木	木 火	양	小吉	선별 사용

자음	자	자의	획수	부수	획수 오행	자원 오행	주음 종음 오행	음양	자의 품격	비고
극	極	다할, 극진할, 엄할	13	木	火	木	木 木	양	小吉	선별 사용
	克	이길, 능할, 다스릴	7	儿	金	木	木 木	양	中吉	사용
	劇	심할, 연극, 장난할	15	刀	土	金	木 木	양	小吉	선별 사용
	剋	이길, 능할, 정할	9	刀	水	金	木 木	양	中吉	사용
	隙	틈, 여가, 결점	18	阜	金	土	木 木	음	小吉	선별 사용
	戟	창, 찌를, 굽힐	12	戈	木	金	木 木	음	不用	불가
	棘	감옥, 급박할, 가시나무, 대추나무	12	木	木	木	木 木	음	不用	불가
근	近	가까울 근, 어조사 기	11	辵	木	土	木 火	양	小吉	선별 사용 동자이음
	勤	부지런할, 일, 근무할	13	力	火	土	木 火	양	中吉	사용
	根	뿌리, 근본, 뽑아 없앨	10	木	水	木	木 火	음	小吉	선별 사용
	斤	도끼, 벨, 살필, 근	4	斤	火	金	木 火	음	不用	불가
	僅	겨우, 조금, 거의	13	人	火	火	木 火	양	小吉	선별 사용
	謹	삼갈, 엄할, 지킬 근, 공경할 경	18	言	金	金	木 火	음	小吉	선별 사용
	漌	맑을, 적실, 담글	15	水	土	水	木 火	양	中吉	사용
	墐	매흙질할, 묻을, 도당길	14	土	火	土	木 火	음	中吉	사용
	槿	무궁화, 우리나라	15	木	土	木	木 火	양	中吉	사용
	筋	힘줄, 기운, 체력	12	竹	木	木	木 火	음	小吉	선별 사용
	瑾	아름다운 옥, 붉은 옥	16	玉	土	金	木 火	음	大吉	권장
	嫤	여자 이름, 아름다울, 고울	14	女	火	土	木 火	음	大吉	권장
	劤	강할, 힘셀, 힘	6	力	土	金	木 火	음	中吉	사용
	懃	은근할, 일에 힘쓸, 친절한 모양	17	心	金	火	木 火	양	中吉	사용

자음	자	자의	획수	부수	획수 오행	자원 오행	주음 종음 오행	음양	자의 품격	비고
근	芹	미나리, 겸손한 인사	10	艸	水	木	木 火	음	中吉	사용
	菫	무궁화, 제비꽃 근, 바꽃 긴	14	艸	火	木	木 火	음	不用	불가 동자이음
	覲	구슬, 뵐, 볼, 겨우	18	見	金	火	木 火	음	中吉	사용
	饉	굶어 죽을, 흉년들, 주릴	20	食	水	水	木 火	음	不用	불가
글	契	부족 이름 글, 사람 이름 설, 맺을 계, 애쓸 결	9	大	水	木	木 火	양	小吉	선별 사용 동자이음
금	金	쇠, 돈, 황금, 단단할	8	金	金	金	木 水	음	中吉	사용 동자이음
	今	이제, 이에, 바로, 만일	4	人	火	火	木 水	음	中吉	사용
	禁	금할, 꺼릴, 대궐, 비밀	13	示	火	木	木 水	양	不用	불가
	錦	비단, 아름다울	16	金	土	金	木 水	음	小吉	선별 사용
	禽	날짐승, 새, 짐승, 사로잡을	13	内	火	火	木 水	양	小吉	선별 사용
	琴	거문고, 땅 이름, 성	13	玉	火	金	木 水	양	中吉	사용
	衾	이불, 침구	10	衣	水	木	木 水	음	中吉	사용
	襟	옷깃, 가슴, 생각	19	衣	水	木	木 水	양	小吉	선별 사용
	昑	밝을, 환할	8	日	金	火	木 水	음	大吉	권장
	妗	외숙모 금, 방정맞을 항	7	女	金	土	木 水	양	小吉	선별 사용 동자이음
	擒	사로잡을, 생포할, 붙잡을	17	手	金	木	木 水	양	不用	불가
	檎	능금나무	17	木	金	木	木 水	양	小吉	선별 사용
	芩	풀 이름 금, 수초 이름 음	10	艸	水	木	木 水	음	小吉	선별 사용 동자이음
	衿	옷깃, 옷고름, 멜, 띠 두를	9	衣	水	木	木 水	양	小吉	선별 사용
급	及	미칠, 이를, 함께	4	又	火	水	木 水	음	小吉	선별 사용

자음	자	자의	획수	부수	획수 오행	자원 오행	주음 종음 오행	음양	자의 품격	비고
급	給	넉넉할, 더할, 휴가, 줄	12	糸	木	木	木 水	음	小吉	선별 사용
	急	급할, 빠를, 경계할	9	心	水	火	木 水	양	不用	불가
	級	등급, 순서, 계단, 수급	10	糸	水	木	木 水	음	不用	불가
	汲	길을, 분주할, 당길, 물 길을	8	水	金	水	木 水	음	小吉	선별 사용
	伋	속일, 인명, 사람 이름	6	人	土	火	木 水	음	不用	불가
	扱	미칠 급, 모을, 끌어당길 삽	8	手	金	木	木 水	음	不用	불가 동자이음
긍	肯	옳게 여길 긍, 뼈 사이 살 개	10	肉	水	水	木 土	음	小吉	선별 사용 동자이음
	亘	걸칠, 극할 긍, 펼 선, 뻐칠 급	6	瓦	土	火	木 土	음	小吉	선별 사용 동자이음
	亙	亘의 本字	6	二	土	火	木 土	음	小吉	선별 사용
	兢	삼갈, 두려워할, 굳셀	14	儿	火	水	木 土	음	小吉	선별 사용
	矜	창자루 근, 홀아비 환, 불쌍히 여길 긍	9	矛	水	金	木 土	양	小吉	선별 사용 동자이음
기	己	자기, 몸 기, 다스릴 길	3	己	火	土	木	양	中吉	사용
	記	기록할, 적을, 기억할, 문서	10	言	水	金	木	음	中吉	사용
	起	일어날, 시작할, 병 고칠	10	走	水	火	木	음	中吉	사용
	其	그, 어조사	8	八	金	金	木	음	小吉	선별 사용
	期	기약, 정할, 한도, 기한	12	月	木	水	木	음	大吉	권장
	基	터, 기초, 비롯할, 꾀	11	土	木	土	木	양	大吉	권장
	氣	기운, 공기, 성질, 숨	10	气	水	水	木	음	小吉	선별 사용
	技	재주, 묘기, 짐작할	8	手	金	木	木	음	大吉	권장
	幾	기미, 조짐, 기회, 징조	12	幺	木	火	木	음	小吉	선별 사용

자음	자	자의	획수	부수	획수 오행	자원 오행	주음 종음 오행	음양	자의 품격	비고
기	旣	이미, 다할, 원래 기, 쌀 희	11	无	木	水	木	양	小吉	선별 사용 동자이음
	紀	벼리, 실마리, 다스릴, 규율	9	糸	水	木	木	양	大吉	권장
	忌	꺼릴, 증오할, 기일	7	心	金	火	木	양	不用	불가
	旗	기, 표지, 덮을	14	方	火	木	木	음	中吉	사용
	欺	속일, 업신여길, 거짓	12	欠	木	金	木	음	不用	불가
	奇	기이할, 운수, 나머지	8	大	金	土	木	음	中吉	사용
	騎	기병, 말 탈, 걸터앉을	18	馬	金	火	木	음	小吉	선별 사용
	寄	부칠, 위탁할, 나그네, 의뢰할	11	宀	木	木	木	양	小吉	선별 사용
	豈	어찌, 바랄, 그, 일찌기	10	豆	水	水	木	음	中吉	사용
	棄	버릴, 폐할, 쇠퇴할, 그만둘	12	木	木	木	木	음	不用	불가
	祈	빌, 고할, 구할 기, 산제사 궤	9	示	水	木	木	양	不用	불가 동자이음
	企	꾀할, 바랄, 발돋움할	6	人	土	火	木	음	大吉	권장
	畿	경기, 지경, 서울	15	田	土	土	木	양	中吉	사용
	飢	주릴, 기아, 모자랄, 흉년들	11	食	木	水	木	양	不用	불가
	器	그릇, 쓰일, 재능, 중히 여길	16	口	土	木	木	음	不用	불가
	機	틀, 기계, 베틀, 시기	16	木	土	木	木	음	小吉	선별 사용
	淇	강 이름, 고을 이름	12	水	木	水	木	음	中吉	사용
	琪	옥 이름, 나무 이름	13	玉	火	金	木	양	大吉	권장
	璂	옥, 꾸미개	16	玉	土	金	木	음	大吉	권장
	棋	점칠, 바둑, 장기, 근본	12	木	木	木	木	음	中吉	사용
	祺	복, 즐거움, 길조	13	示	火	木	木	양	大吉	권장

자음	자	자의	획수	부수	획수 오행	자원 오행	주음 종음 오행	음양	자의 품격	비고
기	錤	호미	16	金	土	金	木	음	中吉	사용
	騏	털총이, 천리마, 얼룩말, 기린	18	馬	金	火	木	음	小吉	선별 사용
	麒	기린	19	鹿	水	土	木	양	小吉	선별 사용
	玘	패옥, 노리개	8	玉	金	金	木	음	中吉	사용
	杞	나무 이름 기, 쟁기 시	7	木	金	木	木	양	小吉	선별 사용 동자이음
	埼	강, 언덕머리, 낭떠러지	11	土	木	土	木	양	小吉	선별 사용
	崎	갑기, 곶기, 험할, 산길	11	山	木	土	木	양	小吉	선별 사용
	琦	기이할, 클, 옥, 훌륭할	13	玉	火	金	木	양	大吉	권장
	綺	비단, 아름다울, 무늬, 고을	14	糸	火	木	木	음	大吉	권장
	錡	가마솥 기, 쇠 뇌틀 의	16	金	土	金	木	음	小吉	선별 사용 동자이음
	箕	키, 쓰레받기, 만물 뿌리	14	竹	火	木	木	음	小吉	선별 사용
	岐	산 이름, 갈림길, 지난날	7	山	金	土	木	양	大吉	권장
	汽	물 끓는 김 기, 거의 흘	8	水	金	水	木	음	小吉	선별 사용 동자이음
	沂	땅 이름, 산 이름 기, 물 이름, 지경 은	8	水	金	水	木	음	小吉	선별 사용 동자이음
	圻	경기 기, 끝 은	7	土	金	土	木	양	小吉	선별 사용 동자이음
	耆	어른, 늙은 기, 지휘할 기, 이를 지	10	老	水	土	木	음	小吉	선별 사용 동자이음
	璣	구슬, 거울, 벼 이름	17	玉	金	金	木	양	小吉	선별 사용
	磯	물가, 자갈밭, 문지를	17	石	金	金	木	양	小吉	선별 사용
	譏	나무랄, 원망할, 조사할, 충고할	19	言	水	金	木	양	小吉	선별 사용

자음	자	자의	획수	부수	획수 오행	자원 오행	주음 종음 오행	음양	자의 품격	비고
기	冀	바랄, 원할, 지명	16	八	土	土	木	음	大吉	권장
	驥	천리마, 뛰어난 인물	27	馬	金	火	木	양	小吉	선별 사용
	嗜	즐길, 좋아할, 탐할	13	口	火	水	木	양	中吉	사용
	暣	볕 기운, 날씨, 일기	14	日	火	火	木	음	大吉	권장
	伎	재주, 기술, 배우	6	人	土	火	木	음	大吉	권장
	夔	조심할, 두려울, 외발짐승	20	夊	水	土	木	음	小吉	선별 사용
	妓	창녀, 기생, 음란한 여자	7	女	金	土	木	양	不用	불가
	朞	주기, 돌, 1주년	12	月	木	水	木	음	中吉	사용
	畸	불구자, 뙈기밭, 우수리	13	田	火	土	木	양	不用	불가
	碁	棋와 同字, 바둑, 장기, 점칠, 근본	13	石	火	金	木	양	小吉	선별 사용
	祁	성, 많을, 성할, 클 기, 땅 이름 지	8	示	金	木	木	음	大吉	권장 동자이음
	祇	토지의 신 기, 조사, 편안할 지	9	示	水	水	木	양	小吉	선별 사용 동자이음
	羈	잡아 맬, 굴레, 재갈, 꼭지머리	25	网	土	火	木	양	小吉	선별 사용
	耭	갈, 논 갈	18	耒	金	木	木	음	小吉	선별 사용
	肌	근육, 신체, 살, 피부	8	肉	金	水	木	음	不用	불가
	饑	굶주릴, 흉년, 주릴	21	食	木	水	木	양	不用	불가
	稘	돌, 1주년, 짚, 콩줄기	13	禾	火	木	木	양	中吉	사용
긴	緊	감길, 오그라질, 매우, 엄할	14	糸	火	木	木 火	음	小吉	선별 사용
길	吉	길할, 행복, 예식	6	口	土	水	木 火	음	大吉	권장
	佶	건장할, 바를, 장할, 굽을	8	人	金	火	木 火	음	大吉	권장
	桔	두레박 틀, 도라지, 높고 험한	10	木	水	木	木 火	음	小吉	선별 사용

자음	자	자의	획수	부수	획수 오행	자원 오행	주음 종음 오행	음양	자의 품격	비고
길	姞	삼갈, 성	9	女	水	土	木 火	양	中吉	사용
	拮	일할 길, 죄어칠 갈	10	手	水	木	木 火	음	小吉	선별 사용 동자이음
김	金	쇠, 돈	8	金	金	金	木 水	음	中吉	사용
끽	喫	마실, 먹을, 피울, 당할	12	口	木	水	木 木	음	不用	불가
나	那	무엇, 어찌, 아름다울 나, 어조사 내	11	邑	木	土	火	양	不用	불가 동자이음
	奈	어찌, 나락	8	大	金	火	火	음	小吉	선별 사용
	柰	어찌, 사과 나, 어찌 내	9	木	水	木	火	양	小吉	선별 사용 동자이음
	娜	아리따울, 모양, 날씬할, 우아할	10	女	水	土	火	음	中吉	사용
	拏	잡을, 비빌, 뒤섞을	9	手	水	木	火	양	小吉	선별 사용
	喇	나팔, 말할, 승려, 중	12	口	木	水	火	음	小吉	선별 사용
	懦	나약할, 무기력할 나, 겁쟁이 유	18	心	金	火	火	음	小吉	선별 사용 동자이음
	拿	붙잡을, 사로잡을, 손에 넣을	10	手	水	木	火	음	不用	불가
	儺	공손한 모양, 악귀 쫓을	21	人	木	火	火	양	中吉	사용
	挐	붙잡을, 손에 쥘, 포박할, 비빌	10	手	水	木	火	음	小吉	선별 사용
	旑	깃발 바람에 날릴	12	方	木	木	火	음	中吉	사용
	胗	성길, 살찔	10	肉	水	水	火	음	不用	불가
낙	諾	대답할, 승낙할, 순종할	16	言	土	金	火 木	음	中吉	사용
난	暖	따뜻이 할, 따뜻할 난, 부드러울 훤	13	日	火	火	火 火	양	小吉	선별 사용 동자이음
	難	재앙, 어지러울 난, 나무 우거질 나	19	隹	水	火	火 火	양	不用	불가 동자이음

자음	자	자의	획수	부수	획수 오행	자원 오행	주음 종음 오행	음양	자의 품격	비고
난	煖	사람 이름, 따뜻할 난, 온난할 훤	13	火	火	火	火 火	양	小吉	선별 사용 동자이음
날	捺	누를, 찍을, 손으로 누를	12	手	木	木	火 火	음	中吉	사용
	捏	이길, 반죽할	11	手	木	木	火 火	양	小吉	선별 사용
남	南	성, 남녘, 풍류 이름	9	十	水	火	火 水	양	中吉	사용
	男	사내, 아들, 남작	7	田	金	火	火 水	양	中吉	사용
	楠	녹나무	13	木	火	木	火 水	양	中吉	사용
	湳	땅 이름, 강 이름, 추장	13	水	火	水	火 水	양	中吉	사용
	枏	녹나무	8	木	金	木	火 水	음	中吉	사용
납	納	보낼, 바칠, 수확할, 들일	10	糸	水	木	火 水	음	中吉	사용
	衲	장삼, 옷 수선할, 승려	10	衣	水	木	火 水	음	小吉	선별 사용
낭	娘	각시, 아가씨, 어머니, 소녀	10	女	水	土	火 土	음	中吉	사용
	囊	불알, 주머니, 돈주머니	22	口	木	水	火 土	음	小吉	선별 사용
내	內	비밀, 안, 들일, 나라	4	入	火	木	火	음	中吉	사용
	乃	곧, 이에, 발어사	2	丿	木	金	火	음	小吉	선별 사용
	奈	어찌, 어찌할고	8	大	金	火	火	음	小吉	선별 사용
	耐	견딜, 참을, 감당할 내, 능할 능	9	而	水	水	火	양	小吉	선별 사용 동자이음
	柰	능금나무 내, 어찌 나	9	木	水	木	火	양	小吉	선별 사용 동자이음
녀	女	계집, 너, 짝 지을	3	女	火	土	火	양	中吉	선별 사용 동자이음
년	年	해, 나이, 익을	6	干	土	木	火 火	음	中吉	사용
	秊	年의 俗字	8	禾	金	木	火 火	음	中吉	사용
	撚	이길, 좇을, 비틀, 밟을	16	手	土	木	火 火	음	中吉	사용

자음	자	자의	획수	부수	획수 오행	자원 오행	주음 종음 오행	음양	자의 품격	비고
념	念	생각할, 욀, 읽을, 삼갈	8	心	金	火	火 水	음	中吉	사용
	恬	편안할, 조용할, 고요할	10	心	水	火	火 水	음	中吉	사용
	拈	집어들 념 · 점	9	手	水	木	火 水	양	小吉	선별 사용 동자이음
	捻	비틀, 비꼴, 붙잡을, 꼬을	12	手	木	木	火 水	음	小吉	선별 사용
녕	寧	편안할, 어찌, 차라리, 문안할	14	宀	火	火	火 土	음	小吉	선별 사용
	甯	寧과 同字, 차라리	13	宀	火	火	火 土	양	小吉	선별 사용
	獰	모질, 흉악할, 개털 많을	17	犬	金	土	火 土	양	不用	불가
노	怒	성낼, 화낼, 세찰, 힘쓸	9	心	水	火	火	양	不用	불가
	奴	종, 포로, 놈	5	女	土	土	火	양	不用	불가
	努	힘쓸, 힘 다할	7	力	金	土	火	양	小吉	선별 사용
	弩	쇠뇌, 활	8	弓	金	金	火	음	小吉	선별 사용
	瑙	마노, 석영, 보석	14	玉	火	金	火	음	中吉	사용
	駑	느릴, 둔할, 미련할	15	馬	土	火	火	양	不用	불가
농	農	지을, 농사, 농업, 백성	13	辰	火	土	火 土	양	中吉	사용
	膿	고름, 짓무를	19	肉	水	水	火 土	양	不用	불가
	濃	도타울, 무성할, 짙을, 깊을	17	水	金	水	火 土	양	中吉	사용
뇨	尿	오줌, 소변	7	尸	金	水	火	양	不用	불가
	鬧	성할, 시끄러울, 논쟁할, 흩어질	14	鬥	火	金	火	음	不用	불가
	撓	어지러울 뇨, 돌 효, 부드럽게할 호	16	手	土	木	火	음	不用	불가 동자이음
눈	嫩	어릴, 예쁠, 연약할	14	女	火	土	火 火	음	小吉	선별 사용
눌	訥	말더듬을, 과묵할	11	言	木	金	火 火	양	不用	불가

자음	자	자의	획수	부수	획수 오행	자원 오행	주음 종음 오행	음양	자의 품격	비고
뇌	腦	뇌, 정신, 중심	15	肉	土	水	火	양	不用	불가
	惱	괴로워할	13	心	火	火	火	양	不用	불가
뉴	紐	권원, 끈, 맬	10	糸	水	水	火	음	小吉	선별 사용
	鈕	인꼭지 뉴, 단추, 칼, 성 추	12	金	木	金	火	음	不用	불가 동자이음
	杻	감탕나무 뉴, 고랑, 사리 축	8	木	金	木	火	음	中吉	사용 동자이음
능	能	능할, 미칠 능, 견딜 내, 별 이름 태	12	肉	木	水	火 土	음	小吉	선별 사용 동자이음
니	泥	흐릴, 약할, 진흙 니, 땅 이름 녕, 물들일 렬	9	水	水	水	火	양	不用	불가 동자이음
	尼	성, 승려, 가까울 니, 그 치게할 닐	5	尸	土	水	火	양	不用	불가 동자이음
	柅	무성할, 살필, 수레바퀴	9	木	水	木	火	양	小吉	선별 사용
닉	匿	숨을, 숨길, 숨은 죄, 움 추릴	11	匸	木	水	火 木	양	不用	불가
	溺	빠질, 잠길 닉, 오줌 뇨, 강 이름 약	14	水	火	水	火 木	음	不用	불가 동자이음
다	多	많을, 넓을, 중히 여길	6	夕	土	水	火	음	大吉	권장
	茶	차, 미소녀 다, 차 차	12	艸	木	木	火	음	小吉	선별 사용 동자이음
	爹	아버지, 아비, 웃어른 존칭	10	父	水	木	火	음	中吉	사용
단	丹	붉을, 정성스러울, 단사, 약물	4	丶	火	火	火 火	음	中吉	사용
	但	홀로, 다만, 무릇, 혼자	7	人	金	火	火 火	양	中吉	사용
	單	홑 단, 고을 이름 선, 가 볍게 떠날 전	12	口	木	水	火 火	음	小吉	선별 사용 동자이음
	短	허물, 짧을, 적을, 어리석을	12	矢	木	金	火 火	음	小吉	선별 사용

자음	자	자의	획수	부수	획수 오행	자원 오행	주음 종음 오행	음양	자의 품격	비고
단	端	단정할, 바를, 곧을, 끝	14	立	火	金	火 火	음	中吉	사용
	旦	아침, 밤새울, 정성	5	日	土	火	火 火	음	中吉	사용
	段	구분, 조각, 층계	9	殳	水	金	火 火	양	中吉	사용
	壇	제터, 뜰, 장소	16	土	土	土	火 火	음	中吉	사용
	檀	베물, 박달나무, 단향목	17	木	金	木	火 火	양	中吉	사용
	斷	끊을, 근절할, 없앨, 결단할	18	斤	金	金	火 火	음	小吉	선별 사용
	團	둥글, 모일, 통치할	14	口	火	水	火 火	음	中吉	사용
	緞	비단 단, 신뒤축 헝겊 하	15	糸	土	木	火 火	양	小吉	선별 사용 동자이음
	鍛	쇠 불릴, 숫돌, 단련할	17	金	金	金	火 火	양	中吉	사용
	亶	믿음, 진실 단, 오르지, 날 선	13	亠	火	土	火 火	양	中吉	사용 동자이음
	彖	판단할, 단사	9	彐	水	火	火 火	양	中吉	사용
	湍	소용돌이칠, 여울, 빠를 단, 강 이름 전	13	水	火	水	火 火	양	小吉	선별 사용 동자이음
	簞	대 이름, 대광주리, 호로 병박	18	竹	金	木	火 火	음	中吉	사용
	蛋	해녀, 새알, 오랑캐 이름	11	虫	木	水	火 火	양	小吉	선별 사용
	袒	웃통 벗을 단, 옷솔 터질 탄	11	衣	木	木	火 火	양	小吉	선별 사용 동자이음
	鄲	조나라서울, 나라 이름 단, 나라 이름 다	19	邑	水	土	火 火	양	小吉	선별 사용 동자이음
달	達	이를, 통달할, 깨달을, 클	16	辵	土	土	火 火	음	大吉	권장
	撻	매질할, 빠를	17	手	金	木	火 火	양	中吉	사용
	澾	미끄러울, 반질할	17	水	金	水	火 火	양	中吉	사용
	獺	수달	19	犬	水	土	火 火	양	不用	불가

자음	자	자의	획수	부수	획수 오행	자원 오행	주음 종음 오행	음양	자의 품격	비고
달	疸	황달, 달병	10	疒	水	水	火 火	음	不用	불가
담	談	농담할, 말씀, 언론, 이야기할	15	言	土	金	火 水	양	中吉	사용
	淡	싱거울, 묽을, 연할 담, 질펀히 흐를 염	12	水	木	水	火 水	음	小吉	선별 사용 동자이음
	擔	멜, 책임질, 떠맡을	17	手	金	木	火 水	양	中吉	사용
	譚	이야기, 완만할, 클, 갔을	19	言	水	金	火 水	양	中吉	사용
	膽	쓸개, 담력, 마음, 담대할	19	肉	水	水	火 水	양	不用	불가
	澹	담박할, 조용할, 물 모양	17	水	金	水	火 水	양	中吉	사용
	覃	퍼질, 미칠, 깊을 담, 날카로울 염	12	襾	木	金	火 水	음	小吉	선별 사용 동자이음
	啖	먹을, 탐할, 속일, 담박할	11	口	木	水	火 水	양	不用	불가
	坍	무너질	7	土	金	土	火 水	양	不用	불가
	憺	정할, 편안할, 고요할, 떨	17	心	金	火	火 水	양	中吉	사용
	曇	흐릴, 구름이 낄, 불법	16	日	土	火	火 水	음	小吉	선별 사용
	湛	즐길 담, 잠길 침, 가득찰 장, 장마 음	13	水	火	水	火 水	양	小吉	선별 사용 동자이음
	痰	가래, 천식, 만성위염	13	疒	火	水	火 水	양	不用	불가
	聃	耼의 俗字, 주나라의 이름, 귀바퀴 입을	11	耳	木	火	火 水	양	不用	불가
	錟	창, 찌를 담, 날카로울 섬	16	金	土	金	火 水	음	不用	불가 동자이음
	蕁	지모, 찌를 담, 지모, 풀 가사리 심	18	艸	金	木	火 水	음	小吉	선별 사용 동자이음
	潭	깊을 담, 잠길, 베어들 심	16	水	土	水	火 水	음	小吉	선별 사용 동자이음
답	答	갚을, 대답할, 거역할	12	竹	木	木	水 水	음	中吉	사용

자음	자	자의	획수	부수	획수 오행	자원 오행	주음 종음 오행	음양	자의 품격	비고
답	畓	논, 수전	9	田	水	土	水 水	양	中吉	사용
	踏	밟을, 디딜, 신	15	足	土	土	水 水	양	中吉	사용
	沓	유창할, 합할, 겹칠, 탐할	8	水	金	水	水 水	음	中吉	사용
	遝	뒤섞일, 미칠, 따라붙다	17	辵	金	土	水 水	양	小吉	선별 사용
당	堂	집, 평평할, 큰집, 큰방	11	土	木	土	水 土	양	中吉	사용
	當	마땅할, 당할, 적합할, 주관할	13	田	火	土	水 土	양	中吉	사용
	唐	황당할, 당나라, 허풍, 갑자기	10	口	水	水	水 土	음	中吉	사용
	糖	사탕, 엿	16	米	土	木	水 土	음	中吉	사용
	黨	무리, 바를, 마을	20	黑	水	水	水 土	음	小吉	선별 사용
	塘	척후, 못, 방죽, 제방	13	土	火	土	水 土	양	中吉	사용
	鐺	쇠사슬, 종고소리 당, 솥 쟁	21	金	木	金	水 土	양	小吉	선별 사용 동자이음
	撞	칠, 두드릴, 부딪칠, 찌를	16	手	土	木	水 土	음	中吉	사용
	幢	기, 휘장 당, 드리워진 모양 동	15	巾	土	木	水 土	양	小吉	선별 사용 동자이음
	戇	어리석을, 외고집	28	心	金	火	水 土	음	小吉	선별 사용
	棠	둑방, 제방, 팥배나무, 해당화, 산앵두나무	12	木	木	木	水 土	음	中吉	사용
	螳	사마귀, 버마재비	17	虫	金	水	水 土	양	不用	불가
대	大	시초, 큰, 넓을 대, 클 태 · 다	3	大	火	木	火	양	小吉	선별 사용 동자이음
	代	대신, 시대, 번갈아	5	人	土	火	火	양	中吉	사용
	待	기다릴, 갖출, 대접, 의지할	9	彳	水	火	火	양	中吉	사용

자음	자	자의	획수	부수	획수 오행	자원 오행	주음 종음 오행	음양	자의 품격	비고
대	對	대답할, 상대, 짝, 만날	14	寸	火	木	火	음	中吉	사용
	帶	띠, 찰, 장식	11	巾	木	木	火	양	中吉	사용
	臺	성문, 대, 돈대, 관청 대, 땅 이름 호	14	至	火	土	火	음	小吉	선별 사용 동자이음
	貸	빌릴, 베풀, 느슨할 대, 빌릴 특	12	貝	木	金	火	음	小吉	선별 사용 동자이음
	隊	무리, 떼, 줄 대, 떨어질 추, 길 수	17	阜	金	土	火	양	小吉	선별 사용 동자이음
	垈	집터, 밭, 터	8	土	金	土	土	음	中吉	사용
	玳	대모, 바다거북	10	玉	水	金	土	음	中吉	사용
	袋	자루, 부대, 주머니	11	衣	木	木	土	양	中吉	사용
	戴	받들, 느낄, 생각할, 일	18	戈	金	金	土	음	中吉	사용
	擡	들어올릴, 들, 멜	18	手	金	木	土	음	中吉	사용
	旲	햇빛 대, 클 영	7	日	金	火	土	양	小吉	선별 사용 동자이음
	坮	돈대, 조정, 대, 성문 대, 땅 이름 호	8	土	金	土	土	음	中吉	사용 동자이음
	岱	대산, 클, 큼직할	8	山	金	土	土	음	中吉	사용
	黛	눈썹 먹, 여자의 눈썹 대	17	黑	金	水	土	양	小吉	선별 사용 동자이음
댁	宅	헤아릴, 댁, 집, 편안할	6	宀	土	木	火 木	음	中吉	사용
덕	德	어진이, 덕, 선행, 존, 은혜	15	彳	土	火	火 木	양	小吉	선별 사용
	悳	德의 俗字	12	心	木	火	火 木	음	小吉	선별 사용
도	刀	칼, 작은 배, 되	2	刀	木	金	火	음	不用	불가
	到	이를, 주밀할, 거꾸로	8	刀	金	金	火	음	中吉	사용
	度	태양, 법, 깨달을, 깨달을 도, 헤아릴 탁	9	广	水	木	火	양	小吉	선별 사용 동자이음

자음	자	자의	획수	부수	획수 오행	자원 오행	주음 종음 오행	음양	자의 품격	비고
도	道	길, 이치, 행할, 도리	16	辵	土	土	火	음	中吉	사용
	島	섬	10	山	水	土	火	음	中吉	사용
	徒	걸어다닐, 무리, 동아리, 헛될	10	彳	水	火	火	음	小吉	선별 사용
	圖	그림, 꾀할, 도장	14	口	火	水	火	음	中吉	사용
	倒	넘어질, 거꾸로, 반역할	10	人	水	火	火	음	小吉	선별 사용
	都	도읍, 클, 우두머리 도, 못 저	16	邑	土	土	火	음	小吉	선별 사용 동자이음
	桃	복숭아, 앵도, 침대, 달아날	10	木	水	木	火	음	中吉	사용
	挑	휠, 굽을, 뛸, 멜	10	手	木	木	火	음	中吉	사용
	跳	뛸, 달아날, 덤빌, 빨리 갈	13	足	火	土	火	양	中吉	사용
	逃	달아날, 숨을, 회피할	13	辵	火	土	火	양	小吉	선별 사용
	渡	건널, 통할, 나루, 줄	13	水	火	水	火	양	中吉	사용
	陶	질그릇, 기뻐할 도, 사람 이름 요	16	阜	土	土	火	음	小吉	선별 사용 동자이음
	途	길, 도로	14	辵	火	土	火	음	大吉	권장
	稻	벼, 땅 이름, 성	15	禾	土	木	火	양	中吉	사용
	導	이끌, 인도할, 행할, 다스릴	16	寸	土	木	火	음	大吉	권장
	盜	훔칠, 도둑질, 밀통할, 소인	12	皿	木	金	火	음	不用	불가
	塗	진흙, 바를, 지울	13	土	火	土	火	양	中吉	사용
	堵	거처, 담, 틀어막을 도, 성 자	12	土	木	土	火	음	小吉	선별 사용 동자이음
	棹	돛대, 노, 노 저을 도, 책상 탁	12	木	木	木	火	음	小吉	선별 사용 동자이음
	濤	물결, 씻을, 비출	18	水	金	水	火	음	中吉	사용

자음	자	자의	획수	부수	획수 오행	자원 오행	주음 종음 오행	음양	자의 품격	비고
도	燾	비출, 덮을, 가릴	18	木	金	火	火	음	中吉	사용
	鍍	도금할	17	金	金	金	火	양	小吉	선별 사용
	蹈	밟을, 춤출, 뛸	13	足	火	土	火	양	中吉	사용
	禱	빌, 기원	19	示	水	木	火	양	中吉	사용
	屠	잡을, 무찌를 도, 흉노왕 저	12	尸	木	水	火	음	小吉	선별 사용 동자이음
	嶋	섬	14	山	火	土	火	음	中吉	사용
	悼	슬퍼할, 떨, 어린이 죽음	12	心	木	火	火	음	不用	불가
	掉	흔들, 요동할, 바로잡을	11	手	木	木	火	양	小吉	선별 사용
	搗	찍을, 두드릴, 다듬이질	14	手	火	木	火	음	中吉	사용
	櫂	노, 상앗대, 배	18	木	金	木	火	음	中吉	사용
	淘	일, 씻을, 흐를, 칠	12	水	木	水	火	음	大吉	권장
	滔	움직일, 물 넘칠, 넓을, 모을	14	水	火	水	火	음	大吉	권장
	睹	볼, 분별할	14	目	火	木	火	음	大吉	권장
	萄	포도, 풀 이름	14	艸	火	木	火	음	中吉	사용
	覩	자세히 볼, 볼, 알, 분별할	16	見	土	火	火	음	中吉	사용
	賭	걸, 노름, 이 득취할	16	貝	土	金	火	음	小吉	선별 사용
	韜	감출, 갈무리할, 팔찌, 바를	19	韋	水	金	火	양	小吉	선별 사용
독	讀	읽을 독, 구절 두	22	言	木	金	火 木	음	小吉	선별 사용 동자이음
	獨	홀로, 외로울, 장치	17	犬	金	土	火 木	양	中吉	사용
	毒	난폭할, 독, 해칠 독, 거북 대	8	毋	金	土	火 木	음	不用	불가 동자이음
	督	살펴볼, 거느릴, 통솔할, 재촉할	13	目	火	木	火 木	양	中吉	사용

자음	자	자의	획수	부수	획수 오행	자원 오행	주음 종음 오행	음양	자의 품격	비고
독	篤	도타울, 굳을, 고생할, 병 위중할	16	竹	土	木	火 木	음	中吉	사용
	瀆	더럽힐 독, 구멍 두	19	水	水	水	火 木	양	小吉	선별 사용 동자이음
	牘	편지, 나뭇조각, 공문서, 책	19	片	水	木	火 木	양	中吉	사용
	犢	송아지	19	牛	水	土	火 木	양	小吉	선별 사용
	禿	대머리, 벗어질, 민둥산, 민머리	7	禾	金	木	火 木	양	不用	불가
	纛	기 독·도	25	糸	土	木	火 木	양	小吉	선별 사용 동자이음
돈	豚	돼지, 복어, 흙부대	11	豕	木	水	火 火	양	小吉	선별 사용
	敦	도타울, 어두울 돈, 다스릴 퇴, 모일 단	12	攴	木	金	火 火	음	小吉	선별 사용 동자이음
	墩	돈대, 흙더미	15	土	土	土	火 火	양	中吉	사용
	惇	도타울, 인정 많을, 정성, 인정	12	心	木	火	火 火	음	中吉	사용
	暾	아침, 해 돋을	16	日	土	火	火 火	음	大吉	권장
	燉	불빛, 이글거릴	16	火	土	火	火 火	음	大吉	권장
	頓	머물러, 조아릴, 깨질, 고생할	13	頁	火	火	火 火	양	中吉	사용
	旽	밝을 돈, 친밀할 준	8	日	金	火	火 火	음	小吉	선별 사용 동자이음
	沌	어두울, 빙돌 돈, 내 이름 전	8	水	金	水	火 火	음	小吉	선별 사용 동자이음
	焞	불 돈, 성할 퇴, 밝을 순	12	火	木	火	火 火	음	小吉	선별 사용 동자이음
돌	突	갑자기, 부딪칠, 뚫을	9	穴	水	水	火 火	양	小吉	선별 사용
	乭	돌, 사람 이름	6	乙	土	金	火 火	음	小吉	선별 사용

자음	자	자의	획수	부수	획수 오행	자원 오행	주음 종음 오행	음양	자의 품격	비고
동	同	한가지, 모을, 화할, 함께할	6	口	土	水	火 土	음	中吉	사용
	洞	골, 골짜기, 깊을 동, 통찰 통	10	水	水	水	火 土	음	小吉	선별 사용 동자이음
	童	종, 아이, 어리석을 동, 땅 이름 종	12	立	木	金	火 土	음	小吉	선별 사용 동자이음
	冬	겨울, 동면할	5	冫	土	水	火 土	양	中吉	사용
	東	주인, 동녘, 동쪽으로 갈	8	木	金	木	火 土	음	中吉	사용
	動	움직일, 자주, 변할	11	力	木	水	火 土	양	中吉	사용
	銅	구리, 구리그릇, 도장	14	金	火	金	火 土	음	中吉	사용
	凍	얼을, 추울, 소나기	10	冫	水	水	火 土	음	小吉	선별 사용
	棟	마룻대, 용마루, 주석, 별 이름	12	木	木	木	火 土	음	中吉	사용
	董	성, 감독할, 동독할 동, 짧을 종, 바로잡을 독	15	艸	土	木	火 土	양	小吉	선별 사용 동자이음
	潼	북극바다 이름, 높을, 강 이름 동, 무너뜨릴 충	16	水	土	水	火 土	음	小吉	선별 사용 동자이음
	垌	항아리, 동막이	9	土	水	土	火 土	양	中吉	사용
	瞳	눈동자, 어리석을	17	目	金	木	火 土	양	中吉	사용
	蝀	무지개	14	虫	火	水	火 土	음	小吉	선별 사용
	仝	무리, 한가지, 함께	5	人	土	火	火 土	양	中吉	사용
	憧	그리워할, 그리움, 둔할	16	心	土	火	火 土	음	中吉	사용
	疼	아플, 욱신거릴, 귀여워할	10	疒	水	水	火 土	음	不用	불가
	胴	몸통, 창자, 곧은 모양	10	肉	水	水	火 土	음	不用	불가
	桐	거문고, 오동나무, 내 이름	10	木	水	木	火 土	음	中吉	사용
	朣	달뜰, 흐릴, 어렴풋할	16	月	土	水	火 土	음	小吉	선별 사용

자음	자	자의	획수	부수	획수 오행	자원 오행	주음 종음 오행	음양	자의 품격	비고
동	曈	동틀	16	日	土	火	火 土	음	大吉	권장
	彤	붉게 칠할, 붉을, 빨강	7	彡	金	火	火 土	양	大吉	권장
	烔	뜨거운 모양, 태울	10	火	水	火	火 土	음	大吉	권장
두	斗	우뚝 솟을, 말, 별 이름	4	斗	火	火	火	음	中吉	사용
	豆	콩, 제기, 양의 단위	7	豆	金	木	火	양	中吉	사용
	頭	머리, 두목, 시초, 우두머리	16	頁	土	火	火	음	中吉	사용
	杜	아가위, 막을, 팥배나무	7	木	金	木	火	양	中吉	사용
	枓	두공, 대접받침 두, 국기 주	8	木	金	木	火	음	小吉	선별 사용 동자이음
	兜	투구, 쓰개, 반할	11	儿	木	木	火	양	小吉	선별 사용
	痘	천연두, 마마	12	疒	木	水	火	음	不用	불가
	竇	구멍, 성 두, 도랑, 물길 독	20	穴	水	水	火	음	小吉	선별 사용 동자이음
	荳	콩	13	艸	火	木	火	양	小吉	선별 사용
	讀	구절 두, 읽을 독	22	言	木	金	火	음	小吉	선별 사용 동자이음
	逗	머무를 두, 성 주, 돌아갈 기	14	辵	火	土	火	음	小吉	선별 사용 동자이음
	阧	치솟을, 험할, 우뚝 솟은	12	阜	金	土	火	양	小吉	선별 사용
둔	鈍	무딜, 둔할, 느릴	12	金	木	金	火 火	음	小吉	선별 사용
	屯	진칠, 성 둔, 어려울 준	4	屮	火	木	火 火	음	小吉	선별 사용
	遁	속일, 달아날, 숨을 둔, 뒷걸음질할 준	16	辵	土	土	火 火	음	小吉	선별 사용 동자이음
	臀	볼기, 밑, 바닥	19	肉	水	水	火 火	양	小吉	선별 사용
	芚	채소 이름 둔, 어리석을 춘	10	艸	水	木	火 火	음	小吉	선별 사용 동자이음

자음	자	자의	획수	부수	획수 오행	자원 오행	주음 종음 오행	음양	자의 품격	비고
둔	遯	괘 이름, 달아날, 피할, 속일	18	辵	金	土	火 火	음	小吉	선별 사용
득	得	깨달을, 얻을, 탐할, 밝을	11	彳	木	火	火 木	양	大吉	권장
등	等	가지런할, 등급, 무리	12	竹	木	木	火 土	음	中吉	사용
	登	높을, 오를, 이루어질 등, 얻을 득	12	癶	木	火	火 土	음	小吉	선별 사용 동자이음
	燈	등잔, 등불, 부처, 가르침	16	火	土	火	火 土	음	小吉	선별 사용
	騰	값 오를, 오를, 베낄, 등사할	20	馬	水	火	火 土	음	小吉	선별 사용
	藤	등나무, 참깨, 자등	21	艸	木	木	火 土	양	小吉	선별 사용
	謄	베낄, 등사할	17	言	金	金	火 土	양	小吉	선별 사용
	鄧	나무 이름, 고을 이름, 땅 이름	19	邑	水	土	火 土	양	中吉	사용
	嶝	고개, 비탈길, 오르막길	15	山	土	土	火 土	양	中吉	선별 사용
	橙	장대, 깃대, 등자나무, 등자나무 열매	16	木	土	木	火 十	음	中吉	사용
라	羅	순찰, 새그물, 벌릴, 펼	20	网	水	木	火	음	中吉	사용
	螺	술잔, 소라, 자문	17	虫	金	水	火	양	小吉	선별 사용
	喇	나팔, 승려	12	口	木	水	火	음	小吉	선별 사용
	懶	게으를 라, 미워할 리	20	心	水	火	火	음	小吉	선별 사용 동자이음
	癩	약물중독 랄, 문둥병 라	21	疒	木	水	火	양	不用	불가 동자이음
	蘿	무, 미나리. 지칭게	25	艸	土	木	火	양	小吉	선별 사용
	裸	사람, 벌거벗을	14	衣	火	木	火	음	不用	불가
	邏	기슭, 순행할, 가로막을	26	辵	土	土	火	음	小吉	선별 사용
	剆	칠	9	刀	水	金	火	양	小吉	선별 사용

자음	자	자의	획수	부수	획수 오행	자원 오행	주음 종음 오행	음양	자의 품격	비고
락	落	마을, 처음, 떨어질, 흩어질	15	艸	土	木	火 木	양	小吉	선별 사용
	樂	즐길, 풍년 락, 노래 악, 좋아할 요	15	木	土	木	火 木	양	小吉	선별 사용 동자이음
	絡	두레박줄, 묶을, 그물, 생명주	12	糸	木	木	火 木	음	中吉	사용
	珞	구슬목걸이 락, 조약돌 력	11	玉	木	金	火 木	양	小吉	선별 사용 동자이음
	酪	진한 유즙 락, 단술 로	13	酉	火	金	火 木	양	小吉	선별 사용 동자이음
	烙	지질, 화침	10	火	水	火	火 木	음	中吉	사용
	駱	달릴, 낙타, 이어질	16	馬	土	火	火 木	음	中吉	사용
	洛	다할, 낙수, 강 이름, 잇닿을	10	水	水	水	火 木	음	中吉	사용
란	卵	알, 기를, 고함	7	卩	金	水	火 火	양	小吉	선별 사용
	亂	어지러울, 난리 란, 반역할 난	13	乙	火	木	火 火	양	不用	불가 동자이음
	蘭	난초, 목련꽃, 떠돌	23	艸	火	木	火 火	양	小吉	선별 사용
	欄	우리, 목란, 난간, 테두리	21	木	木	木	火 火	양	小吉	선별 사용
	瀾	큰 물결, 뜨물, 사물	21	水	木	水	火 火	양	中吉	사용
	瓓	옥무늬, 옥광채	22	玉	木	金	火 火	음	中吉	사용
	丹	정성스러울 란, 붉을 단	4	丶	火	火	火 火	음	小吉	선별 사용 동자이음
	欒	박태기나무, 나무 이름, 기름대	23	木	火	木	火 火	양	小吉	선별 사용
	鸞	방울, 난새	30	鳥	水	火	火 火	음	小吉	선별 사용
	爛	많을, 빛날, 익을, 선명할	21	火	木	火	火 火	양	小吉	선별 사용
랄	剌	어그러질 랄, 수라 라	9	刀	水	金	火 火	양	小吉	선별 사용 동자이음

자음	자	자의	획수	부수	획수 오행	자원 오행	주음 종음 오행	음양	자의 품격	비고
랄	辣	매울, 혹독할	14	辛	火	金	火 火	음	不用	불가
람	覽	전망, 보살필, 두루 볼, 받아드릴	21	見	木	火	火 水	양	中吉	사용
	濫	퍼질, 넘칠, 탐할 람, 동이 함	18	水	金	水	火 水	음	小吉	선별 사용 동자이음
	嵐	산 이름, 산바람, 폭풍우	12	山	木	土	火 水	음	中吉	사용
	擥	총괄할, 잡을, 딸, 주관할	19	手	水	木	火 水	양	小吉	선별 사용
	攬	총괄할, 잡을, 딸, 주관할	25	手	土	木	火 水	양	小吉	선별 사용
	欖	감람나무	25	木	土	木	火 水	양	小吉	선별 사용
	籃	대바구니, 대광주리	20	竹	水	木	火 水	음	小吉	선별 사용
	纜	닻줄	27	糸	金	木	火 水	양	小吉	선별 사용
	襤	누더기, 너덜너덜	21	衣	木	木	火 水	양	不用	불가
	藍	쪽, 남루할, 누더기	20	艸	水	木	火 水	음	小吉	선별 사용
	婪	예쁠	11	女	木	土	火 水	양	大吉	권장
랍	拉	부러뜨릴, 꺾을, 데려갈, 바람소리	9	手	水	木	火 水	양	小吉	선별 사용
	臘	섣달, 납향, 구할, 양날	21	肉	水	水	火 水	양	小吉	선별 사용
	蠟	밀초, 밀	21	虫	木	水	火 水	양	小吉	선별 사용
랑	浪	방랑할, 물결, 파도, 흔들	11	水	木	木	火 土	양	小吉	선별 사용
	郎	사내, 남편, 여자	14	邑	火	土	火 土	음	中吉	사용
	廊	행랑, 복도, 곁채	13	广	火	木	火 土	양	中吉	사용
	琅	옥 이름, 푸른 산호	12	玉	木	金	火 土	음	中吉	사용
	瑯	방자할, 고을 이름, 옥 이름, 문고리	15	玉	土	金	火 土	양	中吉	사용
	狼	거칠, 이리, 짐승 이름, 땅 이름	10	犬	水	土	火 土	음	不用	불가

자음	자	자의	획수	부수	획수 오행	자원 오행	주음 종음 오행	음양	자의 품격	비고
랑	螂	쇠똥구리, 사마귀, 풍뎅이	16	虫	土	水	火 土	음	不用	불가
	朗	밝을, 맑을, 또랑또랑할	11	月	木	水	火 土	양	大吉	권장
래	來	위로할, 올, 부를	8	人	金	火	火	음	中吉	사용
	来	來의 俗字, 올, 위로할	7	木	金	木	火	양	中吉	사용
	崍	산 이름	11	山	木	土	火	양	中吉	사용
	萊	명아주, 김맬 래, 향부자 리	14	艸	火	木	火	음	小吉	선별 사용 동자이음
	徠	올, 위로할	11	彳	木	火	火	양	中吉	사용
랭	冷	찰, 맑을, 냉담할	7	冫	金	水	火 土	양	小吉	선별 사용
략	略	간략할, 다스릴, 날카로울	11	田	木	土	火 木	양	小吉	선별 사용
	掠	스쳐지나갈, 노략질할, 매질할	12	手	木	木	火 木	음	小吉	선별 사용
량	良	착할, 어질, 좋을, 무덤	7	食	金	土	火 土	양	小吉	선별 사용
	兩	둘, 짝, 양	8	八	金	土	火 土	양	小吉	선별 사용
	量	생각, 헤아릴, 좋을, 법규	12	里	木	火	火 土	음	小吉	선별 사용
	凉	서늘할, 엷을	10	冫	水	水	火 土	음	小吉	선별 사용
	梁	들보, 다리, 사나울	11	木	木	木	火 土	양	中吉	사용
	糧	양식, 조세, 급여	18	米	金	木	火 土	음	中吉	사용
	諒	믿을, 어질, 진실	15	言	土	金	火 土	양	中吉	사용
	亮	밝을, 도울, 진실	9	亠	水	火	火 土	양	大吉	권장
	倆	재주, 솜씨, 둘	10	亻	水	火	火 土	음	中吉	사용
	樑	대들보, 굳셀, 들보	15	木	土	木	火 土	양	中吉	사용
	涼	서늘할, 도울, 진실	12	水	木	水	火 土	음	小吉	선별 사용
	粮	구실, 양식, 먹이, 급여	13	米	火	木	火 土	양	中吉	사용

자음	자	자의	획수	부수	획수 오행	자원 오행	주음 종음 오행	음양	자의 품격	비고
량	粱	들보, 기장, 기장밥, 징검다리	13	米	火	木	火 土	양	小吉	선별 사용
	輛	비슷할, 수레, 단위, 필적할	15	車	土	火	火 土	양	小吉	선별 사용
려	旅	나그네, 함께, 여행	10	方	水	土	火	음	小吉	선별 사용
	麗	함께, 고울, 짝 려, 꾀꼬리 리	19	鹿	水	土	火	양	小吉	선별 사용 동자이음
	慮	의혹, 생각, 의심할, 영리할	15	心	土	火	火	양	中吉	사용
	勵	힘쓸, 권할, 권장할	17	力	金	土	火	양	小吉	선별 사용
	呂	음률, 땅 이름, 풍류, 등뼈	7	口	金	水	火	양	中吉	사용
	侶	벗할, 동행할, 짝, 함께할	9	人	水	火	火	양	小吉	선별 사용
	閭	거처, 마을, 문 려, 마을 문	15	門	土	木	火	양	小吉	선별 사용 동자이음
	黎	검을, 무리, 많을, 무렵	15	黍	土	木	火	양	小吉	선별 사용
	儷	짝, 부부, 배필, 무리	21	人	木	火	火	양	小吉	선별 사용
	廬	농막집, 숙지신 려, 창미루 로	19	广	水	木	火	양	小吉	선별 사용 동자이음
	戾	사나울, 어그러질, 벗어날, 허물	8	戶	金	金	火	음	不用	불가
	櫚	종려나무, 모과나무	19	木	水	木	火	양	小吉	선별 사용
	濾	맑게할, 거를, 씻을	19	水	水	水	火	양	小吉	선별 사용
	礪	갈, 거친 숫돌	20	石	水	金	火	음	小吉	선별 사용
	藜	독초 이름, 나라 이름, 명아주	21	艸	木	木	火	양	小吉	선별 사용
	驢	나귀, 당나귀	26	馬	土	火	火	음	小吉	선별 사용
	驪	검은말 려 · 리	29	馬	水	火	火	양	小吉	선별 사용 동자이음
	蠣	굴	21	虫	木	水	火	양	小吉	선별 사용

자음	자	자의	획수	부수	획수 오행	자원 오행	주음 종음 오행	음양	자의 품격	비고
력	力	힘들, 힘, 힘쓸	2	力	木	土	火 木	음	中吉	사용
	歷	지날, 겪은 일, 달력	16	止	土	土	火 木	음	中吉	사용
	曆	책력, 셀, 운수, 헤아릴	16	日	土	火	火 木	음	中吉	사용
	瀝	거를, 받칠	20	水	水	水	火 木	음	中吉	사용
	礫	조약돌 력, 뛰어날 락	20	石	水	金	火 木	음	小吉	선별 사용 동자이음
	轢	삐걱거릴, 칠	22	車	木	火	火 木	음	小吉	선별 사용
	靂	벼락, 천둥	24	雨	火	水	火 木	음	小吉	선별 사용
련	連	연할 연, 동반자, 잡아당길, 잇닿을 련, 산 이름 란	14	辵	火	土	火 火	음	小吉	선별 사용 동자이음
	練	단련할, 익힐	15	糸	土	木	火 火	양	小吉	선별 사용
	鍊	가릴, 단련할, 불릴, 수련할 련, 바퀴통끝휘갑쇠 간	17	金	金	金	火 火	양	小吉	선별 사용 동자이음
	憐	불쌍할, 가엾을, 사랑할	16	心	土	火	火 火	음	不用	불가
	聯	잇닿을, 연결할, 합칠	17	耳	金	火	火 火	양	小吉	선별 사용
	戀	사모할, 그리움, 생각할	23	心	火	火	火 火	양	小吉	선별 사용
	蓮	연, 연밥 련, 범부채 뿌리 섭	17	艸	金	木	火 火	양	小吉	선별 사용 동자이음
	煉	쇠불릴, 불릴, 구울, 반죽할	13	心	火	火	火 火	양	小吉	선별 사용
	璉	호련, 이을	16	玉	土	金	火 火	음	小吉	선별 사용
	攣	오거리질, 걸릴, 이어질, 그리워하다	23	手	火	木	火 火	양	小吉	선별 사용
	漣	물놀이 련, 큰 물결 란	15	水	土	水	火 火	양	小吉	선별 사용 동자이음
	輦	나를, 손수레, 가마	15	車	土	火	火 火	양	小吉	선별 사용
	孌	순종할, 아름다울, 순할	22	女	木	土	火 火	음	小吉	선별 사용

자음	자	자의	획수	부수	획수 오행	자원 오행	주음 종음 오행	음양	자의 품격	비고
렬	列	벌일, 줄, 항렬, 차례	6	刀	土	金	火 火	음	中吉	사용
	烈	빛날, 매울, 세찰, 위엄	10	火	水	火	火 火	음	小吉	선별 사용
	裂	찢을, 무너질 렬, 가선 두른 주머니 례	12	衣	木	木	火 火	음	不用	불가 동자이음
	劣	낮을, 못할, 적을, 어리석을	6	刀	土	土	火 火	음	小吉	선별 사용
	洌	강 이름, 맵게 찰, 맑을 렬, 맑을 례	10	水	水	水	火 火	음	小吉	선별 사용 동자이음
	冽	찰, 차가운 바람	8	冫	金	水	火 火	음	不用	불가
렴	廉	살필, 맑을, 청렴할, 곧을	13	广	火	木	火 水	양	中吉	사용
	濂	물 이름, 싱그러울 렴, 경박할 섬	17	水	金	水	火 水	양	小吉	선별 사용 동자이음
	簾	발, 주렴, 대 껍질	19	竹	水	木	火 水	양	小吉	선별 사용
	斂	거둘, 저장할, 대략, 험할	17	攴	金	金	火 水	양	中吉	사용
	殮	염할, 빈소할, 대	17	歹	金	水	火 水	양	不用	불가
렵	獵	사냥, 사로잡을, 찾을	19	犬	水	土	火 水	양	不用	불가
령	令	우두머리, 하여금, 가령, 법령	5	人	土	火	火 土	양	小吉	선별 사용
	領	다스릴, 옷깃, 거느릴, 우두머리	14	頁	火	火	火 土	음	小吉	선별 사용
	嶺	재령, 고개, 산길, 산봉우리	17	山	金	土	火 土	양	小吉	선별 사용
	零	떨어질, 수 없을, 조용히 오는 비 령, 종족 이름 련	13	雨	火	水	火 土	양	小吉	선별 사용 동자이음
	靈	신령, 영혼, 정성	24	雨	火	水	火 土	음	不用	불가
	伶	사령, 영리할, 배우	7	人	金	火	火 土	양	小吉	선별 사용
	玲	옥소리, 아롱다롱할	10	玉	水	金	火 土	음	中吉	사용
	姈	여자 이름, 계집, 슬기로울, 영리할	8	女	金	土	火 土	음	中吉	사용

자음	자	자의	획수	부수	획수 오행	자원 오행	주음 종음 오행	음양	자의 품격	비고
령	昤	빛날, 날빛 영롱할, 햇빛	9	日	水	火	火 土	양	中吉	사용
	鈴	방울, 휘장	13	金	火	金	火 土	양	中吉	사용
	齡	나이	20	齒	水	金	火 土	음	不用	불가
	怜	영리할, 지혜로울 령, 가엽게 여길 련	9	心	水	火	火 土	양	小吉	선별 사용 동자이음
	囹	옥, 감옥	8	口	金	水	火 土	음	不用	불가
	岺	산 이름, 재, 돌소리, 깊을	8	山	金	土	火 土	음	中吉	사용
	笭	종다래끼, 멍석, 대광주리	11	竹	木	木	火 土	양	小吉	선별 사용
	羚	영양	11	羊	木	土	火 土	양	小吉	선별 사용
	翎	깃, 화살깃	11	羽	木	火	火 土	양	不用	불가
	聆	들을, 좇을, 나이	11	耳	木	火	火 土	양	小吉	선별 사용
	逞	굳셀, 즐거울, 펼, 왕성할	12	辵	木	土	火 土	음	中吉	사용
	泠	강 이름, 깨우칠, 떨어질	9	水	水	水	火 土	양	小吉	선별 사용
례	例	법식, 보기, 관습	8	人	金	火	火	음	中吉	사용
	禮	음식, 경의, 예도, 인사	18	示	金	木	火	음	中吉	사용
	礼	禮의 俗字, 예도, 폐백	6	示	土	木	火	음	中吉	사용
	隷	붙을, 좇을, 종례, 부릴	16	隶	土	水	火	음	小吉	선별 사용
	澧	단술, 강 이름, 물결소리	17	水	金	水	火	양	中吉	사용
	醴	단술, 달, 강 이름, 맑은 술	20	酉	水	金	火	음	中吉	사용
로	路	중요할, 길, 수레 로, 울짱 락	13	足	火	土	火	양	小吉	선별 사용 동자이음
	露	이슬, 젖을, 드러날, 적실	20	雨	水	水	火	음	小吉	선별 사용
	老	늙을, 어른, 품위 있을	6	老	土	土	火	음	不用	불가
	勞	일할, 힘쓸, 위로할, 지칠	12	力	木	火	火	음	小吉	선별 사용

자음	자	자의	획수	부수	획수 오행	자원 오행	주음 종음 오행	음양	자의 품격	비고
로	爐	화로, 향로	20	火	水	火	火	음	小吉	선별 사용
	魯	어리석을, 둔할, 미련할, 나라 이름	15	魚	土	水	火	양	中吉	사용
	盧	검을, 밥그릇, 화로, 성	16	皿	土	水	火	음	中吉	사용
	鷺	해오라기, 백로	23	鳥	火	火	火	양	小吉	선별 사용
	撈	잡을, 건져낼, 끙게	16	手	土	木	火	음	小吉	선별 사용
	擄	노략질할, 사로잡을	17	手	金	木	火	양	不用	불가
	櫓	망루, 방패, 노	19	木	水	木	火	양	小吉	선별 사용
	潞	고을 이름, 강 이름, 지칠	17	水	金	水	火	양	中吉	사용
	瀘	강 이름	20	水	水	水	火	음	中吉	사용
	蘆	갈대 로, 절굿대 뿌리 려	22	艸	木	木	火	음	小吉	선별 사용 동자이음
	虜	강할, 포로, 종, 오랑캐	12	虍	木	木	火	음	小吉	선별 사용
	輅	수레 로, 임금 수레 락, 끝채 마구리 학, 맞이할 아	13	車	火	火	火	양	小吉	선별 사용 동자이음
	鹵	소금, 황무지, 거칠, 어리석을	11	鹵	木	水	火	양	小吉	선별 사용
	嚧	웃을, 산돼지소리	19	口	水	水	火	양	不用	불가
록	綠	초록빛, 조개똘	14	糸	火	木	火 木	음	中吉	사용
	祿	녹봉, 행복, 복록, 작위	13	示	火	木	火 木	양	中吉	사용
	錄	살필, 기록할, 다스릴 록, 사실할 려	16	金	土	金	火 木	음	小吉	선별 사용 동자이음
	鹿	권자, 사슴, 산기슭	11	鹿	木	土	火 木	양	中吉	사용
	彔	근본, 나무 깎을, 새길, 영롱할	8	彐	金	火	火 木	음	小吉	선별 사용

자음	자	자의	획수	부수	획수 오행	자원 오행	주음 종음 오행	음양	자의 품격	비고
록	碌	푸른 돌 록, 자갈땅 락	13	石	火	金	火 木	양	小吉	선별 사용 동자이음
	菉	조개풀, 기록할, 푸를	14	艸	火	木	火 木	음	小吉	선별 사용
	麓	산감로, 산기슭, 숲	19	鹿	水	土	火 木	양	小吉	선별 사용
론	論	논의할, 말할, 평할 론, 조리 륜	15	言	土	金	火 火	양	小吉	선별 사용 동자이음
롱	弄	희롱할, 가지고 놀, 즐길, 연주할	7	廾	金	金	火 土	양	不用	불가
	瀧	비올, 젖을 롱, 강 이름 상, 여울 랑	20	水	水	水	火 土	음	不用	불가 동자이음
	瓏	옥소리, 바람소리, 환할	21	玉	木	金	火 土	양	中吉	사용
	籠	대그릇, 삼태기, 대 이름, 축축해질	22	竹	木	木	火 土	음	中吉	사용
	壟	언덕, 무덤, 밭이랑	19	土	水	土	火 土	양	小吉	선별 사용
	朧	흐릿할, 어슴푸레할	20	月	水	水	火 土	음	小吉	선별 사용
	聾	귀머거리, 어리석을, 어둡다	22	耳	木	火	火 土	음	小吉	선별 사용
뢰	雷	사나울, 천둥, 우뢰, 빠를	13	雨	火	水	火	양	小吉	선별 사용
	賴	힘입을, 의뢰할, 의지할, 이익	16	貝	土	金	火	음	小吉	선별 사용
	瀨	여울, 급류	20	水	水	水	火	음	小吉	선별 사용
	儡	영락할, 피로할	17	人	金	火	火	양	小吉	선별 사용
	牢	우리 뢰, 깎을 루, 약탈할 로	7	牛	金	土	火	양	小吉	선별 사용 동자이음
	磊	돌무더기, 큰 돌의 모양	15	石	土	金	火	양	小吉	선별 사용
	賂	뇌물, 재화, 뇌물 줄	13	貝	火	金	火	양	不用	불가
	賚	줄, 하사품, 시경, 편명	15	貝	土	金	火	양	小吉	선별 사용

자음	자	자의	획수	부수	획수 오행	자원 오행	주음 종음 오행	음양	자의 품격	비고
료	料	다스릴, 될, 헤아릴, 사료	10	斗	水	火	火	음	小吉	선별 사용
	了	마칠, 깨달을, 밝을	2	亅	木	金	火	음	小吉	선별 사용
	僚	예쁠, 벗, 동관, 동료, 관리	14	人	火	火	火	음	小吉	선별 사용
	遼	멀, 늦출, 왕조 이름	19	辵	水	土	火	양	小吉	선별 사용
	寮	벼슬아치, 동료, 작은 집, 작 은창	15	宀	土	木	火	양	小吉	선별 사용
	廖	공허할, 나라 이름, 성, 속빈	14	广	火	木	火	음	小吉	선별 사용
	燎	밝을, 비출, 화롯불, 밤 사냥	16	火	土	火	火	음	小吉	선별 사용
	療	병 고칠, 앓다	17	疒	金	水	火	양	不用	불가
	瞭	밝을, 멀, 분명할	17	目	金	木	火	양	小吉	선별 사용
	聊	귀울, 두려울 료, 나무 이름 류	11	耳	木	火	火	양	不用	불가 동자이음
	蓼	여뀌 료, 찾을 로, 장성한 륙, 끌 류	17	艸	金	木	火	양	不用	불가 동자이음
룡	龍	용 룡, 언덕 롱, 얼룩 망, 은총 총	16	龍	土	土	火 土	음	小吉	선별 사용
	竜	龍의 古字	10	立	水	金	火 土	음	小吉	선별 사용
루	屢	여러, 번거로울, 자주, 빠를	14	尸	火	水	火	음	不用	불가
	樓	다락, 포갤, 겹칠, 망루	15	木	土	木	火	양	中吉	사용
	累	여러 루, 벌거벗을 라, 땅 이름 렵	11	糸	木	水	火	양	小吉	선별 사용 동자이음
	淚	눈물 루, 빠르게 흐를 려	12	水	木	水	火	음	不用	불가 동자이음
	漏	샐, 스며들, 물시계, 넘칠	15	水	土	水	火	양	不用	불가

자음	자	자의	획수	부수	획수 오행	자원 오행	주음 종음 오행	음양	자의 품격	비고
루	壘	질 루, 귀신 이름 률	18	土	金	土	火	음	不用	불가 동자이음
	婁	별 이름, 거둘, 끌, 자주	11	女	木	土	火	양	中吉	사용
	瘻	부스럼, 혹, 곱사등이	16	疒	土	水	火	음	不用	불가
	縷	실, 명주, 누더기, 자세히	17	糸	金	木	火	양	小吉	선별 사용
	蔞	쑥 루, 상여 장식 류	17	艸	金	木	火	양	小吉	선별 사용 동자이음
	褸	옷깃, 남루할, 깁다	17	衣	金	木	火	양	小吉	선별 사용
	鏤	가마솥, 아로새길, 칼 이름, 강철	19	金	水	金	火	양	小吉	선별 사용
	陋	숨을, 장소 좁을, 천할, 조악할	13	阜	火	土	火	양	不用	불가
류	柳	모일, 버들, 별자리 이름	9	木	水	木	火	양	中吉	사용
	留	머무를, 더딜, 지체할, 오랠	10	田	水	土	火	음	中吉	사용
	流	널리 알려질, 흐를, 구할, 떠돌아다닐	11	水	木	水	火	양	小吉	선별 사용
	類	비슷할, 무리, 견줄 류, 치우칠 뢰	19	頁	水	火	火	양	小吉	선별 사용 동자이음
	琉	유리, 나라 이름	12	玉	木	金	火	음	小吉	선별 사용
	劉	이길, 칼, 도끼	15	刀	土	金	火	양	中吉	사용
	瑠	유리, 나라 이름	15	玉	土	金	火	양	中吉	사용
	硫	유황	12	石	木	金	火	음	小吉	선별 사용
	瘤	군더더기, 혹	15	疒	土	水	火	양	不用	불가
	旒	주옥, 깃발	13	方	火	土	火	양	小吉	선별 사용
	榴	석류나무	14	木	火	木	火	음	中吉	사용
	溜	방울져 떨어질, 거닐, 여울, 물방울	14	水	火	水	火	음	小吉	선별 사용

자음	자	자의	획수	부수	획수 오행	자원 오행	주음 종음 오행		음양	자의 품격	비고
류	瀏	아름다울, 맑을, 바람부는 소리	19	水	水	水	火		양	小吉	선별 사용
	謬	그릇될, 어긋날, 속일, 과실	18	言	金	金	火		양	不用	불가
륙	六	여섯, 여섯 번째	6	八	土	土	火	木	음	小吉	선별 사용
	陸	육지, 뭍, 언덕, 뛸	16	阜	土	土	火	木	음	中吉	사용
	戮	죽일, 형벌, 욕보일, 합할	15	戈	土	金	火	木	양	不用	불가
륜	倫	인륜, 무리, 순서	10	人	水	火	火	火	음	中吉	사용
	輪	바퀴, 수레, 주의, 둥글	15	車	土	火	火	火	양	小吉	선별 사용
	侖	둥글, 생각할, 빠질	8	人	金	火	火	火	음	中吉	사용
	崙	산 이름, 뫼, 험한 산	11	山	木	土	火	火	양	中吉	사용
	綸	낚싯줄, 실, 다스릴	14	糸	火	木	火	火	음	中吉	사용
	淪	물놀이 륜, 물 돌아 흐를 론	12	水	木	水	火	火	음	小吉	선별 사용 동자이음
	錀	금 륜, 토끼그물고리 분	16	金	土	金	火	火	음	小吉	선별 사용 동자이음
률	律	절제할, 법, 지위	9	彳	水	火	火	火	양	中吉	사용
	栗	공손할, 밤나무, 엄할 률, 찢을 렬	10	木	水	木	火	火	음	小吉	선별 사용 동자이음
	率	비율, 개체로 률, 거느릴 솔, 우두머리 수	11	玄	木	火	火	火	양	小吉	선별 사용 동자이음
	慄	두려워할, 떨	14	心	火	火	火	火	음	小吉	선별 사용
륭	隆	성할, 높을, 클	17	阜	金	土	火	土	양	中吉	사용
륵	勒	굴레, 재갈, 새가, 다스릴	11	力	木	金	火	木	양	小吉	선별 사용
	肋	갈비, 갈빗대 륵, 힘줄 근	8	肉	金	水	火	木	음	不用	불가 동자이음
름	凜	추울, 의젓할, 꿋꿋할, 삼갈	15	冫	土	水	火	水	양	中吉	사용

자음	자	자의	획수	부수	획수 오행	자원 오행	주음 종음 오행	음양	자의 품격	비고
름	廩	곳집, 쌀광, 다스릴, 풍채	16	广	土	木	火 水	음	小吉	선별 사용
릉	陵	큰 언덕, 넘을, 능가할	16	阜	土	土	火 土	음	中吉	사용
	綾	비단, 평평하지 않을	14	糸	火	木	火 土	음	中吉	사용
	菱	마름, 모날	14	艸	火	木	火 土	음	小吉	선별 사용
	稜	영험할, 서슬, 모서리, 형편	13	禾	火	木	火 土	양	中吉	사용
	凌	침범할, 능가할, 깔볼, 거칠, 어름	10	冫	水	水	火 土	음	中吉	사용
	楞	모, 모서리	13	木	火	木	火 土	양	小吉	선별 사용
리	里	마을, 이웃, 살	7	里	金	土	火	양	中吉	사용
	理	다스릴, 성품, 깨달을	12	玉	木	金	火	음	中吉	사용
	利	편할, 길할, 좋을, 승리할	7	刀	金	金	火	양	小吉	선별 사용
	梨	배, 배나무, 따를	11	木	木	木	火	양	小吉	선별 사용
	李	오얏, 성, 벼슬아치	7	木	金	木	火	양	中吉	사용
	吏	아전, 관리, 다스릴	6	口	土	水	火	음	小吉	선별 사용
	離	떠날, 밝을, 떼놓을 리, 교룡 치, 나란히할 려	19	隹	水	火	火	양	小吉	선별 사용 동자이음
	裏	충심, 속, 내부, 곳	13	衣	火	木	火	양	小吉	선별 사용
	裡	裏와 同字, 안, 곳, 속, 내부	13	衣	火	木	火	양	小吉	선별 사용
	履	신, 밟을, 복	15	尸	土	木	火	양	中吉	사용
	俚	속될, 상말, 시골	9	人	水	火	火	양	小吉	선별 사용
	莉	말릴, 말리나무	13	艸	火	木	火	양	小吉	선별 사용
	离	산신, 맹수, 흩어질	11	内	木	火	火	양	小吉	선별 사용
	璃	유리, 구슬 이름	16	玉	土	金	火	음	小吉	선별 사용

자음	자	자의	획수	부수	획수 오행	자원 오행	주음 종음 오행	음양	자의 품격	비고
리	悧	영리할, 똑똑할	11	心	木	火	火	양	中吉	사용
	俐	똑똑할, 영리할	9	人	水	火	火	양	中吉	사용
	厘	다스릴 리, 길할 희, 땅 이름 태, 줄 퇴	9	厂	水	土	火	양	小吉	선별 사용 동자이음
	唎	가는 소리	10	口	水	水	火	음	小吉	선별 사용
	浬	해리	11	水	木	水	火	음	小吉	선별 사용
	犂	얼룩소 리, 쟁기 려, 떨 류	12	牛	木	土	火	음	小吉	선별 사용 동자이음
	狸	너구리, 삵 리, 묻을, 매장할 매	11	犬	木	土	火	양	不用	불가(동물) 동자이음
	痢	설사, 이질, 곱똥	12	疒	木	水	火	음	不用	불가
	籬	울타리	25	竹	土	木	火	양	小吉	선별 사용
	罹	병 걸릴, 근심, 만날	16	网	土	木	火	음	小吉	선별 사용
	羸	약할, 여윌, 괴로워할 리, 현 이름 련	19	羊	水	土	火	양	不用	불가 동자이음
	釐	길할, 고칠, 다스릴 리, 길할 희, 땅 이름 태, 줄 뢰	18	里	金	土	火	음	不用	불가 동자이음
	鯉	잉어, 편지, 서찰	18	魚	金	水	火	음	不用	불가
	涖	관계할, 다다를, 볼, 물소리	11	水	木	水	火	양	小吉	선별 사용
	𠩺	바를, 반듯할	16	支	土	土	火	음	中吉	사용
린	隣	이웃, 마을, 반려	20	阜	水	土	火 火	음	中吉	사용
	潾	맑을, 석간수 린, 돌샘 리	16	水	土	水	火 火	음	小吉	선별 사용 동자이음
	璘	옥빛, 옥무늬 린, 옥모양 리	17	玉	金	金	火 火	양	中吉	사용 동자이음
	麟	빛날, 기린, 큰 사슴, 수컷	23	鹿	火	土	火 火	양	小吉	선별 사용

자음	자	자의	획수	부수	획수 오행	자원 오행	주음 종음 오행	음양	자의 품격	비고
린	吝	부끄러울, 아낄, 탐할, 원망할	7	口	金	水	火　火	양	小吉	선별 사용
	燐	도깨비불, 반딧불, 인	16	火	土	火	火　火	음	小吉	선별 사용
	藺	골풀, 조약돌, 꽃창포	22	艸	木	木	火　火	음	小吉	선별 사용
	躪	유린할, 짓밟을	27	足	金	土	火　火	양	小吉	선별 사용
	鱗	배열할 일, 비늘, 물고기, 이끼	23	魚	火	水	火　火	양	小吉	선별 사용
	鄰	이웃, 도움, 닮을, 마을	19	邑	水	土	火　火	양	小吉	선별 사용
	麟	기린, 암기린	23	鹿	火	土	火　火	양	小吉	선별 사용
	撛	도울, 뺄	16	手	土	木	火　火	양	小吉	선별 사용
림	林	동아리, 수풀, 빽빽할	8	木	金	木	火　水	음	中吉	사용
	臨	임할, 다스릴, 지킬	17	臣	金	火	火　水	양	中吉	사용
	琳	푸른 옥, 아름다운 옥, 옥 이름	13	玉	火	金	火　水	양	中吉	사용
	霖	장마, 비 그치지 않을	16	雨	土	水	火　水	음	小吉	선별 사용
	淋	물 뿌릴, 장마, 젖을	12	水	木	水	火　水	음	小吉	선별 사용
립	立	설, 세울, 낟알	5	立	土	金	火　水	양	小吉	선별 사용
	笠	삿갓, 땅 이름	11	竹	木	木	火　水	양	小吉	선별 사용
	粒	낟알, 쌀알, 곡식	11	米	木	木	火　水	양	小吉	선별 사용
	砬	돌소리, 해독약	10	石	水	金	火　水	음	中吉	사용
마	馬	클, 말, 아지랑이	10	馬	水	火	水	음	小吉	선별 사용
	麻	마, 삼베, 삼마, 마비될	11	广	木	木	水	양	小吉	선별 사용
	磨	닳아 없어질, 갈, 숫돌에 갈, 연자방아	16	石	土	金	水	음	小吉	선별 사용
	瑪	마노, 옥돌 이름, 보석, 옥돌	15	玉	土	金	水	양	中吉	사용

자음	자	자의	획수	부수	획수 오행	자원 오행	주음 종음 오행	음양	자의 품격	비고
마	摩	갈, 문지를, 고칠, 가까이할	15	手	土	木	水	양	小吉	선별 사용
	痲	얼굴이 얽다, 저릴, 홍역	13	疒	火	水	水	양	不用	불가
	碼	마노, 부두	15	石	土	金	水	양	小吉	선별 사용
	魔	마귀, 악마, 마술	21	鬼	木	火	水	양	不用	불가
막	莫	넓을, 없을, 쓸쓸할 막, 저울 모	13	艸	火	木	水 木	양	小吉	선별 사용 동자이음
	幕	장막, 군막, 덮을	14	巾	火	木	水 木	음	小吉	선별 사용
	漠	사막, 조용할, 아득할	15	水	土	水	水 木	양	小吉	선별 사용
	寞	고요할, 쓸쓸할, 욕심이 없다	14	宀	火	木	水 木	음	小吉	선별 사용
	膜	막 막, 어루만질, 오랑캐 절 묘	17	肉	金	水	水 木	양	不用	불가
	邈	업신여길, 멀, 경멸할, 근심할	21	辵	木	土	水 木	양	不用	불가
만	萬	일만, 많을, 클	15	艸	土	木	水 火	양	小吉	선별 사용
	晩	저물, 늦을, 천천히	11	日	木	火	水 火	양	小吉	선별 사용
	滿	찰, 가득할, 풍족할, 속일	15	水	土	水	水 火	양	小吉	선별 사용
	慢	게으를, 느릴, 거만할	15	心	土	火	水 火	양	小吉	선별 사용
	漫	부질없을, 질펀할, 넘칠, 흩어질	15	水	土	水	水 火	양	小吉	선별 사용
	万	일만 만, 성 묵	3	一	火	木	水 火	양	小吉	선별 사용 동자이음
	曼	길게 끌, 길, 아름다울	11	日	木	土	水 火	양	中吉	사용
	蔓	넝쿨, 뻗어나갈, 퍼질, 자랄	17	艸	金	木	水 火	양	中吉	사용
	鏋	금, 금정기, 순금 만	19	金	水	金	水 火	양	中吉	사용
	卍	만자	6	十	土	火	水 火	음	不用	불가

자음	자	자의	획수	부수	획수 오행	자원 오행	주음 종음 오행	음양	자의 품격	비고
만	娩	해산할, 순박할, 아양떨	10	女	水	土	水 火	음	小吉	선별 사용
	巒	뫼, 산등성이, 산봉우리	22	山	木	土	水 火	음	小吉	선별 사용
	彎	굽을, 당길, 멜	22	弓	木	火	水 火	음	小吉	선별 사용
	挽	당길, 말릴, 끌어당길	11	手	木	木	水 火	양	中吉	사용
	灣	물굽이, 굽은 모양	26	水	土	水	水 火	음	小吉	선별 사용
	瞞	속일 만, 부끄러워할 문	16	目	土	木	水 火	음	不用	불가 동자이음
	輓	수레 끌, 만사	14	車	火	火	水 火	음	小吉	선별 사용
	饅	만두	20	食	水	水	水 火	음	小吉	선별 사용
	鰻	뱀장어	22	魚	木	水	水 火	음	不用	불가
	蠻	자행할, 오랑캐, 야만, 업신여길	25	虫	土	水	水 火	양	不用	불가
말	末	자손, 끝, 다할, 보잘것없을	5	木	土	木	水 火	양	小吉	선별 사용
	茉	말리나무	11	艸	木	木	水 火	양	中吉	사용
	唜	끝 말, 끗 끗	10	口	水	水	水 火	음	小吉	선별 사용 동자이음
	抹	바를, 칠할, 지울, 화장할	9	手	水	木	水 火	양	中吉	사용
	沫	거품, 물방울, 흐르는 땀	9	水	水	水	水 火	양	小吉	선별 사용
	襪	버선	21	衣	木	木	水 火	양	小吉	선별 사용
	靺	북방종족 이름, 버선	14	革	火	金	水 火	음	小吉	선별 사용
망	亡	잃을, 망할, 죽일 망, 없을 무	3	亠	火	水	水 土	양	不用	불가 동자이음
	忙	바쁠, 조급할, 두려워할	7	心	金	火	水 土	양	小吉	선별 사용
	忘	잊을, 다할, 두려울	7	心	金	火	水 土	양	小吉	선별 사용
	望	바랄, 원할, 소망, 건줄	11	月	木	水	水 土	양	中吉	사용

자음	자	자의	획수	부수	획수 오행	자원 오행	주음 종음 오행	음양	자의 품격	비고
망	茫	아득할, 망망할, 사물, 갑자기	12	艸	木	木	水 土	음	小吉	선별 사용
	妄	허망할, 거짓, 속일, 망령될	6	女	土	土	水 土	음	不用	불가
	罔	그물, 잡을, 속일, 망령될	9	网	水	木	水 土	양	小吉	선별 사용
	網	그물, 규칙, 엇갈리는 무늬	14	糸	火	木	水 土	음	小吉	선별 사용
	芒	까끄라기 망, 미숙할, 어둘 황	9	艸	水	木	水 土	양	小吉	선별 사용 동자이음
	莽	우거질 망·무, 덮을, 거칠	12	艸	木	木	水 土	음	小吉	선별 사용 동자이음
	輞	바퀴 테	15	車	土	火	水 土	양	小吉	선별 사용
	邙	산 이름, 고을 이름	10	邑	水	土	水 土	음	小吉	선별 사용
매	每	우거질, 매양, 각각, 아름다울	7	母	金	土	水	양	中吉	사용
	買	고용할, 살, 자초할	12	貝	木	金	水	음	小吉	선별 사용
	賣	속일, 팔, 넓일	15	貝	土	金	水	양	小吉	선별 사용
	妹	누이, 소녀	8	女	金	土	水	음	中吉	사용
	梅	장마, 매화나무, 신맛	11	木	木	木	水	양	中吉	사용
	埋	영락할, 묻을, 메울, 숨길	10	土	水	土	水	음	小吉	선별 사용
	媒	중매할, 매개할, 어두울	12	女	木	土	水	음	小吉	선별 사용
	寐	잠잘, 죽을, 곤들매기	12	宀	木	木	水	음	小吉	선별 사용
	昧	새벽, 동틀 무렵, 탐할	9	日	水	火	水	양	中吉	사용
	枚	줄기, 채찍, 하무, 점	8	木	金	木	水	음	小吉	선별 사용
	煤	그을음, 먹, 석란	13	火	火	火	水	양	小吉	선별 사용
	罵	욕할, 꾸짖을	16	馬	土	火	水	음	小吉	선별 사용
	邁	갈, 떠날, 지날, 힘쓸	19	辵	水	土	水	양	小吉	선별 사용

자음	자	자의	획수	부수	획수 오행	자원 오행	주음 종음 오행	음양	자의 품격	비고
매	魅	도깨비, 미혹할, 홀릴	15	鬼	土	火	水	양	不用	불가
맥	麥	보리, 매장할, 작은 매미	11	麥	木	木	水 木	양	小吉	선별 사용
	脈	맥, 줄기, 진맥할	12	肉	木	水	水 木	음	不用	불가
	貊	고요할, 맹수 이름, 북방 종족 이름	13	豸	火	水	水 木	양	不用	불가
	陌	두렁, 경계, 길, 머리띠	13	阜	火	土	水 木	양	小吉	선별 사용
	驀	말 탈, 금세, 쏜살같이	21	馬	木	火	水 木	양	小吉	선별 사용
맹	孟	맏이, 힘쓸, 맹랑할	8	子	金	水	水 土	음	中吉	사용
	猛	사나울, 용감할, 엄할, 갑자기	12	犬	木	土	水 土	음	不用	불가
	盟	맹세할, 약속할, 구속할	13	皿	火	土	水 土	양	中吉	사용
	盲	눈 어두울, 소경, 색맹 맹, 바라볼 망	8	目	金	木	水 土	음	不用	불가 동자이음
	萌	싹, 비롯할, 조짐	14	艸	火	木	水 土	음	中吉	사용
	氓	백성, 이주민	8	氏	金	火	水 土	음	小吉	선별 사용
멱	冪	덮을, 막, 덮어쓸	16	冖	土	土	水 木	음	小吉	선별 사용 동자이음
	覓	찾을, 곁눈질	11	見	木	火	水 木	양	小吉	선별 사용
면	免	피할, 면할, 해직할 면, 해산할 문	7	儿	金	木	水 火	양	小吉	선별 사용 동자이음
	勉	힘쓸, 부지런할, 권할	9	力	水	金	水 火	양	中吉	사용
	面	낯, 얼굴, 앞면, 대할	9	面	水	火	水 火	양	小吉	선별 사용
	眠	지각 없을, 잠잘, 쉴 면, 볼 민	10	目	水	木	水 火	음	小吉	선별 사용 동자이음
	綿	잇닿을, 이을, 솜, 퍼질	14	糸	火	木	水 火	음	中吉	사용
	冕	면류관	11	目	木	木	水 火	양	中吉	사용

자음	자	자의	획수	부수	획수 오행	자원 오행	주음 종음 오행	음양	자의 품격	비고
면	棉	목화나무, 목화	12	木	木	木	水　火	음	中吉	사용
	沔	씻을, 물 흐를	8	水	金	水	水　火	음	小吉	선별 사용
	眄	노려볼, 애꾸눈, 곁눈질할	9	目	水	木	水　火	양	小吉	선별 사용
	緬	나라 이름, 가는 실, 멀, 가벼울	15	糸	土	木	水　火	양	中吉	사용
	麪	밀가루, 국수	20	麥	水	木	水　火	음	小吉	선별 사용
멸	滅	숨길, 멸망할, 제거할, 잠길	14	水	火	水	水　火	음	不用	불가
	蔑	업신여길 멸, 사람 이름 매	17	艸	金	木	水　火	양	不用	불가 동자이음
명	名	이름, 이름날, 사람	6	口	土	水	水　土	음	中吉	사용
	命	명령, 목숨, 운, 운수	8	口	金	水	水　土	음	中吉	사용
	明	밝을, 낮, 깨끗할	8	日	金	火	水　土	음	小吉	선별 사용
	鳴	울, 새 울음, 명성날	14	鳥	火	火	水　土	음	小吉	선별 사용
	銘	문체 이름, 새길, 기록할, 교훈의 말	14	金	火	金	水　土	음	中吉	사용
	冥	어두울, 아득할, 밤, 그윽할	10	冖	水	木	水　土	음	中吉	사용
	溟	어두울, 바다, 아득할	14	水	火	水	水　土	음	小吉	선별 사용
	暝	어두울, 밤, 해가 질	14	日	火	火	水　土	음	小吉	선별 사용
	椧	홈통	12	木	木	木	水　土	음	小吉	선별 사용
	皿	그릇, 그릇의 덮개	5	皿	土	金	水　土	양	小吉	선별 사용
	瞑	눈 감을, 소경, 잘, 중독될	15	目	土	木	水　土	양	不用	불가
	茗	술취할, 차 싹, 높은 모양	12	艸	木	木	水　土	음	小吉	선별 사용
	蓂	명협 명, 굵은 냉이 멱	16	艸	土	木	水　土	음	小吉	선별 사용 동자이음
	螟	마디충, 해충, 배추벌레충	16	虫	土	水	水　土	음	不用	불가

자음	자	자의	획수	부수	획수 오행	자원 오행	주음 종음 오행	음양	자의 품격	비고
명	酩	술취할, 단술, 감주	13	酉	火	金	水 土	양	不用	불가
	熐	마음 다하지 못할	14	心	火	火	水 土	양	不用	불가
	洺	강 이름, 고을 이름	10	水	水	水	水 土	음	小吉	선별 사용
메	袂	소매	10	衣	水	木	水	음	小吉	선별 사용
모	母	어미, 유모, 근원	5	毋	土	土	水	양	小吉	선별 사용
	毛	털, 약간, 가벼울 모, 없을 무	4	手	火	火	水	음	小吉	선별 사용 동자이음
	暮	노쇠할, 저녁, 해질, 더딜, 저물	15	日	土	火	水	양	小吉	선별 사용
	某	아무, 어느 모, 매화나무 매	9	木	水	木	水	양	小吉	선별 사용 동자이음
	謀	의논할, 꾀, 계책, 헤아릴	16	言	土	金	水	음	小吉	선별 사용
	模	법, 본보기	15	木	土	木	水	양	中吉	사용
	貌	안색, 얼굴, 모양 모, 본뜰 막	14	豸	火	水	水	음	小吉	선별 사용 동자이음
	募	모을, 부를, 뽑을	13	力	火	土	水	양	小吉	선별 사용
	慕	사모할, 생각할, 뛰어날	15	心	土	火	水	양	中吉	사용
	冒	가릴, 무릅, 모자 모, 묵돌 묵	9	冂	水	水	水	양	不用	불가 동자이음
	侮	업신여길, 깔볼, 병들	9	人	水	火	水	양	不用	불가
	摸	잡을, 본뜰, 찾을	15	手	土	木	水	양	中吉	사용
	牟	클, 소 우는 소리, 보리 모, 어두울 무	6	牛	土	土	水	음	不用	불가 동자이음
	謨	속일, 꾀할, 논할, 계획할	18	言	金	金	水	음	中吉	사용
	姆	유모 모, 여 스승 무	8	女	金	土	水	음	小吉	선별 사용 동자이음
	帽	모자	12	巾	木	木	水	음	小吉	선별 사용

자음	자	자의	획수	부수	획수 오행	자원 오행	주음 종음 오행	음양	자의 품격	비고
모	摹	베낄, 본뜰, 본	15	手	土	木	水	양	小吉	선별 사용
	牡	열쇠, 수컷, 왼쪽, 양, 언덕	7	牛	金	土	水	양	小吉	선별 사용
	瑁	서옥, 대모	14	玉	火	金	水	음	中吉	사용
	眸	눈동자, 자세히 볼	11	目	木	木	水	양	不用	불가
	耗	다할, 줄일, 없앨, 어두울	10	耒	水	木	水	음	小吉	선별 사용
	芼	풀 우거질, 풀, 고를	10	艸	水	木	水	음	小吉	선별 사용
	茅	띠 모, 꼭두서니 매	11	艸	木	木	水	양	小吉	선별 사용 동자이음
	矛	별 이름, 창, 모순될, 초요성	5	矛	土	金	水	양	不用	불가
목	木	별 이름, 나무, 질박할	4	木	火	木	水 木	음	中吉	사용
	目	눈, 볼, 요점	5	目	土	木	水 木	양	不用	불가
	牧	칠, 기를, 목장, 다스릴	8	牛	金	土	水 木	음	中吉	사용
	睦	화목할, 공손할, 친할, 온순할	13	目	火	木	水 木	양	大吉	권장
	穆	공경할, 화할, 아름다울	16	禾	土	木	水 木	음	中吉	사용
	鶩	한결같은, 집오리, 달리	20	鳥	水	火	水 木	음	小吉	선별 사용
	沐	머리감을, 다스릴, 목욕할	8	水	金	水	水 木	음	小吉	선별 사용
몰	沒	잠길 몰, 빠질 매, 어조사 마	8	水	金	水	水 火	음	小吉	선별 사용 동자이음
	歿	죽을, 끝낼	8	歹	金	水	水 火	음	不用	불가
몽	夢	어두울, 꿈, 환상	14	夕	火	水	水 土	음	小吉	선별 사용
	蒙	어릴, 입을, 기운 몽, 두꺼울 방	16	艸	土	木	水 土	음	小吉	선별 사용 동자이음
	朦	어렴풋할, 흐릴	18	月	金	水	水 土	음	小吉	선별 사용

자음	자	자의	획수	부수	획수 오행	자원 오행	주음 종음 오행	음양	자의 품격	비고
묘	卯	토끼, 무성할, 가한	5	卩	土	木	水	양	小吉	선별 사용
	妙	묘할, 예쁠, 젊을	7	女	金	土	水	양	中吉	사용
	苗	모, 싹, 이을, 자손	11	艸	木	木	水	양	中吉	사용
	廟	사당, 위패, 빈소	15	广	土	木	水	양	中吉	사용
	墓	무덤, 묘지	14	土	火	土	水	음	不用	불가
	描	그릴, 본뜰, 모뜰	13	手	火	木	水	양	小吉	선별 사용
	錨	닻	17	金	金	金	水	양	小吉	선별 사용
	畝	이랑 무, 이랑, 삼십평 묘	10	田	水	土	水	양	小吉	선별 사용 동자이음
	昴	별자리 이름	9	日	水	火	水	양	中吉	사용
	杳	조용할, 어두울, 멀, 깊숙할	8	木	金	木	水	음	中吉	사용
	渺	아득할, 작을, 천억분의 일	13	水	火	水	水	양	小吉	선별 사용
	猫	고양이	12	犬	木	土	水	음	不用	불가
	竗	묘할, 멀, 생김새, 젊다	9	立	水	金	水	양	小吉	선별 사용
무	戊	천간, 무성할, 우거질	5	戈	土	土	水	양	中吉	사용
	茂	풀 우거질, 힘쓸, 훌륭할	11	艸	木	木	水	양	中吉	사용
	武	건장할, 굳셀, 호반, 계승할	8	止	金	土	水	음	中吉	사용
	務	권장할, 힘쓸, 직업 무, 업신여길 모	11	力	木	土	水	양	小吉	선별 사용 동자이음
	無	없을, 아닐, 무릇	12	火	木	火	水	음	小吉	선별 사용
	无	無의 古字	4	无	火	水	水	음	小吉	선별 사용
	舞	희롱할, 춤, 춤출, 격려할	14	舛	火	木	水	음	小吉	선별 사용
	貿	바꿀, 무역, 살, 흐트러질	12	貝	木	金	水	음	中吉	사용
	霧	안개, 어두울, 가벼울	19	雨	水	水	水	음	小吉	선별 사용

자음	자	자의	획수	부수	획수 오행	자원 오행	주음 종음 오행	음양	자의 품격	비고
무	拇	엄지손가락, 엄지발가락	9	手	水	木	水	양	不用	불가
	珷	옥돌 이름	13	玉	火	金	水	양	中吉	사용
	畝	백평, 이랑, 땅 이름 무, 이랑 묘	10	田	水	土	水	음	小吉	선별 사용 동자이음
	撫	어루만질, 누를, 따를, 사랑할	16	手	土	木	水	음	中吉	사용
	懋	힘쓸, 노력할, 성대할, 아름다울	17	心	金	火	水	양	小吉	선별 사용
	巫	무당, 의사, 산 이름, 어긋날	7	工	金	火	水	양	不用	불가
	憮	업신여길, 어루만질, 멍한 모양	16	心	土	火	水	음	不用	불가
	楙	무성할, 아름다울, 모과나무, 힘쓸	13	木	火	木	水	양	中吉	사용
	毋	말, 앵무새 무, 관직 이름 모	4	毋	火	土	水	음	小吉	선별 사용 동자이음
	繆	삼열단, 무, 잘못할 류, 두를 료	17	糸	金	木	水	양	不用	불가 동자이음
	蕪	풀 이름, 거칠어질, 우거질	18	艸	金	木	水	음	小吉	선별 사용
	誣	무고할, 깔볼, 거짓말, 함부로 할	14	言	火	金	水	음	小吉	선별 사용
	鵡	앵무새	19	鳥	水	火	水	양	不用	불가
묵	墨	더러워질, 먹, 검을, 점괘	15	土	土	土	水 木	양	小吉	선별 사용
	默	묵묵할, 잠잠할, 조용할, 고독할	16	黑	土	水	水 木	음	小吉	선별 사용
문	門	배움터, 문, 집안, 가문	8	門	金	木	水 火	음	中吉	사용
	問	물을, 문안할, 위문할, 소식	11	口	木	水	水 火	양	小吉	선별 사용
	聞	들을, 소문, 평판, 냄새 맡을	14	耳	火	火	水 火	음	中吉	사용

자음	자	자의	획수	부수	획수 오행	자원 오행	주음 종음 오행	음양	자의 품격	비고
문	文	글월, 글자, 문서, 빛날	4	文	火	木	水 火	음	大吉	권장
	汶	내 이름, 더럽힐, 도리에 어두울 문, 산 이름 민	8	水	金	水	水 火	음	小吉	선별 사용 동자이음
	炆	따뜻할, 장시간 삶을	8	火	金	火	水 火	음	大吉	권장
	紋	무늬, 문체, 주름	10	糸	水	木	水 火	음	大吉	권장
	們	들, 무리	10	人	水	火	水 火	음	中吉	사용
	刎	목벨, 끊을, 자를	6	刀	土	金	水 火	음	小吉	선별 사용
	吻	뾰족할, 입술, 입가, 말투	7	口	金	水	水 火	양	不用	불가
	紊	어지러울	10	糸	水	木	水 火	음	不用	불가
	蚊	모기	10	虫	水	水	水 火	음	不用	불가
	雯	구름무늬	12	雨	木	水	水 火	음	小吉	선별 사용
물	勿	힘쓸, 말, 털, 아닐	4	勹	火	金	水 火	음	小吉	선별 사용
	物	살펴볼, 만물, 재물	8	牛	金	土	水 火	음	中吉	사용
	沕	아득할 물, 숨을 밀	8	水	金	水	水 火	음	小吉	선별 사용 동자이음
미	米	쌀, 미터, 나라 이름	6	米	土	木	水	음	中吉	사용
	未	아닐, 못할, 미래	5	木	土	木	水	양	小吉	선별 사용
	味	기분, 맛, 뜻 미, 성 말	8	口	金	水	水	음	中吉	사용 동자이음
	美	아름다울, 예쁠, 만날, 좋을	9	羊	水	土	水	양	小吉	선별 사용
	尾	꼬리, 끝, 뒤쫓을	7	尸	金	水	水	양	小吉	선별 사용
	迷	미혹할, 전념할	13	辵	火	土	水	양	小吉	선별 사용
	微	작을, 적을, 아닐	13	彳	火	火	水	양	小吉	선별 사용
	眉	눈썹, 언저리, 노인	9	目	水	木	水	양	不用	불가

자음	자	자의	획수	부수	획수 오행	자원 오행	주음 종음 오행	음양	자의 품격	비고
미	渼	물결 무늬, 물 이름, 물결, 못 이름	13	水	火	水	水	양	中吉	사용
	薇	장미, 고비, 백일홍	19	艸	水	木	水	양	小吉	선별 사용
	彌	두루, 널리, 그칠	17	弓	金	金	水	양	中吉	사용
	弥	彌와 同字	8	弓	金	金	水	음	中吉	사용
	嵄	산 이름, 산, 깊은 산	12	山	木	土	水	음	中吉	사용
	媄	빛 고울	12	女	木	土	水	음	中吉	사용
	媚	사랑할, 순종할, 아첨할	12	女	木	土	水	음	中吉	사용
	嵋	산 이름	12	山	木	土	水	음	中吉	사용
	梶	나무 끝, 우듬지	11	木	木	木	水	양	中吉	사용
	楣	차양, 문미, 처마, 도리	13	木	火	木	水	양	中吉	사용
	湄	물가 미, 더운물 난	13	水	火	水	水	양	小吉	선별 사용 동자이음
	謎	수수께끼, 헷갈릴	17	言	金	金	水	양	小吉	선별 사용
	靡	복종할, 쓰러질, 괴롭힐 미, 갈 마	19	非	水	水	水	양	不用	불가 동자이음
	黴	곰팡이 미·매	23	黑	火	水	水	양	不用	불가 동자이음
	躾	예절 가르칠	16	身	土	火	水	음	中吉	사용
	娓	착할, 아름다울	13	女	火	土	水	양	中吉	사용
민	民	백성, 별 이름, 벼슬 이름	5	氏	土	火	水 火	양	中吉	사용
	敏	민첩할, 총명할, 힘쓸	11	攴	木	金	水 火	양	小吉	선별 사용
	憫	근심할, 불쌍히 여길, 가엽게 생각할	16	心	土	火	水 火	음	小吉	선별 사용
	玟	옥돌, 돌 이름 민, 옥무늬 문	9	玉	水	金	水 火	양	中吉	사용 동자이음

자음	자	자의	획수	부수	획수 오행	자원 오행	주음 종음 오행	음양	자의 품격	비고
민	旻	하늘, 가을 하늘, 불쌍히 여길	8	日	金	火	水 火	음	中吉	사용
	旼	온화할, 화락할, 하늘	8	日	金	火	水 火	음	大吉	권장
	閔	민망할, 위문할, 근심할	12	門	木	木	水 火	음	小吉	선별 사용
	珉	옥돌, 아름다운 돌, 사람 이름	10	玉	水	金	水 火	음	大吉	권장
	岷	봉우리, 민산, 강 이름	8	山	金	土	水 火	음	中吉	사용
	忞	힘쓸, 어지러울, 마음 다잡을	8	心	金	火	水 火	음	小吉	선별 사용
	慜	총명할, 영리할	15	心	土	火	水 火	양	大吉	권장
	敃	힘쓸, 강할 민, 어지러울 분	9	攴	水	金	水 火	양	小吉	선별 사용 동자이음
	愍	근심할, 불쌍히 여길, 힘쓸	13	心	火	火	水 火	양	小吉	선별 사용
	潣	물 흘러내릴	16	水	水	水	水 火	음	中吉	사용
	暋	번민할, 굳셀, 강할, 애쓸	13	日	火	火	水 火	양	中吉	사용
	頣	강할, 굳셀, 강한 머리통	14	頁	火	火	水 火	음	大吉	권장
	泯	망할, 풍족할 민, 뒤섞일 면	9	水	水	水	水 火	양	小吉	선별 사용 동자이음
	砇	옥돌, 옥 버금가는 돌	9	石	水	金	水 火	양	大吉	권장
	悶	번민할, 어두울, 깨닫지 못할	12	心	木	火	水 火	음	小吉	선별 사용
	緡	낚싯줄 민, 새 우는 소리 면	15	糸	土	木	水 火	양	小吉	선별 사용 동자이음
	碈	瑉과 同字, 옥돌, 아름다운 돌	14	石	火	金	水 火	음	大吉	권장
	顝	머리 앓아 동일 문, 강할 민, 병들 혼	18	頁	金	水	水 火	음	小吉	선별 사용 동자이음
밀	密	빽빽할, 비밀, 조용할	11	宀	木	木	水 火	양	小吉	선별 사용

자음	자	자의	획수	부수	획수 오행	자원 오행	주음 종음 오행	음양	자의 품격	비고
밀	蜜	꿀, 명충이의 알	14	虫	火	水	水 火	음	小吉	선별 사용
	謐	자세할, 고요할, 상세할, 평온할	17	言	金	金	水 火	양	小吉	선별 사용
박	泊	호수, 배 댈, 쉴, 묵을	9	水	水	水	水 木	양	中吉	사용
	拍	손뼉칠, 두드릴, 가락, 어루만질	9	手	水	木	水 木	양	中吉	사용
	迫	닥칠, 궁할, 다가올, 다그칠	12	辵	木	土	水 木	음	小吉	선별 사용
	朴	순박할, 후박나무, 클, 성	6	木	土	木	水 木	음	中吉	사용
	博	크게 얻을, 넓을, 평탄할	12	十	木	水	水 木	음	中吉	사용
	薄	엷을, 악기 박, 쪼구미 벽, 풀 이름 설	19	艸	水	木	水 木	양	小吉	선별 사용 동자이음
	珀	호박, 악기	10	玉	水	金	水 木	음	中吉	사용
	撲	두드릴, 칠, 넘어질 박, 종아리채 복	16	手	土	木	水 木	음	小吉	선별 사용 동자이음
	璞	옥돌, 본바탕, 소박할, 진실할	17	玉	金	金	水 木	양	小吉	선별 사용
	鉑	금박	13	金	火	金	水 木	양	小吉	선별 사용
	舶	큰 배, 장삿배, 상선	11	舟	木	木	水 木	양	小吉	선별 사용
	剝	떨어질, 벗길, 괴롭힐, 쪼갤	10	刀	水	金	水 木	음	小吉	선별 사용
	樸	통나무 박, 종생할, 복, 고을 이름 보	16	木	土	木	水 木	음	小吉	선별 사용 동자이음
	箔	발, 금속조각, 잠	14	竹	火	木	水 木	음	小吉	선별 사용
	粕	지게미	11	米	木	木	水 木	양	小吉	선별 사용
	縛	포승, 묶을, 얽을 박, 줄 부	16	糸	土	木	水 木	음	小吉	선별 사용 동자이음
	膊	포, 어깨뼈 박, 경계 부	15	肉	土	水	水 木	양	小吉	선별 사용 동자이음

자음	자	자의	획수	부수	획수 오행	자원 오행	주음 종음 오행	음양	자의 품격	비고
박	雹	누리, 우박	13	雨	火	水	水 木	양	小吉	선별 사용
	駁	치우칠, 얼룩말, 섞일, 어긋날	14	馬	火	火	水 木	음	小吉	선별 사용
반	反	되돌릴, 배반할, 반대, 반성할	4	又	火	水	水 火	음	不用	불가
	飯	밥, 먹을, 기를	13	食	火	水	水 火	양	小吉	선별 사용
	半	절반, 가운데, 조각, 한창	5	十	土	土	水 火	양	不用	불가
	般	돌릴, 즐길, 옮길, 나를	10	舟	水	木	水 火	음	小吉	선별 사용
	盤	소반, 대야, 쟁반, 밑받침	15	皿	土	金	水 火	양	小吉	선별 사용
	班	나눌, 차례, 양반	11	玉	木	金	水 火	양	小吉	선별 사용
	叛	배반할, 달아날, 어긋날	9	又	水	水	水 火	양	不用	불가
	伴	동반할, 짝, 한가한 모양	7	人	金	火	水 火	양	小吉	선별 사용
	畔	밭두둑, 물가, 숨을, 경계	10	田	水	土	水 火	음	小吉	선별 사용
	頒	반포할, 나눌, 많을 반, 머리 클 분	13	頁	火	火	水 火	양	小吉	선별 사용 동자이음
	潘	넘칠 번, 뜨물, 쌀뜨물, 강 이름 반, 고을 이름 판	16	水	土	水	水 火	음	小吉	선별 사용 동자이음
	磐	너럭바위, 이을, 강대할	15	石	土	金	水 火	양	小吉	선별 사용
	拌	버릴, 쪼갤, 뒤섞을	9	手	水	木	水 火	양	小吉	선별 사용
	搬	옮길, 나를, 운반할	14	手	火	木	水 火	음	小吉	선별 사용
	攀	더위잡을, 매달릴	19	手	水	木	水 火	양	小吉	선별 사용
	斑	나눌, 얼룩, 어지러울	12	文	木	木	水 火	음	小吉	선별 사용
	槃	쟁반, 소반, 즐길, 상처	14	木	火	木	水 火	음	小吉	선별 사용
	泮	학교, 녹을, 반, 나눌	9	水	水	水	水 火	양	中吉	사용
	瘢	자국, 흉터, 주근깨, 상처	15	疒	土	水	水 火	양	不用	불가

자음	자	자의	획수	부수	획수 오행	자원 오행	주음 종음 오행	음양	자의 품격	비고
반	盼	날이 새는 모양 방, 눈 예쁠, 볼 반	9	目	水	木	水 火	양	小吉	선별 사용
	磻	강 이름 반, 주살돌추 타	17	石	金	金	水 火	양	小吉	선별 사용 동자이음
	礬	명반	20	石	水	金	水 火	음	小吉	선별 사용
	絆	줄, 얽매일	11	糸	木	木	水 火	양	小吉	선별 사용
	蟠	쥐며느리, 서릴, 두를, 축적될	18	虫	金	水	水 火	음	小吉	선별 사용
발	發	일어날, 펼, 꽃필, 쏠	12	癶	木	火	水 火	음	中吉	사용
	拔	뺄, 특출할, 쥘, 뛰어날	9	手	水	木	水 火	양	中吉	사용
	髮	머리카락, 터럭, 초목, 길이 단위	15	髟	土	火	水 火	양	小吉	선별 사용
	潑	물 솟을, 뿌리, 활발할 발, 난폭할 파	16	水	土	水	水 火	음	小吉	선별 사용 동자이음
	鉢	바리때, 법도, 중될	13	金	火	金	水 火	양	中吉	사용
	渤	안개 자국, 바다 이름, 물소리	13	水	火	水	水 火	양	小吉	선별 사용
	勃	갑자기, 성할, 다툴, 어그러질	9	力	水	土	水 火	양	中吉	사용
	撥	다스릴 발, 방패 벌	16	手	土	木	水 火	음	小吉	선별 사용 동자이음
	跋	거칠, 밟을, 넘을, 비틀거릴	12	足	木	土	水 火	음	中吉	사용
	醱	술이 괼, 거듭 빚을	19	酉	水	金	水 火	양	小吉	선별 사용
	魃	가물귀신	15	鬼	土	火	水 火	양	不用	불가
방	方	모, 방위 방법	4	方	火	土	水 土	음	中吉	사용
	房	아내, 방, 집, 별 이름	8	戶	金	木	水 土	음	小吉	선별 사용
	防	둑, 막을, 요새	12	阜	木	土	水 土	음	小吉	선별 사용

자음	자	자의	획수	부수	획수 오행	자원 오행	주음 종음 오행	음양	자의 품격	비고
방	放	내칠, 놓을, 방자할, 클	8	攴	金	金	水 土	음	小吉	선별 사용
	訪	찾을, 의논할, 뵈올, 문의할	11	言	木	金	水 土	양	中吉	사용
	芳	꽃다울, 향기, 이름 빛날	10	艸	水	木	水 土	음	中吉	사용
	傍	의지할, 곁, 모실 방, 마지못할 팽	12	人	木	火	水 土	음	小吉	선별 사용 동자이음
	妨	방해할, 거리낄	7	女	金	土	水 土	양	小吉	선별 사용
	倣	본뜰, 의지할, 준거할	10	人	水	火	水 土	음	小吉	선별 사용
	邦	나라, 봉할, 천하	11	邑	木	土	水 土	양	中吉	사용
	坊	동네, 막을, 제방	7	土	金	土	水 土	양	中吉	사용
	彷	거닐, 비슷할	7	彳	金	火	水 土	양	中吉	사용
	昉	마침, 밝을, 때마침, 비로소	8	日	金	火	水 土	음	中吉	사용
	龐	어지러울, 높을 집, 클 방, 찰 롱	19	龍	水	土	水 土	양	小吉	선별 사용 동자이음
	榜	배, 매, 방목, 사공	14	木	火	木	水 土	음	中吉	사용
	尨	삽살개, 섞일, 클	7	尤	金	土	水 土	양	小吉	선별 사용
	幇	도울, 곁들, 패거리	12	巾	木	木	水 土	음	中吉	사용
	旁	두루, 곁, 기댈 방, 달릴, 풀 이름 팽	10	方	水	土	水 土	음	小吉	선별 사용 동자이음
	枋	다목, 다리 방, 자루 병	8	木	金	木	水 土	음	小吉	선별 사용 동자이음
	滂	사공, 비 퍼부을, 물소리	14	水	火	水	水 土	음	中吉	사용
	磅	돌 떨어지는 방·팽, 물 막히는 모양	15	石	土	金	水 土	양	小吉	선별 사용 동자이음
	紡	자을, 실, 달아맬	10	糸	水	木	水 土	음	中吉	사용
	肪	기름, 비계, 살찔	10	肉	水	水	水 土	음	不用	불가

자음	자	자의	획수	부수	획수 오행	자원 오행	주음 종음 오행	음양	자의 품격	비고
방	膀	오줌통, 어깨뼈	16	肉	土	水	水 土	음	不用	불가
	舫	배, 뗏목, 사공	10	舟	水	木	水 土	음	小吉	선별 사용
	蒡	인동 덩굴, 우엉, 우방	16	艸	土	木	水 土	음	中吉	사용
	蚌	방합, 씹조개, 말씹조개	10	虫	水	水	水 土	음	不用	불가
	謗	비방할, 헐뜯을, 대답할	17	言	金	金	水 土	양	不用	불가
배	拜	감사할, 절할, 공경할	9	手	水	木	水	양	中吉	사용
	杯	술잔, 잔	8	木	金	木	水	음	中吉	사용
	盃	杯의 俗字	9	皿	水	木	水	양	中吉	사용
	倍	갑절, 더할, 암송할	10	人	水	火	水	음	中吉	사용
	培	북돋을, 다스릴, 가물, 다듬을	11	土	木	土	水	양	中吉	사용
	配	나눌, 짝할, 도울, 아내, 견줄	10	酉	水	金	水	음	中吉	사용
	排	밀칠, 물리칠, 다가올, 바로잡을	12	手	木	木	水	음	小吉	선별 사용
	輩	무리, 동류, 떼 지을, 반열	15	車	土	火	水	양	小吉	선별 사용
	背	동, 무리, 배반할, 햇무리	11	肉	木	水	水	양	不用	불가
	陪	도울, 모실, 보탤	16	阜	土	土	水	음	大吉	권장
	裵	나라 이름 비, 옷 치렁치렁할	14	衣	火	木	水	음	小吉	선별 사용 동자이음
	裴	裵와 同字	14	衣	火	木	水	음	小吉	선별 사용
	湃	물결칠, 물결 이는 모양, 물결소리	13	水	火	水	水	양	小吉	선별 사용
	俳	광대, 장난, 어정거릴	10	人	水	火	水	음	小吉	선별 사용
	徘	노닐, 어정거릴	11	彳	木	火	水	양	小吉	선별 사용
	焙	불에 쬘, 배롱	12	火	木	火	水	음	大吉	권장

자음	자	자의	획수	부수	획수 오행	자원 오행	주음 종음 오행	음양	자의 품격	비고
배	胚	아이 밸, 어릴, 엉길, 시초	11	肉	木	水	水	양	不用	불가
	褙	속적삼, 배접할	15	衣	土	木	水	양	小吉	선별 사용
	賠	물어줄, 배상할, 보상할	15	貝	土	金	水	양	小吉	선별 사용
	北	달아날, 도망칠, 동질 배, 북녘 북	5	匕	土	水	水	양	小吉	선별 사용 동자이음
백	白	흰, 여쭐 백, 서방빛 파, 말할 자	5	白	土	金	水 木	양	小吉	선별 사용 동자이음
	百	일백, 많을, 모든 백, 힘쓸 맥	6	白	土	水	水 木	음	小吉	선별 사용 동자이음
	伯	맏, 남편, 모든 백, 길 맥, 우두머리 패	7	人	金	火	水 木	양	小吉	선별 사용 동자이음
	佰	일백, 백 사람, 밭두둑	8	人	金	火	水 木	음	中吉	사용
	帛	비단, 풀 이름	8	巾	金	木	水 木	음	中吉	사용
	魄	넋 백, 재강 박, 영락할 락	15	鬼	土	火	水 木	양	小吉	선별 사용 동자이음
	栢	柏의 俗字	10	木	水	木	水 木	음	中吉	사용
	柏	측백나무, 잣, 클	9	木	水	木	水 木	양	中吉	사용
번	番	갈마들, 수 번, 날랠 파, 땅 이름 반	12	田	木	土	水 火	음	小吉	선별 사용 동자이음
	煩	번민할, 번거로울, 어지러울	13	火	火	火	水 火	양	小吉	선별 사용
	繁	번성할, 많을 번, 뱃대끈 반, 성 파	17	糸	金	木	水 火	양	中吉	사용
	飜	엎어질, 뒤칠, 날, 물 넘쳐 흐를	21	飛	木	火	水 火	양	小吉	선별 사용
	翻	飜과 同字	18	羽	金	火	水 火	음	小吉	선별 사용
	蕃	상자, 번성할 번, 고을 이름 피	18	艸	金	木	水 火	음	小吉	선별 사용
	幡	기, 표기, 장부, 먹걸레	15	巾	土	木	水 火	양	小吉	선별 사용

자음	자	자의	획수	부수	획수 오행	자원 오행	주음 종음 오행	음양	자의 품격	비고
번	樊	울, 에워쌀 번, 산 이름 반	15	木	土	木	水 火	양	小吉	선별 사용 동자이음
	燔	구울, 말릴, 제육	16	火	土	火	水 火	음	小吉	선별 사용
	磻	주살돌 추 번, 강 이름 반	17	石	金	金	水 火	양	小吉	선별 사용 동자이음
	藩	경계할, 덮을, 지킬, 수레 휘장	21	艸	木	木	水 火	양	小吉	선별 사용
벌	伐	자랑할, 칠, 공적	6	人	土	火	水 火	음	小吉	선별 사용
	罰	벌줄, 꾸짖을, 죄, 꺾을	15	网	土	木	水 火	양	不用	불가
	閥	가문, 공훈, 기둥	14	門	火	木	水 火	음	小吉	선별 사용
	筏	뗏목	12	竹	木	木	水 火	음	小吉	선별 사용
범	凡	평범할, 무릇, 범상할, 평상	3	几	火	水	水 水	양	大吉	권장
	犯	범할, 어긋날, 죄인, 죄	6	犬	土	土	水 水	음	不用	불가
	範	법, 본보기, 한계, 본뜰	15	竹	土	木	水 水	양	大吉	권장
	帆	돛, 돛달, 돛단배	6	巾	土	木	水 水	음	小吉	선별 사용
	杋	나무 이름, 뗏목나무	7	木	金	木	水 水	양	中吉	사용
	氾	넘칠, 떠다닐, 넓을	6	水	土	水	水 水	음	中吉	사용
	范	풀 이름, 벌, 틀	9	艸	水	木	水 水	양	中吉	사용
	梵	읊을, 범어, 불경, 청정할	11	木	木	木	水 水	양	中吉	사용
	泛	뜰, 띄울, 엎을 봉, 물소리 핍	8	水	水	水	水 水	양	中吉	동자이음
	汎	뜰, 두루, 넓을 범, 물소리 풍, 소리 가늘 핍	7	水	金	水	水 水	양	小吉	선별 사용 동자이음
법	法	법, 예의, 도리, 방법, 본받을	9	水	水	水	水 水	양	中吉	사용
	琺	법랑	13	玉	火	金	水 水	양	中吉	사용

자음	자	자의	획수	부수	획수 오행	자원 오행	주음 종음 오행	음양	자의 품격	비고
벽	壁	바람벽, 울타리, 낭떠러지	16	土	土	土	水 木	음	中吉	사용
	碧	푸를, 푸른 옥	14	石	火	金	水 木	음	中吉	사용
	璧	쌍을, 옥구슬, 아름다울, 둥근 옥	18	玉	金	金	水 木	음	中吉	사용
	闢	열, 물리칠, 깨우칠	21	門	木	木	水 木	양	小吉	선별 사용
	僻	궁벽할 벽, 후미질 벽, 피할 피, 성가퀴 비	15	人	土	火	水 木	양	小吉	선별 사용 동자이음
	劈	쪼갤, 가를, 벼락	15	刀	土	金	水 木	양	小吉	선별 사용
	擘	엄지손가락, 쪼갤, 찢을	17	手	金	木	水 木	양	不用	불가
	檗	황경나무, 당귀	17	木	金	木	水 木	양	中吉	사용
	癖	버릇, 적취, 습관	18	疒	金	水	水 木	음	不用	불가
	蘗	황경나무 벽, 그루터기 얼, 승경초 폐	23	艸	火	木	水 木	양	小吉	선별 사용 동자이음
	霹	벼락, 천둥, 뇌신	21	雨	木	水	水 木	양	小吉	선별 사용
변	變	고칠, 변할, 달라질, 특이할	23	言	火	金	水 火	양	不用	불가
	辯	분별할, 따질, 고칠 변, 두루 편, 갖출 판	21	辛	木	金	水 火	양	小吉	선별 사용 동자이음
	辨	판단할, 구별할, 고를, 바로잡을	16	辛	土	金	水 火	음	小吉	선별 사용
	邊	가, 가장자리, 국경, 구석	22	辵	木	土	水 火	음	小吉	선별 사용
	卞	법, 조급할, 규칙	4	卜	火	土	水 火	음	中吉	사용
	弁	고깔, 서두를, 두려워할	5	廾	土	木	水 火	양	小吉	선별 사용
	便	똥구멍 변, 편할 편	9	人	水	火	水 火	양	小吉	선별 사용 동자이음
별	別	다를, 나눌, 이별할, 헤어질	7	刀	金	金	水 火	양	小吉	선별 사용
	瞥	언뜻볼 별, 침침할 폐	17	目	金	木	水 火	양	小吉	선별 사용 동자이음

자음	자	자의	획수	부수	획수 오행	자원 오행	주음 종음 오행	음양	자의 품격	비고
별	鱉	자라, 고사리, 관뚜껑	23	魚	火	木	水 火	양	小吉	선별 사용
	鼈	자라, 고사리, 관뚜껑	25	黽	土	土	水 火	양	小吉	선별 사용
	襒	털, 옷으로 훔칠, 옷	17	衣	金	水	水 火	양	小吉	선별 사용
	馠	향기 별, 향기날 함	13	香	火	木	水 火	양	小吉	선별 사용 동자이음
병	丙	남쪽, 셋째 천간, 밝을	5	一	土	火	水 土	양	中吉	사용
	病	병들, 괴로울, 근심할, 시들	10	疒	水	水	水 土	음	不用	불가
	兵	무기, 군사, 전쟁	7	八	金	金	水 土	양	小吉	선별 사용
	竝	곁, 나란할, 아우를, 겸할	10	立	水	金	水 土	음	中吉	사용
	並	竝과 同字	10	一	水	金	水 土	음	中吉	사용
	屛	병풍, 가릴, 물리칠	11	尸	木	水	水 土	양	小吉	선별 사용
	幷	어우를, 어울릴, 합할, 가릴	8	干	金	火	水 土	음	中吉	사용
	并	幷의 俗字	6	干	土	火	水 土	음	中吉	사용
	倂	비릴, 아우를, 나란할, 나불	10	人	水	火	水 土	음	中吉	사용
	甁	병, 항아리, 두레박, 시루	11	瓦	木	土	水 土	양	小吉	선별 사용
	軿	거마소리 병, 부인용 수레 변	15	車	土	火	水 土	양	小吉	선별 사용 동자이음
	鉼	판금, 가마솥, 나라 이름	14	金	火	金	水 土	음	小吉	선별 사용
	炳	밝을, 빛날, 잡을	9	火	水	火	水 土	양	中吉	사용
	柄	권세, 자루, 근본	9	木	水	木	水 土	양	小吉	선별 사용
	昞	밝을, 빛날, 훤할	9	日	水	火	水 土	양	大吉	권장
	昺	昞과 同字	9	日	水	火	水 土	양	大吉	권장
	秉	잡을, 자루, 벼 묶음	8	禾	金	木	水 土	음	中吉	사용
	棅	柄과 同字	12	木	木	木	水 土	음	小吉	선별 사용

자음	자	자의	획수	부수	획수 오행	자원 오행	주음 종음 오행	음양	자의 품격	비고
병	餠	떡, 먹을	17	食	金	水	水 土	양	小吉	선별 사용
	騈	나란히 병 · 변	18	馬	金	火	水 土	음	小吉	선별 사용 동자이음
보	保	보로할, 보전할, 도울, 맡을	9	人	水	火	水	양	大吉	권장
	步	걸을, 다닐, 운수, 보병	7	止	金	土	水	양	大吉	권장
	報	알릴, 갚을, 신문 보, 나아갈 부	12	土	木	土	水	음	小吉	선별 사용 동자이음
	普	널리, 넓을, 클, 보통, 두루	12	日	木	火	水	음	大吉	권장
	補	도울, 수선할, 기울, 더할	13	衣	火	木	水	양	大吉	권장
	譜	문서, 족보, 계보, 악보	20	言	水	金	水	음	中吉	사용
	寶	보배, 귀할, 재보, 신	20	宀	水	木	水	음	小吉	선별 사용
	宝	寶의 俗字	8	宀	金	木	水	양	小吉	선별 사용
	堡	보루, 둑, 제방, 작은 성	12	土	木	土	水	양	中吉	사용
	甫	많을, 클, 도울 보, 남새밭 모	7	用	金	水	水	양	小吉	선별 사용 동자이음
	輔	덧방나무, 도울, 친구	14	車	火	火	水	음	小吉	선별 사용
	菩	보리수, 보살 보, 모시풀 배, 풀 이름 발	14	艸	火	木	水	음	小吉	선별 사용 동자이음
	潽	물, 물 이름	16	水	土	水	水	음	中吉	사용
	洑	보 보, 스며 흐를, 나루 복	10	水	水	水	水	음	小吉	선별 사용 동자이음
	湺	보, 사람 이름	13	水	火	水	水	양	中吉	사용
	珤	보배	11	玉	木	金	水	양	中吉	사용
	褓	포대기	15	衣	土	木	水	양	小吉	선별 사용
복	福	제사용 고기 술, 복 복, 간직할 부	14	示	火	木	水 木	음	小吉	선별 사용 동자이음

자음	자	자의	획수	부수	획수 오행	자원 오행	주음 종음 오행	음양	자의 품격	비고
복	伏	길, 엎드릴, 숨을 복, 말 안을 부	6	人	土	火	水 木	음	小吉	선별 사용 동자이음
	服	옷, 입을, 복종할	8	月	金	水	水 木	음	小吉	선별 사용
	復	갚을, 회복할, 돌아올 복, 다시 부	12	彳	木	火	水 木	음	小吉	선별 사용 동자이음
	腹	배, 두터울, 마음	15	肉	土	水	水 木	양	不用	불가
	複	겹칠 복·부, 거듭	15	衣	土	木	水 木	양	小吉	선별 사용 동자이음
	卜	점쳐서 골라, 점칠, 가릴, 줄	2	卜	木	火	水 木	음	小吉	선별 사용
	覆	다시 복, 덮을 부	18	襾	金	金	水 木	음	小吉	선별 사용 동자이음
	馥	명성, 향기, 향기로울	18	香	金	木	水 木	음	中吉	사용
	鍑	아가리 큰 솥, 가마솥, 아가리 오무라진 솥	17	金	金	金	水 木	양	中吉	사용
	僕	감출, 종, 마부, 번거로울	14	人	火	火	水 木	음	中吉	사용
	匐	길, 엎드릴	11	勹	木	金	水 木	양	小吉	선별 사용
	宓	성 복, 잠잠할 밀	8	宀	金	木	水 木	음	小吉	선별 사용 동자이음
	茯	복령 복, 수레장식 비	12	艸	木	木	水 木	음	小吉	선별 사용 동자이음
	蔔	무, 치자꽃	17	艸	金	木	水 木	양	小吉	선별 사용
	輹	복토	16	車	土	火	水 木	음	小吉	선별 사용
	輻	바퀴살 복·부	16	車	土	火	水 木	음	小吉	선별 사용 동자이음
	鰒	전복, 오분자기	20	漁	水	水	水 木	음	小吉	선별 사용
본	本	고향, 근본, 뿌리, 책	5	木	土	木	水 火	양	大吉	권장
볼	乶	음역자 볼, 땅 이름 풀	8	乙	金	木	水 火	음	小吉	선별 사용 동자이음

자음	자	자의	획수	부수	획수 오행	자원 오행	주음 종음 오행	음양	자의 품격	비고
봉	奉	받들, 드릴, 힘쓸	8	大	金	木	水 土	음	中吉	사용
	逢	만날, 영접할, 클, 영합할	14	辵	火	土	水 土	음	中吉	사용
	峯	봉우리, 뫼	10	山	水	土	水 土	음	中吉	사용
	峰	峯와 同字	10	山	水	土	水 土	음	中吉	사용
	蜂	붐빌, 벌, 창날	12	虫	木	水	水 土	음	中吉	사용
	封	편지, 봉할, 담을, 거대한	9	寸	水	土	水 土	양	中吉	사용
	鳳	봉황새	14	鳥	火	火	水 土	음	小吉	선별 사용
	俸	녹, 급료	10	人	水	火	水 土	음	小吉	선별 사용
	捧	받들, 들어올릴	12	手	木	木	水 土	음	中吉	사용
	琫	칼집장식 옥, 받쳐들 봉	13	玉	火	金	水 土	양	中吉	사용 동자이음
	烽	봉화, 경계	11	火	木	火	水 土	양	中吉	사용
	棒	몽둥이, 칠, 불끈 일어날	12	木	木	木	水 土	음	小吉	선별 사용
	蓬	쑥, 풀숲, 도울	17	艸	金	木	水 土	양	小吉	선별 사용
	鋒	칼끝, 첨단, 칼날, 선봉	15	金	土	金	水 土	양	小吉	선별 사용
	熢	연기 자욱할, 화기, 불기운	15	火	土	火	水 土	양	小吉	선별 사용
	縫	꿰맬, 솔기	17	糸	金	木	水 土	양	小吉	선별 사용
부	夫	남편, 지아비, 사내, 많을	4	大	火	木	水	음	中吉	사용
	扶	곁, 도울, 부축할 부, 길 포	8	手	金	木	水	음	小吉	선별 사용 동자이음
	父	처음, 아버지, 늙으신 내부, 남자 미칭 보	4	父	火	木	水	음	小吉	선별 사용 동자이음
	富	행복, 풍성할, 부자, 넉넉할	12	宀	木	木	水	음	小吉	선별 사용
	部	나눌, 거느릴, 구분, 장소	15	邑	土	土	水	양	中吉	사용

자음	자	자의	획수	부수	획수 오행	자원 오행	주음 종음 오행	음양	자의 품격	비고
부	婦	며느리, 아내, 정숙할	11	女	木	土	水	양	小吉	선별 사용
	否	비웃을, 아닐, 없을	7	口	金	水	水	양	小吉	선별 사용
	浮	덧없을, 뜰, 넘칠, 가벼울	11	水	木	水	水	양	中吉	사용
	付	부칠, 부탁, 줄, 청할	5	土	火	水	水	양	中吉	사용
	符	부적, 부신, 인장, 들어맞을	11	竹	木	木	水	양	不用	불가
	附	붙을, 의지할, 내장, 가까이할	13	阜	火	土	水	양	小吉	선별 사용
	府	곳집, 마을, 관청	8	广	金	土	水	양	中吉	사용
	腐	나쁜 냄새, 썩을, 멸망할	14	肉	火	水	水	음	不用	불가
	負	짐질, 빚질, 패할	9	貝	水	金	水	양	不用	불가
	副	원본 베낄, 버금, 머리꾸미개 부, 쪼갤 복	11	刀	木	金	水	양	小吉	선별 사용 동자이음
	簿	장부, 문서, 다스릴 부, 섶 박, 중깃 벽	9	竹	水	木	水	양	小吉	선별 사용 동자이음
	赴	나아갈, 다다를, 부고할	9	走	水	火	水	양	中吉	사용
	賦	구실, 조세, 줄, 부역	15	貝	土	金	水	양	小吉	선별 사용
	孚	미쁠, 기를, 알 깰	7	子	金	水	水	양	中吉	사용
	芙	연꽃, 부용, 목부용	10	艸	水	木	水	음	中吉	사용
	傅	스승, 후견인, 붙을, 베풀	12	人	木	火	水	음	中吉	사용
	溥	넓을 보, 펼, 폐 부, 내 이름 박	14	水	火	水	水	음	小吉	선별 사용 동자이음
	敷	펴질, 펼, 발표할, 베풀	15	攴	土	金	水	양	小吉	선별 사용
	復	다시, 대답할 부, 돌아올 복	12	彳	木	火	水	음	小吉	선별 사용 동자이음
	不	아닐 부·복, 새 이름, 클	4	一	火	水	水	음	不用	불가 동자이음

자음	자	자의	획수	부수	획수 오행	자원 오행	주음 종음 오행	음양	자의 품격	비고
부	俯	구부릴, 숨을, 눕다	10	人	水	火	水	음	小吉	선별 사용
	剖	다스릴, 쪼갤, 가를, 명확할	10	刀	水	金	水	음	中吉	사용
	咐	분부할, 숨 내쉴	8	口	金	水	水	음	中吉	사용
	埠	선창, 부두	11	土	木	土	水	양	中吉	사용
	孵	알 깔, 기를, 자랄	14	子	火	水	水	음	小吉	선별 사용
	斧	도끼, 벨, 도끼무늬	8	斤	金	金	水	음	小吉	선별 사용
	缶	장군, 용량의 단위	6	缶	土	土	水	음	中吉	사용
	腑	친족, 오장육부, 마음	14	肉	火	水	水	음	不用	불가
	艀	작은 배, 거룻배	13	舟	火	木	水	양	小吉	선별 사용
	訃	통부할, 부고, 이를	9	言	水	金	水	양	小吉	선별 사용
	莩	갈대청 부, 굶어 죽을 표	13	艸	火	木	水	양	小吉	선별 사용 동자이음
	賻	부의	17	貝	金	金	水	양	不用	불가
	趺	구부릴, 책상다리, 발등, 받침돌	11	足	木	土	水	양	中吉	사용
	釜	가마	10	金	水	金	水	음	中吉	사용
	阜	두터울, 언덕, 커지다, 번성할	8	阜	金	土	水	음	大吉	권장
	駙	곁마, 가까울, 빠를, 덧방나무	15	馬	土	火	水	양	小吉	선별 사용
	鳧	오리, 산 이름	13	鳥	火	火	水	양	小吉	선별 사용
	膚	아름다울, 살갗, 클	17	肉	金	水	水	양	小吉	선별 사용
북	北	북녘, 북쪽으로 갈 북, 달아날 배	5	匕	土	水	水 木	양	小吉	선별 사용 동자이음
분	分	나눌, 쪼갤, 구별할, 신분	4	刀	火	金	水 火	음	不用	불가

자음	자	자의	획수	부수	획수 오행	자원 오행	주음 종음 오행	음양	자의 품격	비고
분	紛	어지러울, 성할, 섞일, 엉크러질	10	糸	水	木	水 火	음	小吉	선별 사용
	粉	채식할, 가루, 분 바를	10	米	水	木	水 火	음	小吉	선별 사용
	奔	달릴, 달아날, 분주할, 빠를	8	大	金	木	水 火	음	小吉	선별 사용
	墳	봉분, 클, 무덤, 언덕	15	土	土	土	水 火	양	不用	불가
	憤	성낼, 번민할, 분할, 흐트러질	16	心	土	火	水 火	음	小吉	선별 사용
	奮	떨칠, 성낼, 힘쓸	16	大	土	木	水 火	음	中吉	사용
	汾	클, 흐를, 성할	8	水	金	水	水 火	음	大吉	권장
	芬	향기로울, 어지러울, 부풀어 오를	10	艸	水	木	水 火	음	中吉	사용
	盆	동이, 적실, 덮을	9	皿	水	金	水 火	양	大吉	권장
	吩	뿜을, 명령할	7	口	金	水	水 火	양	大吉	권장
	噴	꾸짖을, 뿜을, 화낼	15	口	土	水	水 火	양	小吉	선별 사용
	忿	넘칠, 성낼, 분할, 원망할	8	心	金	水	水 火	음	小吉	선별 사용
	扮	꾸밀, 아우를	8	手	金	木	水 火	음	中吉	사용
	昐	햇빛	8	日	金	火	水 火	음	大吉	권장
	焚	불사를, 탈, 넘어질	12	火	木	火	水 火	음	小吉	선별 사용
	糞	똥, 소제할	17	米	金	木	水 火	양	不用	불가
	賁	꾸밀 비, 클 분, 땅 이름 륙	12	貝	木	金	水 火	음	小吉	선별 사용 동자이음
	雰	안개, 어지러울 분, 먼지, 기운, 서리 비	12	雨	木	水	水 火	음	小吉	선별 사용 동자이음
불	不	아니, 않을, 아래 등급	4	一	火	水	水 火	음	不用	불가
	佛	부처, 도울, 클, 어렴풋할	7	人	金	火	水 火	양	小吉	선별 사용

자음	자	자의	획수	부수	획수 오행	자원 오행	주음 종음 오행	음양	자의 품격	비고
불	拂	닦을, 떨칠, 바로잡을 불, 도울 필	9	手	水	木	水 火	양	小吉	선별 사용 동자이음
	佛	비슷할	8	亻	金	火	水 火	음	小吉	선별 사용
	弗	어긋날, 아닐, 빠를, 근심할	5	弓	土	木	水 火	양	小吉	선별 사용
붕	朋	벗, 무리, 한쌍	8	月	金	水	水 土	음	中吉	사용
	崩	무너질, 흩어질, 앓을, 임금 죽을	11	山	木	土	水 土	양	小吉	선별 사용
	鵬	붕새, 큰 새	19	鳥	水	火	水 土	양	小吉	선별 사용
	棚	잔교, 시렁, 선반, 누각, 오두막집	12	木	木	木	水 土	음	中吉	사용
	硼	붕산 붕, 돌소리 평	13	石	火	金	水 土	양	小吉	선별 사용 동자이음
	繃	묶을, 감을, 포대기	17	糸	金	木	水 土	양	小吉	선별 사용
비	比	견줄, 도울, 이웃	4	比	火	火	水	음	中吉	사용
	非	아닐, 그를, 거짓, 숨을	8	非	金	木	水	음	不用	불가
	悲	슬플, 비애, 슬퍼할, 동정할	12	心	木	火	水	음	不用	불가
	飛	날, 오를, 높을, 넘을	9	飛	水	火	水	양	中吉	사용
	鼻	코, 손잡이, 노비	14	鼻	火	金	水	음	不用	불가
	備	갖출, 준비, 모두	12	人	木	火	水	음	大吉	권장
	批	비평할, 칠, 비파 비, 거스를 별	8	手	金	木	水	음	小吉	선별 사용 동자이음
	卑	비루할, 낮을, 힘쓸 비, 뭇 이름 반	8	十	金	土	水	음	小吉	선별 사용 동자이음
	婢	첩, 여자 종, 계집종	11	女	木	土	水	양	不用	불가
	碑	비석, 비문, 문체 이름	13	石	火	金	水	양	不用	불가
	妃	여신, 왕의, 짝 비, 짝 맞출 배	6	女	土	土	水	음	小吉	선별 사용 동자이음

자음	자	자의	획수	부수	획수 오행	자원 오행	주음 종음 오행	음양	자의 품격	비고
비	肥	살찔, 거름, 즐길	10	肉	水	水	水	음	不用	불가
	祕	신비스러울, 귀신, 비밀, 숨길, 신비	10	示	水	木	水	음	小吉	선별 사용
	秘	祕의 俗字	10	禾	水	木	水	음	小吉	선별 사용
	費	소용할, 없앨, 허비할, 비용, 소비	12	貝	木	金	水	음	小吉	선별 사용
	庇	덮을, 의탁할, 가릴, 의지할	7	广	金	木	水	양	中吉	사용
	枇	비파나무, 비파, 수저	8	木	金	木	水	음	中吉	사용
	琵	비파, 활주할	13	玉	火	金	水	양	中吉	사용
	扉	사립문, 문짝, 집세	12	戶	木	木	水	음	中吉	사용
	譬	비유할, 깨우칠, 알아차릴	20	言	水	金	水	음	中吉	사용
	丕	클, 으뜸, 곧, 엄숙할	5	一	土	水	水	양	小吉	선별 사용
	匕	비수, 숟가락, 살촉	2	匕	木	金	水	음	小吉	선별 사용
	匪	곁말, 대상자 비, 나눌 분	10	匚	水	木	水	음	小吉	선별 사용 동자이음
	憊	고달플, 피곤할, 고생할	16	心	土	火	水	음	不用	불가
	斐	아름다울, 가벼울, 쏠릴	12	文	木	木	水	음	中吉	사용
	榧	비자나무	14	木	火	木	水	음	小吉	선별 사용
	毖	밀, 삼갈, 근신할, 고달플	9	比	水	火	水	양	小吉	선별 사용
	毗	떨어질, 도울, 쇠퇴할, 배꼽	9	比	水	火	水	양	不用	불가
	毘	떨어질, 쇠퇴할, 배꼽	9	比	水	火	水	양	小吉	선별 사용
	沸	샘 솟는 모양 불, 끓을 비, 어지럽게 날 배	9	水	水	水	水	양	小吉	선별 사용 동자이음
	泌	샘물 흐르는 모양 비, 물결 부딪칠 필	9	水	水	水	水	양	小吉	선별 사용 동자이음

자음	자	자의	획수	부수	획수 오행	자원 오행	주음 종음 오행	음양	자의 품격	비고
비	痺	암메추라기	13	疒	火	水	水	양	不用	불가
	砒	비상, 비소, 원소	9	石	水	金	水	양	小吉	선별 사용
	秕	쭉정이, 더럽힐, 질이 나쁜 쌀	9	禾	水	木	水	음	不用	불가
	粃	쭉정이, 모를, 아닐	10	米	水	木	水	음	不用	불가
	緋	붉은 빛, 누인 명주	14	糸	火	木	水	음	中吉	사용
	翡	물총새, 비취, 옥	14	羽	火	火	水	음	小吉	선별 사용
	脾	소의 양, 지라, 허벅다리	14	肉	火	水	水	음	不用	불가
	臂	희생의 앞발, 팔, 쇠뇌자루	19	肉	水	水	水	양	小吉	선별 사용
	菲	풀 이름, 엷을, 쇠퇴할, 패소 이름	14	艸	火	木	水	음	小吉	선별 사용
	蜚	곤충 이름, 바퀴, 날	14	虫	火	木	水	음	不用	불가
	裨	보탤, 도울, 보좌할, 작을	14	衣	火	木	水	음	中吉	사용
	誹	헐뜯을, 비방할	15	言	土	金	水	양	不用	불가
	鄙	절박할, 다라울, 인색할, 어리석은	18	邑	金	土	水	음	不用	불가
	棐	도지개, 도울, 상자, 비자나무	12	木	木	木	水	음	中吉	사용
빈	貧	모자랄, 가난할, 구차할, 가난한 사람	11	貝	木	金	水 火	양	不用	불가
	賓	손님, 인도할, 공경할, 사위	14	貝	火	金	水 火	음	中吉	사용
	頻	자주, 급박할, 물가, 사위	16	頁	土	火	水 火	음	中吉	사용
	彬	빛날 빈, 밝을 반	11	彡	木	火	水 火	양	小吉	선별 사용 동자이음
	斌	빛날, 아롱질, 뒤범벅	12	文	木	木	水 火	음	中吉	사용
	濱	물가, 가까울, 끝, 다가올	18	水	金	水	水 火	음	中吉	사용

자음	자	자의	획수	부수	획수 오행	자원 오행	주음 종음 오행	음양	자의 품격	비고
빈	嬪	아내, 귀녀, 궁녀, 시집갈	17	女	金	土	水 火	양	中吉	사용
	穦	향기	19	禾	水	木	水 火	음	中吉	사용
	儐	인도할, 베풀, 나아갈	16	人	土	火	水 火	음	中吉	사용
	璸	진주 이름, 옥무늬 아롱아롱할	19	玉	水	金	水 火	양	中吉	사용
	玭	구슬 이름, 소리나는 진주	9	玉	水	金	水 火	양	大吉	권장
	嚬	찡그릴, 웃는 모양	19	口	水	水	水 火	양	小吉	선별 사용
	檳	빈랑나무, 상록수 교목	18	木	金	木	水 火	음	中吉	사용
	殯	염할, 손, 파묻을	18	歹	金	水	水 火	음	不用	불가
	浜	물가 빈, 선거 병	11	水	木	水	水 火	양	小吉	선별 사용
	瀕	물가, 임박할, 가까울	20	水	水	水	水 火	음	小吉	선별 사용
	牝	암컷, 골짜기, 자물쇠	6	牛	土	土	水 火	음	小吉	선별 사용
	邠	나라 이름, 빛날	11	邑	木	土	水 火	양	中吉	사용
	繽	어지러울, 성한 모양	20	糸	水	木	水 火	음	小吉	선별 사용
빙	氷	얼, 얼음, 찰 빙, 엉길 응	5	水	土	水	水 土	양	小吉	선별 사용 동자이음
	聘	방문할, 부를, 찾아갈	13	耳	火	火	水 土	양	小吉	선별 사용
	憑	기댈, 의지할, 건널, 성할	16	心	土	火	水 土	음	小吉	선별 사용
	騁	제멋대로, 달릴, 평평할	17	馬	金	火	水 土	양	小吉	선별 사용
사	四	사방, 넷, 네 번째	4	口	火	火	金	음	小吉	선별 사용
	巳	결정될, 뱀, 여섯째, 평온할	3	巳	火	火	金	양	中吉	사용
	士	사람, 선비, 일할, 사내	3	士	火	木	金	양	大吉	권장
	仕	벼슬할, 섬길, 밝힐	5	人	土	火	金	양	大吉	권장
	寺	절, 마음 사, 내시 시	6	寸	土	木	金	음	小吉	선별 사용 동자이음

자음	자	자의	획수	부수	획수 오행	자원 오행	주음 종음 오행	음양	자의 품격	비고
사	史	벼슬 이름, 역사, 빛날, 문필가	5	口	土	水	金	양	中吉	사용
	使	하여금, 시킬, 좇을	8	人	金	火	金	음	小吉	선별 사용
	舍	창고, 집, 관청 사, 풀 석	8	舌	金	火	金	음	小吉	선별 사용 동자이음
	射	쏠 사, 벼슬이름 야, 맞힐 석, 싫어할 역	10	寸	水	土	金	음	小吉	선별 사용 동자이음
	謝	사례할, 말씀, 자랑할, 물러날	17	言	金	金	金	양	中吉	사용
	師	스승, 본받을, 전문가, 군사	10	巾	水	木	金	음	中吉	사용
	死	죽을, 끊을, 목숨걸, 다할	6	歹	土	水	金	음	不用	불가
	私	사사로울, 개인, 홀로, 사랑할	7	禾	金	木	金	양	小吉	선별 사용
	絲	실, 명주실, 악기 이름	12	糸	木	木	金	음	中吉	사용
	思	생각할, 의사, 바랄, 어조사	9	心	水	火	金	양	中吉	사용
	事	일, 섬길, 사건	8	亅	金	木	金	음	小吉	선별 사용
	司	벼슬, 맡을, 관아	5	口	土	水	金	양	中吉	사용
	詞	고할, 말씀, 알릴, 호소할	12	言	木	金	金	음	中吉	사용
	蛇	자벌레, 뱀, 별 이름 사, 구불구불할 이	11	虫	木	水	金	양	小吉	선별 사용 동자이음
	捨	버릴, 놓을, 베풀, 중단할	12	手	木	木	金	음	中吉	사용
	邪	나머지 여, 그런가 야, 간사할, 속일 사	11	邑	木	土	金	양	小吉	선별 사용 동자이음
	賜	줄, 하사할, 은덕, 명령할	15	貝	土	金	金	양	大吉	권장
	斜	굽을, 비낄 사, 골짜기 이름 야	11	斗	木	火	金	양	小吉	선별 사용 동자이음
	詐	교언, 속일, 꾸밀, 간사할	12	言	木	金	金	음	不用	불가

자음	자	자의	획수	부수	획수 오행	자원 오행	주음 종음 오행	음양	자의 품격	비고
사	社	제사 이름, 단체, 사직, 토지의 신	8	示	金	木	金	음	中吉	사용
	沙	모래, 사막, 일	8	水	金	水	金	음	小吉	선별 사용
	似	같을, 이을, 비슷할, 바칠	7	人	金	火	金	양	小吉	선별 사용
	查	조사할, 뗏목, 사실할	9	木	水	木	金	양	中吉	사용
	寫	베낄, 없앨, 그릴, 제거할	15	宀	土	木	金	양	中吉	사용
	辭	말씀, 하소연할, 알릴, 사절할	19	辛	水	金	金	양	中吉	사용
	斯	어조사, 이, 즉, 잠시	12	斤	木	金	金	음	小吉	선별 사용
	祀	제사, 해, 제사지낼	8	示	金	木	金	음	小吉	선별 사용
	泗	내 이름, 물 이름, 콧물	9	水	水	水	金	양	中吉	사용
	砂	모래, 주사, 약 이름	9	石	水	金	金	양	小吉	선별 사용
	糸	가는 실 멱, 실	6	糸	土	木	金	음	小吉	선별 사용 동자이음
	紗	깁, 외올실 사, 미미할 묘	10	糸	水	木	金	음	小吉	선별 사용 동자이음
	娑	춤출, 가사, 승복, 거문고 소리	10	女	水	土	金	음	中吉	사용
	徙	옮길, 귀양갈, 빼앗을, 배회할	11	彳	木	火	金	양	中吉	사용
	奢	사치할, 자랑할, 넉넉할	12	大	木	木	金	음	中吉	사용
	嗣	연습할, 이을, 상속할, 후임자	13	口	火	水	金	양	小吉	선별 사용
	赦	죄사할, 용서할, 성 사, 채찍질할 책	11	赤	木	火	金	양	小吉	선별 사용 동자이음
	乍	잠깐 사, 지을 작	5	丿	土	金	金	양	小吉	선별 사용
	些	적을, 조금, 어조사	7	二	金	木	金	양	小吉	선별 사용

자음	자	자의	획수	부수	획수 오행	자원 오행	주음 종음 오행	음양	자의 품격	비고
사	伺	엿볼, 찾을	7	人	金	火	金	양	小吉	선별 사용
	俟	기다릴, 클 사, 성 기	9	人	水	火	金	양	大吉	권장 동자이음
	僿	잘게 부술 사·새, 불성실	15	人	土	火	金	양	小吉	선별 사용 동자이음
	唆	꾈, 부추길, 꼬드길	10	口	水	水	金	음	小吉	선별 사용
	柶	숟가락, 윷, 수저	9	木	水	木	金	양	小吉	선별 사용
	梭	북, 베짱이	11	木	木	木	金	양	大吉	권장
	楂	찌기, 강 이름	13	木	火	水	金	양	中吉	사용
	瀉	개울, 쏟을, 물 흐를, 설사할	19	水	水	水	金	양	小吉	선별 사용
	獅	사자, 강아지	14	犬	火	土	金	음	小吉	선별 사용
	祠	말, 사당, 제사, 음식물	10	示	水	木	金	음	不用	불가
	肆	나머지 이, 방자할 시·사, 희생적 이름 해	13	聿	火	火	金	양	小吉	선별 사용 동자이음
	莎	향부자, 비빌 사, 베짱이 수	13	竹	火	木	金	양	小吉	선별 사용 동자이음
	蓑	입시들 쇠, 도롱이, 덮을 사	14	艸	火	木	金	음	小吉	선별 사용 동자이음
	裟	가사, 승려옷	13	衣	火	木	金	양	小吉	선별 사용
	飼	먹일, 기를	14	食	火	水	金	음	小吉	선별 사용
	駟	사마, 용 네마리	15	馬	土	火	金	양	中吉	사용
	麝	사향노루	21	鹿	木	土	金	양	中吉	사용
	篩	체로 칠	16	竹	土	木	金	음	小吉	선별 사용
삭	削	조각할, 깎을, 빼앗을 삭, 칼집 초	9	刀	水	金	金 木	양	小吉	선별 사용 동자이음
	朔	처음, 초하루, 북쪽, 아침	10	月	水	水	金 木	음	小吉	선별 사용

자음	자	자의	획수	부수	획수 오행	자원 오행	주음 종음 오행	음양	자의 품격	비고
삭	數	자주 삭, 셀 수, 촘촘할 촉	15	攴	土	金	金 木	양	小吉	선별 사용 동자이음
	索	동아줄, 꼴	10	糸	水	木	金 木	음	中吉	사용
산	山	무덤, 뫼, 사찰	3	山	火	土	金 火	양	中吉	불가
	產	낳을, 생산할, 일어날, 재산	11	生	木	木	金 火	양	中吉	사용
	散	흩어질, 펼, 한가로울, 여가	12	攴	木	金	金 火	음	小吉	선별 사용
	算	셀, 산술, 슬기, 산가지	14	竹	火	木	金 火	음	小吉	선별 사용
	珊	산호, 패옥, 조잔할	10	玉	水	金	金 火	음	中吉	사용
	傘	우산, 일, 삿갓	12	人	木	火	金 火	음	中吉	사용
	刪	정할, 깎을, 삭제할	7	刀	金	金	金 火	양	小吉	선별 사용
	汕	오구, 헤엄치는 모양	7	水	金	水	金 火	양	中吉	사용
	疝	산증, 아랫배가 아픈 병	8	疒	金	水	金 火	음	不用	불가
	蒜	달래, 작은 마늘, 누름쇠	16	竹	土	木	金 火	음	小吉	선별 사용
	霰	싸라기눈, 떡 잘게썬	20	雨	水	水	金 火	음	小吉	선별 사용
	酸	식초, 신기, 괴로울, 슬플	14	酉	火	金	金 火	음	小吉	선별 사용
살	殺	벨, 죽일, 없앨 살, 강할 쇄	11	殳	木	金	金 火	양	不用	불가 동자이음
	薩	나타날, 보살, 거짓	20	艸	水	木	金 火	음	小吉	선별 사용
	乷	음역자, 살	8	乙	金	木	金 火	음	小吉	선별 사용
	撒	뿌릴, 놓아줄, 흩뜨릴	16	手	土	木	金 火	음	小吉	선별 사용
	煞	죽일 살, 빠를 쇄	13	火	火	火	金 火	양	不用	불가 동자이음
삼	三	거듭, 석, 셋	3	一	火	火	金 水	양	中吉	사용
	參	석, 별 이름, 높을 삼, 간여할 참	11	厶	木	火	金 水	양	小吉	선별 사용 동자이음

자음	자	자의	획수	부수	획수 오행	자원 오행	주음 종음 오행	음양	자의 품격	비고
삼	蔘	가지 치솟을, 인삼, 더덕, 넓고 클	17	艸	金	木	金 水	양	小吉	선별 사용
	杉	삼나무, 으루나무	7	木	金	木	金 水	양	中吉	사용
	衫	적삼, 내의, 옷	9	衣	水	木	金 水	양	小吉	선별 사용
	滲	스밀, 적실 삼, 흐릴 림	15	水	土	水	金 水	양	小吉	선별 사용 동자이음
	芟	벨, 큰 낫 삼, 불꽃 수	10	艸	水	木	金 水	음	小吉	선별 사용 동자이음
	森	성할, 나무 빽빽할, 늘어설	12	木	木	木	金 水	음	中吉	사용
삽	揷	挿의 本字	13	手	火	木	金 水	양	小吉	선별 사용
	挿	끼울, 꽂을, 가래	13	手	火	木	金 水	양	小吉	선별 사용
	澁	떫을, 껄끄러울, 어려울, 막힐	16	水	土	水	金 水	음	小吉	선별 사용
	鈒	창, 새길	12	金	木	金	金 水	음	小吉	선별 사용
	颯	흐트러질, 바람소리, 쇠할	14	風	火	木	金 水	음	小吉	선별 사용
상	上	위, 높을, 오를, 하늘	3	一	火	木	金 土	양	中吉	사용
	尙	높일, 숭상할, 맏, 높일	8	小	金	金	金 土	음	大吉	권장
	常	항상, 떳떳할, 보통	11	巾	木	木	金 土	양	大吉	권장
	賞	상줄, 구경할, 감상할	15	貝	土	金	金 土	양	大吉	권장
	商	장사, 헤아릴, 장수, 몫	11	口	木	水	金 土	양	中吉	사용
	相	바탕, 서로, 볼 상, 빌 양	9	目	水	木	金 土	양	小吉	선별 사용 동자이음
	霜	서리, 세월, 절개	17	雨	金	水	金 土	양	小吉	선별 사용
	想	생각할, 희망할, 모양	13	心	火	火	金 土	양	中吉	사용
	傷	상할, 근심, 해칠, 상처	13	人	火	火	金 土	양	不用	불가

자음	자	자의	획수	부수	획수 오행	자원 오행	주음 종음 오행	음양	자의 품격	비고
상	喪	죽을, 초상, 복입을, 널	12	口	木	水	金 土	음	不用	불가
	嘗	맛볼, 일찍이, 시험해볼	14	口	火	水	金 土	음	小吉	선별 사용
	裳	화려하게 옷입을, 치마, 옷, 성할	14	衣	火	木	金 土	음	中吉	사용
	詳	공평할, 자세할, 상서로울 상, 거짓 양	13	言	火	金	金 土	양	小吉	선별 사용 동자이음
	祥	복, 조짐, 상서로울, 좋을	11	示	木	木	金 土	양	大吉	권장
	象	형상, 코끼리, 조짐	12	豕	木	水	金 土	음	中吉	사용
	像	본뜰, 모양, 형상, 규범	14	人	火	火	金 土	음	中吉	사용
	床	牀의 俗字, 형상, 문서	7	广	金	木	金 土	양	大吉	권장
	牀	평상, 마루, 사물의 기초	8	爿	金	木	金 土	음	大吉	권장
	桑	뽕나무, 뽕 딸	10	木	水	木	金 土	음	中吉	사용
	狀	느낌, 형상, 모양 상, 문서 장	8	犬	金	木	金 土	음	小吉	선별 사용 동자이음
	償	갚을, 보답, 보상, 속죄	17	人	金	火	金 土	양	中吉	사용
	庠	학교, 고남, 태학	9	广	水	木	金 土	양	中吉	사용
	湘	물 이름, 삶을, 강 이름	13	水	火	水	金 土	양	中吉	사용
	箱	상자, 곳간, 곁채	15	竹	土	木	金 土	양	中吉	사용
	翔	높이 날, 빙빙 돌, 자세할	12	羽	木	火	金 土	음	小吉	선별 사용
	爽	시원할, 날이 샐, 밝을, 새매	11	爻	木	火	金 土	양	中吉	사용
	塽	넓고 밝은 땅, 시원한 땅	14	土	火	木	金 土	음	小吉	선별 사용
	孀	과부, 홀어미	20	女	水	木	金 土	음	小吉	선별 사용
	峠	고개, 언덕길	9	山	水	木	金 土	양	中吉	사용
	廂	행랑, 곁간, 벽	12	广	木	木	金 土	음	小吉	선별 사용

자음	자	자의	획수	부수	획수 오행	자원 오행	주음 종음 오행	음양	자의 품격	비고
상	橡	상수리나무, 상수리열매	16	木	土	木	金 土	음	小吉	선별 사용
	觴	술잔, 잔질할	18	角	金	木	金 土	음	小吉	선별 사용
	樣	모양 양, 양식, 상수리나무 상	15	木	土	木	金 土	양	小吉	선별 사용 동자이음
새	塞	주사위, 변방, 요새 새, 막힐 색	13	土	火	土	金	양	小吉	선별 사용 동자이음
	璽	도장, 옥새	19	玉	水	金	金	양	小吉	선별 사용
	賽	우열, 굿할, 겨룰	17	貝	金	金	金	양	中吉	사용
색	色	놀랄, 색, 모양, 종류	6	色	土	土	金 木	음	中吉	사용
	索	동아줄 삭, 찾을, 취할 색, 구할 소	10	糸	水	木	金 木	음	小吉	선별 사용 동자이음
	嗇	인색할, 아낄, 탐낼	13	口	火	水	金 木	양	中吉	사용
	穡	농사, 거둘, 곡식, 검소할	18	禾	金	木	金 木	음	中吉	사용
	塞	막힐, 변방	13	土	火	土	金 木	양	中吉	사용
생	生	한평생, 낳을, 기를, 자랄	5	生	土	木	金 土	양	中吉	사용
	牲	희생, 제사고기	9	牛	水	土	金 土	양	小吉	선별 사용
	甥	생질, 자매의 아들, 사위, 외손자	12	生	木	木	金 土	음	小吉	선별 사용
	省	덜 생, 사냥 선, 살필, 마을 성	9	目	水	木	金 土	양	小吉	선별 사용 동자이음
	笙	생황 생, 땅 이름, 대자리 신	11	竹	木	木	金 土	양	小吉	선별 사용 동자이음
서	西	서쪽, 사양, 깃들일	6	襾	土	金	金	음	中吉	사용
	序	차례, 학교, 실마리	7	广	金	木	金	양	中吉	사용
	書	쓸, 기록할, 글, 문서	10	曰	水	木	金	음	大吉	권장
	署	관청, 대신 일볼, 더울, 여름	15	网	土	木	金	양	中吉	사용

자음	자	자의	획수	부수	획수 오행	자원 오행	주음 종음 오행	음양	자의 품격	비고
서	敍	차례, 베풀, 펼, 늘어설	11	攴	木	金	金	양	大吉	권장
	叙	敍의 俗字	9	又	水	金	金	양	大吉	권장
	徐	천천히, 한가할, 평온할	10	彳	水	火	金	음	大吉	권장
	庶	여러, 무리, 백성, 서출	11	广	木	木	金	양	中吉	사용
	恕	깨달을, 용서할, 어질, 동정할	10	心	水	火	金	음	小吉	선별 사용
	暑	더위, 여름	13	日	火	火	金	양	中吉	사용
	緖	시초, 실마리, 끈 서, 나머지 사	15	糸	土	木	金	양	小吉	선별 사용
	誓	약속할, 맹서할, 경계할, 훈계할	14	言	火	金	金	음	中吉	사용
	逝	죽을, 갈, 떠날, 빠를	14	辵	火	土	金	음	小吉	선별 사용
	抒	누그러질, 당길, 펼, 토로할	8	手	金	木	金	음	中吉	사용
	舒	펼, 열릴, 한가할, 느긋할	12	舌	木	火	金	음	中吉	사용
	瑞	상서, 경사, 부절	14	玉	火	金	金	음	大吉	권장
	棲	깃들일, 살, 쉴	12	木	木	木	金	음	中吉	사용
	栖	棲의 俗字	10	木	水	木	金	음	中吉	사용
	曙	때, 새벽, 동이 틀, 밝을	18	日	金	火	金	음	中吉	사용
	壻	사위, 땅 이름, 동서, 사나이	12	土	木	木	金	음	中吉	사용
	婿	壻와 同字	12	女	木	土	金	음	小吉	선별 사용
	惰	지혜로울, 슬기로울	13	心	火	火	金	양	大吉	권장
	諝	슬기로울, 헤아릴, 저자	16	言	土	金	金	음	大吉	권장
	墅	농막, 별장 서, 들 야	14	土	火	土	金	음	小吉	선별 사용 동자이음
	嶼	섬, 작은 섬	17	山	金	土	金	양	中吉	사용

자음	자	자의	획수	부수	획수 오행	자원 오행	주음 종음 오행	음양	자의 품격	비고
서	捿	잠자리, 살, 깃들, 쉴	12	手	木	木	金	음	中吉	사용
	犀	날카로울, 무소, 무소 뿔, 코뿔소	12	牛	木	土	金	음	小吉	선별 사용
	筮	점대, 점칠	13	竹	火	木	金	양	小吉	선별 사용
	絮	솜, 간맞출 서, 실 엉클어 질 나	12	糸	木	木	金	음	小吉	선별 사용 동자이음
	胥	기다리다, 개장, 서로, 함께 서, 깨어날 소	9	肉	水	土	金	양	中吉	사용 동자이음
	薯	참마, 산약	20	艸	水	木	金	음	中吉	사용
	鋤	없애다, 호미, 김맬, 어긋날	15	金	土	金	金	양	小吉	선별 사용
	黍	기장쌀, 술그릇	12	黍	木	木	金	음	小吉	선별 사용
	鼠	쥐, 근심할 서, 간신 유	13	鼠	火	水	金	양	不用	불가 동자이음
	嶼	섬, 작은 섬	17	山	金	土	金	양	小吉	선별 사용
	藇	아름다울, 우거질 서, 참마, 이름 여	20	艸	金	木	金	음	中吉	사용 동자이음
석	石	비석, 돌, 단단할, 섬	5	石	土	金	金 木	양	中吉	사용
	夕	옛, 저녁, 기울 석, 한 움큼 사	3	夕	火	水	金 木	양	小吉	선별 사용 동자이음
	昔	저녁, 옛, 어제 석, 섞일 착	8	日	金	火	金 木	음	小吉	선별 사용 동자이음
	惜	아낄, 가엾을, 아깝게 여길	12	心	木	火	金 木	음	小吉	선별 사용
	席	자리, 지위, 베풀	10	巾	水	木	金 木	음	中吉	사용
	析	흩어질, 가를, 쪼갤 석, 처녑 사	8	木	金	木	金 木	음	小吉	선별사용 동자이음
	釋	해설할, 풀, 펼 석, 기뻐할 역	20	釆	水	火	金 木	음	小吉	선별 사용 동자이음

자음	자	자의	획수	부수	획수 오행	자원 오행	주음 종음 오행	음양	자의 품격	비고
석	碩	가득할, 클, 충실할, 단단할	14	石	火	金	金 木	음	大吉	권장
	奭	성, 클, 성할 석, 붉을 혁	15	大	土	火	金 木	양	小吉	선별 사용 동자이음
	汐	저녁 조수, 날물, 썰물	7	水	金	水	金 木	양	中吉	사용
	淅	쌀 일, 빗소리, 쓸쓸할	12	水	木	水	金 木	양	小吉	선별 사용
	晳	밝을, 분명할, 분석할	12	日	木	火	金 木	음	大吉	권장
	䄷	섬, 120근	10	禾	水	木	金 木	음	大吉	권장
	鉐	놋쇠	13	金	火	金	金 木	양	中吉	사용
	錫	주석, 줄 석, 줄 사, 다리 체	16	金	土	金	金 木	음	小吉	선별 사용 동자이음
	潟	개펄	16	水	土	水	金 木	음	中吉	사용
	蓆	자리, 넓고 많을	16	艸	土	木	金 木	음	中吉	사용
선	先	앞설, 먼저, 나아갈, 선생	6	儿	土	木	金 火	음	中吉	사용
	仙	신선, 고상할, 가볍게 날	5	人	土	火	金 火	양	小吉	선별 사용
	線	줄, 실	15	糸	土	木	金 火	양	中吉	사용
	鮮	고울, 생선, 깨끗할	17	魚	金	水	金 火	양	大吉	권장
	善	착할, 길할, 좋을, 높을	12	口	木	水	金 火	음	大吉	권장
	船	배, 옷깃	11	舟	木	木	金 火	양	小吉	선별 사용
	選	가릴, 뽑을 선, 설 산, 무게 솰	19	辵	水	土	金 火	양	小吉	선별 사용 동자이음
	宣	펼칠, 베풀, 펼, 사용할	9	宀	水	火	金 火	양	大吉	권장
	旋	빙빙 돌, 돌이킬, 갑자기	11	方	木	土	金 火	양	小吉	선별 사용
	禪	봉선, 고요할, 사양할	17	示	金	木	金 火	양	大吉	권장
	扇	사립문, 부채, 선동할	10	戶	水	木	金 火	음	中吉	사용

자음	자	자의	획수	부수	획수 오행	자원 오행	주음 종음 오행	음양	자의 품격	비고
선	渲	바람, 물 적실, 작은 흐름	13	水	火	水	金 火	양	中吉	사용
	瑄	도리옥, 구슬	14	玉	火	金	金 火	음	中吉	사용
	愃	너그러울 훤, 쾌할 선	13	心	火	火	金 火	양	小吉	선별 사용 동자이음
	膳	반찬, 먹을, 드릴	18	肉	金	水	金 火	음	小吉	선별 사용
	墡	백토, 하얀 흙	15	土	土	土	金 火	양	小吉	선별 사용
	繕	기울, 고칠, 다스릴, 잘할	18	糸	金	木	金 火	음	小吉	선별 사용
	琁	돌, 옥, 구슬 선, 붉은 옥 경	12	玉	木	金	金 火	음	小吉	선별 사용 동자이음
	璿	아름다운 옥, 혼천의	19	玉	水	金	金 火	양	中吉	사용
	璇	옥 이름, 별 이름	16	玉	土	金	金 火	음	中吉	사용
	羨	부러워할, 나머지, 넘칠 선, 효도 연	13	羊	火	土	金 火	양	小吉	선별 사용 동자이음
	嬋	고울, 잇닿을, 예쁠	15	女	土	土	金 火	양	小吉	선별 사용 동자이음
	銑	무쇠, 끌, 금장식	14	金	火	金	金 火	음	小吉	선별 사용 동자이음
	珗	옥돌, 구슬	11	玉	木	金	金 火	양	中吉	사용
	嫙	예쁠, 아름다울	14	女	火	土	金 火	음	中吉	사용
	僊	춤출, 선인	13	人	火	火	金 火	양	中吉	사용
	敾	글 잘 쓸, 사람 이름	16	攴	土	金	金 火	음	中吉	사용
	煽	부칠, 부추길, 성할	14	火	火	火	金 火	음	小吉	선별 사용
	癬	옴, 종기, 옮다	22	疒	木	水	金 火	음	不用	불가
	腺	샘	15	肉	土	水	金 火	양	小吉	선별 사용
	蘚	이끼	23	艸	火	木	金 火	양	小吉	선별 사용

자음	자	자의	획수	부수	획수 오행	자원 오행	주음 종음 오행	음양	자의 품격	비고
선	詵	물어보다, 많을 신·선, 모이다	13	言	火	金	金 火	양	小吉	선별 사용
	跣	맨발, 돌아다닐	13	足	火	土	金 火	양	小吉	선별 사용
	鐥	복자, 좋은 쇠	20	金	水	金	金 火	음	中吉	사용
	饍	膳과 同字	21	食	木	水	金 火	양	中吉	사용
	蟬	매미 선, 땅 이름 제	18	虫	金	水	金 火	음	不用	불가 동자이음
설	雪	눈, 씻을, 결백할	11	雨	木	水	金 火	양	小吉	선별 사용
	說	말씀 선, 말씀, 학설 설, 달랠 세, 기뻐할 열, 벗을 탈	14	言	火	金	金 火	음	小吉	선별 사용 동자이음
	設	클, 베풀, 만들, 설령 설	11	言	木	金	金 火	양	中吉	사용
	舌	혀, 말, 물건	6	舌	土	火	金 火	음	不用	불가
	卨	은나라 시조 이름	11	卜	木	土	金 火	양	小吉	선별 사용
	薛	향부자, 맑은 대쑥, 다북쑥	19	艸	水	木	金 火	양	中吉	사용
	楔	앵두나무, 문설주, 쐐기	13	木	火	木	金 火	양	中吉	사용
	屑	가루, 부스러기, 깨끗할, 결백하다	10	尸	水	水	金 火	음	小吉	선별 사용
	泄	샐, 일어날, 싸다 설, 떠날 예	9	水	水	水	金 火	양	小吉	선별 사용 동자이음
	洩	샐 설, 퍼질 예	10	水	水	水	金 火	음	小吉	선별 사용 동자이음
	渫	흩어지다, 칠 설, 출렁거릴 접, 그칠 사	13	水	火	水	金 火	양	小吉	선별 사용 동자이음
	褻	평상복, 더러울, 업신여길	17	衣	金	木	金 火	양	不用	불가
	齧	흠, 물어뜯을, 깨물다	21	齒	木	金	金 火	양	不用	불가
	蔎	향 풀, 향기로울	17	艸	金	木	金 火	양	中吉	사용
	契	맺을 계, 새길 결, 사람 이름 설	9	大	水	木	金 火	양	小吉	선별 사용 동자이음

자음	자	자의	획수	부수	획수 오행	자원 오행	주음 종음 오행	음양	자의 품격	비고
설	卨	벌레, 사람 이름	11	内	木	土	金 火	양	不用	불가
섬	纖	가늘, 고운 비단, 작을, 검소할	23	糸	火	木	金 水	양	小吉	선별 사용
	暹	나라 이름, 해돋을, 햇살처럼 나아갈	16	日	土	火	金 水	음	中吉	사용
	蟾	두꺼비, 달, 연적	19	虫	水	水	金 水	양	不用	불가
	剡	땅 이름 섬, 날카로울 염	10	刀	水	金	金 水	음	小吉	선별 사용 동자이음
	殲	죽일, 멸할	21	歹	木	水	金 水	양	不用	불가
	贍	보탤, 넉넉할, 구휼할, 도울	20	貝	水	金	金 水	음	中吉	사용
	閃	잠깐, 반짝일, 깜빡일, 아첨할	10	門	水	木	金 水	음	中吉	사용
	陝	고을 이름, 일정하지 않은 모양	14	阜	火	土	金 水	음	中吉	사용
섭	涉	겪을, 건널, 거닐 섭, 피 흐르는 모양 첩	11	水	木	水	金 水	양	小吉	선별 사용 동자이음
	攝	겸할, 쥘, 다스릴 섭, 편안할 녑, 깃꾸미개 삽	22	手	木	木	金 水	음	小吉	선별 사용 동자이음
	燮	불꽃, 익힐, 차츰차츰	17	火	金	火	金 水	양	中吉	사용
	葉	잎 엽, 땅 이름 섭, 책 접	15	艸	土	木	金 水	양	小吉	선별 사용 동자이음
성	姓	성씨, 겨레, 아들	8	女	金	土	金 土	음	小吉	선별 사용
	性	성품, 마음, 성질	9	心	水	火	金 土	양	中吉	사용
	成	이룰, 될, 성숙할	7	戈	金	火	金 土	양	中吉	사용
	城	성곽, 나라, 서울	10	土	水	土	金 土	음	中吉	사용
	誠	정성, 진실, 공경할	14	言	火	金	金 土	음	大吉	권장
	盛	칭찬할, 성할, 채울, 엄정할	12	皿	木	火	金 土	음	中吉	사용

자음	자	자의	획수	부수	획수 오행	자원 오행	주음 종음 오행	음양	자의 품격	비고
성	省	살필, 관청 성, 덜 생, 가을 사냥 선	9	目	水	木	金 土	양	小吉	선별 사용 동자이음
	聖	지존할, 성인, 착할, 슬기	13	耳	火	火	金 土	양	中吉	사용
	聲	소리, 음향, 노래, 소문	17	耳	金	火	金 土	양	小吉	선별 사용
	星	별, 세월, 빠를	9	日	水	火	金 土	양	中吉	사용
	晟	밝을, 햇살, 성할	11	日	木	火	金 土	양	大吉	권장
	晠	晟과 同字	11	日	木	火	金 土	양	大吉	권장
	珹	사람 이름, 옥 이름, 아름다운 구슬	12	玉	木	金	金 土	음	中吉	사용
	娍	아름다울, 헌걸찰, 여자 이름	10	女	水	土	金 土	음	中吉	사용
	瑆	옥빛, 빛날	14	玉	火	金	金 土	음	中吉	사용
	惺	영리할, 깨달을, 고요할	13	心	火	火	金 土	양	中吉	사용
	醒	잠깰, 깰, 깨달을 성, 별 이름 정	16	酉	土	金	金 土	음	小吉	선별 사용 동자이음
	宬	서고, 장서실	10	宀	水	木	金 土	음	大吉	권장
	猩	성성이, 붉은 빛, 개 짖는 소리	13	犬	火	土	金 土	양	小吉	선별 사용
	筬	바디, 베틀, 대나무 이름	13	竹	火	木	金 土	양	小吉	선별 사용
	腥	비릴, 군살, 기름, 누릴, 날고기	15	肉	土	水	金 土	양	不用	불가
	垩	성스러울, 슬기로울, 천자 존칭	13	耳	火	火	金 土	양	小吉	선별 사용
	貹	넉넉할, 제물	12	貝	木	金	金 土	음	大吉	권장
세	世	인간, 세상, 맏	5	一	土	火	金	양	中吉	사용
	洗	돌 이름, 씻을, 세수그릇 세, 깨끗할 선	10	水	水	水	金	음	小吉	선별 사용 동자이음

자음	자	자의	획수	부수	획수 오행	자원 오행	주음 종음 오행	음양	자의 품격	비고
세	稅	세금, 장수할, 바꿀 세, 벗을 탈, 기뻐할 열, 수의 수	12	禾	木	木	金	음	小吉	선별 사용 동자이음
	細	가늘, 미미할, 자세할	11	糸	木	木	金	양	小吉	선별 사용
	勢	기세, 무리, 형세, 권위	13	力	火	金	金	양	小吉	선별 사용
	歲	해, 세월, 나이	13	止	火	土	金	양	中吉	사용
	貰	관대하게 대할, 빌릴, 세낼, 놓아줄	12	貝	木	金	金	음	小吉	선별 사용
	筮	조릿대	11	竹	木	木	金	양	小吉	선별 사용
	說	달랠 세, 말씀 설, 기뻐할 열	14	言	火	金	金	음	小吉	선별 사용 동자이음
	忕	忲와 同字, 익힐 세, 사치할 태	7	心	金	火	金	양	小吉	선별 사용 동자이음
소	小	낮을, 작을, 짧을	3	小	火	水	金	양	小吉	선별 사용
	少	젊을, 적을, 조금, 비방할	4	小	火	水	金	음	小吉	선별 사용
	所	경우, 바, 연고, 처소, 지위	8	戶	金	木	金	음	小吉	선별 사용
	消	다할, 사라질, 식을, 사용할	11	水	木	水	金	양	小吉	선별 사용
	素	흴, 근본, 정성	10	糸	水	木	金	음	大吉	권장
	笑	웃을, 웃음, 꽃필, 업신여길	10	竹	水	木	金	음	中吉	사용
	召	부를, 땅 이름 소, 대추 조	5	口	土	水	金	양	小吉	선별 사용 동자이음
	昭	밝을, 소명할, 나타날	9	日	水	火	金	양	大吉	권장
	蘇	깨어날, 차조기, 쉴	22	艸	木	木	金	음	中吉	사용
	騷	시끄러울, 떠들, 긁을, 풍류	20	馬	水	火	金	음	小吉	선별 사용
	燒	불사를, 익힐, 애태울	16	火	土	火	金	음	小吉	선별 사용
	訴	사할, 변명할, 하소연할 소, 헐뜯을 척	12	言	木	金	金	음	小吉	선별 사용 동자이음

자음	자	자의	획수	부수	획수 오행	자원 오행	주음 종음 오행	음양	자의 품격	비고
소	掃	버릴, 쓸, 제거할, 거절할	12	手	木	木	金	음	小吉	선별 사용
	疎	나눌, 통할, 멀, 클, 다스릴	11	疋	木	土	金	양	中吉	사용
	蔬	푸성귀, 채소, 나물, 버섯	17	艸	金	木	金	양	小吉	선별 사용
	沼	못, 늪	9	水	水	水	金	양	大吉	권장
	炤	밝을, 환히 보일 소, 비출 조	9	火	水	火	金	양	小吉	선별 사용 동자이음
	紹	받을, 이을, 소개할 소, 느슨할 초	11	糸	木	木	金	양	小吉	선별 사용 동자이음
	邵	읍 이름, 고을 이름, 땅 이름	12	邑	木	土	金	음	中吉	사용
	韶	순임금 풍류, 풍류 이름, 이을, 아름다울	14	音	火	金	金	음	小吉	선별 사용
	巢	집, 집지을, 깃들일	11	巛	木	水	金	양	小吉	선별 사용
	遡	거스를, 올라갈, 하소연할	17	辵	金	土	金	양	小吉	선별 사용
	柖	나무 흔들릴, 과녁, 욕상	9	木	水	木	金	양	小吉	선별 사용
	玿	아름다운 옥	10	玉	水	金	金	음	大吉	권장
	嘯	휘파람불, 울부짖을 소, 꾸짖을 질	15	口	土	水	金	양	小吉	선별 사용 동자이음
	塑	토우, 흙으로 만든 조각	13	土	火	土	金	양	小吉	선별 사용
	宵	밤, 야간, 작을	10	宀	水	木	金	음	小吉	선별 사용
	搔	긁을, 움직일 소, 손톱 조	13	手	火	木	金	양	小吉	선별 사용 동자이음
	梳	빗, 머리빗을, 얼레빗	11	木	木	木	金	양	小吉	선별 사용
	溯	하소연할, 거슬러 올라갈, 따라 내려갈	14	水	火	水	金	음	小吉	선별 사용
	瀟	물 맑고 깊을, 강 이름, 비바람 사나울	20	水	水	水	金	음	小吉	선별 사용

자음	자	자의	획수	부수	획수 오행	자원 오행	주음 종음 오행	음양	자의 품격	비고
소	甦	긁어모을, 가득 찰, 살, 잠깰	12	生	木	水	金	음	小吉	선별 사용
	瘙	종기, 부스럼	15	疒	土	水	金	양	不用	불가
	篠	삼태기, 조릿대 소·조	16	竹	土	木	金	음	不用	불가 동자이음
	簫	음악 이름, 퉁소, 활의 두머리	18	竹	金	木	金	음	小吉	선별 사용
	逍	거닐, 노닐	13	辵	火	土	金	양	小吉	선별 사용
	銷	살아질, 녹일, 흩어질, 흩어지다	15	金	土	金	金	양	小吉	선별 사용
	蕭	비뚤어질, 맑은 대쑥, 쓸쓸할	18	艸	金	木	金	음	小吉	선별 사용
	愫	정성, 참된 마음, 진정	14	心	火	火	金	양	大吉	권장
	穌	긁어 모을, 가득찰, 살, 잠깰	16	禾	土	木	金	음	中吉	사용
	卲	높을, 훌륭하다	7	卩	金	火	金	양	中吉	사용
	䨭	하늘, 밤, 구름 소, 닮은 초	19	雨	水	水	金	양	小吉	선별 사용 동자이음
속	俗	풍속, 버릇, 속될, 세상	9	人	水	火	金 木	양	小吉	선별 사용
	速	빠를, 부를, 자주	14	辵	火	土	金 木	음	小吉	선별 사용
	續	이을, 계속, 공적	21	糸	木	木	金 木	양	小吉	선별 사용
	束	묶을, 동여맬, 삼갈, 약속할	7	木	金	木	金 木	양	小吉	선별 사용
	粟	벼, 오곡 속, 좁쌀 조	12	米	木	木	金 木	음	小吉	선별 사용 동자이음
	屬	분류할, 무리 속, 부탁할 촉	21	尸	木	木	金 木	양	小吉	선별 사용 동자이음
	涑	행굴, 강 이름	11	水	木	水	金 木	양	小吉	선별 사용
	謖	일어설, 높이 빼어난 모양	17	言	金	金	金 木	양	小吉	선별 사용

자음	자	자의	획수	부수	획수 오행	자원 오행	주음 종음 오행	음양	자의 품격	비고
속	贖	속바칠, 바꿀, 떠날, 되찾을	22	貝	木	金	金 木	음	小吉	선별 사용
손	孫	손자, 후손, 공손할	10	子	水	水	金 火	음	中吉	사용
	損	덜, 감소할, 상할	14	手	火	木	金 火	음	小吉	선별 사용
	遜	겸손할, 따를, 사양할	17	辵	金	土	金 火	양	中吉	사용
	巽	손괘, 공손할, 유순할, 사양할	12	己	木	木	金 火	음	中吉	사용
	蓀	향풀 이름	16	艸	土	木	金 火	음	中吉	사용
	飡	먹을 찬, 밥알 손	11	食	木	水	金 火	양	小吉	선별 사용 동자이음
솔	率	거느릴, 좇을, 갑자기 솔, 율 률, 우두머리 수	11	玄	木	火	金 火	양	小吉	선별 사용 동자이음
	帥	바르게할, 통솔자, 거느릴, 인도할	9	巾	水	木	金 火	양	中吉	동자이음
송	松	소나무, 향풀, 강 이름	8	木	金	木	金 土	음	中吉	사용
	送	보낼, 전송할, 선물, 뒤좇을	13	辵	火	土	金 土	양	中吉	사용
	頌	문체 이름, 기릴, 칭송할 송, 얼굴 용	13	頁	火	土	金 土	양	小吉	선별 사용 동자이음
	訟	시비할, 송사할, 논쟁할, 꾸짖을	11	言	木	金	金 土	양	小吉	선별 사용
	誦	말할, 고소할, 욀, 여쭐, 의논할	14	言	火	金	金 土	음	小吉	선별 사용
	宋	쓸데없이 착할, 송나라, 거주할	7	宀	金	木	金 土	양	中吉	사용
	淞	물, 강 이름	12	水	木	水	金 土	음	中吉	사용
	悚	두려워할, 당황할, 공경할	11	心	木	火	金 土	양	小吉	선별 사용
쇠	衰	쇠할, 약할 쇠, 상옷 최, 도롱이 사	10	衣	水	木	金	음	不用	불가 동자이음
	釗	쇠 쇠, 볼 소, 사람 이름 교	10	金	水	金	金	음	不用	불가 동자이음

자음	자	자의	획수	부수	획수 오행	자원 오행	주음 종음 오행	음양	자의 품격	비고
쇄	刷	인쇄할, 닦을, 정돈할	8	刀	金	金	金	음	不用	불가
	鎖	쇠사슬, 자물쇠	18	金	金	金	金	음	小吉	선별 사용
	殺	빠를 쇄, 깨뜨릴, 죽일, 없앨 살	11	殳	木	金	金	양	不用	불가 동자이음
	灑	뿌릴, 끼얹을, 흩어질, 상쾌할	22	水	木	水	金	음	不用	불가
	碎	부술, 깨뜨릴, 부스러기, 잘	13	石	火	金	金	양	不用	불가
	鏁	자물쇠, 찡그릴, 쇠사슬, 수갑	18	金	金	金	金	음	不用	불가
수	水	물, 물길, 홍수, 고를	4	水	火	水	金	음	中吉	사용
	手	손, 솜씨, 힘, 수단	4	手	火	木	金	음	不用	불가
	受	받을, 이을, 인연	8	又	金	水	金	음	大吉	권장
	授	줄, 수여할, 가르칠	12	手	木	木	金	음	大吉	권장
	首	시초, 머리, 먼저, 우두머리	9	首	水	水	金	양	中吉	사용
	守	지킬, 보살필, 살필, 직책	6	宀	土	木	金	음	中吉	사용
	收	거둘, 모을, 추수 많을	6	攴	土	金	金	음	中吉	사용
	誰	누구, 무엇, 발어, 찾아 물을	15	言	土	金	金	양	小吉	선별 사용
	須	모름지기, 수염, 요긴할, 쉴	12	頁	木	火	金	음	小吉	선별 사용
	雖	벌레 이름, 비록, 추천할 수, 짐승 이름 유	17	隹	金	火	金	양	小吉	선별 사용 동자이음
	愁	얼굴 바꿀, 근심, 염려할, 근심할	13	心	火	火	金	양	小吉	선별 사용
	樹	나무, 세울, 심을	16	木	土	木	金	음	小吉	선별 사용
	壽	목숨, 오래 살, 나이	14	土	火	水	金	음	小吉	선별 사용
	寿	壽의 俗字	7	寸	金	木	金	양	小吉	선별 사용

자음	자	자의	획수	부수	획수 오행	자원 오행	주음 종음 오행	음양	자의 품격	비고
수	數	수, 셀, 헤아릴, 셈할	15	支	土	金	金	양	小吉	선별 사용
	修	닦을, 다스릴, 행할, 뛰어날	10	人	水	火	金	음	中吉	사용
	脩	포 수, 옻칠한 통 유, 땅 이름 조	13	肉	火	水	金	양	小吉	선별 사용 동자이음
	秀	빼어날, 성할, 꽃필, 무성할	7	禾	金	木	金	양	大吉	권장
	囚	가둘, 죄인, 포로	5	口	土	水	金	양	不用	불가
	需	구할, 바람, 기다릴, 공급할	14	雨	火	水	金	음	中吉	사용
	帥	장수, 통솔자 수, 거느릴 솔	9	巾	水	水	金	양	小吉	선별 사용 동자이음
	殊	클, 죽을, 베일, 다를	10	歹	水	水	金	음	不用	불가
	隨	따를, 맡길, 거느릴	21	阜	木	土	金	양	小吉	선별 사용
	輸	나를, 옮길, 모을, 애쓸	16	車	土	火	金	음	中吉	사용
	獸	짐승, 포	19	犬	水	土	金	양	不用	불가
	睡	잘, 졸음, 꽃 오므라질	13	目	火	木	金	양	小吉	선별 사용
	遂	이룰, 성취할, 더디어, 적합할	21	辵	木	土	金	음	中吉	사용
	垂	드리울, 변방, 거의, 베풀	8	土	金	土	金	음	中吉	사용
	搜	많을, 찾을, 모을 수, 어지러울 소	14	手	火	木	金	음	小吉	선별 사용 동자이음
	洙	물가, 물 이름, 성	10	水	水	水	金	음	大吉	권장
	琇	옥돌, 귀막이, 아름다울	12	玉	木	金	金	음	大吉	권장
	銖	무게 단위, 둔할, 무딜	14	金	火	金	金	음	中吉	사용
	粹	정밀할, 순수할, 온전할 수, 부술 쇄	14	米	火	木	金	음	小吉	선별 사용 동자이음
	穗	이삭, 이삭 모양	17	禾	金	木	金	양	中吉	사용

자음	자	자의	획수	부수	획수 오행	자원 오행	주음 종음 오행	음양	자의 품격	비고
수	穂	穗의 俗字	15	禾	土	木	金	양	中吉	사용
	繡	수놓을, 성	18	糸	金	木	金	음	中吉	사용
	隋	수나라, 왕조 이름 수, 떨어질 타	17	阜	金	土	金	양	小吉	선별 사용 동자이음
	髓	골수, 마음속, 사물의 중심	23	骨	火	金	金	양	小吉	선별 사용
	袖	소매, 소매에 숨길	11	衣	木	木	金	양	小吉	선별 사용
	嗽	기침할 수, 빨아들일, 마실 삭	14	口	火	水	金	음	小吉	선별 사용 동자이음
	嫂	형수, 부인 호칭	13	女	火	土	金	양	小吉	선별 사용
	岫	산굴, 산봉우리	8	山	金	土	金	음	中吉	사용
	峀	산굴, 산봉우리	8	山	金	土	金	음	中吉	사용
	戍	병영, 지킬, 수자리	6	戈	土	金	金	음	中吉	사용
	燧	부싯돌, 봉화, 횃불	17	火	金	火	金	양	中吉	사용
	漱	빨래할, 양치할, 씻을	15	水	土	水	金	양	小吉	선별 사용
	狩	기를, 사냥할, 징벌할	9	犬	水	土	金	양	不用	불가
	璲	패옥	18	玉	金	金	金	음	中吉	사용
	瘦	파리할, 여윌, 마를	15	疒	土	水	金	양	不用	불가
	竪	더벅머리, 천할, 바를	13	立	火	金	金	양	中吉	사용
	綏	편안할 수, 기드림 유, 드리울 타	13	糸	火	木	金	양	小吉	선별 사용 동자이음
	綬	인끈, 이을, 실을 땋은 끈	14	糸	火	木	金	음	中吉	사용
	羞	목욕하다, 바칠, 드릴, 수치, 음식물	11	羊	木	土	金	양	中吉	사용
	茱	수유나무	12	艸	木	木	金	음	中吉	사용
	蒐	모을 , 꼭두서니 수, 향풀 후	16	艸	土	木	金	음	小吉	선별 사용 동자이음

자음	자	자의	획수	부수	획수 오행	자원 오행	주음 종음 오행	음양	자의 품격	비고
수	蓚	기쁠, 수산	16	艸	土	木	金	음	中吉	사용
	藪	늪, 또아리 수, 바퀴살구멍 추	21	艸	木	木	金	양	小吉	선별 사용 동자이음
	讐	사용할, 원수, 갚을, 대답할	23	言	火	金	金	양	不用	불가
	邃	오래, 깊을, 심오할, 멀	21	辵	木	土	金	양	小吉	선별 사용
	酬	갚을 수, 보답할 주	13	酉	火	金	金	양	小吉	선별 사용 동자이음
	銹	녹슬	15	金	土	金	金	양	小吉	선별 사용
	隧	길, 산길 수, 떨어질 추	20	阜	水	土	金	음	小吉	선별 사용 동자이음
	鬚	수염, 동물 수염, 술	22	髟	木	火	金	음	不用	불가
	濉	강 이름 수, 부릅떠 볼 휴	17	水	金	水	金	양	小吉	선별 사용 동자이음
	鵮	새매 수, 날지 않을 주	19	鳥	水	火	金	양	不用	불가 동자이음
	賥	재물, 재화	15	貝	土	金	金	양	中吉	사용
숙	叔	아재비, 어릴, 젊을	8	又	金	水	金 木	음	中吉	사용
	淑	맑을, 착할, 사모할	12	水	木	水	金 木	음	小吉	사용
	宿	편안할, 별자리 수, 잘, 지킬 숙	11	宀	木	木	金 木	양	小吉	선별 사용 동자이음
	孰	누구, 어느, 익을	11	子	木	水	金 木	양	中吉	사용
	熟	성숙할, 익을, 이룰, 알	15	火	土	火	金 木	양	小吉	선별 사용
	肅	고요할, 엄숙할, 맑을 숙, 공경할 소	13	聿	火	火	金 木	양	小吉	선별 사용 동자이음
	塾	글방, 사랑방, 과녁	14	土	火	土	金 木	음	中吉	사용
	琡	옥 이름, 큰 홀	13	玉	火	金	金 木	양	中吉	사용

자음	字	자의	획수	부수	획수 오행	자원 오행	주음 종음 오행	음양	자의 품격	비고
숙	璹	옥그릇 숙, 옥 이름 도·수	19	玉	水	金	金 木	양	小吉	선별 사용 동자이음
	橚	나무 줄지어 설 숙, 우거질 소, 밋밋 추	16	木	土	木	金 木	음	小吉	선별 사용 동자이음
	夙	일찍, 삼갈, 옛날	6	夕	土	木	金 木	음	小吉	선별 사용
	潚	빠를 숙, 강 이름 소	16	水	土	水	金 木	음	小吉	선별 사용 동자이음
	菽	콩 숙, 사람 이름 초	14	艸	火	木	金 木	음	小吉	선별 사용 동자이음
순	順	좇을, 순할, 따를, 바를	12	頁	木	火	金 火	음	小吉	선별 사용
	純	생사 순, 가선 준, 묶을 돈, 비단 치	10	糸	水	木	金 火	음	小吉	선별 사용 동자이음
	旬	두루 펼, 열흘, 한번 돌 순, 부역 균	6	日	土	火	金 火	음	小吉	선별 사용 동자이음
	殉	따라 죽을, 목숨 바칠, 구할	10	歹	水	水	金 火	음	不用	불가
	循	좇을, 빙빙 돌, 돌	12	彳	木	火	金 火	음	中吉	사용
	脣	입술, 언저리	13	肉	火	水	金 火	양	小吉	선별 사용
	瞬	잠깐, 눈 깜짝할	17	目	金	木	金 火	양	小吉	선별 사용
	巡	위로할, 순행할, 돌	7	巛	金	水	金 火	양	中吉	사용
	洵	참으로, 멀, 믿을, 고를	10	水	水	水	金 火	음	中吉	사용
	珣	옥 이름, 옥그릇	11	竹	木	金	金 火	양	中吉	사용
	荀	주의 제후 이름, 풀 이름	12	艸	木	木	金 火	음	中吉	사용
	筍	틀, 죽순, 가마 순, 어린대 윤	12	竹	木	木	金 火	음	小吉	선별 사용 동자이음
	舜	순임금, 무궁화, 순박할	12	舛	木	木	金 火	음	中吉	사용
	淳	순박할, 맑을 순, 나비 준	12	水	木	水	金 火	음	小吉	선별 사용 동자이음

자음	자	자의	획수	부수	획수 오행	자원 오행	주음 종음 오행	음양	자의 품격	비고
순	錞	악기 이름, 낮을 순, 창고달 대	16	金	土	金	金 火	음	小吉	선별 사용 동자이음
	諄	타이를, 도울 순, 미워할 준	15	言	土	金	金 火	양	小吉	선별 사용 동자이음
	醇	진한 술, 순수할, 진실할	15	酉	土	金	金 火	양	小吉	선별 사용
	焞	밝을 순, 불빛 돈, 성할 퇴	12	火	木	火	金 火	음	小吉	선별 사용 동자이음
	徇	주창할, 호령할, 자랑할, 거느릴	9	彳	水	火	金 火	양	中吉	사용
	恂	갑자기, 정성, 미쁠, 통달할	10	心	水	火	金 火	음	中吉	사용
	栒	고을 이름, 나무 이름, 가로대	10	木	水	木	金 火	음	中吉	사용
	楯	난간, 방패 순, 책상 준	13	木	火	木	金 火	양	小吉	선별 사용 동자이음
	橓	무궁화나무	16	木	土	木	金 火	음	中吉	사용
	蓴	순채 순, 풀 더부룩할 단	17	艸	金	木	金 火	양	小吉	선별 사용 동자이음
	蕣	무궁화, 목근	18	艸	金	木	金 火	음	中吉	사용
	詢	같을, 자문할, 꾀할	13	言	火	金	金 火	양	小吉	선별 사용
	馴	길들일 순, 가르칠 훈	13	馬	火	火	金 火	양	小吉	선별 사용 동자이음
	盾	방패 순, 이름 윤, 별 이름 돈	9	目	水	木	金 火	양	小吉	선별 사용 동자이음
술	戌	개, 열한째 지지, 정성	6	戈	土	土	金 火	음	中吉	사용
	述	기록할, 지을, 이를, 말할	12	辵	木	土	金 火	음	中吉	사용
	術	꾀, 계략, 방법, 재주, 학문	11	行	木	火	金 火	양	中吉	사용
	鉥	돗바늘, 이끌, 인도할	13	金	火	金	金 火	양	中吉	사용
숭	崇	높을, 높일, 존중할, 모을	11	山	木	土	金 土	양	中吉	사용

자음	자	자의	획수	부수	획수 오행	자원 오행	주음 종음 오행	음양	자의 품격	비고
숭	嵩	높을, 우뚝 솟을, 산 이름	13	山	火	土	金 土	양	中吉	사용
	崧	솟을, 산 이름	11	山	木	土	金 土	양	中吉	사용
슬	瑟	바람소리, 큰 거문고, 많을	14	玉	火	金	金 火	음	中吉	사용
	膝	무릎, 방패 이름	17	肉	金	水	金 火	양	不用	불가
	璱	진주, 푸른 구슬, 조촐할	18	玉	金	金	金 火	양	中吉	사용
	蝨	이, 참깨, 섞일	15	虫	土	水	金 火	양	小吉	선별 사용
습	習	익힐, 손에 익을, 버릇, 길들일	11	羽	木	火	金 水	양	中吉	사용
	拾	칼질, 주울, 팔찌, 성 습, 열 십	10	手	水	木	金 水	음	小吉	선별 사용 동자이음
	濕	젖을, 자연 그대로, 축축할 습, 강 이름 답, 이름 섭	18	水	金	水	金 水	음	小吉	선별 사용 동자이음
	襲	화합할, 엄습할, 이를	22	衣	木	木	金 水	음	小吉	선별 사용
	褶	주름 습, 겹옷 첩	17	衣	金	木	金 水	양	小吉	선별 사용 동자이음
승	乘	곱할, 탈, 오를, 수레	10	丿	水	火	金 土	음	中吉	사용
	承	이을, 받들, 우계 승 , 건질 증	8	手	金	木	金 土	음	小吉	사용 동자이음
	勝	이길, 나을, 바를, 뛰어날	12	力	木	土	金 土	음	中吉	사용
	昇	오를, 해돋을, 올릴	8	日	金	火	金 土	음	大吉	권장
	僧	중, 승려, 마음 편할	14	人	火	火	金 土	음	中吉	사용
	丞	받들, 도울, 정승 승, 나아갈 증	6	一	土	木	金 土	음	小吉	사용 동자이음
	陞	오를, 나아갈, 전진할	15	阜	土	土	金 土	양	中吉	사용
	繩	줄, 노끈, 바를 승, 끝없을 민, 말이을 잉	19	糸	水	木	金 土	양	小吉	선별 사용 동자이음

자음	자	자의	획수	부수	획수 오행	자원 오행	주음 종음 오행	음양	자의 품격	비고
승	蠅	파리, 거미, 돌아다니는 모양	19	虫	水	水	金 土	양	不用	불가
	升	되, 오를, 반성하다, 높다	4	十	火	木	金 土	음	大吉	권장
	縢	바디, 베틀의 기구	14	木	火	木	金 土	음	小吉	선별 사용
	丞	받들, 나라이름 정	5	水	土	水	金 土	양	中吉	동자이음
	塍	밭두둑, 둑	13	土	火	水	金 土	양	中吉	사용
시	市	돈벌, 저자, 시장, 벼슬 이름	5	巾	土	木	金	양	中吉	사용
	示	보일. 가르칠, 알릴 시, 땅귀신 기	5	示	土	木	金	양	小吉	선별 사용 동자이음
	是	옳을, 바를, 이	9	日	水	火	金	양	大吉	권장
	時	기회, 때, 기약, 철	10	日	水	火	金	음	中吉	사용
	詩	노래할, 시, 풍류, 시경	13	言	火	金	金	양	中吉	사용
	施	펴질, 베풀, 은혜 시, 기울 이	9	方	水	土	金	양	小吉	선별 사용 동자이음
	試	시험할, 비교할, 조사할	13	言	火	金	金	양	中吉	사용
	始	처음, 비롯할, 근본	8	女	金	土	金	음	中吉	사용
	矢	베풀, 화살, 곧을	5	矢	土	金	金	양	中吉	사용
	侍	모실, 받들, 기다릴	8	人	金	火	金	음	中吉	사용
	視	견줄, 볼, 살필, 대접할	12	見	木	火	金	음	中吉	사용
	柴	섶, 울타리 시, 쌓을 자, 울장 채	9	木	水	木	金	양	小吉	선별 사용 동자이음
	恃	믿을, 의지할, 어머니	10	心	水	火	金	음	中吉	사용
	匙	숟가락, 열쇠	11	匕	木	金	金	양	小吉	선별 사용
	嘶	울, 흐느낄, 목이 쉴	15	口	土	水	金	양	不用	불가
	媤	여자 의자, 시집	12	女	木	土	金	음	小吉	선별 사용

자음	자	자의	획수	부수	획수 오행	자원 오행	주음 종음 오행	음양	자의 품격	비고
시	尸	주장할, 주검, 시체, 위패	3	尸	火	水	金	양	不用	불가
	屎	똥 시, 앓을 히	9	尸	水	水	金	양	不用	불가 동자이음
	屍	주검, 송장	9	尸	水	水	金	양	不用	불가
	弑	죽일	12	弋	木	金	金	음	不用	불가
	柹	감나무, 감	9	木	水	木	金	양	中吉	사용
	猜	원망할, 의심할, 시샘할	12	犬	木	土	金	음	不用	불가
	翅	날개, 나는 모양	10	羽	水	水	金	음	不用	불가
	蒔	모종낼, 옮겨 심을, 소회향	16	艸	土	木	金	음	中吉	사용
	蓍	점대, 시초	14	艸	火	木	金	음	小吉	선별 사용
	諡	시호 내릴, 시호, 삼갈	16	言	土	金	金	음	小吉	선별 사용
	豕	돼지	7	豕	金	水	金	양	小吉	선별 사용
	豺	승냥이, 짐승 이름	10	豸	水	水	金	음	不用	불가
	偲	굳셀, 똑똑할, 선을 권할	11	人	木	火	金	양	大吉	권장
식	食	음식 식, 밥 식·사, 사람 이름 이	9	食	水	水	金 木	양	小吉	선별 사용 동자이음
	式	본받을, 법, 의식 식, 악할 특	6	弋	土	金	金 木	음	小吉	선별 사용 동자이음
	植	재목, 심을, 식물 식, 둘 치	12	木	木	木	金 木	음	小吉	선별 사용 동자이음
	識	알, 지식 식, 적을 지, 깃발 치	19	言	水	金	金 木	양	小吉	선별 사용 동자이음
	息	휴식, 숨쉴, 처할, 비옥할	10	心	水	火	金 木	음	中吉	사용
	飾	꾸밀, 청소할, 속일, 장식	14	食	火	水	金 木	음	小吉	선별 사용
	栻	점 기구, 나무판, 점치는	10	木	水	木	金 木	음	小吉	선별 사용
	埴	진흙, 심을, 찰흙 식 , 둘 치	11	土	木	土	金 木	양	小吉	선별 사용 동자이음

자음	자	자의	획수	부수	획수 오행	자원 오행	주음 종음 오행	음양	자의 품격	비고
식	殖	자랄, 번성할, 기를	12	歹	木	水	金 木	음	中吉	사용
	湜	물 맑을, 엄정할, 엄숙할	13	水	火	水	金 木	양	大吉	권장
	軾	수레 난간	13	車	火	火	金 木	양	中吉	사용
	寔	둘, 이, 참으로	12	宀	木	木	金 木	음	小吉	선별 사용
	拭	닦을, 훔칠 식	10	手	水	木	金 木	음	小吉	선별 사용
	熄	꺼질, 그칠, 망할, 없어지다	14	火	火	火	金 木	음	小吉	선별 사용
	篒	대밥통, 사람 이름	15	竹	土	木	金 木	양	小吉	선별 사용
	蝕	좀 먹을, 월식, 일식	15	虫	土	水	金 木	양	不用	불가
신	身	지위, 몸, 대 신, 나라 이름 연	7	身	金	火	金 火	양	小吉	선별 사용 동자이음
	申	아홉째 지지, 펼, 거듭, 보낼	5	田	土	金	金 火	양	中吉	사용
	神	귀신, 정신, 불가사의	10	示	水	木	金 火	음	不用	불가
	臣	신하, 하인, 백성	6	臣	土	火	金 火	음	中吉	사용
	信	믿을, 참될, 진실, 펼	9	人	水	火	金 火	양	中吉	사용
	辛	매울, 고생할, 새것	7	辛	金	金	金 火	양	不用	불가
	新	새, 처음, 친할	13	斤	火	金	金 火	양	中吉	사용
	伸	펼, 말할, 늘일	7	人	金	火	金 火	양	中吉	사용
	晨	새벽, 샛별, 아침	11	日	木	火	金 火	양	大吉	권장
	愼	삼갈, 진실로, 고요할	14	心	火	火	金 火	음	中吉	사용
	紳	큰 띠, 다발, 묶을	11	糸	木	木	金 火	양	中吉	사용
	莘	긴 모양, 족도리풀, 많을	13	艸	火	木	金 火	양	小吉	선별 사용
	薪	섶나무, 땔나무, 잡초	19	艸	水	木	金 火	양	小吉	선별 사용
	迅	빠를, 신속할	10	辵	水	土	金 火	음	小吉	선별 사용

자음	자	자의	획수	부수	획수 오행	자원 오행	주음 종음 오행	음양	자의 품격	비고
신	訊	신문할, 물을, 하문할, 알릴	10	言	水	金	金 火	음	小吉	선별 사용
	侁	걷는 모양, 많은 모양	8	人	金	火	金 火	음	中吉	사용
	呻	끙끙거릴, 웅얼거릴	8	口	金	水	金 火	음	小吉	선별 사용
	娠	잉태할, 하인	10	女	水	土	金 火	음	小吉	선별 사용
	宸	집, 처마, 궁궐, 하늘, 허공	10	宀	水	木	金 火	음	小吉	선별 사용
	燼	깜부기불, 살아남은 나머지	18	火	金	火	金 火	음	小吉	선별 사용
	腎	콩팥, 단단할	14	肉	火	水	金 火	음	不用	불가
	藎	조개풀 산, 풀 이름 진	20	艸	水	木	金 火	음	小吉	선별 사용 동자이음
	蜃	무명조개, 이무기, 재기	13	虫	火	水	金 火	양	小吉	선별 사용
	辰	날 신, 별 이름 진	7	辰	金	土	金 火	양	小吉	선별 사용 동자이음
	璶	옥돌	18	玉	金	金	金 火	음	中吉	사용
실	失	그르칠, 잃을, 착오 실, 놓을 일	5	大	土	木	金 火	양	不用	불가 동자이음
	室	집, 방, 아내	9	宀	水	木	金 火	양	中吉	사용
	實	열매, 가득 찰, 참될, 본질	14	宀	火	木	金 火	음	中吉	사용
	実	實의 俗字	8	宀	金	木	金 火	음	中吉	사용
	悉	모두, 다할, 남김 없을, 다	11	心	木	火	金 火	양	小吉	선별 사용
심	心	마음, 가운데, 가슴	4	心	火	火	金 水	음	中吉	사용
	甚	심할, 더욱, 매우, 진실로	9	甘	水	土	金 水	양	中吉	사용
	深	깊게할, 깊을, 으슥할, 숨길	12	水	木	水	金 火	음	中吉	사용
	尋	찾을, 생각할, 계승할	12	寸	木	金	金 水	음	中吉	사용
	審	상세할, 살필, 조사할 심, 돌 반	15	宀	土	木	金 水	양	小吉	선별 사용 동자이음

자음	자	자의	획수	부수	획수 오행	자원 오행	주음 종음 오행	음양	자의 품격	비고
심	沁	강 이름, 물 적실, 스며들	8	水	金	水	金 水	음	中吉	사용
	沈	고을 이름, 성, 나라 이름 심, 가라앉을 침	8	氵	金	水	金 水	음	中吉	사용 동자이음
	瀋	즙, 강 이름	19	水	水	水	金 水	양	中吉	사용
	芯	등심초, 물건의 중심	10	艸	水	木	金 水	음	中吉	사용
	諶	참, 진실로	16	言	土	金	金 水	음	中吉	사용
십	十	열, 열 번, 전부	10	十	水	水	金 水	음	中吉	사용
	什	열 사람	4	人	火	火	金 水	음	中吉	사용
	拾	열 십, 주울 습, 오를 섭, 서로 겁	10	手	水	木	金 水	음	小吉	선별 사용 동자이음
쌍	雙	쌍, 짝, 돛, 동류할	18	隹	金	火	金 水	음	小吉	선별 사용
씨	氏	각시 씨, 나라 이름 지	4	氏	火	火	金 水	음	小吉	선별 사용 동자이음
아	兒	아이, 아들 아, 성 예	8	儿	金	水	土	음	不用	불가 동자이음
	児	兒의 俗字	7	儿	金	水	土	양	不用	불가
	我	나, 우리, 외고집	7	戈	金	金	土	양	中吉	사용
	牙	어금니, 무기, 싹틀, 깨물	4	牙	火	金	土	음	小吉	선별 사용
	芽	싹, 조짐 보일, 비롯할	10	艸	水	木	土	음	小吉	선별 사용
	雅	좋을, 맑을, 바를, 아담할	12	隹	木	火	土	음	中吉	사용
	亞	버금, 벼 아, 회칠할 약, 누를 압	8	二	金	火	土	음	小吉	선별 사용 동자이음
	亜	亞의 俗字	7	二	金	火	土	양	小吉	선별 사용 동자이음
	餓	굶길, 굶주릴, 주릴	16	食	土	水	土	음	不用	불가
	娥	여자 이름, 어여쁠, 미녀, 달	10	女	水	土	土	음	小吉	선별 사용

자음	자	자의	획수	부수	획수 오행	자원 오행	주음 종음 오행	음양	자의 품격	비고
아	峨	산 높을, 산 이름, 위엄 있을	10	山	水	土	土	음	小吉	선별 사용
	衙	병영, 마을, 관청 아, 갈 어	13	行	火	火	土	양	小吉	선별 사용 동자이음
	婀	고울, 아름다울, 여자의 자	8	女	金	土	土	음	大吉	권장
	俄	갑자기, 기울, 높을	9	人	水	火	土	양	小吉	선별 사용
	啞	벙어리, 소리 아, 웃음소리 액	11	口	木	水	土	양	不用	불가 동자이음
	莪	지칭개, 약초 이름	13	艸	火	木	土	양	小吉	선별 사용
	蛾	나방, 눈썹 아, 개미 의	13	虫	火	水	土	양	小吉	선별 사용 동자이음
	訝	맞을, 위로할, 의심할	11	言	木	金	土	양	中吉	사용
	鴉	갈까마귀, 검을, 검은 빛	15	鳥	土	火	土	양	不用	불가
	鵝	거위, 진 이름	18	鳥	金	火	土	음	不用	불가
	阿	언덕 아, 호칭 옥	13	阜	火	土	土	양	小吉	선별 사용 동자이음
	娿	아름다울, 아리따울, 머뭇거릴	11	女	木	土	土	양	中吉	사용
악	惡	악할 악, 미워할 오	12	心	木	火	土 木	음	不用	불가 동자이음
	岳	큰 산, 처의 부모	8	山	金	土	土 木	음	中吉	사용
	樂	풍류, 연주할, 악기 악, 좋아할 요, 즐거울 락	15	木	土	木	土 木	양	小吉	선별 사용 동자이음
	堊	회칠할, 석회, 백토, 거칠	11	土	木	土	土 木	양	小吉	선별 사용
	嶽	대신, 큰 산, 위엄, 제후	17	山	金	土	土 木	양	小吉	선별 사용
	幄	휘장, 천막, 막을 쳐 놓은 곳	12	巾	木	木	土 木	음	小吉	선별 사용
	愕	당황할, 놀랄 악, 갑자기, 직언할 오	13	心	火	火	土 木	양	小吉	선별 사용 동자이음

자음	자	자의	획수	부수	획수 오행	자원 오행	주음 종음 오행	음양	자의 품격	비고
악	握	주먹, 악수, 쥘 악, 작을 옥	13	手	火	木	土 木	양	小吉	선별 사용 동자이음
	渥	두터울 악, 담글 우	13	水	火	水	土 木	양	小吉	선별 사용 동자이음
	鄂	고을 이름, 땅 이름, 받침대	16	邑	土	土	土 木	음	小吉	선별 사용
	鍔	높은 모양, 칼날, 칼끝	17	金	金	金	土 木	양	小吉	선별 사용
	顎	턱, 근엄할	18	頁	金	火	土 木	음	不用	불가
	鰐	악어	20	魚	水	水	土 木	음	不用	불가
	齷	작은 도량, 좁다, 악착스러울, 작은 모양	24	齒	火	金	土 木	음	不用	불가
안	安	편안할, 즐거울, 고요할	6	宀	土	木	土 火	음	大吉	권장
	案	책상, 안석, 생각할, 밥상	10	木	水	木	土 火	음	中吉	사용
	顔	얼굴, 안면, 색채	18	頁	金	火	土 火	음	小吉	선별 사용
	眼	구멍, 눈, 볼 안, 눈 불거질 은	11	目	木	木	土 火	양	小吉	선별 사용 동자이음
	岸	높을, 언덕, 기슭, 낭떠러지	8	山	金	土	土 火	음	中吉	사용
	雁	鴈과 同字, 거위, 가짜, 기러기	12	隹	木	火	土 火	음	不用	불가
	鴈	雁과 同字, 기러기	15	鳥	土	火	土 火	양	不用	불가
	晏	편안할, 늦을, 맑을, 화락할	10	日	水	火	土 火	음	中吉	사용
	按	어루만질, 누를, 살필 안, 막을 알	10	手	水	木	土 火	음	小吉	선별 사용 동자이음
	鞍	안장	15	革	土	金	土 火	양	小吉	선별 사용
	鮟	아귀, 메기	17	魚	金	水	土 火	양	不用	불가
알	謁	아뢸, 뵈올, 참배할	16	言	土	金	土 火	음	不用	불가
	斡	관리할	14	斗	火	火	土 火	음	不用	불가

자음	자	자의	획수	부수	획수 오행	자원 오행	주음 종음 오행	음양	자의 품격	비고
알	軋	형벌 이름, 삐걱거릴, 요절할, 자세할	8	車	金	金	土 火	음	不用	불가
	閼	막을 알, 한가할 어, 흉노 왕비 연	16	門	土	木	土 火	음	不用	불가 동자이음
암	暗	그윽할, 어두울, 몰래할, 어리석을	13	日	火	火	土 水	양	不用	불가
	巖	가파를, 바위, 험할, 굴	23	山	火	土	土 水	양	中吉	사용
	岩	巖의 俗字, 바위	8	石	金	土	土 水	음	中吉	사용
	庵	암자, 초막	11	广	木	木	土 水	양	小吉	선별 사용
	菴	맑은 쑥대, 암자, 풀 이름, 나무 우거질	14	艸	火	木	土 水	음	小吉	선별 사용
	唵	머금을, 발어사	11	口	木	水	土 水	양	小吉	선별 사용
	癌	종양, 암	17	疒	金	水	土 水	양	不用	불가
	闇	여막, 숨을, 말 아니할, 닫힌 문 암, 큰 물질 음	17	門	金	木	土 水	양	不用	불가 동자이음
압	壓	누를 압, 숙일 엽, 누를 녑, 싫을 염	17	土	金	土	土 水	양	不用	불가
	押	도장, 누를, 찍을 압, 단속할 갑	9	手	水	木	土 水	양	不用	불가 동자이음
	鴨	오리, 집오리, 여종	16	鳥	土	火	土 水	음	不用	불가 동자이음
	狎	익숙할, 업신여길	8	犬	金	土	土 水	음	不用	불가
앙	仰	의지할, 우러를, 믿을, 높을	6	人	土	火	土 土	음	小吉	선별 사용
	央	가운데 앙, 넓을, 오랠 앙, 선명한 모양 영	5	大	土	土	土 土	양	小吉	선별 사용 동자이음
	殃	재앙, 해칠, 악기惡氣	9	歹	水	水	土 土	양	不用	불가
	昂	밝을, 높을, 오를, 들	8	日	金	火	土 土	음	小吉	선별 사용
	鴦	원앙새	16	鳥	土	火	土 土	음	不用	불가

자음	자	자의	획수	부수	획수 오행	자원 오행	주음 종음 오행	음양	자의 품격	비고
앙	怏	불만스러울, 원망할	9	心	水	木	土 土	양	不用	불가
	秧	벼 무성한 모양, 모심을	10	禾	水	木	土 土	음	不用	불가
애	愛	물욕, 사랑, 사모, 즐길	13	火	火	火	土	양	小吉	선별 사용
	哀	슬플, 불쌍히 여길, 사랑할	9	口	水	水	土	양	不用	불가
	涯	물가, 끝, 근처	12	水	木	水	土	음	中吉	사용
	厓	언덕, 물가, 끝	8	厂	金	土	土	음	中吉	사용
	崖	지경, 언덕, 벼랑, 낭떠러지	11	山	木	土	土	양	中吉	사용
	艾	늙은이, 쑥, 오랠 애, 다스릴 예	8	艸	金	木	土	음	小吉	선별 사용 동자이음
	埃	세속, 티끌, 먼지, 이집트	10	土	水	土	土	음	小吉	선별 사용
	曖	가릴, 흐릴, 뱃노래	17	日	金	火	土	양	小吉	선별 사용
	碍	거리낄 애, 푸른 돌, 한정 의	13	石	火	金	土	양	小吉	선별 사용 동자이음
	隘	좁을, 조급한 애, 막을 액	17	阜	金	土	土	양	小吉	선별 사용 동자이음
	靄	자욱하게 낀 가운데, 아지랑이 애·알	24	雨	火	水	土	음	小吉	선별 사용 동자이음
액	厄	사나운 운수, 재앙, 멍에 액, 옹이 와	4	厂	火	水	土 木	음	不用	불가 동자이음
	額	이마, 현판, 일정한 액수	18	頁	金	火	土 木	음	不用	불가
	液	겨드랑이, 진, 즙 액, 담글 석	12	水	木	水	土 木	음	不用	불가 동자이음
	扼	누를, 멍에	8	手	金	木	土 木	음	不用	불가
	掖	낄, 부축할, 도울, 뜰	12	手	木	木	土 木	음	不用	불가
	縊	목맬, 목 졸라 죽일	16	糸	土	木	土 木	음	不用	불가
	腋	겨드랑이	14	肉	火	水	土 木	음	不用	불가

자음	자	자의	획수	부수	획수 오행	자원 오행	주음 종음 오행	음양	자의 품격	비고
앵	鶯	꾀꼬리, 아름다운 새깃	21	鳥	木	火	土 土	양	小吉	선별 사용
	櫻	앵두나무, 벚나무	21	木	木	木	土 土	양	不用	불가
	罌	양병, 병의 총칭	20	缶	水	土	土 土	음	不用	불가
	鸚	앵무새, 앵무조개	28	鳥	金	火	土 土	음	不用	불가
야	也	또, 어조사 야, 잇닿을 이	3	乙	火	水	土	양	不用	불가 동자이음
	夜	성, 밤, 어두울 야, 고을 이름 액	8	夕	金	水	土	음	小吉	선별 사용 동자이음
	野	들, 밖 야, 변두리 여, 농막 서	11	里	木	土	土	양	小吉	선별 사용 동자이음
	耶	아버지 앙, 어조사, 명금 야, 간사할 사	9	耳	水	火	土	양	小吉	선별 사용 동자이음
	冶	예쁠, 불릴, 대장장이, 단련할	7	冫	金	水	土	양	小吉	선별 사용
	倻	땅 이름, 나라 이름	11	人	木	火	土	양	小吉	선별 사용
	惹	흐트러질, 이끌, 끌어당길, 어지러워질	13	心	火	火	土	양	小吉	선별 사용
	揶	놀릴 야, 나머지 여	16	手	土	木	土	음	小吉	선별 사용 동자이음
	椰	무릇, 야자나무, 야자나무 열매	13	木	火	木	土	양	小吉	선별 사용
	爺	아비, 아버지, 남자의 존칭	13	父	火	木	土	양	小吉	불가
	若	같을 약, 건초, 난 이름 야	11	艸	木	木	土	양	小吉	선별 사용
약	弱	젊을, 어릴, 약할, 침노할	10	弓	水	金	土 木	음	不用	불가
	若	순종할, 같을, 만약 약, 반야 야	11	艸	木	木	土 木	양	小吉	선별 사용 동자이음
	約	묶을 약, 부절 요, 대량 야, 기러기발 적	9	糸	水	木	土 木	양	小吉	선별 사용 동자이음

자음	자	자의	획수	부수	획수 오행	자원 오행	주음 종음 오행	음양	자의 품격	비고
약	蒻	부들, 작다 약, 콩 냑	16	艸	土	木	土 木	음	小吉	선별 사용 동자이음
	藥	약, 치료할 약, 터울 삭, 관 맞출 략	21	艸	木	木	土 木	양	小吉	선별 사용 동자이음
	躍	홍분할, 뛸, 빠를 약, 빨리 달릴 적	21	足	木	土	土 木	양	小吉	선별 사용 동자이음
	葯	꽃밥 구릿대 약, 동여맬 적	15	艸	土	木	土 木	양	小吉	선별 사용 동자이음
양	羊	양, 노닐, 상서러울	6	羊	土	土	土 土	음	不用	불가
	洋	넘칠, 큰 바다, 서양	10	水	水	水	土 土	음	中吉	사용
	養	봉양, 기를, 성장시킬, 유모	15	食	土	水	土 土	양	中吉	사용
	揚	오를, 떨칠, 날릴, 높일	13	手	火	木	土 土	양	中吉	사용
	陽	양, 볕, 밝을 양, 나 장	17	阜	金	土	土 土	양	小吉	선별 사용 동자이음
	讓	겸손할, 사양할, 넘겨줄	24	言	火	金	土 土	음	小吉	선별 사용
	壤	풍년들, 고운 흙, 토지	20	土	水	土	土 土	음	小吉	선별 사용
	樣	모범, 모양, 본 양, 상수리나무 상	15	木	土	木	土 土	양	小吉	선별 사용 동자이음
	楊	왕버들, 메버들, 양주	13	木	火	木	土 土	양	中吉	사용
	襄	도울, 오를, 이룰	17	衣	金	木	土 土	양	中吉	사용
	孃	아가씨, 어머니, 계집애	20	女	水	土	土 土	음	小吉	선별 사용
	漾	출렁거릴, 띄울, 표류할 양, 뜰 량	15	水	土	水	土 土	양	小吉	선별 사용 동자이음
	佯	거짓, 헤맬, 어정거릴	8	人	金	火	土 土	음	小吉	선별 사용
	恙	근심, 걱정할, 재앙	10	心	水	火	土 土	음	小吉	선별 사용
	攘	물리칠 량, 어지러울 녕	21	手	木	木	土 土	양	小吉	선별 사용 동자이음

자음	자	자의	획수	부수	획수 오행	자원 오행	주음 종음 오행	음양	자의 품격	비고
양	敭	칭찬할, 오를, 나를, 슬퍼할	13	攴	火	金	土 土	양	中吉	사용
	暘	해돋이, 해 뜰, 말리, 밝을	13	日	火	火	土 土	양	中吉	사용
	瀁	내 이름, 물 넘칠	18	水	金	水	土 土	음	中吉	사용
	煬	쬘, 말릴, 쇠 녹일	13	火	火	火	土 土	양	中吉	사용
	痒	앓을, 종기, 상처, 걱정할	11	疒	木	水	土 土	양	不用	불가
	瘍	헐 양, 가축 의, 설사병 탕	14	疒	火	水	土 土	음	不用	불가 동자이음
	禳	제사 이름, 푸닥거리할	22	示	木	木	土 土	음	小吉	선별 사용
	穰	볏대, 수숫대, 풍족할, 풍년	22	禾	木	木	土 土	음	小吉	선별 사용
	釀	술 빚을	24	酉	火	金	土 土	음	小吉	선별 사용
	昜	바꿀 역, 쉬울 이, 날릴 양	8	日	金	火	土 土	음	小吉	선별 사용 동자이음
어	魚	고기잡이할, 물고기, 생선, 패물	11	魚	木	水	土	양	小吉	선별 사용
	漁	빼앗을, 고기잡이, 어부	15	水	土	水	土	양	小吉	선별 사용
	於	의지할, 어조사, 살 어, 탄식할 오	8	方	金	土	土	음	不用	불가 동자이음
	語	깨우칠, 말할, 말씀, 가르칠	14	言	火	金	土	음	中吉	사용
	御	살필, 어거할, 막을 어, 맞을 아	11	彳	木	火	土	양	不用	불가 동자이음
	圄	감옥, 가둘, 지킬	10	口	水	水	土	음	不用	불가
	瘀	병, 어혈, 앓다	13	疒	火	水	土	양	不用	불가
	禦	막을, 감당할, 거역할, 대적할	16	示	土	木	土	음	小吉	선별 사용
	馭	말 부릴, 말 몰	12	馬	火	火	土	음	小吉	선별 사용
	齬	어긋날	22	齒	火	金	土	음	小吉	선별 사용

자음	자	자의	획수	부수	획수 오행	자원 오행	주음 종음 오행	음양	자의 품격	비고
어	唹	고요히 웃을	11	口	木	水	土	양	中吉	사용
억	億	헤아릴, 억, 편안할, 많은 수	15	人	土	火	土 木	양	中吉	사용
	憶	기억할, 생각할, 울적해질	17	心	金	火	土 木	양	中吉	사용
	抑	누를, 굽힐, 물러날	8	手	金	木	土 木	음	小吉	선별 사용
	檍	감탕나무, 참죽나무	17	木	金	木	土 木	양	小吉	선별 사용
	臆	가슴 억, 마실 것 의	19	肉	水	水	土 木	양	小吉	선별 사용 동자이음
언	言	소송할, 말씀, 꾀 언, 삼갈 은	7	言	金	金	土 火	양	小吉	선별 사용 동자이음
	焉	어조사, 어찌, 이에 언, 발어사 이	11	火	木	火	土 火	양	小吉	선별 사용 동자이음
	諺	언문, 상말, 속담 언, 자랑할 안	16	言	土	金	土 火	음	小吉	선별 사용 동자이음
	彦	선비, 클	9	彡	水	火	土 火	양	大吉	권장
	偃	쉴, 쓰러질, 넘어질, 교만할	11	人	木	火	土 火	양	小吉	선별 사용
	堰	방죽, 보 막을, 둑	12	土	木	土	土 火	음	小吉	선별 사용
	嫣	예쁠, 싱긋 웃을 언, 아리따울, 연할 연	14	女	火	土	土 火	음	小吉	선별 사용 동자이음
얼	孼	무너질, 서자, 치장할, 꾸밀	19	子	水	水	土 火	양	小吉	선별 사용
	蘖	그루터기 얼, 나무 벽, 능검초 폐	23	艸	火	木	土 火	양	小吉	선별 사용 동자이음
엄	嚴	엄숙할, 엄할, 굳셀, 존경할	20	口	水	水	土 水	음	中吉	사용
	奄	클, 어루만질 언, 문득, 가릴 엄	8	大	金	水	土 水	음	中吉	사용 동자이음
	俺	나, 클 엄, 어리석을 암	10	人	水	火	土 水	음	中吉	사용 동자이음

자음	자	자의	획수	부수	획수 오행	자원 오행	주음 종음 오행	음양	자의 품격	비고
엄	掩	가릴, 닫을, 감쌀, 합칠	12	手	木	木	土 水	음	中吉	사용
	儼	의젓할, 삼갈, 공손할	22	人	木	火	土 水	음	小吉	선별 사용
	淹	머물어, 담글, 적실, 물가	12	水	木	水	土 水	음	中吉	사용
업	業	일, 사업, 업, 생계	13	木	火	木	土 水	양	中吉	사용
	嶪	산 높을, 웅장할	16	山	土	土	土 水	음	中吉	사용
엔	円	圓의 俗字	4	冂	火	土	土 火	음	小吉	선별 사용
여	余	남을, 나, 자신, 나머지	7	人	金	火	土	양	中吉	사용
	餘	여가, 남을, 나머지, 넉넉할	16	食	土	水	土	음	中吉	사용
	如	같을, 따를, 만일	6	女	土	土	土	음	中吉	사용
	汝	너, 물 이름	7	水	金	水	土	양	中吉	사용
	與	참여할, 줄, 남을, 동아리	14	臼	火	土	土	음	中吉	사용
	予	줄, 나, 용서할	4	亅	火	金	土	음	中吉	사용
	輿	수레, 무리, 많을, 마부	17	車	金	火	土	양	中吉	사용
	歟	어조사, 감탄사, 종결사	18	欠	金	火	土	음	小吉	선별 사용
	璵	옥	19	玉	水	金	土	양	中吉	사용
	礖	돌 이름, 사람 이름	19	石	水	金	土	양	小吉	선별 사용
	艅	배 이름	13	舟	火	木	土	양	中吉	사용
	茹	채소, 먹을, 말 기를, 탐낼	12	艸	木	木	土	음	中吉	사용
	轝	임금이 타는 수레, 수레, 가마	21	車	木	火	土	양	小吉	선별 사용
	好	여관, 아름다울	7	女	金	土	土	양	中吉	사용
역	亦	대단할, 또, 또한, 클, 모두	6	亠	土	火	土 木	음	大吉	권장
	易	국경, 바꿀, 주역 역, 쉬울 이	8	日	金	火	土 木	음	小吉	선별 사용 동자이음

자음	자	자의	획수	부수	획수 오행	자원 오행	주음 종음 오행	음양	자의 품격	비고
역	逆	거꾸로, 거스를, 어길, 거역할	13	辶	火	土	土 木	양	小吉	선별 사용
	譯	번역할, 통변할, 통역, 뜻	20	言	水	金	土 木	음	小吉	선별 사용
	驛	인도할, 역말, 잇댈, 역참	23	馬	火	火	土 木	양	小吉	선별 사용
	役	부릴, 싸울, 전쟁, 일	7	彳	金	火	土 木	양	中吉	사용
	疫	염병, 돌림병, 열병, 전염병	9	疒	水	水	土 木	양	不用	불가
	域	나라, 지경, 구역	11	土	木	土	土 木	양	中吉	사용
	暘	별 시원찮을, 해 밝을, 날 흐릴	12	日	木	火	土 木	음	中吉	사용
	繹	풀어낼, 실마리, 통할 역 · 연, 풀 석	19	糸	水	木	土 木	양	小吉	선별 사용 동자이음
연	然	그러할, 옳을, 맑을	12	火	木	火	土 火	음	中吉	사용
	煙	안개, 연기, 담배 연, 제사지낼 인	13	火	火	火	土 火	양	小吉	선별 사용 동자이음
	烟	煙의 古字, 연기	10	火	水	火	土 火	음	小吉	선별 사용
	硏	벼루, 갈, 궁구할 연, 관이름 현	11	石	木	金	土 火	양	小吉	선별 사용 동자이음
	延	무덤길, 맞을, 끌, 넓어질	7	廴	金	木	土 火	양	小吉	선별 사용 동자이음
	燃	태울, 불사를, 불태울	16	火	土	火	土 火	음	小吉	선별 사용
	燕	제비, 편안할, 잔치	16	火	土	火	土 火	음	小吉	선별 사용
	沿	물 따라 흘러갈, 따를, 좇을, 내 이름	9	水	水	水	土 火	양	中吉	사용
	鉛	납, 분, 다를	13	金	火	金	土 火	양	小吉	선별 사용
	宴	잔치, 즐길, 편안할	10	宀	水	木	土 火	음	中吉	사용
	軟	연할, 부드러울, 가벼울	11	車	木	火	土 火	양	中吉	사용

자음	자	자의	획수	부수	획수 오행	자원 오행	주음 종음 오행	음양	자의 품격	비고
연	演	윤택할, 멀리 흐를, 통할, 넓힐	15	水	土	水	土 火	양	中吉	사용
	緣	걸, 연출, 인연 연, 부인 옷 이름 단	15	糸	土	木	土 火	양	小吉	선별 사용 동자이음
	衍	넓힐, 넘칠, 순행할, 많을	9	行	水	火	土 火	양	中吉	사용
	淵	깊을, 못, 고요할	13	水	火	水	土 火	음	中吉	사용
	姸	예쁠, 고울, 총명할, 아름다울	9	女	水	土	土 火	양	中吉	사용
	娟	예쁠, 고울, 어여쁠, 모양	10	女	水	土	土 火	음	中吉	사용
	涓	작은 흐름, 시내, 물방울 연, 눈물 흘릴 현	11	水	木	水	土 火	양	小吉	선별 사용 동자이음
	沇	강 이름, 유행할 연, 흐를 유	8	水	金	水	土 火	음	小吉	선별 사용 동자이음
	筵	대자리, 좌석, 장소	13	竹	火	木	土 火	양	中吉	사용
	瑌	옥돌, 성밑 밭	14	玉	火	金	土 火	음	中吉	사용
	娫	빛날, 예쁠, 여자 이름	10	女	水	土	土 火	음	中吉	사용
	嚥	삼킬, 마실	19	口	水	水	土 火	양	小吉	선별 사용
	堧	성 밑에 있는 땅, 빈터	12	土	木	土	土 火	음	小吉	선별 사용
	捐	기부할, 버릴, 바칠, 없앨	11	手	木	木	土 火	양	中吉	사용
	挻	당길, 늘일, 이길, 취할	11	手	木	木	土 火	양	中吉	사용
	椽	사닥다리, 서까래	13	木	火	木	土 火	양	中吉	사용
	涎	물 흐르는, 침, 점액	11	水	木	水	土 火	양	中吉	사용 동자이음
	縯	길 연, 잡아당길, 당길 인	17	糸	金	木	土 火	양	小吉	선별 사용 동자이음
	鳶	솔개, 연	14	鳥	火	火	土 火	음	小吉	선별 사용

자음	자	자의	획수	부수	획수 오행	자원 오행	주음 종음 오행	음양	자의 품격	비고
연	硯	벼루, 매끄러운 돌	12	石	火	金	土 火	음	中吉	사용
	曣	청명할, 따뜻할	20	日	水	火	土 火	음	小吉	선별 사용
	嬿	성, 아리잠직할, 얌전할	15	女	土	土	土 火	양	小吉	선별 사용
	醼	잔치, 연회	23	酉	火	金	土 火	양	小吉	선별 사용
	兗	묵일, 바를, 강 이름, 단정할	9	儿	水	木	土 火	양	中吉	사용
열	熱	바쁠, 더울, 정성, 흥분할	15	火	土	火	土 火	양	小吉	선별 사용
	悅	기쁠, 즐거울, 심복할	11	心	木	火	土 火	양	中吉	사용
	閱	살필, 검열할, 볼	15	門	土	金	土 火	양	中吉	사용
	說	기꺼울 열, 말씀 설, 달랠 세, 벗을 탈	14	言	火	金	土 火	음	小吉	선별 사용 동자이음
	咽	목멜 열, 목구멍 인	9	口	水	水	土 火	양	小吉	선별 사용 동자이음
염	炎	불할, 불꽃, 더울 염, 아름다울 담	8	火	金	火	土 水	음	小吉	선별 사용 동자이음
	染	옮을, 물들일, 염색할, 색칠할	9	木	水	木	土 水	양	小吉	선별 사용
	鹽	매료될, 소금, 자반, 절일	24	鹵	火	水	土 水	음	小吉	선별 사용
	琰	옥 갈, 옥 홀, 아름다운 옥 염	13	玉	火	金	土 水	양	中吉	사용
	艶	豔의 俗字, 고울, 탐낼	19	色	水	土	土 水	양	中吉	사용
	灩	고울, 광택, 탐낼 염	24	色	火	土	土 水	음	中吉	사용
	厭	싫어할 염, 누를 엽, 빠를 암	14	厂	火	水	土 水	음	小吉	선별 사용 동자이음
	焰	불, 당길, 불꽃, 불빛	12	火	木	火	土 水	음	中吉	사용
	苒	연약한 모양, 풀 우거질, 덧없이 흐를	11	艸	木	木	土 水	양	小吉	선별 사용

자음	자	자의	획수	부수	획수 오행	자원 오행	주음 종음 오행	음양	자의 품격	비고
염	閻	이문, 예쁠	16	門	土	木	土 水	음	中吉	사용
	髥	수염이 많은 사람, 구레나룻	14	髟	火	火	土 水	음	小吉	선별 사용
엽	葉	잎, 장 엽, 땅 이름 섭, 책 접	15	艸	土	木	土 水	양	小吉	선별 사용 동자이음
	燁	빛날, 번쩍번쩍할	16	火	土	火	土 水	음	中吉	사용
	曄	번개칠, 빛날, 성할	16	日	土	火	土 水	음	中吉	사용
	熀	불빛 이글거릴 엽·황	14	火	火	火	土 水	음	小吉	선별 사용 동자이음
영	永	길, 오랠, 깊을	5	水	土	水	土 土	양	大吉	권장
	英	꽃부리, 영웅, 사물, 명예	11	艸	木	木	土 土	양	小吉	선별 사용
	迎	맞이할, 따를, 헤아릴	11	辵	木	土	土 土	양	中吉	사용
	榮	영화, 꽃, 성할	14	木	火	木	土 土	음	小吉	선별 사용
	栄	榮의 俗字	9	木	水	木	土 土	양	小吉	선별 사용
	泳	헤엄칠, 자맥질할	9	水	水	水	土 土	양	中吉	사용
	詠	읊을, 노래, 시가 지을	12	言	木	金	土 土	음	中吉	사용
	營	모실, 경영할, 다스릴 영, 변해할 형	17	火	金	火	土 土	양	小吉	선별 사용 동자이음
	影	초상, 형상, 그림자, 빛	15	彡	土	火	土 土	양	中吉	사용
	映	햇빛, 비출 영, 밝지 않을 앙	9	日	水	火	土 土	양	小吉	선별 사용 동자이음
	渶	물 맑을, 강 이름	13	水	火	水	土 土	양	中吉	사용
	煐	빛날, 사람 이름	13	火	火	火	土 土	양	中吉	사용
	瑛	옥빛, 수정, 옥광채	14	玉	火	金	土 土	음	中吉	사용
	暎	비출, 햇빛, 덮을	13	日	火	火	土 土	양	中吉	사용

자음	자	자의	획수	부수	획수 오행	자원 오행	주음 종음 오행	음양	자의 품격	비고
영	瑩	물 맑을, 옥돌, 밝을 영, 밝을 형	15	玉	土	金	土 土	양	小吉	선별 사용 동자이음
	瀯	물 졸졸 흐를, 물소리, 물 돌아 흐를	21	水	木	水	土 土	양	中吉	사용
	盈	나아갈, 찰, 가득할, 많을	9	皿	水	水	土 土	양	小吉	선별 사용
	鍈	방울소리	17	金	金	金	土 土	양	中吉	사용
	嬰	연약할, 어릴, 두를, 더할	17	女	金	土	土 土	양	中吉	사용
	楹	기둥, 원활할, 맏선 모양	13	木	火	木	土 土	양	中吉	사용
	穎	나무 베개, 이삭, 빼어날	16	禾	土	木	土 土	양	中吉	사용
	瓔	구슬 목걸이, 옥돌	22	玉	木	金	土 土	음	中吉	사용
	咏	시가를 짓다, 노래할, 시가 지을	8	口	金	水	土 土	음	中吉	사용
	塋	무덤, 경영할, 계획할	13	土	火	土	土 土	양	小吉	선별 사용
	嶸	가파를	17	山	金	土	土 土	양	小吉	선별 사용
	潁	강 이름	15	水	土	水	土 土	음	中吉	사용
	濴	흐를, 물 돌아나갈, 물소리	18	水	金	水	土 土	음	小吉	선별 사용
	瀛	바다, 늪 속, 전설 속의 산 이름	20	水	水	水	土 土	음	不用	불가
	霙	진눈깨비 영, 흰구름 앙	17	雨	金	水	土 土	양	不用	불가 동자이음
	纓	감길, 갓끈, 가슴걸이	23	糸	火	木	土 土	양	不用	불가
예	藝	심을, 재주, 기술	21	艸	木	木	土	양	中吉	사용
	豫	기뻐할, 미리, 참가할 예, 펼 서	16	豕	土	水	土	음	小吉	선별 사용 동자이음
	譽	기릴, 칭찬할, 즐길, 명예	21	言	木	金	土	양	中吉	사용
	銳	나아갈, 날카로울, 빠를 예, 창 태	15	金	土	金	土	양	不用	불가 동자이음

자음	자	자의	획수	부수	획수 오행	자원 오행	주음 종음 오행	음양	자의 품격	비고
예	叡	너그러울, 밝을, 임금, 슬기로울	16	又	土	火	土	음	中吉	사용
	睿	叡와 同字	14	目	火	木	土	음	中吉	사용
	預	참여할, 미리, 맡길	13	頁	火	火	土	양	中吉	사용
	芮	나라 이름, 성, 물가 예, 나라 이름 열	10	艸	水	木	土	음	小吉	선별 사용 동자이음
	乂	어질, 다스릴, 풀벨	2	丿	木	金	土	음	中吉	사용
	倪	어린이, 흘겨볼, 보탤	10	人	水	火	土	음	小吉	선별 사용
	刈	낫, 풀벨, 자를	4	刀	火	金	土	음	不用	불가
	曳	끌릴, 끌, 고달플, 잡아당길	6	日	土	火	土	음	不用	불가
	汭	물굽이, 합수 예, 해 돈	8	水	金	水	土	음	小吉	선별 사용 동자이음
	濊	흐릴 예, 깊고 넓을 희, 그물 치는 소리 활	16	水	土	水	土	음	小吉	선별 사용 동자이음
	猊	부처가 앉는 자리, 사자	11	犬	木	土	土	양	不用	불가
	穢	악할, 더러울, 거칠, 잡초	18	禾	金	木	土	음	不用	불가
	蘂	꽃술 예, 꽃술, 꽃 더부룩할 전	20	艸	水	木	土	음	不用	불가 동자이음
	裔	후손, 옷자락, 옷단, 변경	13	衣	火	木	土	양	不用	불가
	詣	이를, 도착할, 출두할, 참배할	13	言	火	金	土	양	小吉	선별 사용
	霓	무지개 예·역	16	雨	土	水	土	음	小吉	선별 사용 동자이음
	堄	성가퀴	11	土	木	土	土	양	小吉	선별 사용
	埶	藝와 同字	11	土	木	土	土	양	中吉	사용
	橤	꽃술, 드리울	16	木	土	木	土	음	小吉	선별 사용
	玴	옥돌	10	玉	水	金	土	양	中吉	사용

자음	자	자의	획수	부수	획수 오행	자원 오행	주음 종음 오행	음양	자의 품격	비고
오	五	별 이름, 다섯, 다섯 번, 제위	5	二	土	土	土	양	中吉	사용
	吾	나, 당진 오, 소원할 어, 땅 이름 아	7	口	金	水	土	양	小吉	선별 사용 동자이음
	悟	총명할, 깨달을, 깨우칠, 진리를 체득	11	心	木	火	土	양	大吉	권장
	午	낮, 남쪽, 거역할, 꿰뚫을	4	十	火	火	土	음	中吉	사용
	誤	그릇될, 잘못할, 현옥할	14	言	火	金	土	음	小吉	선별 사용
	烏	까마귀, 검을, 탄식할	10	火	水	火	土	음	不用	불가
	汚	더러울, 씻을 오, 굽을 우, 땅팔 와	7	水	金	水	土	양	不用	불가 동자이음
	嗚	탄식할, 새소리, 흐느낄	13	口	火	水	土	양	不用	불가
	娛	기쁠, 즐거울, 장난칠	10	女	水	土	土	음	中吉	사용
	傲	시끄러울, 거만할, 업신여길	13	人	火	火	土	양	不用	불가
	伍	다섯, 다섯 사람, 대, 벗	6	人	土	火	土	음	中吉	사용
	吳	떠들썩할, 오나라, 큰 소리로 말할	7	口	金	水	土	양	中吉	사용
	旿	밝을, 대낮	8	日	金	火	土	음	大吉	권장
	珸	옥돌, 옥빛, 아름다울	12	玉	木	金	土	음	中吉	사용
	晤	밝을, 만날, 총명할	11	日	木	火	土	양	大吉	권장
	奧	깊을 오, 따뜻할 욱	13	大	火	木	土	양	小吉	선별 사용 동자이음
	俉	맞이할	9	人	水	火	土	양	大吉	권장
	塢	둑, 마을, 성채, 촌락	13	土	火	土	土	양	中吉	사용
	墺	물가 오·욱, 육지 육	16	土	土	土	土	음	小吉	선별 사용 동자이음

자음	자	자의	획수	부수	획수 오행	자원 오행	주음 종음 오행	음양	자의 품격	비고
오	寤	꿈, 깰, 깨달을, 각성할	14	宀	火	木	土	음	中吉	사용
	惡	미워할 오, 악할 악	12	心	木	火	土	음	小吉	선별 사용 동자이음
	懊	한할, 괴로워할	16	心	土	火	土	음	不用	불가
	敖	놀, 시끄러울	11	攴	木	金	土	음	不用	불가
	熬	볶을, 탈, 견딜, 조심	15	火	土	火	土	양	小吉	선별 사용
	獒	개, 명견, 큰 개	15	犬	土	土	土	양	不用	불가
	筽	버들고리	13	竹	火	木	土	양	不用	불가
	蜈	지네	13	虫	火	水	土	양	不用	불가
	鰲	鼇의 俗字, 자라	22	魚	火	水	土	음	不用	불가
	鼇	자라, 큰 거북	24	黽	火	水	土	음	不用	불가
	澳	깊을 오, 후미 욱	16	水	土	水	土	음	小吉	선별 사용 동자이음
	梧	벽오동나무 오, 악기 이름 어	11	木	木	木	土	양	小吉	선별 사용 동자이음
	浯	물 이름, 산 이름	10	水	水	水	土	음	中吉	사용
옥	玉	사랑할, 옥, 구슬, 소중히 여길	5	玉	土	金	土 木	양	中吉	사용
	屋	수레덮개, 집, 주거, 지붕	9	尸	水	木	土 木	양	中吉	사용
	獄	옥, 감옥, 소송	14	犬	火	土	土 木	음	不用	불가
	沃	기름질, 윤택할, 물댈, 손 씻을	8	水	金	水	土 木	음	大吉	권장
	鈺	보배, 보물, 단단한 쇠	13	金	火	金	土 木	양	大吉	권장
온	溫	온천, 따뜻할, 온화할, 부드러울	14	水	火	水	土 火	음	大吉	권장
	瑥	사람 이름	15	玉	土	金	土 火	양	中吉	사용

자음	자	자의	획수	부수	획수 오행	자원 오행	주음 종음 오행	음양	자의 품격	비고
온	媼	어머니, 할미, 토지지신 온, 살찔 올	13	女	火	土	土 火	양	小吉	선별 사용 동자이음
	穩	평온할, 곡식 걷어모을	19	禾	水	木	土 火	양	小吉	선별 사용
	瘟	염병, 모양 온, 괴로워할 올	15	疒	土	水	土 火	양	不用	불가 동자이음
	縕	주홍빛, 헌솜, 풍부할, 어지러울	16	糸	土	木	土 火	음	小吉	선별 사용
	蘊	쌓을, 저축할, 간직할, 너그러울	22	艸	木	木	土 火	음	小吉	선별 사용
올	兀	민둥산, 우뚝할, 위태로울	3	儿	火	木	土 火	양	小吉	선별 사용
옹	翁	늙은이, 아비, 목털	10	羽	水	火	土 土	음	不用	불가
	擁	안을, 가릴, 소유할	17	手	金	木	土 土	양	中吉	사용
	雍	껴안을, 온화할, 누그러질, 화목할	13	隹	火	火	土 土	양	中吉	사용
	壅	막을, 북돋을, 막힐	16	土	土	土	土 土	음	中吉	사용
	瓮	독, 항아리, 님실	9	瓦	水	土	土 土	양	小吉	선별 사용
	甕	독, 단지, 옹기, 두레박	18	瓦	金	土	土 土	음	小吉	선별 사용
	癰	악창, 등창, 재난, 헌데	23	疒	火	水	土 土	양	不用	불가
	邕	화할, 화목할, 땅 이름	10	邑	水	土	土 土	음	中吉	사용
	饔	아침, 조반, 조리, 희생	22	食	木	水	土 土	음	小吉	선별 사용
와	瓦	기와, 질그릇, 실패	5	瓦	土	土	土	양	小吉	선별 사용
	臥	넘어질, 누울, 쉴, 숨어 살	8	臣	金	火	土	음	小吉	선별 사용
	渦	소용돌이 와, 강 이름 과	12	水	木	水	土	음	小吉	선별 사용 동자이음
	窩	움집, 굴, 별장, 간직할	14	穴	火	水	土	음	小吉	선별 사용
	窪	웅덩이, 맑은 물, 괸 물	14	穴	火	水	土	음	不用	불가

자음	자	자의	획수	부수	획수 오행	자원 오행	주음 종음 오행	음양	자의 품격	비고
와	蛙	개구리 와·왜	12	虫	木	水	土	음	不用	불가 동자이음
	蝸	달팽이 와, 고둥 라	15	虫	土	水	土	양	不用	불가 동자이음
	訛	그릇될, 속일, 어긋날, 움직일	11	言	木	金	土	양	不用	불가
완	完	완전할, 지킬, 다스릴	7	宀	金	木	土 火	양	中吉	사용
	緩	부드러울 안, 느릴, 느슨할, 늘어질 완	15	糸	土	木	土 火	양	中吉	사용 동자이음
	玩	노리개, 놀, 익힐, 즐길	9	玉	水	金	土 火	양	小吉	선별 사용
	垸	굴러갈, 둑 완, 바를 완·환	10	土	水	土	土 火	음	小吉	선별 사용 동자이음
	浣	씻을, 열흘 사이, 빨	11	水	木	水	土 火	양	中吉	사용
	莞	빙그레 웃을, 왕골, 자리	13	艸	火	木	土 火	양	中吉	사용
	琓	서옥, 옥 이름, 사람 이름	12	玉	木	金	土 火	음	中吉	사용
	琬	홀, 아름다운 옥	13	玉	火	金	土 火	양	中吉	사용
	婠	품성 좋을 완·왈, 살찐 어린이 완	11	女	木	土	土 火	양	小吉	선별 사용 동자이음
	婉	젊을, 순할, 예쁠, 아름다울	11	女	木	土	土 火	양	中吉	사용
	宛	어슴푸레할, 굽을, 순종할 완, 작을 원	8	宀	金	木	土 火	음	小吉	선별 사용 동자이음
	梡	도마 완·관, 땔나무 완	11	木	木	木	土 火	양	小吉	선별 사용 동자이음
	椀	주발, 그릇	12	木	木	木	土 火	음	小吉	선별 사용
	碗	주발	13	石	火	金	土 火	양	小吉	선별 사용
	翫	가지고 놀, 얕잡아 볼, 기뻐할	15	羽	土	火	土 火	양	小吉	선별 사용 동자이음
	脘	밥통 완, 살 한, 뼈기름 환	13	肉	火	水	土 火	양	小吉	선별 사용 동자이음

자음	자	자의	획수	부수	획수 오행	자원 오행	주음 종음 오행	음양	자의 품격	비고
완	腕	팔, 팔뚝, 솜씨, 수완	14	肉	火	水	土 火	음	不用	불가
	豌	완두, 콩엿	15	豆	土	火	土 火	양	小吉	선별 사용
	阮	관문 이름, 월금, 나라 이름	11	阜	木	土	土 火	양	中吉	사용
	頑	완고할, 무딜, 둔할, 약할	13	頁	火	火	土 火	양	中吉	사용
	妧	좋을, 고울	7	女	金	土	土 火	양	大吉	권장
	岏	가파를, 산 뾰족할, 높을	7	山	金	土	土 火	양	中吉	사용
왈	曰	말할, 가로, 일컬을, 이에	4	曰	火	火	土 火	음	小吉	선별 사용
왕	王	왕성할, 임금, 제후, 어른, 으뜸	4	玉	土	金	土 土	양	小吉	선별 사용
	往	갈, 이따금, 옛	8	彳	金	火	土 土	음	中吉	사용
	旺	해무리, 왕성할, 고울, 성할	8	日	金	火	土 土	음	大吉	권장
	汪	깊고 넓을, 못, 넓을, 많을	8	水	金	水	土 土	음	大吉	권장
	枉	억울할, 굽을, 헛될 왕, 미칠 광	8	木	金	木	土 土	음	小吉	선별 사용 동자이음
왜	倭	왜국, 일본 왜, 두를, 순할 위	10	人	水	火	土	음	小吉	선별 사용 동자이음
	娃	예쁠 왜·와, 미녀, 어린아이	9	女	水	土	土	양	小吉	선별 사용 동자이음
	歪	비뚤 외·왜	9	止	水	土	土	양	不用	불가 동자이음
	矮	움츠릴, 키 작을, 짧게 할, 난장이	13	矢	火	金	土	양	小吉	선별 사용
외	外	제외할, 외국, 바깥, 겉	5	夕	土	火	土	양	中吉	사용
	畏	죽을, 두려울, 겁낼 외, 위협할 애	9	田	水	土	土	양	不用	불가 동자이음
	嵬	술병, 높을, 허망할	13	山	火	土	土	양	不用	불가
	巍	높고 큰 모양	21	山	木	土	土	양	不用	불가

자음	자	자의	획수	부수	획수 오행	자원 오행	주음 종음 오행	음양	자의 품격	비고
외	猥	더러울, 함부로, 뒤섞일, 통합할	13	犬	火	土	土	양	不用	불가
요	要	요긴할, 구할, 중요할, 요구할	9	襾	水	金	土	양	中吉	사용
	腰	사북, 허리, 밑둥	15	肉	土	水	土	양	不用	불가
	搖	움직일, 별 이름, 흔들, 올라갈	14	手	火	木	土	음	中吉	사용
	遙	빨리 갈, 멀, 노닐, 거닐	17	辵	金	土	土	양	小吉	선별 사용
	謠	노래, 풍설, 소문, 비방할	17	言	金	金	土	양	小吉	선별 사용
	夭	어릴, 꺾일 요, 새끼 오, 옳지않을 야·왜	4	大	火	水	土	음	小吉	선별 사용 동자이음
	堯	높을, 요임금, 멀	12	土	木	土	土	음	小吉	선별 사용
	饒	비옥할, 넉넉할, 용서할, 배불리 먹을	21	食	木	水	土	양	不用	불가
	曜	빛날, 요일, 해 비칠, 빛	18	日	金	火	土	음	中吉	사용
	耀	빛낼, 빛날, 빛	20	羽	水	火	土	음	中吉	사용
	瑤	사물의 미칭, 북두자루 요, 아름다운 옥	15	玉	土	金	土	양	中吉	사용 동자이음
	樂	좋아할 요, 풍류 악, 즐거울 락	15	木	土	木	土	양	小吉	선별 사용 동자이음
	姚	예쁠, 멀 요, 이름 도, 경솔할 조	9	女	水	土	土	양	小吉	선별 사용 동자이음
	僥	구할, 바랄, 요행, 긴 모양	14	人	火	火	土	음	中吉	사용
	凹	오목할	5	凵	土	火	土	양	不用	불가
	妖	아름다울, 아리따울, 괴이할, 요망할	7	女	金	土	土	양	大吉	권장
	嶢	산 이름, 높을, 위태로울	15	山	土	土	土	양	中吉	사용
	拗	꺾을, 비틀 요, 누를 욱	9	手	水	木	土	양	小吉	선별 사용 동자이음

자음	자	자의	획수	부수	획수 오행	자원 오행	주음 종음 오행	음양	자의 품격	비고
요	擾	길들일, 어지러울, 흐려질, 순진할	19	手	水	木	土	양	不用	불가
	橈	흐트러질, 굽을, 약해질 요, 노 뇨	16	木	土	木	土	음	不用	불가 동자이음
	燿	빛날 요, 뾰족할 초, 녹일 삭	18	火	金	火	土	음	不用	불가 동자이음
	窈	그윽할, 고상할, 아름다울	10	穴	水	水	土	음	中吉	사용
	窯	가마 요, 쓸쓸할 교	15	穴	土	水	土	양	小吉	선별 사용 동자이음
	繇	역사 요, 점괘 주, 말미암을 유	17	糸	金	木	土	양	不用	불가 동자이음
	繞	두를, 둘러쌀, 감길	18	糸	金	水	土	음	不用	불가
	蟯	요충, 기생충	18	虫	金	水	土	음	不用	불가
	邀	만날, 맞을, 부를, 초대할	19	辵	水	土	土	양	中吉	사용
	曜	밝을, 햇빛	14	日	火	火	土	음	大吉	권장
욕	欲	욕심, 하고자 할, 원할, 좋아할	11	欠	木	金	土 木	양	不用	불가
	浴	목욕, 깨끗이 할, 입을, 나는 모양	11	水	木	水	土 木	양	小吉	선별 사용
	慾	욕심, 욕정, 탐낼	15	心	土	火	土 木	양	不用	불가
	辱	거역할, 욕될, 굽힐, 미워할	10	辰	水	土	土 木	음	不用	불가
	縟	무늬, 채색	16	糸	土	木	土 木	음	小吉	선별 사용
	褥	요, 침구	16	衣	土	木	土 木	음	小吉	선별 사용
용	用	쓸, 행할, 재산, 도구	5	用	土	水	土 土	양	中吉	사용
	勇	날랠, 용기, 강할, 튼튼할	9	力	水	土	土 土	양	中吉	사용
	容	얼굴, 모양, 쉬울, 받아들일	10	宀	水	木	土 土	음	中吉	사용

자음	자	자의	획수	부수	획수 오행	자원 오행	주음 종음 오행	음양	자의 품격	비고
용	庸	떳떳할, 항상, 쓸	11	广	木	木	土 土	양	大吉	권장
	溶	질펀히 흐를, 녹일, 성할, 여유로울	14	水	火	水	土 土	음	中吉	사용
	鎔	녹일, 거푸집, 부을	18	金	金	金	土 土	음	小吉	선별 사용
	瑢	패옥소리, 사람 이름	15	玉	土	金	土 土	양	中吉	사용
	榕	목나무, 뱅골보리수	14	木	火	木	土 土	음	中吉	사용
	蓉	연꽃 용·왕, 부용, 목련	16	艸	土	木	土 土	음	小吉	선별 사용 동자이음
	湧	샘솟을, 성할, 나타날, 물 끓어오를	13	水	火	水	土 土	양	中吉	사용
	涌	湧의 本字	10	水	水	水	土 土	음	中吉	사용
	埇	길 돋울, 골목길, 땅 이름	10	土	水	土	土 土	음	中吉	사용
	踊	뛸, 춤출, 도약할	14	足	火	土	土 土	음	中吉	사용
	鏞	큰 종, 큰 쇠북, 서국의 음악	19	金	水	金	土 土	양	中吉	사용
	茸	무성할, 녹용, 뾰죽 날, 흐트러질	12	艸	木	木	土 土	음	小吉	선별 사용
	墉	담, 벽, 성	14	土	火	土	土 土	음	中吉	사용
	甬	꽃필, 길, 물 솟아오를 용, 대롱 동	7	用	金	水	土 土	양	小吉	선별 사용 동자이음
	俑	허수아비, 아프다	9	人	水	火	土 土	양	小吉	선별 사용
	傭	품팔이꾼, 품팔이, 임금 용, 고를 종	13	人	火	火	土 土	양	小吉	선별 사용 동자이음
	冗	무익할, 여가, 쓸데없을	4	冖	火	木	土 土	음	小吉	선별 사용
	慂	권할, 억지로 권할	14	心	火	火	土 土	음	小吉	선별 사용
	熔	鎔의 俗字, 검, 녹일, 거푸집	14	火	火	火	土 土	음	中吉	사용

자음	자	자의	획수	부수	획수 오행	자원 오행	주음 종음 오행	음양	자의 품격	비고
용	聳	솟을, 삼갈, 두려울, 권할	17	耳	金	火	土 土	양	小吉	선별 사용
	傛	익숙한 모양 우, 불안할, 여관 이름 용	12	人	木	火	土 土	음	小吉	선별 사용 동자이음
우	于	어조사, 행할, 클, 도울	3	二	火	水	土	양	小吉	선별 사용
	宇	집, 지붕, 하늘, 나라	6	宀	土	木	土	음	中吉	사용
	右	오른쪽, 높일, 숭상할, 서쪽	5	口	土	水	土	양	中吉	사용
	牛	소, 별 이름, 희생	4	牛	火	土	土	음	小吉	선별 사용
	友	벗, 친구, 따를, 우애	4	又	火	水	土	음	中吉	사용
	雨	비, 비올, 많을, 흐트러질	8	雨	金	水	土	음	中吉	사용
	憂	상喪, 근심할, 걱정할, 막힐	15	心	土	火	土	양	不用	불가
	又	또, 용서할, 오른쪽	2	又	木	水	土	음	大吉	권장
	尤	더욱, 특히, 많을, 훌륭한 사람	4	尢	火	土	土	음	中吉	사용
	遇	만날, 때, 내섭할 우, 땅 이름 옹	16	辶	土	土	土	음	小吉	선별 사용 동자이음
	羽	깃, 새, 도울 우, 느슨할 호	6	羽	土	火	土	음	小吉	선별 사용 동자이음
	郵	오두막집, 역참, 통과할 우, 땅 이름 수	15	邑	土	土	土	양	小吉	선별 사용 동자이음
	愚	어리석을, 고지식할	13	心	火	火	土	양	小吉	선별 사용
	偶	허수아비, 무리, 짝지을, 때때로	11	人	木	火	土	양	中吉	사용
	優	뛰어날, 넉넉할, 부드러울 우, 후할 후	17	人	金	火	土	양	中吉	사용 동자이음
	佑	도울, 도움될, 우대할	7	人	金	火	土	양	中吉	사용
	祐	도울, 행복, 짝	10	示	水	金	土	음	中吉	사용

자음	자	자의	획수	부수	획수 오행	자원 오행	주음 종음 오행	음양	자의 품격	비고
우	禹	하우씨, 펼, 도울	9	禸	水	土	土	양	中吉	사용
	瑀	옥돌, 패옥	14	玉	火	金	土	음	中吉	사용
	寓	머무를, 숙소, 부치다, 맡기다	12	宀	木	木	土	음	中吉	사용
	堣	땅 이름, 모퉁이, 산굽이	12	土	木	土	土	음	中吉	사용
	隅	기슭, 모퉁이, 언덕, 방향	17	阜	金	土	土	양	中吉	사용
	玗	옥돌, 지명	8	玉	金	金	土	음	中吉	사용
	釪	양날 보습, 바리때, 요령, 악기 이름	11	金	木	金	土	양	中吉	사용
	迂	에돌, 멀, 거짓 우, 굽을 오	10	辵	水	土	土	음	小吉	선별 사용 동자이음
	雩	물소리, 오성	14	雨	火	水	土	음	小吉	선별 사용
	盱	해 돋을, 클	7	日	金	火	土	양	大吉	권장
	盂	바리, 사발, 진의 이름	8	皿	金	金	土	음	中吉	사용
	禑	복	14	示	火	木	土	음	大吉	권장
	紆	우울, 감돌, 굽을, 얽히다	9	糸	金	木	土	양	小吉	선별 사용
	芋	클, 토란, 덮을, 모양	9	艸	水	木	土	양	中吉	사용
	藕	연, 연뿌리	21	艸	木	木	土	양	小吉	선별 사용
	虞	염려할, 헤아릴, 경계할	13	虍	火	木	土	양	小吉	선별 사용
	雩	무지개, 기우제, 땅 이름, 우무	11	雨	木	水	土	양	小吉	선별 사용
	扜	당길, 잡아당길, 거절한, 덮개한	7	手	金	木	土	음	中吉	사용
욱	旭	빛날, 아침 해, 아름다울	6	日	土	火	土 木	음	大吉	권장
	昱	햇빛, 빛날	9	日	水	火	土 木	양	大吉	권장

자음	자	자의	획수	부수	획수 오행	자원 오행	주음 종음 오행	음양	자의 품격	비고
욱	煜	빛날, 성할, 불꽃	13	火	火	火	土 木	양	大吉	권장
	郁	문채 날, 향기, 성할	13	邑	火	土	土 木	양	大吉	권장
	頊	사람 이름, 뒤통수 욱·옥, 삼갈 옥	13	頁	火	金	土 木	양	小吉	선별 사용 동자이음
	彧	문채, 문채 빛날, 성할	10	彡	水	火	土 木	음	中吉	사용
	勖	힘쓸, 노력할	11	力	木	土	土 木	양	中吉	사용
	栯	산앵두 욱, 유목 유	10	木	水	木	土 木	음	小吉	선별 사용 동자이음
	稶	서직, 무성할	15	禾	土	木	土 木	양	中吉	사용
운	云	친할, 이를, 어조사, 말할	4	二	火	水	土 火	음	小吉	선별 사용
	雲	구름, 습기, 높을, 많을	12	雨	木	水	土 火	음	小吉	선별 사용
	運	움직일, 옮길, 운전할, 돌	16	辵	土	土	土 火	음	中吉	사용
	韻	음운, 울림, 운치, 소리	19	音	水	金	土 火	양	中吉	사용
	沄	소용돌이 칠, 넓을, 멀리 들릴	8	水	金	水	土 火	음	中吉	사용
	澐	큰 물결	16	水	土	水	土 火	음	中吉	사용
	耘	김맬, 없앨, 제거할	10	耒	水	木	土 火	음	中吉	사용
	賱	넉넉할	16	貝	土	金	土 火	음	中吉	사용
	夽	높을, 클	7	大	金	木	土 火	양	中吉	권장
	暈	멀미, 달무리, 바람, 침침해질	13	日	火	火	土 火	양	小吉	선별 사용
	橒	나무 물결, 나무 무늬, 나무 이름	16	木	土	木	土 火	음	中吉	사용
	殞	죽을, 떨어질, 끊어질	14	歹	火	水	土 火	음	不用	불가
	熉	노란 모양	14	火	火	火	土 火	음	中吉	사용

자음	자	자의	획수	부수	획수 오행	자원 오행	주음 종음 오행	음양	자의 품격	비고
운	芸	단풍동, 향초 이름, 성한 모양 운, 재주 예	10	艸	水	木	土 火	음	中吉	사용 동자이음
	蕓	평지, 겨자풀, 유채꽃	18	艸	金	木	土 火	음	小吉	선별 사용
	隕	떨어질, 추락할, 무너질 운, 둘레 원	17	阜	金	土	土 火	양	小吉	선별 사용 동자이음
울	蔚	고을 이름 울, 제비쑥, 병들 위	17	艸	金	木	土 火	양	小吉	선별 사용 동자이음
	鬱	막힐, 우거질, 성할, 원망할	29	鬯	水	木	土 火	양	不用	불가
	亐	땅 이름	3	一	火	木	土 火	양	中吉	사용
웅	雄	승리할, 영웅, 수컷, 우두머리	12	隹	木	火	土 土	음	中吉	사용
	熊	곰, 빛날 웅, 세발자라 내	14	火	火	木	土 土	음	小吉	선별 사용 동자이음
원	元	으뜸, 근본, 클	4	儿	火	木	土 火	음	中吉	사용
	原	근본, 벌판, 들, 둔덕, 벌판	10	厂	水	土	土 火	음	大吉	권장
	願	원할, 하고자 할, 청할, 부러할	19	頁	水	火	土 火	양	中吉	사용
	遠	멀, 심오할, 깊을, 선조	17	辵	金	土	土 火	양	大吉	사용
	園	동산, 울타리, 과수원	13	口	火	水	土 火	양	大吉	사용
	怨	원망, 미워할, 원수, 비난할	9	心	水	火	土 火	양	不用	불가
	圓	둥글, 둘레, 원만할, 하늘	13	口	火	水	土 火	양	大吉	권장
	員	관원, 수효, 둥글 원, 더할 운	10	口	水	水	土 火	음	小吉	선별 사용 동자이음
	源	근원, 이올, 물 흐를	14	水	火	水	土 火	음	大吉	권장
	援	도울, 당길, 끌 원, 바로 할 환	13	手	火	木	土 火	양	小吉	선별 사용 동자이음
	院	담, 집, 절	15	阜	土	土	土 火	양	大吉	권장

자음	자	자의	획수	부수	획수 오행	자원 오행	주음 종음 오행	음양	자의 품격	비고
원	袁	옷 치렁거릴, 성	10	衣	水	木	土 火	음	中吉	사용
	垣	담, 별 이름, 관청 이름	9	土	水	土	土 火	양	中吉	사용
	洹	강 이름, 고을 이름 원, 세차게 흐를 환	10	水	水	水	土 火	음	小吉	선별 사용 동자이음
	沅	강 이름, 고을 이름	8	水	金	水	土 火	음	中吉	사용
	瑗	도리옥, 패옥 원, 옥고리 환	14	玉	火	金	土 火	음	小吉	선별 사용 동자이음
	媛	예쁠, 아름다울, 아리따울, 끌어당길	12	女	木	土	土 火	음	中吉	사용
	嫄	여자 이름, 사람 이름	13	女	火	土	土 火	양	中吉	사용
	愿	정성, 삼갈, 착할, 성실할	14	心	火	火	土 火	음	中吉	사용
	苑	동산, 바람, 쌓일 원, 막힐 울	11	艸	木	木	土 火	양	小吉	선별 사용 동자이음
	轅	끌채, 수레, 차량	17	車	金	火	土 火	양	小吉	선별 사용
	婉	순할, 예쁠, 고울	11	女	木	土	土 火	양	中吉	사용
	寃	원통할, 불평, 구부릴	11	宀	木	木	土 火	양	中吉	사용
	湲	물고기 뒤집어질, 물 흐를, 맑을	13	水	火	水	土 火	양	中吉	사용
	爰	성낼, 속일, 이에, 여기에, 이때에	9	爪	水	木	土 火	양	中吉	사용
	猿	원숭이	14	犬	火	土	土 火	음	不用	불가
	阮	나라 이름, 관문이름 원, 관문이름 완	11	阜	木	土	土 火	양	中吉	사용 동자이음
	鴛	원앙	16	鳥	土	火	土 火	음	不用	불가
	褑	속옷 두, 노리개, 패옥띠	14	示	火	木	土 火	음	小吉	불가 동자이음
월	月	세월, 달, 한달, 달빛	4	月	火	水	土 火	음	中吉	사용

자음	자	자의	획수	부수	획수 오행	자원 오행	주음 종음 오행	음양	자의 품격	비고
월	越	빠를, 넘을, 건널 월, 부들자리 활	12	走	木	火	土 火	음	小吉	선별 사용 동자이음
	鉞	도끼, 방울소리	13	金	火	金	土 火	양	不用	불가
위	位	자리, 벼슬, 방위, 신분	7	人	金	火	土	양	中吉	사용
	危	위태할, 두려울, 엄할	6	卩	土	水	土	음	不用	불가
	爲	할, 베풀, 위할, 다스릴	12	爪	木	金	土	음	中吉	사용
	偉	클, 훌륭할, 위대할	11	人	木	火	土	양	中吉	사용
	威	위엄, 세력, 험할	9	女	水	土	土	양	小吉	선별 사용
	胃	밥통, 양, 위, 마음	11	肉	木	水	土	양	不用	불가
	謂	이를, 고할, 생각할	16	言	土	金	土	음	小吉	선별 사용
	圍	둘레, 둘러쌀, 에울, 경계할	12	口	木	水	土	음	中吉	사용
	衛	衞의 俗字	15	行	土	火	土	양	小吉	선별 사용
	衞	지킬, 막을, 호위할, 시위할	16	行	土	火	土	음	小吉	선별 사용
	違	어길, 다를, 잘못, 피할	16	辵	土	土	土	음	小吉	선별 사용
	委	맡길, 맡을, 쌓을, 운반할	8	女	金	土	土	음	中吉	사용
	慰	위로할, 울적할, 성낼, 원망할	15	心	土	火	土	양	小吉	선별 사용
	僞	속일, 거짓, 지어낼 위, 잘못 와	14	心	火	火	土	음	小吉	선별 사용 동자이음
	緯	경위, 씨줄	15	糸	土	木	土	양	小吉	선별 사용
	尉	벼슬, 위로할	11	寸	木	土	土	양	大吉	권장
	韋	다룸가죽, 부드러울, 둘레 위	9	韋	水	金	土	양	中吉	사용
	瑋	아름다울 옥, 진귀할, 아름다운 위	14	玉	火	金	土	음	中吉	사용 동자이음
	暐	햇빛, 빛나는 모양	13	日	火	火	土	양	中吉	사용

자음	자	자의	획수	부수	획수 오행	자원 오행	주음 종음 오행	음양	자의 품격	비고
위	渭	주위 이름, 강 이름, 여러 물결소리	13	水	火	水	土	양	中吉	사용
	魏	위나라, 대궐, 높을, 물	18	鬼	金	火	土	음	中吉	사용
	萎	마를, 시들, 기를, 연약할	14	艸	火	木	土	음	小吉	선별 사용
	葦	갈대, 작은 배, 짧, 변동할	13	艸	火	木	土	양	小吉	선별 사용
	蔿	애기풀 위, 떠들 화, 풀 이름 와, 교할 규	18	艸	金	木	土	음	小吉	선별 사용 동자이음
	蝟	고슴도치, 운집할	15	虫	土	水	土	양	不用	불가
	褘	아름다울, 향낭 위, 폐슬 휘	15	衣	土	木	土	양	小吉	선별 사용 동자이음
유	由	말미암을 유, 웃는 모양 요	5	田	土	木	土	양	小吉	선별 사용 동자이음
	油	기름, 사물 모양, 광택	9	水	水	水	土	양	小吉	선별 사용
	酉	닭, 술, 물댈	7	酉	金	金	土	양	小吉	선별 사용
	有	있을, 얻을, 가질, 많을	6	月	土	水	土	음	大吉	권장
	猶	태연할, 오히려, 머뭇거릴 유, 움직일 요	13	犬	火	土	土	양	不用	불가 동자이음
	唯	오직, 대답할 유, 누구 수	11	口	木	水	土	양	小吉	선별 사용 동자이음
	遊	헤엄칠, 놀, 벗, 사귈	16	水	木	土	土	음	小吉	선별 사용
	柔	부드러울, 순할, 사랑할	9	木	水	木	土	양	中吉	사용
	遺	사랑할, 끼칠, 잊을 유, 따를 수	19	辵	水	土	土	양	小吉	선별 사용 동자이음
	幼	사랑할, 어릴, 적을 유, 그윽할 요	5	幺	土	火	土	양	小吉	선별 사용 동자이음
	幽	그윽할, 숨을, 멀	9	幺	水	水	土	양	不用	불가
	惟	도모할, 꾀할, 생각할, 오직	12	心	木	火	土	음	大吉	권장

자음	자	자의	획수	부수	획수 오행	자원 오행	주음 종음 오행	음양	자의 품격	비고
유	維	바, 이을, 맬, 지탱할	14	糸	火	木	土	음	中吉	사용
	乳	젖, 낳을, 양육할	8	乙	金	木	土	음	小吉	선별 사용
	儒	선비, 유학, 유교, 부드러울	16	人	土	火	土	음	中吉	사용
	裕	넉넉할, 너그러울, 느긋할	13	衣	火	木	土	양	中吉	사용
	誘	달랠, 가르칠, 인도할, 권할	14	言	火	金	土	음	中吉	사용
	愈	어질, 더욱, 즐길, 병 고칠	13	心	火	火	土	양	小吉	선별 사용
	悠	생각할, 멀, 한가할, 길	11	心	木	火	土	양	小吉	선별 사용
	侑	도울, 짝, 권할, 용서할	8	人	金	火	土	음	大吉	권장
	洧	물 이름, 강 이름, 땅 이름	10	水	水	水	土	음	中吉	사용
	宥	용서할, 도울, 권할	9	宀	水	木	土	양	中吉	사용
	庾	곳집, 노적가리, 활 이름	12	广	木	木	土	음	小吉	선별 사용
	兪	그럴, 맑을, 성, 편안할	9	人	水	土	土	양	中吉	사용
	喩	고요할, 깨우칠 유, 성수, 아닌지 지	12	口	木	水	土	음	小吉	선별 사용 동자이음
	楡	느릅나무, 옮길, 흔들	13	木	火	木	土	양	小吉	선별 사용
	瑜	아름다운 옥, 옥광채	14	玉	火	金	土	음	中吉	사용
	猷	꾀할, 계략, 따를, 길	13	犬	火	土	土	양	小吉	선별 사용
	濡	적실, 젖을, 은혜 유, 머리감을 난	18	水	金	水	土	음	小吉	선별 사용 동자이음
	秞	곡식, 곡식 무성할, 처음 나는 곡식	10	禾	水	木	土	음	中吉	사용
	愉	노래할, 즐거울, 예쁠 유, 구차할 투	13	心	火	火	土	양	小吉	선별 사용 동자이음
	柚	대나무, 유자나무 유, 바디 축	9	木	水	木	土	양	小吉	선별 사용 동자이음

자음	자	자의	획수	부수	획수 오행	자원 오행	주음 종음 오행	음양	자의 품격	비고
유	攸	바, 다스릴, 느긋할	7	攴	金	金	土	양	中吉	사용
	釉	물건 빛날, 윤, 광택, 잿물	12	釆	木	木	土	음	中吉	사용
	琟	옥돌 유, 새 이름 옥	13	玉	火	金	土	양	中吉	사용 동자이음
	孺	젖먹일, 사모할, 낳을, 말릴	17	子	金	水	土	양	小吉	선별 사용
	揄	끌, 칭찬할 유, 늘어뜨릴 투, 요적 요	13	手	火	木	土	양	小吉	선별 사용 동자이음
	楢	졸참나무, 내 이름, 화톳불 피울	13	木	火	木	土	양	中吉	사용
	游	헤엄칠, 놀, 깃발, 퍼질	12	水	木	水	土	음	中吉	사용
	瘉	병 나을	18	疒	金	水	土	음	不用	불가
	臾	약한 활, 잠깐 유, 권할 용, 삼태기 궤	9	臼	水	土	土	양	小吉	선별 사용 동자이음
	萸	수유, 풀 이름	13	艸	火	木	土	양	中吉	사용
	諛	아첨할, 즐겨 따르는 모양	16	言	十	金	土	음	小吉	선별 사용
	諭	견줄, 깨우칠, 이끌 유, 꾈, 유혹할 투	16	言	土	金	土	음	小吉	선별 사용 동자이음
	踰	넘을, 월 유, 멀 요	16	足	土	土	土	음	小吉	선별 사용 동자이음
	鍮	자연동, 놋쇠	17	金	金	金	土	양	小吉	선별 사용
	蹂	짓밟을, 밟을, 빠를, 축일	16	足	土	土	土	음	小吉	선별 사용
	逾	넘을, 지날, 멀, 건널	13	辵	火	土	土	양	小吉	선별 사용
	曘	햇빛, 어두울, 빛깔	18	日	金	火	土	음	中吉	사용
	婑	아리따울 유, 정숙할, 날씬할 와	11	女	木	土	土	양	小吉	선별 사용 동자이음
육	肉	물, 고기, 목소리 육, 살 유	6	肉	土	水	土 木	음	不用	불가 동자이음

자음	자	자의	획수	부수	획수 오행	자원 오행	주음 종음 오행	음양	자의 품격	비고
육	育	낳을, 기를, 자랄 육, 맏아들 주	10	育	水	水	土 木	음	小吉	선별 사용 동자이음
	堉	기름진 땅, 걸찬 땅	11	土	木	土	土 木	양	中吉	사용
	毓	기를	14	母	火	土	土 木	음	中吉	사용
윤	閏	윤달, 윤위	15	門	土	火	土 火	음	中吉	사용
	潤	윤택할, 꾸밀, 은혜, 젖을	16	水	土	水	土 火	음	中吉	사용
	尹	다스릴, 성실할, 참, 기쁨	4	尸	火	水	土 火	음	中吉	사용
	允	진실로, 마땅할, 허락할, 아들	4	儿	火	土	土 火	음	中吉	사용
	玧	귀막이옥 윤, 붉은옥 문	9	玉	水	金	土 火	양	小吉	선별 사용 동자이음
	鈗	병기 윤, 병기 예	12	金	木	金	土 火	음	小吉	선별 사용 동자이음
	胤	맏아들, 이을, 핏줄	11	肉	木	水	土 火	양	中吉	사용
	阭	높을 윤 · 전 · 언, 돌	12	阜	木	土	土 火	음	小吉	선별 사용 동자이음
	奫	물 깊고 넓을, 물 충충할	15	大	土	水	土 火	음	中吉	사용
	贇	아름다울 윤, 예쁠 번	19	貝	水	金	土 火	양	小吉	선별 사용 동자이음
	閠	윤달	15	門	土	木	土 火	양	中吉	사용
	昀	햇빛	8	日	金	火	土 火	음	中吉	사용
율	聿	따를, 붓, 스스로, 마침내	6	聿	土	火	土 火	음	中吉	사용
	燏	빛날, 불빛	16	火	土	火	土 火	음	中吉	사용
	汩	통할, 흐를, 물소리 율, 빠질 골	8	水	金	水	土 火	양	小吉	선별 사용 동자이음
융	融	밝을, 화할, 화합할, 녹일	16	虫	土	水	土 土	음	中吉	사용
	戎	되, 오랑캐, 병기, 군사	6	戈	土	水	土 土	음	小吉	선별 사용

자음	자	자의	획수	부수	획수 오행	자원 오행	주음 종음 오행	음양	자의 품격	비고
융	瀜	물 깊고 넓을, 어지러울	20	水	水	水	土　土	음	中吉	사용
	絨	융, 고운 베, 가는 베	12	糸	木	木	土　土	음	中吉	사용
은	恩	은혜, 덕택, 사랑할, 인정	10	心	水	火	土　火	음	中吉	사용
	銀	은, 돈, 은빛, 경계	14	金	火	金	土　火	음	小吉	선별 사용
	隱	숨을, 음미할, 은퇴할	22	阜	木	土	土　火	음	小吉	선별 사용
	垠	언덕, 땅 끝, 모양, 높이 솟을	9	土	水	土	土　火	양	中吉	사용
	殷	화평할, 은나라 은, 검붉은 빛 안	10	殳	水	金	土　火	음	小吉	선별 사용 동자이음
	誾	온화할, 화평할, 중용 지킬	15	言	土	金	土　火	양	中吉	사용
	溵	물소리, 강 이름	14	水	火	水	土　火	음	中吉	사용
	珢	옥돌, 옥과 비슷한 돌	11	玉	木	金	土　火	양	中吉	사용
	慇	괴로울, 친절할, 애태울, 부유할	14	心	火	火	土　火	음	不用	불가
	濦	溵과 同字, 물 이름	18	水	金	水	土　火	양	小吉	선별 사용
	听	웃을 은, 들을 청	7	口	金	水	土　火	양	小吉	선별 사용 동자이음
	璁	사람 이름	15	玉	土	金	土　火	양	中吉	사용
	訢	기뻐할 흔, 화기 희, 공손할 은	11	言	木	金	土　火	양	小吉	선별 사용 동자이음
	㒚	기댈 은, 평온할 온	16	人	土	火	土　火	음	小吉	선별 사용 동자이음
	圻	끝 은, 경기 기	7	土	金	土	土　火	양	小吉	선별 사용 동자이음
	蘟	은총, 인동덩굴	21	艸	木	木	土　火	양	中吉	사용
	檼	대마루, 도지개	18	木	金	木	土　火	음	中吉	사용
	檃	도지개, 바로잡을	17	木	金	木	土　火	양	小吉	선별 사용

자음	자	자의	획수	부수	획수 오행	자원 오행	주음 종음 오행	음양	자의 품격	비고
을	乙	둘째 천간, 새, 굽을, 아무개	1	乙	木	木	土 火	양	小吉	선별 사용
음	音	소리, 말소리, 소식, 언어	9	音	水	金	土 水	양	小吉	선별 사용
	吟	탄식할, 읊을, 노래 음, 입 다물 금	7	口	金	水	土 水	양	不用	불가 동자이음
	飮	마실, 음료, 잔치	13	食	火	水	土 水	양	小吉	선별 사용
	陰	그늘, 응달, 심오할 음, 말 많을 암	16	阜	土	土	土 水	음	不用	불가 동자이음
	淫	방탕할, 음란할, 간사할 음, 못 이름 요	12	水	木	水	土 水	음	不用	불가 동자이음
	蔭	그늘	17	艸	金	木	土 水	양	不用	불가
읍	邑	서울, 고을 읍, 흐느낄 압, 아첨할 음	7	邑	金	土	土 水	양	小吉	선별 사용 동자이음
	泣	근심, 울, 눈물 읍, 바람 빠를 립	9	水	水	水	土 水	양	不用	불가 동자이음
	揖	읍 읍, 모일 집, 전할 의	13	手	火	木	土 水	양	小吉	선별 사용 동자이음
응	應	감당할 응, 응할, 받을, 대답할 응	17	心	金	火	土 土	양	中吉	사용 동자이음
	凝	엉길, 추울, 이룰, 얼	16	冫	土	水	土 土	음	不用	불가
	膺	가슴, 안을, 받을	19	肉	水	水	土 土	양	中吉	사용
	鷹	매, 송골매, 해동청	24	鳥	火	火	土 土	음	不用	불가
	䧺	물끄러미 볼	17	目	木	木	土 土	음	不用	불가
의	衣	가리개, 옷, 입을, 깃들	6	衣	土	木	土	음	小吉	선별 사용
	依	의지할, 도울, 따를, 사랑할	8	人	金	火	土	음	中吉	사용
	義	옳을, 뜻, 법도 의, 혜택 이	13	羊	火	土	土	양	中吉	사용 동자이음
	議	의논할, 계획할, 말할	20	言	火	金	土	음	小吉	선별 사용

자음	자	자의	획수	부수	획수 오행	자원 오행	주음 종음 오행	음양	자의 품격	비고
의	矣	어조사	7	矢	金	金	土	양	小吉	선별 사용
	醫	의원, 병 고칠, 구할	18	酉	金	金	土	음	小吉	선별 사용
	意	정취, 뜻, 생각 의, 아마 희	13	心	火	火	土	양	小吉	선별 사용 동자이음
	宜	옳을, 마땅할, 화목할	8	宀	金	木	土	음	大吉	권장
	儀	예의, 본받을, 현명할	15	人	土	火	土	양	中吉	사용
	疑	의심할, 비교할 의, 정해질 응, 엄숙할 을	14	人	火	火	土	음	不用	불가 동자이음
	倚	원인될, 의지할, 맡길 의, 기이할 기	10	人	水	火	土	음	不用	불가 동자이음
	誼	옳을, 다스릴, 의논할, 도리	15	言	土	金	土	양	小吉	선별 사용
	毅	굳셀, 강할, 화낼, 과감할	15	殳	土	金	土	양	中吉	사용
	擬	헤아릴, 흉내낼, 비교할, 향의할	18	手	金	木	土	음	小吉	선별 사용
	懿	아름다울, 좋을, 클, 가릴	22	心	木	火	土	음	小吉	사용
	椅	의나무	12	木	木	木	土	음	中吉	사용
	艤	배를 댈	19	舟	水	木	土	양	小吉	선별 사용
	薏	율무 의, 연밥알, 연신 억	19	艸	水	木	土	양	小吉	선별 사용 동자이음
	蟻	개미, 검을, 흑색, 거품	19	虫	水	水	土	양	不用	불가
이	二	두, 같을, 다음	2	二	木	木	土	음	中吉	사용
	以	써, 까닭, 쓸	5	人	土	火	土	양	不用	불가
	已	이미, 그칠, 너무	3	已	火	火	土	양	不用	불가
	耳	싹, 귀 이, 팔대째 손자 잉	6	耳	土	水	土	음	不用	불가 동자이음
	而	말이을, 너 이, 편안할 능	6	而	土	水	土	음	不用	불가 동자이음

자음	자	자의	획수	부수	획수 오행	자원 오행	주음 종음 오행	음양	자의 품격	비고
이	異	다를, 나눌, 뛰어날, 이상할	11	田	木	土	土	양	中吉	사용
	移	양보할, 옮길, 바꿀 이, 클 치	11	禾	木	木	土	양	小吉	선별 사용 동자이음
	夷	오랑캐, 평평할, 무리, 온화할	6	大	土	木	土	음	不用	불가
	珥	귀고리, 햇무리, 끼울	11	玉	木	金	土	양	中吉	사용
	伊	저, 어조사, 인할	6	人	土	火	土	음	中吉	사용
	易	기쁠, 쉬울, 편할 이, 바꿀 역	8	日	金	火	土	음	小吉	선별 사용 동자이음
	弛	베풀, 늦출, 풀릴 이, 떨어질 치	6	弓	土	金	土	음	小吉	선별 사용 동자이음
	怡	기쁠, 즐거울, 화할	9	心	水	火	土	양	大吉	권장
	彛	彝의 俗字	16	彐	土	火	土	음	不用	불가
	彝	떳떳할, 법, 술병	18	彐	金	火	土	양	不用	불가
	爾	너, 어조사, 고을, 그	14	爻	火	火	土	음	不用	불가
	頤	턱, 봉양할, 깊을	15	頁	土	火	土	양	不用	불가
	姨	이모, 서모, 아내의 자매	9	女	水	土	土	양	小吉	선별 사용
	痍	상처, 벨, 깎을	11	疒	木	水	土	양	不用	불가
	肄	움돋이, 익힐 이, 죽여 효시할 시	13	聿	火	火	土	양	不用	불가 동자이음
	苡	율무, 질경이 이, 오랑캐 이름 와	11	艸	木	木	土	양	不用	불가 동자이음
	荑	벨, 흰버름 이, 띠싹 제	12	艸	木	木	土	음	不用	불가 동자이음
	貽	전할, 끼칠, 남길, 증여할	12	貝	木	金	土	음	中吉	사용
	邇	통속적인, 가까울, 가까이 할	20	辵	水	土	土	음	小吉	선별 사용

자음	자	자의	획수	부수	획수 오행	자원 오행	주음 종음 오행	음양	자의 품격	비고
이	飴	엿, 단맛 이, 먹일 사, 먹을거리 사	14	食	火	水	土	음	小吉	선별 사용 동자이음
	貳	두, 두 마음, 거듭, 배반할	12	貝	木	金	土	음	小吉	선별 사용
	嫛	기쁠 이, 착할 희	12	女	木	土	土	음	小吉	선별 사용 동자이음
	杝	나무 이름 이, 쪼갤 치	7	木	金	木	土	양	小吉	선별 사용 동자이음
익	益	넓을 악, 넘칠 일, 더할, 유익할 익	10	皿	水	水	土 木	음	小吉	선별 사용 동자이음
	翼	날개, 공경할, 도울, 바를	17	羽	金	火	土 木	양	中吉	사용
	翊	사물의 모양, 도울, 공경할, 나는 모양	11	羽	木	火	土 木	양	中吉	사용
	瀷	강 이름, 흐를	21	水	水	水	土 木	양	中吉	사용
	謚	웃을, 웃는 모양 익, 시호 시	17	言	金	金	土 木	양	小吉	선별 사용 동자이음
	翌	다음날, 도울, 명일	11	羽	木	火	土 木	양	中吉	사용
	熤	사람 이름, 빛날	15	火	土	火	土 木	양	中吉	사용
인	人	사람, 백성, 타인, 뛰어난 사람	2	人	木	火	土 火	음	小吉	선별 사용
	引	인도할, 이끌, 벗, 등용할	4	弓	火	火	土 火	음	中吉	사용
	仁	씨, 어질, 착할, 사랑	4	人	火	火	土 火	음	中吉	사용
	因	인할, 연유, 따를, 기초할	6	口	土	水	土 火	음	小吉	선별 사용
	忍	참을, 강인할, 용서할, 질길	7	心	金	火	土 火	양	中吉	사용
	認	알, 인정할, 허락할	14	言	火	金	土 火	음	中吉	사용
	寅	나아갈, 범, 셋째 지지, 동방, 삼갈	11	宀	木	木	土 火	양	中吉	사용
	印	도장, 찍을, 벼슬	6	卩	土	木	土 火	음	中吉	사용

자음	자	자의	획수	부수	획수 오행	자원 오행	주음 종음 오행	음양	자의 품격	비고
인	姻	혼인할, 시집, 인척, 연분	9	女	水	土	土 火	양	中吉	사용
	咽	목구멍, 삼킬	9	口	水	水	土 火	양	小吉	선별 사용
	湮	잠길, 막힐, 스밀, 망할	13	水	火	水	土 火	양	小吉	선별 사용
	絪	천지의 기운, 요, 깔개	12	糸	木	木	土 火	음	小吉	선별 사용
	茵	자리, 풀 이름, 기운이 왕성한	12	艸	木	木	土 火	음	不用	불가
	蚓	지렁이	10	虫	水	水	土 火	음	不用	불가
	靭	질길, 부드러울	12	革	木	金	土 火	음	不用	불가
	靷	가슴걸이, 잡아당길	13	革	火	金	土 火	양	不用	불가
	刃	칼날, 병장기, 칼, 칼질	3	刀	火	金	土 火	양	不用	불가
	鞕	작은 북, 작은 북소리	14	曰	火	火	土 火	음	小吉	선별 사용
	芢	씨, 풀 이름	10	艸	金	水	土 火	음	小吉	사용
일	一	처음, 하나, 첫째, 오로지	1	一	木	木	土 火	양	中吉	사용
	日	날, 햇빛, 낮, 기한	4	日	火	火	土 火	음	中吉	사용
	逸	달아날, 숨을, 없어지다, 잃다	15	辵	土	土	土 火	양	小吉	선별 사용
	溢	넘칠, 가득할, 성한, 교만할	14	水	火	水	土 火	음	小吉	선별 사용
	鎰	중량, 단위, 스물넉냥중	18	金	金	金	土 火	음	小吉	선별 사용
	馹	역말, 역마	14	馬	火	火	土 火	음	小吉	선별 사용
	佾	춤, 춤출	8	人	金	火	土 火	음	小吉	선별 사용
	佚	편안할, 아름다울 일, 방탕할 질	7	人	金	火	土 火	양	小吉	선별 사용 동자이음
	壹	오로지, 한, 정성, 모두, 같다	12	士	木	木	土 火	음	中吉	사용
임	壬	아홉째 천간, 클, 짊어질	4	士	火	水	土 水	음	中吉	사용

자음	자	자의	획수	부수	획수 오행	자원 오행	주음 종음 오행	음양	자의 품격	비고
임	任	맡길, 맡을, 재능, 능할	6	人	土	火	土 水	음	中吉	사용
	賃	품팔이, 더부살이, 세낼, 고용될	13	貝	火	金	土 水	양	小吉	선별 사용
	妊	아이 밸	7	女	金	土	土 水	양	小吉	선별 사용
	姙	아이 밸	9	女	水	土	土 水	양	小吉	선별 사용
	稔	곡식 익을, 쌓을, 해	13	禾	火	木	土 水	양	中吉	사용
	恁	이같이, 생각할 임, 당신 님	10	心	水	火	土 水	음	中吉	사용
	荏	들깨, 누에콩, 구름, 점차로	12	艸	木	木	土 水	음	小吉	선별 사용
	誑	생각할	11	言	木	金	土 水	양	中吉	사용
입	入	들, 넣을, 수입, 벼슬할	2	入	木	木	土 水	음	小吉	선별 사용
	卄	스물	3	卄	火	木	土 水	양	中吉	사용
잉	剩	남을, 더할, 나머지, 더군다나	12	刀	木	金	土 土	음	中吉	사용
	仍	인할, 거듭할, 자주할, 곧	4	人	火	火	土 土	음	小吉	선별 사용
	孕	아이 밸, 품을, 낟알	5	子	土	水	土 土	양	小吉	선별 사용
	芿	묵은 풀, 새 풀싹, 풀	10	艸	水	木	土 土	음	小吉	선별 사용
자	子	아들, 자식, 작위, 열매	3	子	火	水	金	양	小吉	선별 사용
	字	글자, 글씨, 사랑할, 기를	6	宀	土	木	金	음	中吉	사용
	自	스스로, 몸소, 자기, 처음	6	自	土	木	金	음	小吉	선별 사용
	者	놈, 어조사, 것	10	老	水	土	金	음	小吉	선별 사용
	姉	姊의 俗字, 여자의 애칭, 손윗 누이, 어머니	8	女	金	土	金	음	小吉	선별 사용
	姊	손윗 누이	8	女	金	土	金	음	小吉	선별 사용
	慈	사랑, 인자, 어머니	14	心	火	火	金	음	中吉	사용

자음	자	자의	획수	부수	획수 오행	자원 오행	주음 종음 오행	음양	자의 품격	비고
자	玆	이에, 검을, 해	10	玄	水	火	金	음	小吉	선별 사용
	紫	자줏빛, 신선집, 빛깔	11	糸	木	木	金	양	中吉	사용
	資	재물, 자본, 비용	13	貝	火	金	金	음	小吉	선별 사용
	姿	맵시, 모습, 바탕, 성품	9	女	水	土	金	양	小吉	선별 사용
	恣	방자할, 멋대로, 맡길	10	心	水	火	金	양	小吉	선별 사용
	刺	비난할, 가시, 찌를 자·척, 수라 라	8	力	金	金	金	음	小吉	선별 사용 동자이음
	仔	자세할, 새끼, 견딜	5	人	土	火	金	양	中吉	사용
	滋	번성할, 더할, 많을, 적실	14	水	火	水	金	음	中吉	사용
	磁	지남, 자석, 자기, 사기그릇	15	石	土	金	金	양	中吉	사용
	藉	꿀, 깔, 깔개 자, 짓밟을 적	20	艸	水	木	金	음	小吉	선별 사용 동자이음
	瓷	사기그릇, 오지그릇	11	瓦	木	土	金	양	小吉	선별 사용
	咨	물을, 탄식할, 이것	9	口	水	水	金	양	小吉	선별 사용
	孜	힘쓸, 힘쓰는 모양	7	子	金	水	金	양	中吉	사용
	炙	구울 자·적, 가까이할	8	火	金	火	金	음	小吉	선별 사용 동자이음
	煮	삶을, 익힐	13	火	火	火	金	양	小吉	선별 사용
	疵	흠, 비방할 자, 노려볼 제, 앓을 새	10	疒	水	水	金	음	不用	불가 동자이음
	茨	지붕을 이는, 가시나무, 쌓을	12	艸	木	木	金	음	小吉	선별 사용
	蔗	사탕수수 자·저	17	竹	金	木	金	양	小吉	선별 사용 동자이음
	諮	물을, 자문할, 의논할	16	言	土	金	金	음	小吉	선별 사용
	雌	암컷, 쇠약할, 패할	13	隹	火	火	金	양	小吉	선별 사용

자음	자	자의	획수	부수	획수 오행	자원 오행	주음 종음 오행	음양	자의 품격	비고
작	作	지을, 일할 작, 만들 추, 저주할 저	7	人	金	火	金 木	양	小吉	선별 사용 동자이음
	昨	어제, 엊그제, 옛날	9	日	水	火	金 木	양	中吉	사용
	酌	따를, 취할, 잔치, 더할	10	酉	水	金	金 木	음	小吉	선별 사용
	爵	잔, 작위, 벼슬, 다할	17	爪	金	金	金 木	양	小吉	선별 사용
	灼	사를, 밝을	7	火	金	火	金 木	양	大吉	사용
	芍	함박꽃, 언덕 이름 작, 연밥 적	9	艸	水	木	金 木	양	小吉	선별 사용 동자이음
	雀	참새, 공작, 검붉은 빛깔	11	隹	木	火	金 木	양	小吉	선별 사용
	鵲	까치, 개 이름, 옥 이름, 땅 이름	19	鳥	水	火	金 木	양	不用	불가
	勺	구기 작, 한줌 사	3	勹	火	金	金 木	양	小吉	선별 사용 동자이음
	嚼	씹을, 맛볼, 개먹을, 술권할	21	口	木	水	金 木	양	小吉	선별 사용
	斫	벨, 자를, 어리석을	9	斤	水	金	金 木	양	不用	불가
	炸	터질, 폭발할, 튀길	9	火	水	火	金 木	양	小吉	선별 사용
	綽	너그러울, 여유 있을, 많을, 베풀	14	糸	火	木	金 木	음	中吉	사용
잔	殘	해칠, 무너질, 남을, 잔인할	12	歹	木	水	金 火	음	不用	불가
	孱	잔약할, 삼갈 잔, 나쁠 산	12	子	木	水	金 火	음	小吉	선별 사용 동자이음
	棧	장강틀, 사다리, 마파 잔, 성할 진	12	木	木	木	金 火	음	小吉	선별 사용 동자이음
	潺	물 흐르는 소리, 물 흐르는 모양	16	水	土	水	金 火	음	不用	불가
	盞	잔, 등잔	13	皿	火	金	金 火	양	不用	불가
잠	潛	자맥질할, 잠길, 몰래, 깊은	16	水	土	水	金 水	음	不用	불가

자음	자	자의	획수	부수	획수 오행	자원 오행	주음 종음 오행	음양	자의 품격	비고
잠	潛	潛의 俗字	16	水	土	水	金 水	음	不用	불가
	暫	잠깐, 얼른, 갑자기, 별안간	15	日	土	火	金 水	양	小吉	선별 사용
	箴	바늘, 경계할, 꽂을	15	竹	土	木	金 水	양	不用	불가
	岑	봉우리 잠, 벼랑 음	7	山	金	土	金 水	양	小吉	선별 사용 동자이음
	簪	비녀, 빠를	18	竹	金	木	金 水	음	小吉	선별 사용
	蠶	누에, 누에 칠, 잠식할	24	虫	火	水	金 水	음	不用	불가
잡	雜	썩을, 썩일, 모두, 장식	18	隹	金	火	金 水	음	不用	불가
장	長	긴, 길이, 오랠, 늘일	8	長	金	木	金 水	음	中吉	사용
	章	글, 문장, 법, 클	11	立	木	金	金 水	양	中吉	사용
	場	시험장, 마당, 장소, 무대	12	土	木	土	金 土	음	中吉	사용
	將	장수, 나아갈, 클, 지킬	11	寸	木	土	金 土	양	中吉	사용
	壯	굳셀, 씩씩할, 장할, 젊을	7	士	金	木	金 土	양	中吉	사용
	丈	어른, 길이단위, 길, 지팡이	3	一	火	木	金 土	양	中吉	사용
	張	베풀, 넓힐, 드러낼	11	弓	木	金	金 土	양	中吉	사용
	帳	휘장, 군막, 치부책, 천막	11	巾	木	木	金 土	양	中吉	사용
	莊	단정할, 바를, 엄숙할	13	艸	火	木	金 土	양	中吉	사용
	庄	농막 장, 평평할 팽	6	广	土	木	金 土	음	小吉	선별 사용 동자이음
	裝	꾸밀, 화장할, 차릴, 간직할	13	衣	火	木	金 土	양	小吉	선별 사용
	奬	권면할, 도울, 장려할, 칭찬할	14	大	火	木	金 土	음	中吉	사용
	墻	담장, 경계	16	土	土	土	金 土	음	中吉	사용
	牆	墻과 同字	17	爿	金	土	金 土	양	中吉	사용

자음	자	자의	획수	부수	획수 오행	자원 오행	주음 종음 오행	음양	자의 품격	비고
장	葬	장사지낼, 매장	15	艸	土	木	金 土	양	不用	불가
	粧	단장할, 모르는 체 할	12	米	木	木	金 土	음	中吉	사용
	掌	손바닥, 솜씨, 맡을	12	艸	水	木	金 土	음	小吉	선별 사용
	藏	감출, 간직할, 품을, 깊을	20	艸	水	木	金 土	음	小吉	선별 사용
	臟	오장, 내장	24	肉	水	木	金 土	음	不用	불가
	障	막힐, 막을, 거리낄, 울타리	19	阜	水	土	金 土	양	不用	불가
	腸	창자, 마음, 충심	15	肉	土	水	金 土	음	不用	불가
	匠	장인, 만들, 궁리할	6	匚	土	土	金 土	음	中吉	사용
	杖	지팡이, 짚을, 의지할	7	木	金	木	金 土	양	小吉	선별 사용
	奘	클, 튼튼할	10	大	水	木	金 土	음	中吉	사용
	漳	강 이름, 둑, 막을	15	水	土	木	金 土	양	中吉	사용
	樟	녹나무, 여장나무	16	木	土	木	金 土	음	中吉	사용
	璋	구슬, 반쪽 홀, 밝을	16	玉	土	金	金 土	음	中吉	사용
	暲	해 돋을, 밝을	15	日	土	火	金 土	양	中吉	사용
	薔	흰바름, 장미, 동자장 장, 여뀌 색	19	艸	水	木	金 土	양	不用	불가 동자이음
	蔣	줄, 진고, 격려할, 과장풀	17	艸	金	木	金 土	양	中吉	사용
	檣	돛대	17	木	金	木	金 土	양	小吉	선별 사용
	欌	장롱, 의장	22	木	木	木	金 土	음	小吉	선별 사용
	漿	미음, 음료, 마실	15	水	土	水	金 土	양	小吉	선별 사용
	狀	형상, 모양, 용모, 문서	8	犬	金	土	金 土	음	大吉	권장
	獐	노루	15	犬	土	土	金 土	양	不用	불가
	臧	착할, 두터울, 곳간, 거둘	14	臣	火	火	金 土	음	中吉	사용

자음	자	자의	획수	부수	획수 오행	자원 오행	주음 종음 오행	음양	자의 품격	비고
장	贓	장물, 숨길, 감출, 뇌물 받을	21	貝	木	金	金 土	양	小吉	선별 사용
	醬	젓갈, 된장, 간장	18	酉	金	金	金 土	음	小吉	선별 사용
재	才	재주, 능할, 근본, 절단할	4	手	火	木	金	음	中吉	사용
	材	재목, 자질, 보물	7	木	金	木	金	양	中吉	사용
	財	재물, 처리할, 보배, 재주	10	貝	水	金	金	음	中吉	사용
	在	있을, 살필, 살	6	土	土	土	金	음	中吉	사용
	栽	심을, 묘목, 어린 싹	10	木	水	木	金	음	中吉	사용
	再	두, 거듭, 두 번 할	6	冂	土	木	金	음	中吉	사용
	哉	어조사, 재난, 비롯할	9	口	水	水	金	양	小吉	선별 사용
	災	재앙, 천벌, 화재	7	火	金	火	金	양	不用	불가
	裁	마를, 마름질, 판결할, 헤어질	12	衣	木	木	金	음	小吉	선별 사용
	載	탈, 실을, 수리 재, 일 대	13	車	火	火	金	양	小吉	선별 사용 동자이음
	宰	재상, 주관할, 잡을	10	宀	水	木	金	음	中吉	사용
	梓	가래나무, 목공, 관목, 목수	11	木	木	木	金	양	中吉	사용
	縡	일, 실을	16	糸	土	木	金	음	中吉	사용
	齎	가져올, 집 재, 재물 자, 가질 제	21	齊	木	土	金	양	小吉	선별 사용 동자이음
	溨	맑을, 강 이름	13	水	火	水	金	양	中吉	사용
	滓	찌끼 재·자, 더럽힐 치	14	水	火	水	金	음	小吉	선별 사용 동자이음
	齋	재계할, 공경할 재, 상복 자	17	齊	金	土	金	양	小吉	선별 사용 동자이음

자음	자	자의	획수	부수	획수 오행	자원 오행	주음 종음 오행	음양	자의 품격	비고
쟁	爭	다툴, 분명할, 간할, 논할	8	爪	金	火	金 土	음	不用	불가
	錚	쇳소리, 징, 사물	16	金	土	金	金 土	음	小吉	선별 사용
	箏	풍경, 쟁, 13현의 악기	14	竹	火	木	金 土	음	小吉	선별 사용
	諍	송사할, 간할, 다툴, 충고할	15	言	土	金	金 土	양	不用	불가
저	著	지을, 분명할, 나타날 저, 붙일 착	15	艸	土	木	金	양	小吉	선별 사용 동자이음
	貯	저축할, 쌓을, 행복	12	貝	木	金	金	음	中吉	사용
	低	밑, 낮을, 숙일, 약할	7	人	金	火	金	양	不用	불가
	底	도달할, 밑, 그칠 저, 이를 지	8	广	金	木	金	음	不用	불가 동자이음
	抵	근본, 거스를, 막을 저, 칠 지	9	手	水	木	金	양	不用	불가 동자이음
	苧	모시, 모시풀, 산 이름	11	艸	木	木	金	양	小吉	선별 사용
	邸	밑, 집 저, 무게의 단위 지	12	邑	木	土	金	음	不用	불가 동자이음
	楮	닥나무, 종이, 지폐	13	木	火	木	金	양	中吉	사용
	沮	방해할, 막을, 그칠 저, 작은 내 전	9	水	土	水	金	양	不用	불가 동자이음
	佇	쌓다, 기다릴, 오랠, 우두커니	7	人	金	火	金	양	小吉	선별 사용
	儲	쌓을, 버금, 울타리, 태자	18	人	金	火	金	음	中吉	사용
	咀	씹을, 저주할, 맛을 볼	8	口	金	水	金	음	不用	불가
	姐	누이, 교만할, 어머니, 아가씨	8	女	金	土	金	음	小吉	선별 사용
	杵	공이, 방망이, 몽둥이, 달구	8	木	金	木	金	음	不用	불가
	樗	가죽나무, 쓸모없는 물건	15	木	土	木	金	양	小吉	선별 사용

자음	자	자의	획수	부수	획수 오행	자원 오행	주음 종음 오행	음양	자의 품격	비고
저	渚	물가, 강 이름, 가물, 모래섬	13	水	火	水	金	양	中吉	사용
	狙	원숭이, 교활할, 엿볼, 살필	9	犬	水	土	金	양	不用	불가
	猪	돼지, 돼지새끼 저, 암퇘지, 웅덩이 차	12	犬	木	木	金	음	不用	불가 동자이음
	疽	등창, 종기, 가려운 병	10	疒	水	水	金	음	不用	불가
	箸	젓가락, 태동 저, 붙을, 입을 착	15	竹	土	木	金	양	不用	불가 동자이음
	紵	모시풀, 모시 베	11	糸	木	木	金	양	小吉	선별 사용
	菹	마른 풀, 늪 제, 김치, 젓갈 저	14	艸	火	木	金	음	不用	불가 동자이음
	藷	사탕수수 저, 참마 제·서	20	艸	水	木	金	음	小吉	선별 사용 동자이음
	詛	저주할, 맹세할, 욕할, 원망할	12	言	木	金	金	음	不用	불가
	躇	머뭇거릴 저, 건너뛸 착	20	足	水	土	金	음	不用	불가 동자이음
	這	이 저, 맞을 언, 각각 갓, 따로따로 각	13	辵	火	土	金	양	不用	불가 동자이음
	雎	물수리, 정경이, 수릿과의 새	13	隹	火	火	金	양	小吉	선별 사용
	齟	어긋날 저·서, 씹을 저	20	齒	水	金	金	음	不用	불가 동자이음
적	的	과녁, 표준 적, 요점 저	8	白	金	火	金 木	음	中吉	사용 동자이음
	赤	붉을, 벌거숭이, 진심, 빌	7	赤	金	火	金 木	양	中吉	사용
	適	갈, 이를, 맞을, 향할	18	辵	金	土	金 木	음	中吉	사용
	敵	대적할, 원수, 대등할	15	攴	土	金	金 木	양	小吉	선별 사용
	滴	물방울, 스밀, 상실할, 떨어질	15	水	土	水	金 木	양	中吉	사용

자음	자	자의	획수	부수	획수 오행	자원 오행	주음 종음 오행	음양	자의 품격	비고
적	摘	추릴, 연주할, 가리킬, 들추어낼	15	手	土	木	金 木	양	中吉	사용
	寂	고요할, 쓸쓸할, 죽을, 편안할	11	宀	木	木	金 木	양	中吉	사용
	籍	등록할, 문서, 호적 적, 온화할 자	20	竹	水	木	金 木	음	小吉	선별 사용 동자이음
	賊	도적, 해칠, 원수	13	貝	火	金	金 木	양	不用	불가
	跡	발자취, 흔적, 밟을	13	足	火	土	金 木	양	小吉	선별 사용
	積	저축할, 쌓을, 오래될 적, 저축 자	16	禾	土	木	金 木	음	小吉	선별 사용 동자이음
	績	길쌈, 이을, 공적, 업적	17	糸	金	木	金 木	양	小吉	선별 사용
	迪	나아갈, 이끌, 행할	12	辵	木	土	金 木	음	小吉	선별 사용
	勣	공, 업적	13	力	火	土	金 木	양	中吉	사용
	吊	문안할, 조상할, 불쌍히 여길 조, 이를 적	6	口	土	水	金 木	음	不用	불가 동자이음
	嫡	본처가 낳은 아들, 정실, 본처, 맏아들	14	女	火	土	金 木	음	不用	불가
	狄	덜, 오랑캐, 사악할, 빠를	7	犬	金	土	金 木	양	不用	불가
	炙	고기, 구울, 가까이할	8	火	金	火	金 木	음	不用	불가
	翟	꿩 적, 땅 이름 책, 산새 탁	14	羽	火	火	金 木	음	不用	불가 동자이음
	荻	물억새, 쑥, 갈이파리	13	艸	火	木	金 木	양	小吉	선별 사용
	謫	벌할, 귀양길, 유배될, 꾸지람	18	言	金	金	金 木	양	不用	불가
	迹	자취, 행적, 발자국, 찾을	11	竹	木	木	金 木	양	小吉	선별 사용
	鏑	살촉 적, 우는 살 전	13	辵	火	土	金 木	양	小吉	선별 사용 동자이음
	笛	피리, 저	11	竹	木	木	金 木	양	小吉	선별 사용

자음	자	자의	획수	부수	획수 오행	자원 오행	주음 종음 오행	음양	자의 품격	비고
적	蹟	행적, 자취, 좇을, 따를	18	足	金	土	金 木	음	中吉	사용
전	田	밭, 심을, 생업	5	田	土	土	金 火	양	中吉	사용
	全	온전할, 전부, 흠 없는 옥	6	入	土	土	金 火	음	中吉	사용
	典	법, 가르칠, 맡을, 책	8	八	金	金	金 火	음	中吉	사용
	前	앞, 일찍이, 나아갈, 앞설	9	刀	水	金	金 火	양	中吉	사용
	展	펼, 늘일, 참될, 베풀	10	尸	水	水	金 火	음	大吉	권장
	戰	싸울, 경쟁할, 두려워 떨, 흔들릴	16	戈	土	金	金 火	음	不用	불가
	電	번개, 전기, 빠를	13	雨	火	水	金 火	양	小吉	선별 사용
	錢	돈, 무게 단위, 세금	16	金	土	金	金 火	음	不用	불가
	傳	전할, 말할, 더할, 옮길	13	人	火	火	金 火	양	中吉	사용
	專	마음대로 할, 오로지, 다스릴 전, 둥글 단	11	寸	木	土	金 火	양	小吉	선별 사용 동자이음
	轉	구를, 회전할, 옮길, 변할	18	車	金	火	金 火	음	小吉	선별 사용
	殿	대궐, 전각	13	殳	火	金	金 火	양	中吉	사용
	佺	신선 이름	8	人	金	火	金 火	음	中吉	사용
	栓	나무못, 빗장, 병마개	10	木	水	木	金 火	음	中吉	사용
	詮	평론할, 갖출, 설명할, 법칙	13	言	火	金	金 火	양	中吉	사용
	銓	저울질할, 전형할, 평평할	14	金	火	金	金 火	음	中吉	사용
	琠	옥 이름, 귀막이	13	玉	火	金	金 火	양	中吉	사용
	甸	경기, 교외 전, 육십사정 승, 땅 이름 임	7	田	金	火	金 火	양	小吉	선별 사용 동자이음
	塡	만족할, 메울, 채울 전, 진정할 진	13	土	火	土	金 火	양	小吉	선별 사용 동자이음
	奠	둘, 정할, 제사지낼, 제수	12	大	木	木	金 火	음	小吉	선별 사용

자음	자	자의	획수	부수	획수 오행	자원 오행	주음 종음 오행	음양	자의 품격	비고
전	荃	겨자나무 전, 불꽃 손, 고운배 철	12	艸	木	木	金 火	음	小吉	선별 사용 동자이음
	雋	새 살찔, 맛좋을 전, 우수할 준, 이름 취	13	隹	火	火	金 火	양	小吉	선별 사용 동자이음
	顚	넘어질, 꼭대기, 근본 전, 우듬지 진	19	頁	水	火	金 火	양	小吉	선별 사용 동자이음
	佃	사냥할, 밭갈, 소작인, 개간한 밭	7	人	金	火	金 火	양	小吉	선별 사용
	剪	다할, 자를, 가위, 화살	11	刀	木	金	金 火	양	小吉	선별 사용
	塼	땅 이름, 벽돌 전, 둥글 단	14	土	火	土	金 火	음	小吉	선별 사용 동자이음
	廛	상점 점, 집터 점, 가게, 터 전	15	广	土	木	金 火	양	小吉	선별 사용 동자이음
	悛	고칠 전·준, 중지할 준, 정성 순	11	心	木	火	金 火	양	小吉	선별 사용 동자이음
	氈	모, 양탄자, 모직물, 융단	17	毛	金	火	金 火	양	小吉	선별 사용
	澱	앙금, 찌끼, 쪽, 막힐	17	水	金	水	金 火	양	小吉	선별 사용
	煎	마음 졸일, 애태울, 달리, 금박	13	火	火	火	金 火	양	小吉	선별 사용
	畑	화전, 밭	9	田	水	土	金 火	양	大吉	권장
	癲	미칠, 지랄병, 정신병	24	疒	火	水	金 火	음	不用	불가
	筌	통발, 올가미	12	竹	木	木	金 火	음	不用	불가
	箋	편지, 찌지, 글, 종이	14	竹	土	木	金 火	음	小吉	선별 사용
	箭	화살대, 화살, 도박기구	15	竹	土	木	金 火	양	小吉	선별 사용
	篆	사람 이름, 전자, 도장	15	竹	土	木	金 火	양	小吉	선별 사용
	纏	묶다, 얽힐, 묶일, 끌다	21	糸	木	木	金 火	양	不用	불가
	輾	돌아누울 전, 삐걱거릴 년	17	車	金	火	金 火	양	小吉	선별 사용 동자이음

자음	자	자의	획수	부수	획수 오행	자원 오행	주음 종음 오행	음양	자의 품격	비고
전	鈿	비녀	13	金	火	金	金 火	양	小吉	선별 사용
	鐫	새길	21	金	火	金	金 火	양	中吉	사용
	顫	떨릴, 놀랄	22	頁	木	水	金 火	음	小吉	선별 사용
	餞	전별할	17	食	金	水	金 火	양	小吉	선별 사용
절	節	마디, 절제할, 예절	15	竹	土	木	金 火	양	小吉	선별 사용
	絶	끊을, 뛰어날, 멀	12	糸	木	木	金 火	양	不用	불가
	切	바로잡을, 끊을, 정성스러울 절, 온통 체	4	刀	火	金	金 火	음	不用	불가 동자이음
	折	담판, 꺾을 절, 쪼갤 전, 천천히 할 제	8	手	金	木	金 火	음	不用	불가 동자이음
	竊	훔칠, 도둑	22	穴	木	水	金 火	음	不用	불가
	晢	밝을, 총명할 절, 별 반짝반짝할 제	11	日	木	火	金 火	양	小吉	선별 사용 동자이음
	截	끊을, 다스릴	14	戈	火	金	金 火	음	小吉	선별 사용
	浙	강 이름	11	水	木	水	金 火	양	中吉	사용
	癤	부스럼	20	疒	水	水	金 火	음	不用	불가
점	店	가게 점, 주막, 여관 정	8	广	金	木	金 水	음	小吉	선별 사용 동자이음
	占	조사할, 점칠, 점, 차지할	5	卜	土	火	金 水	양	不用	불가
	點	점좌할, 점, 셀, 지시할	17	黑	金	水	金 水	양	小吉	선별 사용
	点	點의 俗字	9	火	水	火	金 水	양	不用	불가
	漸	통할, 점점, 익힐 점, 험할 참	15	水	土	水	金 水	양	不用	불가 동자이음
	岾	땅 이름 점, 고개 재	8	山	金	土	金 水	음	小吉	선별 사용 동자이음
	粘	끈끈할, 식물 이름	11	米	木	木	金 水	양	小吉	선별 사용

자음	자	자의	획수	부수	획수 오행	자원 오행	주음 종음 오행	음양	자의 품격	비고
점	霑	젖을, 두루, 잠길	16	雨	金	水	金 水	음	小吉	선별 사용
	鮎	메기	16	魚	土	水	金 水	음	不用	불가
접	接	모을, 사귈, 교차할, 대접할	12	手	木	木	金 水	음	中吉	사용
	蝶	나비	15	虫	土	水	金 水	양	不用	불가
	摺	접을, 주름 접, 꺾을 랍	15	手	土	木	金 水	양	小吉	선별 사용 동자이음
정	丁	고무래, 장정, 넷째천간, 벌 목소리	2	一	木	火	金 土	음	中吉	사용
	頂	꼭대기, 정수리, 머리	11	頁	木	火	金 土	양	中吉	사용
	停	머무를, 정해질, 쉴	11	人	木	火	金 土	양	中吉	사용
	井	우물, 샘, 취락, 법	4	二	火	水	金 土	음	中吉	사용
	正	바를, 바로잡을, 정사, 우두머리	5	止	土	土	金 土	양	中吉	사용
	政	정사, 법규, 바르게 할	8	攴	金	金	金 土	음	中吉	사용
	定	정할, 반드시, 정해, 편안하게 할	8	宀	金	木	金 土	음	中吉	사용
	貞	곧을, 정조, 바를	9	貝	水	金	金 土	양	小吉	선별 사용
	精	진실, 깨끗할, 근본	14	米	火	木	金 土	음	中吉	사용
	情	뜻, 마음 속, 사랑, 본성	12	心	木	火	金 土	음	中吉	사용
	靜	고요할, 조용할, 맑을, 온화할	16	靑	土	木	金 土	음	中吉	사용
	静	靜의 俗字	14	青	火	木	金 土	음	中吉	사용
	淨	깨끗할, 맑을, 악역	12	水	木	水	金 土	음	中吉	사용
	庭	뜰, 조정, 집안, 법정	10	广	水	木	金 土	음	中吉	사용
	亭	정자, 여인숙, 바를, 집	9	亠	水	火	金 土	양	中吉	사용

자음	자	자의	획수	부수	획수 오행	자원 오행	주음 종음 오행	음양	자의 품격	비고
정	訂	부과할, 바로잡을, 고칠, 정할	9	言	水	金	金 土	양	中吉	사용
	廷	조정, 공정할, 법정	7	廴	金	木	金 土	양	大吉	권장
	程	한정, 헤아릴, 단위, 정도	12	禾	木	木	金 土	음	大吉	권장
	征	세 받을, 찾을, 칠, 바르게 갈	8	彳	金	火	金 土	음	中吉	사용
	整	정돈할, 가지런할, 꼭	16	攴	土	金	金 土	음	中吉	사용
	汀	물가, 수렁, 모래섬	6	水	土	水	金 土	음	中吉	사용
	玎	옥소리, 시호 정	7	玉	金	金	金 土	양	中吉	사용
	町	지적 단위, 밭두둑, 구역 정, 발자국 전	7	田	金	土	金 土	양	小吉	선별 사용 동자이음
	呈	드릴, 드러낼, 보일, 상쾌할	7	口	金	水	金 土	양	中吉	사용
	桯	탁자, 기둥, 걸상	11	木	木	木	金 土	양	中吉	사용
	珵	패옥, 노리개, 옥홀, 옥 이름	12	玉	木	金	金 土	음	中吉	사용
	姃	단정할, 음전할, 여자 이름	8	女	金	土	金 土	음	中吉	사용
	偵	정탐할, 염탐꾼, 엿볼, 물을	11	人	木	火	金 土	양	小吉	선별 사용
	湞	물 이름, 강 이름	13	水	火	水	金 土	양	中吉	사용
	幀	책싸개, 그림족자, 그림틀	12	巾	木	木	金 土	음	中吉	사용
	楨	광나무, 기둥, 근본	13	木	木	木	金 土	양	中吉	사용
	禎	상서, 행복, 바를	14	示	火	木	金 土	음	大吉	권장
	珽	옥 이름, 옥 홀	12	玉	木	金	金 土	음	中吉	사용
	挺	빼어날, 너그러울, 뽑을, 앞설	11	手	木	木	金 土	양	中吉	사용
	綎	띠술	13	糸	火	木	金 土	양	小吉	선별 사용

자음	자	자의	획수	부수	획수 오행	자원 오행	주음 종음 오행	음양	자의 품격	비고
정	鼎	곧을, 솥, 늘어질	13	鼎	火	火	金 土	양	小吉	선별 사용
	晶	맑을, 빛날, 수정, 밝을	12	日	木	火	金 土	음	小吉	선별 사용
	晸	해 뜨는 모양, 해뜰, 햇빛 붉을	12	日	木	火	金 土	음	中吉	사용
	柾	사람 이름 정, 관 구	9	木	水	木	金 土	양	小吉	선별 사용 동자이음
	鉦	징	13	金	火	金	金 土	양	小吉	선별 사용
	淀	얕은 물, 배댈	12	水	木	木	金 土	음	小吉	선별 사용
	錠	정재, 촛대, 신선로, 은하	16	金	土	金	金 土	음	小吉	선별 사용
	鋌	살촉, 쇳덩이, 탕금	15	金	土	金	金 土	양	小吉	선별 사용
	鄭	나라 이름, 겹칠	19	邑	水	土	金 土	양	中吉	사용
	靖	편안할, 고요할, 다스릴	13	靑	火	木	金 土	양	中吉	사용
	靚	단장할, 정숙할, 밝을	15	靑	土	木	金 土	양	中吉	사용
	鋥	칼을 갈, 칼날 세울	15	金	土	金	金 土	양	不用	불가
	炡	빛날, 불 번쩍거릴	9	火	水	火	金 土	양	大吉	권장
	釘	못, 창, 황금	10	金	水	金	金 土	음	小吉	선별 사용
	渟	물괼, 정지할, 물가	13	水	火	水	金 土	양	小吉	선별 사용
	婷	예쁠, 아리따울	12	女	木	土	金 土	음	中吉	사용
	涏	곧을, 샘물 정, 반질반질할 전	11	水	木	水	金 土	양	小吉	선별 사용 동자이음
	頲	예쁠, 아름다울, 머리통	17	頁	金	水	金 土	양	中吉	사용
	旌	기, 밝힐, 절, 나타낼	11	方	木	土	金 土	양	中吉	사용
	檉	위성류 정, 노송나무 한 가지 접	17	木	金	木	金 土	양	小吉	선별 사용 동자이음
	瀞	맑을, 깨끗할	20	水	水	水	金 土	양	中吉	사용

자음	자	자의	획수	부수	획수 오행	자원 오행	주음 종음 오행	음양	자의 품격	비고
정	睛	눈동자, 눈빛	13	目	火	木	金 土	양	小吉	선별 사용
	碇	닻, 배 멈출	13	石	火	金	金 土	양	小吉	선별 사용
	穽	함정, 허방다리	9	穴	水	水	金 土	양	不用	불가
	艇	거룻배, 작은 배	13	舟	火	木	金 土	양	小吉	선별 사용
	諪	조정할, 고를	16	言	土	金	金 土	양	小吉	선별 사용
	酊	술 취할	9	酉	水	金	金 土	양	不用	불가
	霆	세찰, 천둥소리, 번개, 떨	15	雨	土	水	金 土	양	不用	불가
	埩	다스릴 쟁·정	11	土	木	土	金 土	양	小吉	선별 사용 동자이음
	姘	조용할, 엄전할, 얌전할	7	女	金	土	金 土	양	中吉	사용
	彭	조촐하게 꾸밀, 청정할	11	靑	木	木	金 土	양	中吉	사용
	佂	황급할, 허둥지둥할	7	人	金	火	金 土	양	小吉	선별 사용
제	弟	아우, 동생, 제사, 공손할	7	弓	金	水	金	양	中吉	사용
	第	차례, 집, 등급	11	竹	木	木	金	양	中吉	사용
	祭	시킬, 제사, 헤어질 제, 나라 이름 채	11	示	木	木	金	양	不用	불가 동자이음
	帝	임금, 제왕, 클	9	巾	水	木	金	양	小吉	선별 사용
	題	표제, 이마, 제목, 표지	18	頁	金	火	金	음	小吉	선별 사용 동자이음
	除	나눌, 털, 계단 제, 사월 여	15	阜	土	土	金	양	小吉	선별 사용 동자이음
	諸	모든, 여러 제, 성 차, 두꺼비 저	16	言	土	金	金	음	小吉	선별 사용 동자이음
	製	지을, 마를, 옷, 만들	14	衣	火	木	金	음	小吉	선별 사용
	提	내놓을, 끌, 도울 제, 떼지어 날 시	13	手	火	木	金	양	小吉	선별 사용 동자이음

자음	자	자의	획수	부수	획수 오행	자원 오행	주음 종음 오행	음양	자의 품격	비고
제	堤	막을, 방죽, 둑, 실급	12	土	木	土	金	음	中吉	사용
	制	절제할, 금할, 만들, 억제할	8	刀	金	金	金	음	中吉	사용
	際	만날, 어울릴, 사이, 이어질	19	阜	水	土	金	양	中吉	사용
	齊	나눌, 가지런할, 삼갈 제, 옷자락 자, 재촉 재	14	齊	火	土	金	음	小吉	선별 사용 동자이음
	濟	건널, 구제할, 나루	18	水	金	水	金	음	小吉	선별 사용
	悌	공경할, 부드러울, 화락할	11	心	木	火	金	양	中吉	사용
	梯	사닥다리, 층계, 의지할	11	木	木	木	金	양	中吉	사용
	瑅	제당, 옥 이름	14	玉	火	金	金	음	中吉	사용
	劑	잘라낼, 약 지을, 가지런할 제, 엄쪽 자	16	刀	土	金	金	음	小吉	선별 사용 동자이음
	啼	울, 울부짖을, 소리내어 울	12	口	木	水	金	음	不用	불가
	臍	볼록할, 배꼽	20	肉	水	水	金	음	不用	불가
	薺	악장 이름 제, 냉이 체, 남가새 자	20	艸	水	木	金	음	小吉	선별 사용 동자이음
	蹄	올가미, 올무, 밟을, 굽을	16	足	土	土	金	음	不用	불가
	醍	정순한 우락, 맑은 술	16	酉	土	金	金	음	中吉	사용
	霽	그칠, 날씨 갤, 사라질	22	雨	火	水	金	음	不用	불가
조	兆	수의 단위, 조짐, 점괘, 백성	6	儿	土	火	金	음	中吉	사용
	早	새벽, 이를, 일찍	6	日	土	火	金	음	大吉	권장
	造	지을, 이룰, 만들, 꾸밀	14	辵	火	土	金	음	中吉	사용
	鳥	새, 봉황 조, 땅 이름 락, 섬 도	11	鳥	木	火	金	양	不用	불가 동자이음
	調	적합할, 고를, 가락 조, 아침 주	15	言	土	金	金	양	小吉	선별 사용 동자이음

자음	자	자의	획수	부수	획수 오행	자원 오행	주음 종음 오행	음양	자의 품격	비고
조	朝	해동할, 아침, 조정 조, 고을 이름 주	12	月	木	水	金	음	小吉	선별 사용 동자이음
	助	도울, 유익할, 구원할	7	力	金	土	金	양	中吉	사용
	弔	조상할, 위문할 조, 이를 적	4	弓	火	土	金	음	不用	불가 동자이음
	燥	마를, 말릴, 마른 것	17	火	金	火	金	양	中吉	사용
	操	잡을, 움켜쥘, 풍치, 곡조	17	手	金	木	金	양	中吉	사용
	照	비칠, 빛날, 대조할, 햇빛	13	火	火	火	金	양	中吉	사용
	條	곧을, 조리 조, 씻을 척	11	木	木	木	金	양	小吉	선별 사용 동자이음
	潮	조수, 썰물, 흐름	16	水	土	水	金	음	中吉	사용
	租	구실, 쌓을, 비롯할 조, 쌀 저	10	禾	水	木	金	음	中吉	사용 동자이음
	組	끈, 짤, 풀 이름	11	糸	木	木	金	양	中吉	사용
	祖	할아비, 근본, 조상	10	示	水	金	金	음	小吉	선별 사용
	彫	새길, 꾸밀, 시들	11	彡	木	火	金	양	不用	불가
	措	둘, 베풀 조, 잡을 책, 섞을 착	12	手	木	木	金	음	小吉	선별 사용 동자이음
	晁	朝의 古字, 아침, 땅 이름	10	日	水	火	金	음	中吉	사용
	窕	정숙할, 깊을, 안존할 조, 예쁠 요	11	穴	木	水	金	양	小吉	선별 사용 동자이음
	祚	복, 천자의 자리, 갚을	10	示	水	金	金	음	中吉	사용
	趙	조나라, 느릴, 민첩할	14	走	火	火	金	음	中吉	사용
	肇	칠, 공격할, 시작할, 바를	14	聿	火	火	金	음	小吉	선별 사용
	詔	조서, 도울 조, 소개 소	12	言	木	金	金	음	小吉	선별 사용 동자이음
	釣	낚시, 낚을, 구할, 탐낼	11	金	木	金	金	양	小吉	선별 사용

자음	자	자의	획수	부수	획수 오행	자원 오행	주음 종음 오행	음양	자의 품격	비고
조	曹	마을, 무리, 관청	11	日	木	土	金	양	中吉	사용
	遭	만날, 상봉할, 마주칠, 빙 돌	18	辵	金	土	金	음	中吉	사용
	眺	바라볼, 살필, 주의할	11	目	木	木	金	양	中吉	선별 사용
	俎	적대, 도마, 제기, 높은 대	9	人	水	火	金	양	小吉	선별 사용
	凋	시들, 슬퍼할, 새길, 아파할	10	冫	水	水	金	음	不用	불가
	嘲	비웃을, 조롱할, 지저귈	15	口	土	水	金	양	不用	불가
	曺	마을, 관청, 성	10	曰	水	火	金	음	中吉	사용
	棗	대추나무, 대추, 빨강	12	木	木	木	金	음	小吉	선별 사용
	槽	구유, 나무통, 홈통, 절구	15	木	土	木	金	양	中吉	사용
	漕	수레, 홈통, 땅 이름, 배	15	水	土	水	金	양	中吉	사용
	爪	손톱, 메뚜기, 할퀼, 도울	4	爪	火	木	金	음	不用	불가
	璪	면류관 드림 옥, 옥에 새긴 무늬 조	18	玉	金	金	金	음	中吉	사용 동자이음
	稠	빽빽할, 고를, 움직일	13	禾	火	木	金	양	中吉	사용
	粗	거칠, 쓿지 않은 쌀, 클, 대강	11	米	木	木	金	양	中吉	사용
	糟	전국, 거르지 않은 술, 지게미, 성	17	米	金	木	金	양	中吉	사용
	繰	무늬, 야청빛, 문채 조, 고치켤 소	19	糸	水	木	金	양	小吉	선별 사용 동자이음
	藻	말, 무늬, 채색, 장식할	22	艸	木	木	金	음	中吉	사용
	蚤	벼룩, 일찍이, 손톱	10	虫	水	水	金	음	不用	불가
	躁	성급할, 조급할, 시끄러울, 빠를	20	足	水	土	金	음	不用	불가
	阻	험할, 걱정할, 걸을, 괴로울	13	阜	火	土	金	양	不用	불가

자음	자	자의	획수	부수	획수 오행	자원 오행	주음 종음 오행	음양	자의 품격	비고
조	雕	독수리, 새길, 시들	16	隹	土	火	金	음	不用	불가
족	足	밟을, 발, 이룰 족, 지날 주	7	足	金	土	金 木	양	小吉	선별 사용 동자이음
	族	모일, 겨레, 일가 족, 풍류가락 주	11	方	木	木	金 木	양	小吉	선별 사용 동자이음
	簇	조릿대, 모일 족, 화살촉 착	17	竹	金	木	金 木	양	小吉	선별 사용 동자이음
	鏃	화살 촉·족, 날카로울	19	金	水	金	金 木	양	小吉	선별 사용 동자이음
존	存	있을, 보전할, 살필, 물을	6	子	土	水	金 火	음	中吉	사용
	尊	관리, 높을, 공영할 존, 술그릇 준	12	寸	木	木	金 火	음	小吉	선별 사용 동자이음
졸	卒	하인, 군사, 마칠 졸, 버금 쉬	8	十	金	金	金 火	음	小吉	선별 사용 동자이음
	拙	못생긴, 서투를, 못날, 어리석을	9	手	水	木	金 火	양	小吉	선별 사용
	猝	갑자기, 빠를, 급히 지르는 소리	11	犬	木	土	金 火	양	不用	불가
종	宗	마루, 근원, 높을, 으뜸	8	宀	金	木	金 土	음	中吉	사용
	種	씨, 혈통, 심을, 무리	14	禾	火	木	金 土	음	中吉	사용
	鐘	쇠북, 종, 시계	20	金	水	金	金 土	음	中吉	사용
	終	마지막, 다할, 마칠, 죽을	11	糸	木	木	金 土	양	小吉	선별 사용
	從	모일, 좇을, 모실 종, 높고 클 총	11	彳	木	火	金 土	양	小吉	선별 사용 동자이음
	縱	놓아질, 늘어질 종, 바쁠, 세로 총	17	糸	金	木	金 土	양	小吉	선별 사용 동자이음
	悰	즐길, 즐거울, 생각	12	心	木	火	金 土	음	中吉	사용
	琮	패옥소리, 서옥 이름	13	玉	火	金	金 土	양	中吉	사용

자음	자	자의	획수	부수	획수 오행	자원 오행	주음 종음 오행	음양	자의 품격	비고
종	淙	물소리, 물댈	12	水	木	水	金 土	음	中吉	사용
	棕	종려나무	12	木	木	木	金 土	음	中吉	사용
	倧	한배, 신인, 배검	10	人	水	火	金 土	음	中吉	사용
	綜	모을, 잉아, 통할	14	糸	火	木	金 土	음	大吉	권장
	琮	패옥소리, 패옥 흔들릴	16	玉	土	金	金 土	음	中吉	사용
	鍾	모일, 쇠북, 시계, 종, 술병	17	金	金	金	金 土	양	中吉	사용
	慫	권할, 놀랄, 두려워할	15	心	土	火	金 土	양	小吉	선별 사용
	腫	부스럼, 혹, 부종, 붓다	15	肉	土	水	金 土	양	不用	불가
	踵	발꿈치, 쫓을, 계승할, 거듭, 자주	16	足	土	土	金 土	음	不用	불가
	踪	자취, 발자취, 형적	15	足	土	土	金 土	양	中吉	사용
	柊	나무 이름, 매	9	木	水	木	金 土	양	中吉	사용
	椶	종려나무	13	木	火	木	金 土	양	中吉	사용
좌	左	도울, 왼, 왼쪽, 증거	5	工	土	火	金	양	中吉	사용
	坐	앉을, 무릎 꿇을, 연좌	7	土	金	土	金	양	小吉	선별 사용
	佐	도울, 보좌관, 버금, 다스릴	7	人	金	火	金	양	大吉	권장
	座	지위, 자리, 별자리	10	广	水	木	金	음	中吉	사용
	挫	꺾을, 결박할, 문지를, 무너질	11	手	木	木	金	양	小吉	선별 사용
죄	罪	허물, 죄, 형벌	14	网	火	木	金	음	不用	불가
주	主	주인, 임금, 우두머리	5	丶	土	木	金	양	大吉	권장
	注	물 댈, 따를, 벼 이름, 뜯을	9	水	水	水	金	양	大吉	권장
	住	머무를, 거처할, 살, 세울	7	人	金	火	金	양	中吉	사용

자음	자	자의	획수	부수	획수 오행	자원 오행	주음 종음 오행	음양	자의 품격	비고
주	朱	붉을, 나무 이름, 연지	6	木	土	木	金	음	中吉	사용
	宙	무한한 시간, 집, 하늘, 동량	8	宀	金	木	金	음	中吉	사용
	走	달릴, 달아날, 갈	7	走	金	火	金	양	不用	불가
	酒	현주, 술, 냉수, 잔치	11	水	木	水	金	양	不用	불가
	晝	낮, 땅 이름, 성	11	日	木	火	金	양	中吉	사용
	舟	배, 실을, 쟁반	6	舟	土	木	金	음	中吉	사용
	周	두루, 구할, 합당할, 친할	8	口	金	水	金	음	大吉	권장
	株	뿌리, 그루, 주식	10	木	水	木	金	음	中吉	사용
	州	모래톱, 고을, 섬, 모여 살	6	巛	土	水	金	음	中吉	사용
	洲	섬, 물가, 대륙	10	水	水	水	金	음	中吉	사용
	柱	기둥, 버틸, 즐길	9	木	水	木	金	양	中吉	사용
	奏	아뢸, 상소, 연주할, 모일	9	大	水	木	金	양	小吉	선별 사용
	珠	구슬, 진주, 붉을	11	玉	木	金	金	양	大吉	권장
	鑄	쇠 부어 만들, 인재를 양성할	22	金	木	金	金	음	小吉	선별 사용
	胄	맏아들, 핏줄, 혈통	11	肉	木	水	金	양	不用	불가
	湊	물 모일, 항구, 향할	13	水	火	水	金	양	中吉	사용
	炷	향 피울, 심지, 사를	9	火	水	火	金	양	中吉	사용
	註	주낼, 기록할, 글뜻 풀	12	言	木	金	金	음	中吉	사용
	疇	밭두둑, 경계, 무리, 돈을	19	田	水	土	金	양	小吉	선별 사용
	週	돌, 주일	15	辵	土	土	金	양	中吉	사용
	遒	굳셀, 다가설, 모일, 끝날	16	辵	土	土	金	음	中吉	사용

자음	자	자의	획수	부수	획수 오행	자원 오행	주음 종음 오행	음양	자의 품격	비고
주	遒	遒의 俗字	14	辵	火	土	金	음	中吉	사용
	駐	머물게 할, 머무를	15	馬	土	火	金	양	中吉	사용
	姓	예쁠, 사람 이름, 좋은 모양	8	女	金	土	金	음	大吉	권장
	澍	단비, 젖을, 물 쏟을	16	水	土	水	金	음	中吉	사용
	姝	예쁠, 연약할, 순종할	9	女	水	土	金	양	中吉	사용
	侏	난쟁이, 광대, 속일, 동자 기둥	8	人	金	火	金	음	不用	불가
	做	지을, 만들	11	人	木	火	金	양	中吉	사용
	呪	빌, 저주, 다라니, 주술	8	口	金	水	金	음	不用	불가
	嗾	부추길 주·술·촉, 선동할	15	口	土	水	金	양	不用	불가 동자이음
	廚	부엌, 주방, 상자, 음식	15	广	土	木	金	양	不用	불가
	籌	투호살, 사가지, 계책, 일	20	竹	水	木	金	음	不用	불가
	紂	껑거리끈, 주 임금	9	糸	水	木	金	양	小吉	선별 사용
	紬	명주, 실 뽑을, 업, 실마리	11	糸	木	木	金	양	中吉	사용
	綢	얽힐, 견직물 주, 쌀 도	14	糸	火	木	金	음	小吉	선별 사용 동자이음
	蛛	거미	12	虫	木	水	金	음	不用	불가
	誅	꾸짖을, 벨, 칠, 다스릴	13	言	火	金	金	양	小吉	선별 사용
	躊	머뭇거릴, 주절할, 조용한 모양	21	足	木	土	金	양	小吉	선별 사용
	輳	모일, 한 곳으로 모일	16	車	土	火	金	음	中吉	사용
	酎	진한 술, 술 빚을, 바칠	10	酉	水	金	金	음	小吉	선별 사용
	燽	밝을, 드러날, 현저할	18	火	金	火	金	음	中吉	사용
	鉒	쇳돌	13	金	火	金	金	양	中吉	사용

자음	자	자의	획수	부수	획수 오행	자원 오행	주음 종음 오행	음양	자의 품격	비고
주	拄	떠받칠	8	手	金	木	金	음	中吉	사용
	晭	밝을	13	白	火	金	金	양	大吉	권장
죽	竹	대, 피리, 죽간	6	竹	土	木	金 木	음	小吉	선별 사용
	粥	죽 죽, 팔 육, 된죽 미	12	米	木	木	金 木	음	不用	불가 동자이음
준	準	본받을, 법도, 평평할, 헤아릴	14	水	火	水	金 火	음	中吉	사용
	俊	준걸, 뛰어날, 높을, 클	9	人	水	火	金 火	양	中吉	사용
	遵	좇을, 순종할, 거느릴	19	辵	水	土	金 火	양	中吉	사용
	峻	높을, 높고 클, 훌륭할, 성장하다	10	山	水	土	金 火	음	中吉	사용
	浚	깊을, 취할, 클	11	水	木	水	金 火	양	大吉	권장
	晙	일찍, 밝을, 이를	11	日	木	火	金 火	양	大吉	권장
	埈	서두를, 가파를, 높을, 험하다	10	土	水	土	金 火	음	中吉	사용
	焌	태울 준, 불 꺼질 출	11	火	木	火	金 火	양	小吉	선별 사용 동자이음
	竣	마칠 준·전, 끝낼, 고칠	12	立	木	土	金 火	음	中吉	사용 동자이음
	畯	농부, 권농관, 준걸	12	田	木	土	金 火	음	中吉	사용
	駿	준마, 뛰어날, 굳셀	17	馬	金	火	金 火	양	中吉	사용
	准	승인할, 견줄, 따를	10	冫	水	水	金 火	음	中吉	사용
	濬	깊을, 개천을 칠, 심오할 준	18	水	金	水	金 火	음	中吉	사용 동자이음
	雋	새살 찔 전, 우수할 준, 땅 이름 취	13	隹	火	火	金 火	양	小吉	선별 사용 동자이음
	儁	준걸, 훌륭할, 영특할	15	人	土	火	金 火	양	中吉	사용

자음	자	자의	획수	부수	획수 오행	자원 오행	주음 종음 오행		음양	자의 품격	비고
준	埻	과녁, 살받이 터, 법	11	土	木	土	金	火	양	中吉	사용
	隼	새매, 맹금	10	隹	水	火	金	火	양	不用	불가
	寯	모을, 뛰어날	16	宀	土	木	金	火	음	中吉	사용
	樽	그칠, 술통, 그만둘	16	木	土	木	金	火	음	不用	불가
	蠢	어리석을, 꿈틀거릴, 불손할	21	虫	木	水	金	火	양	不用	불가
	逡	토끼, 뒷걸음질 칠, 빠를	14	辵	火	土	金	火	양	中吉	사용
	純	가선 준, 생사 순, 묶을 돈, 비단 치	10	糸	水	木	金	火	음	小吉	선별 사용 동자이음
	葰	큰 준, 생강 유, 고을 이름 사	13	艸	火	木	金	火	양	小吉	선별 사용 동자이음
	竴	기쁠	17	立	金	金	金	火	양	中吉	사용
줄	茁	풀 모양, 성할 줄, 싹줄·절, 싹틀 촬	11	艸	木	木	金	火	양	小吉	선별 사용 동자이음
중	中	맞을, 가운데, 안쪽, 바를	4	丨	火	土	金	土	음	大吉	권장
	重	젖, 거듭, 무거울 중, 아이 동	9	里	水	土	金	土	양	小吉	선별 사용 동자이음
	衆	무리, 많을, 백성	12	血	木	水	金	土	음	中吉	사용
	仲	버금, 다음, 가운데, 거간	6	人	土	火	金	土	음	中吉	사용
즉	卽	곧, 가까울, 만약, 나아갈	9	卩	水	水	金	木	양	小吉	선별 사용
	即	卽의 俗字	7	卩	金	水	金	木	양	小吉	선별 사용
즐	櫛	빗, 빗질, 즐비할, 늘어설	19	木	水	木	金	火	양	小吉	선별 사용
즙	汁	즙 즙, 화협할 협, 그릇 집, 이름 섭	6	水	土	水	金	水	음	小吉	선별 사용 동자이음
	楫	노 중, 모을 즙, 노 집	13	木	火	木	金	水	양	小吉	선별 사용 동자이음

자음	자	자의	획수	부수	획수 오행	자원 오행	주음 종음 오행	음양	자의 품격	비고
즙	葺	기울일 집, 겹칠, 기울, 수리할 즙	15	艸	土	木	金 水	양	小吉	선별 사용 동자이음
증	曾	일찍, 곧, 높을	12	日	木	火	金 土	음	中吉	사용
	增	더할, 많을, 넉넉할	15	土	土	土	金 土	양	中吉	사용
	證	증거, 증명할, 알릴	19	言	水	金	金 土	양	小吉	선별 사용
	憎	미워할, 미움, 증오할	16	心	土	火	金 土	음	不用	불가
	贈	줄, 보탤, 더할, 선물	19	貝	水	金	金 土	양	中吉	사용
	症	병세, 병증, 증세	10	疒	水	火	金 土	음	不用	불가
	蒸	찔, 더울, 무리	16	艸	土	木	金 土	음	小吉	선별 사용
	烝	김 오를, 찔, 무리	10	火	水	火	金 土	음	小吉	선별 사용
	甑	시루, 고리, 약초 이름	17	瓦	金	土	金 土	양	不用	불가
	拯	건질, 구조할	10	手	水	木	金 土	음	小吉	선별 사용
	繒	주살, 비단, 명주, 울퉁불퉁	18	糸	金	木	金 土	음	小吉	선별 사용
지	只	다만, 어조사, 짧은 거리	5	口	土	水	金	양	小吉	선별 사용
	支	가지, 지탱할, 헤아릴	4	支	火	土	金	음	中吉	사용
	枝	가지, 버틸, 나누어질	8	木	金	木	金	음	中吉	사용
	止	말, 그칠, 기다릴	4	止	火	土	金	음	小吉	사용
	之	갈, 이를, 쓸	4	丿	火	土	金	음	不用	불가
	知	슬기, 알, 깨달을, 분별할	8	矢	金	土	金	음	中吉	사용
	地	땅, 바탕, 지위	6	土	土	土	金	음	中吉	사용
	指	손가락, 가리킬, 아름다울	10	手	水	木	金	음	小吉	선별 사용
	志	뜻, 마음, 의로울, 알	7	心	金	火	金	양	大吉	권장
	至	많을, 이를, 지극할 지, 모양 질	6	至	土	土	金	음	小吉	선별 사용 동자이음

자음	자	자의	획수	부수	획수 오행	자원 오행	주음 종음 오행	음양	자의 품격	비고
지	紙	종이, 편지, 장	10	糸	水	木	金	음	中吉	사용
	持	가질, 잡을, 도울	10	手	水	木	金	음	中吉	사용
	池	못, 연못, 해자, 물길	7	水	金	水	金	양	中吉	사용
	誌	기록할, 기억할, 묘지	14	金	火	金	金	음	中吉	사용
	智	슬기, 밝을, 알	12	日	木	火	金	음	中吉	사용
	遲	늦을, 더딜, 기다릴	19	辵	水	土	金	양	小吉	선별 사용
	旨	맛있을, 아름다울, 뜻	6	日	土	火	金	음	中吉	사용
	沚	물가, 조그마한 섬	8	水	金	水	金	음	中吉	사용
	址	터, 토대, 자리	7	土	金	土	金	양	中吉	사용
	祉	복, 행복	9	示	水	木	金	양	大吉	권장
	趾	발, 발꿈치, 터, 발가락	11	足	木	土	金	양	不用	불가
	祗	공경할, 삼갈, 조사	10	示	水	金	金	음	大吉	권장
	芝	지초, 버섯, 일산	10	艸	水	木	金	음	中吉	사용
	摯	잡을, 극진할, 이를	15	木	土	木	金	양	中吉	사용
	鋕	새길, 명심할	15	金	土	金	金	양	大吉	권장
	脂	영화, 기름, 비계, 손가락 새길	12	肉	木	水	金	음	不用	불가
	咫	길이, 젖을	9	口	水	水	金	양	小吉	선별 사용
	枳	탱자나무, 가지	9	木	水	木	金	양	中吉	사용
	漬	담글, 적실, 스며들, 물들일	15	水	土	水	金	양	小吉	선별 사용
	肢	사지, 찌뿌드드할	10	肉	水	水	金	음	不用	불가
	砥	같을, 검은 돌, 숫돌, 평평할	10	石	水	木	金	음	中吉	사용
	芷	구리때, 향기풀 뿌리	10	艸	水	木	金	음	中吉	사용

자음	자	자의	획수	부수	획수 오행	자원 오행	주음 종음 오행	음양	자의 품격	비고
지	蜘	거미	14	虫	火	水	金	음	不用	불가
	識	표할 지, 인정할 식, 기치	19	言	金	金	金	양	小吉	선별 사용 동자이음
	贄	폐백 지, 움직이지 않을 얼	18	貝	金	金	金	음	小吉	선별 사용 동자이음
	洔	섬	10	水	水	水	金	양	中吉	사용
	厎	숫돌, 이를	7	厂	金	水	金	양	小吉	선별 사용
직	直	곧을, 바를, 모실	8	目	金	木	金 木	음	中吉	사용
	職	직분, 맡을, 벼슬 직, 기치, 말뚝 특·익	18	耳	金	火	金 木	음	小吉	선별 사용 동자이음
	織	고운 모시, 짤, 조직할 직, 기치 지	18	糸	金	木	金 木	음	小吉	선별 사용 동자이음
	稙	올벼, 이를	13	禾	火	木	金 木	양	中吉	사용
	稷	농관, 기장, 빠를 직, 오곡 신	15	禾	土	木	金 木	양	中吉	사용 동자이음
진	辰	별 이름, 다섯째 지지, 지지	7	辰	金	土	金 火	양	小吉	선별 사용
	眞	참, 진실할, 도, 바를 진	10	目	水	木	金 火	음	小吉	선별 사용
	真	眞의 俗字	10	目	水	木	金 火	음	中吉	사용
	進	추천할, 나아갈, 오를, 이길	15	辵	土	土	金 火	양	中吉	사용
	盡	다할, 마칠, 정성	14	皿	火	金	金 火	음	中吉	사용
	振	떨칠, 떨쳐 일어날, 진동할, 구휼할	11	手	木	木	金 火	양	大吉	권장
	鎭	누를, 진압할, 항상 진, 메울 전	18	金	金	金	金 火	음	小吉	선별 사용 동자이음
	陣	진칠, 진영, 항상	15	阜	土	土	金 火	양	中吉	사용
	陳	베풀, 늘어놓을, 묵을	16	阜	土	土	金 火	음	中吉	사용
	珍	보배, 진귀할, 맛 좋은 음식	10	玉	水	金	金 火	음	小吉	선별 사용

자음	자	자의	획수	부수	획수 오행	자원 오행	주음 종음 오행	음양	자의 품격	비고
진	震	구할, 우뢰, 천둥 진, 애밸 신	15	雨	土	水	金 火	양	小吉	선별 사용 동자이음
	晉	나아갈, 억제할, 진나라, 조심할	10	日	水	火	金 火	음	中吉	사용
	晋	晉의 俗字	10	日	水	火	金 火	음	中吉	사용
	璡	아름다운 돌	15	玉	土	金	金 火	양	中吉	사용
	瑨	璡의 俗字	15	玉	土	金	金 火	양	中吉	사용
	瑱	아름다울, 귀막이 옥, 옥 이름	15	玉	土	金	金 火	양	中吉	사용
	津	나루, 언덕, 윤택할	10	水	水	水	金 火	음	中吉	사용
	璡	옥돌, 사람 이름	17	玉	金	金	金 火	양	中吉	사용
	秦	진나라, 진벼, 나라 이름	10	禾	水	木	金 火	음	中吉	사용
	軫	수레, 기러기발, 길, 구름	12	車	木	火	金 火	음	中吉	사용
	塵	먼지, 더러울, 티끌, 속세	14	土	火	土	金 火	음	不用	불가
	禛	복 받을	15	示	土	木	金 火	양	中吉	사용
	診	볼, 진찰할, 고할	12	言	木	金	金 火	음	小吉	선별 사용
	縝	삼실, 촘촘할, 맺을	16	糸	土	木	金 火	음	小吉	선별 사용
	塡	누를, 진정할, 평정할, 다할	13	土	火	土	金 火	양	中吉	사용
	賑	규휼할, 넉넉할, 줄	14	貝	火	金	金 火	음	中吉	사용
	溱	성할, 많을, 퍼질	14	水	火	水	金 火	음	中吉	사용
	抮	잡을, 되돌릴, 고착될	9	手	水	木	金 火	양	小吉	선별 사용
	唇	놀랄, 놀라서 지르는 소리	10	口	水	水	金 火	음	小吉	선별 사용
	嗔	성낼 진, 기분상할 전	13	口	火	水	金 火	양	小吉	선별 사용 동자이음
	搢	꽂을 진, 흔들 장	14	手	火	木	金 火	음	小吉	선별 사용 동자이음

자음	자	자의	획수	부수	획수 오행	자원 오행	주음 종음 오행	음양	자의 품격	비고
진	桭	평고대, 대청, 공간	11	木	木	木	金 火	양	中吉	사용
	榛	덤불, 개암나무, 우거질	14	木	火	木	金 火	음	小吉	선별 사용
	殄	끊을, 다할, 죽을, 훌륭할	9	歹	水	水	金 火	양	小吉	선별 사용
	疹	홍역, 두창, 열병	10	疒	水	水	金 火	음	不用	불가
	畛	아뢸, 두렁길, 경계	10	田	水	土	金 火	음	小吉	선별 사용
	瞋	부릅뜰, 성낼	15	目	土	木	金 火	양	不用	불가
	縉	꽂을, 분홍빛, 붉은 비단	16	糸	土	木	金 火	음	中吉	사용
	臻	이를 진·전, 미칠, 모일	16	至	土	土	金 火	음	小吉	선별 사용 동자이음
	蔯	더위질, 사철쑥	17	艸	金	木	金 火	양	不用	불가
	袗	아름다운 옷, 홑옷, 검은 옷	11	衣	木	木	金 火	양	小吉	선별 사용
	鉁	성, 보배, 진귀할, 맛 좋은 음식	13	金	火	金	金 火	양	小吉	선별 사용
	臸	밝을	11	臣	木	火	金 火	양	中吉	사용
	蓁	무성할, 우거질, 많을	16	艸	火	木	金 火	양	中吉	사용
	昣	밝을	9	日	水	火	金 火	양	中吉	사용
질	質	품성, 바탕, 진실 질, 폐백 지	15	貝	土	金	金 火	양	小吉	선별 사용 동자이음
	秩	차례, 쌓아올릴, 녹봉, 정돈할	10	禾	水	木	金 火	음	中吉	사용
	疾	병, 근심할, 싸울, 원망할	10	疒	水	水	金 火	음	不用	불가
	姪	조카, 처질, 늙은이, 조카딸	9	女	水	土	金 火	양	小吉	선별 사용
	瓆	사람 이름	20	玉	水	金	金 火	음	中吉	사용
	侄	단단할, 어리석을, 조카	8	人	金	火	金 火	음	中吉	사용
	叱	꾸짖을, 욕할, 책망할	5	口	土	水	金 火	양	不用	불가

자음	자	자의	획수	부수	획수 오행	자원 오행	주음 종음 오행	음양	자의 품격	비고
질	嫉	시기할, 미워할, 시새움	13	女	火	土	金 火	양	不用	불가
	帙	책, 책갑질	8	巾	金	木	金 火	음	中吉	사용
	桎	속박할, 막힐	10	木	水	木	金 火	음	不用	불가
	窒	막을, 찰	11	穴	木	水	金 火	양	小吉	선별 사용
	膣	새 살 돋을, 음문	17	肉	金	水	金 火	양	不用	불가
	蛭	거머리	12	虫	木	水	金 火	음	不用	불가
	跌	넘어질	12	足	木	土	金 火	음	不用	불가
	迭	지나칠	12	辵	木	土	金 火	음	小吉	선별 사용
짐	斟	술 따를	13	斗	火	火	金 水	양	不用	불가
	朕	나	10	月	水	水	金 水	음	不用	불가
집	集	모일, 이를	12	隹	木	火	金 水	음	中吉	사용
	執	맺을, 잡을, 지킬, 고집할	11	土	木	土	金 水	양	小吉	선별 사용
	什	일용품, 물건, 열 사람, 세간, 가구	4	人	火	火	金 水	음	中吉	사용
	潗	샘솟을, 물 끓을	16	水	土	水	金 水	음	小吉	선별 사용
	滐	潗과 同字	16	水	土	水	金 水	음	小吉	선별 사용
	輯	화목할, 모일, 합칠	16	車	土	火	金 水	음	中吉	사용
	楫	노 집·즙, 모을 집	13	木	火	木	金 水	양	中吉	사용 동자이음
	鏶	금속판, 쇠 조각, 판금	20	金	水	金	金 水	음	小吉	선별 사용
	緝	낳을, 모을	15	糸	土	木	金 水	양	中吉	사용
징	徵	증거할, 부를, 조짐 징, 음률 이름 치	15	彳	土	火	金 水	양	小吉	선별 사용 동자이음
	懲	혼날, 징계할, 그칠	19	心	水	火	金 水	양	小吉	선별 사용

자음	자	자의	획수	부수	획수 오행	자원 오행	주음 종음 오행	음양	자의 품격	비고
징	澄	맑을, 맑게 할	16	水	土	水	金 水	음	中吉	사용
차	且	장차 자, 또, 만일 차, 도마 저	5	一	土	木	金	양	小吉	선별 사용 동자이음
	次	버금, 다음, 차례, 근처	6	欠	土	火	金	음	中吉	사용
	此	이, 이에	6	止	土	土	金	음	小吉	선별 사용
	借	빌릴, 도울, 가령	10	人	水	火	金	음	小吉	선별 사용
	差	다를, 조금 차, 어긋날, 치, 버금 새	10	工	水	火	金	음	小吉	선별 사용 동자이음
	車	수레 거·차, 도르래	7	車	金	火	金	양	中吉	사용 동자이음
	叉	작살, 깍지낄, 양갈래 차, 비녀 채	3	又	火	水	金	양	小吉	선별 사용 동자이음
	瑳	갈, 깨끗할, 귀엽게 웃을	15	玉	土	金	金	양	中吉	사용
	侘	의욕 잃을, 뽐낼, 실의할	8	人	水	火	金	음	小吉	선별 사용
	嗟	탄식할, 감탄할, 발어사	13	口	火	水	金	양	小吉	선별 사용
	嵯	우뚝 솟을 차, 울쑥불쑥할 치	13	山	火	土	金	양	小吉	선별 사용 동자이음
	磋	갈	15	石	土	金	金	양	小吉	선별 사용
	箚	공문서, 찌를, 상소문	14	竹	火	木	金	음	小吉	선별 사용
	茶	차 차·다	12	竹	木	木	金	음	小吉	선별 사용 동자이음
	蹉	넘어질, 실패할, 어긋날	17	足	金	土	金	양	小吉	선별 사용
	遮	가질, 덮을 차, 이 자	18	辵	金	土	金	음	小吉	선별 사용 동자이음
	硨	조개 이름 차, 조개 이름 거	12	石	木	金	金	음	不用	불가 동자이음
	奲	관대할 차, 풍부한 모양 타	24	大	火	木	金	음	小吉	선별 사용 동자이음

자음	자	자의	획수	부수	획수 오행	자원 오행	주음 종음 오행	음양	자의 품격	비고
차	姹	자랑할, 예쁜 여자, 자만할	9	女	水	土	金	양	中吉	사용
착	着	붙을, 부딪칠, 입을, 머리에 부딪칠	12	目	木	木	金 木	음	小吉	선별 사용
	錯	잘못할, 어긋날, 섞일 착, 둘 조	16	金	土	金	金 木	음	小吉	선별 사용 동자이음
	捉	잡을, 사로잡을, 붙잡을	11	手	木	木	金 木	양	不用	불가
	搾	짜낼	14	手	火	木	金 木	음	小吉	선별 사용
	窄	좁을, 닥칠	10	穴	水	水	金 木	음	小吉	선별 사용
	鑿	뚫을 착, 새길 족, 구멍 조	28	金	金	金	金 木	음	小吉	선별 사용 동자이음
	齪	악착할	22	齒	木	金	金 木	음	不用	불가
찬	贊	도울, 밝힐, 찬성할,	19	貝	水	金	金 火	양	中吉	사용
	賛	贊의 俗字	15	貝	土	金	金 火	양	中吉	사용
	讚	밝을, 도울, 가릴, 기록할	26	言	木	金	金 火	음	中吉	사용
	讃	讚의 俗字	22	言	木	金	金 火	음	中吉	사용
	撰	헤아릴, 지을, 만들 찬, 가릴 선	16	手	土	木	金 火	음	小吉	선별 사용 동자이음
	纂	모을, 무늬, 이를	20	糸	水	木	金 火	음	小吉	선별 사용
	粲	선명할, 깨끗할, 흰쌀, 음식	13	米	火	木	金 火	양	中吉	사용
	澯	물 맑을, 물 출렁거릴	17	水	金	水	金 火	양	中吉	사용
	燦	빛날, 찬란할	17	火	金	火	金 火	양	中吉	사용
	璨	옥빛, 찬란할, 사물의 미칭	18	玉	金	金	金 火	음	中吉	사용
	瓚	옥잔, 큰 홀, 제기	24	玉	火	金	金 火	음	小吉	선별 사용
	纘	이을, 모을	25	糸	土	木	金 火	양	小吉	선별 사용

자음	자	자의	획수	부수	획수 오행	자원 오행	주음 종음 오행	음양	자의 품격	비고
찬	鑽	뚫을, 송곳, 창끝, 창	27	金	金	金	金 火	양	小吉	선별 사용
	竄	숨을, 달아날 찬, 내칠, 벨 참	18	穴	金	水	金 火	음	不用	불가 동자이음
	簒	빼앗을, 잡을	16	竹	土	木	金 火	음	不用	불가
	餐	먹을, 밥 찬, 물받이 할, 밥맛 손	16	食	土	水	金 火	음	不用	불가 동자이음
	饌	반찬, 차릴, 먹을	21	食	木	水	金 火	양	不用	불가
	攢	모을, 뚫을, 토롱	23	手	木	木	金 火	음	不用	불가
	巑	높이 솟을, 뾰족할	22	山	木	土	金 火	음	中吉	사용
찰	察	상고할, 살필, 밝힐, 깨끗할	14	宀	火	木	金 火	음	小吉	선별 사용
	札	편지, 공문서, 꺾을, 패	5	木	土	木	金 火	양	小吉	선별 사용
	刹	사원, 탑, 짧은 시간	8	刀	金	金	金 火	음	不用	불가
	擦	비빌, 문지를, 마찰할	18	手	金	木	金 火	음	不用	불가
	紮	감을, 맬	11	糸	木	木	金 火	양	小吉	선별 사용
참	參	살필, 참여할, 뵐 참, 셋 삼	11	厶	木	火	金 水	양	不用	불가 동자이음
	慘	아플, 참혹할, 슬플, 근심할	15	心	土	火	金 水	양	不用	불가
	慙	慚와 同字	15	心	土	火	金 水	양	不用	불가
	慚	부끄러울, 수치로 여길	15	心	土	火	金 水	양	不用	불가
	僭	미덥지 못할, 참람할, 범할, 흐트러질	14	人	火	火	金 水	음	不用	불가
	塹	구덩이 팔	14	土	火	土	金 水	음	小吉	선별 사용
	懺	뉘우칠, 고백할	21	心	木	火	金 水	양	不用	불가
	斬	벨, 끊어질, 매우	11	斤	木	金	金 水	양	不用	불가
	站	일어설, 우두커니 설, 역마을	10	立	水	金	金 水	음	小吉	선별 사용

자음	자	자의	획수	부수	획수 오행	자원 오행	주음 종음 오행	음양	자의 품격	비고
참	讒	거짓말, 참소할, 해칠, 알랑거릴	24	言	火	金	金 水	음	不用	불가
	讖	뉘우칠, 비결, 조짐	24	言	火	金	金 水	음	不用	불가
창	昌	창성할, 착할, 사물, 아름다울	8	日	金	火	金 土	음	中吉	사용
	唱	노래할, 인도할, 말 꺼낼	11	口	木	水	金 土	양	中吉	사용
	窓	창 창, 굴뚝 총	11	穴	木	水	金 土	양	小吉	선별 사용 동자이음
	倉	창고, 곳집, 급할, 푸를	10	人	水	火	金 土	음	中吉	사용
	創	비롯할, 만들, 처음 이룩할	12	刀	木	金	金 土	음	小吉	선별 사용
	蒼	푸를, 무성할, 푸른 경치	16	艸	土	木	金 土	음	大吉	권장
	暢	화창할, 펼, 통할, 충실할	14	日	火	火	金 土	음	中吉	사용
	菖	창포	14	艸	火	木	金 土	음	小吉	선별 사용
	昶	밝을, 통할, 해길	9	日	水	火	金 土	양	大吉	권장
	彰	무늬, 밝을, 뚜렷할, 나타낼	14	彡	火	火	金 土	음	中吉	사용
	敞	높을, 드러날, 넓을	12	支	木	金	金 土	음	中吉	사용
	廠	헛간, 곳집, 공장	15	广	土	木	金 土	양	中吉	사용
	倡	창도할, 기생, 가무, 광대	10	人	水	火	金 土	음	不用	불가
	娼	몸파는 여자, 창녀	11	女	木	土	金 土	양	不用	불가
	漲	넘칠, 물 부를, 가릴, 막을	15	水	土	水	金 土	양	小吉	선별 사용
	猖	흐트릴, 어지러울, 날뛸, 미쳐 날뛸	11	犬	木	土	金 土	양	不用	불가
	愴	슬퍼할, 어지러울, 실의할	14	心	火	火	金 土	음	不用	불가
	瘡	부스럼, 종기, 상처, 흉터	15	疒	土	水	金 土	양	不用	불가

자음	자	자의	획수	부수	획수 오행	자원 오행	주음 종음 오행	음양	자의 품격	비고
창	脹	배부를 창, 창자 장	14	肉	火	水	金 土	음	不用	불가 동자이음
	艙	선창, 선실	16	舟	土	木	金 土	음	小吉	선별 사용
	槍	다다를, 창, 어지러울 창, 별 이름 장	14	木	火	木	金 土	음	小吉	선별 사용 동자이음
	滄	강 이름, 싸늘할, 찰	14	水	火	水	金 土	음	小吉	선별 사용
채	菜	나물, 반찬, 채취할	14	艸	火	水	金	음	小吉	선별 사용
	採	가려낼, 캘, 나무꾼	12	手	木	木	金	음	中吉	사용
	彩	채색, 빛날, 모양	11	彡	木	火	金	양	中吉	사용
	債	빚, 빚질, 빌릴	13	人	火	火	金	양	不用	불가
	釆	캘, 선택할, 식읍, 일	8	釆	金	木	金	음	中吉	사용
	埰	영지, 무덤, 식읍	11	土	木	土	金	양	不用	불가
	寀	동관, 녹봉	11	宀	木	木	金	양	中吉	사용
	蔡	거북, 성, 나라 이름 채, 내칠 살	17	艸	金	木	金	양	小吉	선별 사용 동자이음
	綵	비단, 무늬, 채색	14	糸	火	木	金	음	中吉	사용
	寨	작은 성, 울타리, 마을	14	宀	火	木	金	음	中吉	사용
	砦	마을, 울타리, 작은 성	10	石	水	金	金	음	中吉	사용
	釵	비녀 채·차, 인동덩굴 채	11	金	木	金	金	양	小吉	선별 사용 동자이음
	琗	옥빛 채, 주옥빛 신, 옥무늬 고운 모양 슬	12	玉	木	金	金	음	小吉	선별 사용 동자이음
	責	꾸짖을, 책임 책, 빚 채	11	貝	木	金	金	양	小吉	선별 사용 동자이음
	棌	참나무, 생나무	12	木	木	木	金	음	中吉	사용
	婇	여자 이름	11	女	木	土	金	양	中吉	사용

자음	자	자의	획수	부수	획수 오행	자원 오행	주음 종음 오행	음양	자의 품격	비고
책	責	책임, 꾸짖을, 규명할 책, 빚 채	11	貝	木	金	金 木	양	小吉	선별 사용 동자이음
	冊	册과 同字	5	冂	土	木	金 木	양	中吉	사용
	册	책, 문서, 봉할	5	冂	土	木	金 木	양	中吉	사용
	策	꾀, 채찍, 수효	12	竹	木	木	金 木	음	中吉	사용
	柵	울짱, 목책, 잔교, 작은 성	9	木	水	木	金 木	양	中吉	사용
처	妻	아내, 시집보낼	8	女	金	土	金	음	小吉	선별 사용
	處	있을, 살, 곳 처, 사람 이름 거	11	虍	木	土	金	양	小吉	선별 사용 동자이음
	凄	쓸쓸할, 차가울	10	冫	水	水	金	음	小吉	선별 사용
	悽	애처로울, 슬플, 아플, 차가울	12	心	木	火	金	음	不用	불가
척	尺	자, 법도, 짧을	4	尸	火	木	金 木	양	小吉	불가
	斥	물리칠, 클 척, 성 자, 방자할 탁	5	斤	土	金	金 木	양	小吉	선별 사용 동자이음
	拓	클, 넓힐, 열 척, 박을 탁	9	手	水	木	金 木	양	小吉	선별 사용 동자이음
	戚	친할, 친척, 겨레 척, 재촉할 촉	11	戈	木	金	金 木	양	小吉	선별 사용 동자이음
	陟	높을, 오를, 나아갈 척, 얻을 득	15	阜	土	土	金 木	양	小吉	선별 사용 동자이음
	坧	기지, 터, 해칠	8	土	金	土	金 木	음	中吉	사용
	倜	대범할, 뛰어날, 얽매일	10	人	水	火	金 木	음	中吉	사용
	刺	비방할 체, 찌를, 가시 척	8	刀	金	金	金 木	음	小吉	선별 사용 동자이음
	剔	바를 척, 깎을 체, 없앨 채	10	刀	水	金	金 木	음	小吉	선별 사용 동자이음

자음	자	자의	획수	부수	획수 오행	자원 오행	주음 종음 오행	음양	자의 품격	비고
척	慼	근심할, 슬플, 서러워할	15	心	土	火	金 木	양	不用	불가
	擲	던질, 버릴, 도박할, 열	19	手	水	木	金 木	양	不用	불가
	滌	씻을, 헹굴, 청소할	15	水	土	水	金 木	양	小吉	선별 사용
	瘠	여윌, 파리할, 메마를	15	疒	土	水	金 木	양	不用	불가
	脊	등성마루, 등뼈, 어지러울	12	肉	木	水	金 木	양	不用	불가
	蹠	밟을 척, 뛸 지, 도달할 저	18	足	金	土	金 木	음	小吉	선별 사용 동자이음
	隻	새 한 마리, 한쪽, 단위, 한 사람	10	隹	水	火	金 木	음	小吉	선별 사용
천	天	하늘, 조물주, 자연, 성품	4	大	火	火	金 火	음	小吉	선별 사용
	千	일천, 많을, 아름다울	3	十	火	水	金 火	양	中吉	사용
	川	내, 굴, 평원	3	川	火	水	金 火	양	中吉	사용
	泉	샘, 화폐	9	水	水	水	金 火	양	中吉	사용
	淺	엷을, 얕을, 약할 천, 물 끼얹을 전	15	貝	土	金	金 火	음	小吉	선별 사용 동자이음
	賤	값쌀, 천할, 흔할, 업신여길	15	足	土	土	金 火	양	不用	불가
	踐	밟을, 실천할, 오를, 마를	15	足	土	土	金 火	양	小吉	선별 사용
	遷	오를, 옮길, 바뀔, 변할	19	辵	水	土	金 火	양	中吉	사용
	薦	공물, 천거할, 진술할 천, 꽂을 진	19	艸	水	木	金 火	양	小吉	선별 사용 동자이음
	仟	초목 무성할, 일천, 논두길	5	人	土	火	金 火	양	中吉	사용
	阡	일천, 언덕, 두렁길, 무성할	11	阜	木	土	金 火	양	中吉	사용
	喘	헐떡거릴, 숨, 속삭일	12	口	木	水	金 火	음	小吉	선별 사용
	擅	멋대로, 맘대로, 물러줄, 차지할	17	手	金	木	金 火	양	小吉	선별 사용

자음	자	자의	획수	부수	획수 오행	자원 오행	주음 종음 오행	음양	자의 품격	비고
천	玔	옥고리, 옥팔찌	8	玉	金	金	金 火	음	中吉	사용
	穿	뚫을, 구멍	9	穴	水	水	金 火	양	小吉	선별 사용
	舛	어그러질 천, 잡될 준	6	舛	土	木	金 火	음	小吉	선별 사용 동자이음
	釧	팔찌	11	金	木	金	金 火	양	小吉	선별 사용
	闡	열, 넓힐, 분명할, 관여할	20	門	水	木	金 火	음	小吉	선별 사용
	韆	그네	24	革	火	金	金 火	음	小吉	선별 사용
	茜	꼭두서니, 빨강	10	艸	水	木	金 火	음	小吉	선별 사용
철	鐵	검은 쇠, 단단할, 견고할, 무기	21	金	木	金	金 火	양	小吉	선별 사용
	哲	밝을, 슬기로울, 총명할	10	口	水	水	金 火	음	大吉	사용
	徹	통할, 환할, 뚫을, 밝을	15	彳	土	火	金 火	양	中吉	사용
	喆	밝을, 쌍길	12	口	木	水	金 火	음	大吉	권장
	澈	물 맑을, 물 마를	16	水	土	水	金 火	음	中吉	사용
	轍	바퀴자국, 흔적, 법도	19	車	水	火	金 火	양	小吉	선별 사용
	撤	걷을, 치울, 그만둘	16	手	土	木	金 火	음	中吉	사용
	綴	맺을, 잇댈, 철할, 표지	14	糸	火	木	金 火	음	小吉	선별 사용
	凸	볼록할	5	凵	土	水	金 火	양	不用	불가
	輟	고칠, 그칠, 꿰맬, 멈출	15	車	土	火	金 火	양	小吉	선별 사용
첨	尖	날카로울, 뾰족할, 꼭대기	6	小	土	金	金 水	음	不用	불가
	添	더할, 덧붙일, 맛낼, 안주	12	水	木	水	金 水	음	中吉	사용
	僉	여럿, 고를, 다, 모두	13	人	火	火	金 水	양	小吉	선별 사용
	瞻	쳐다볼, 우러러 볼, 볼	18	目	金	木	金 水	음	小吉	선별 사용
	沾	더할, 적실 첨, 경망할 접	9	水	水	水	金 火	양	小吉	선별 사용 동자이음

자음	자	자의	획수	부수	획수 오행	자원 오행	주음 종음 오행	음양	자의 품격	비고
첨	甛	만날, 달	11	甘	木	土	金 火	양	小吉	선별 사용
	簽	쪽지, 서명할, 농	19	竹	水	木	金 火	양	小吉	선별 사용
	籤	제비, 시험할, 꼬챙이	23	竹	火	木	金 火	양	不用	불가
	詹	이를 첨, 넉넉할 담, 두꺼비 성	13	言	火	金	金 火	양	小吉	선별 사용 동자이음
	諂	사특할, 아첨할, 아양떨	15	言	土	金	金 火	양	不用	불가
첩	妾	첩, 계집종, 작은 집	8	女	金	土	金 水	음	不用	불가
	帖	표제, 문서, 장부, 따를	8	巾	金	木	金 水	음	中吉	사용
	捷	빠를, 이길, 기를 첩, 꽂을 삽	12	手	木	木	金 水	음	小吉	선별 사용 동자이음
	堞	성가퀴	12	土	木	土	金 水	음	小吉	선별 사용
	牒	글씨판, 계보, 공문서	13	片	火	木	金 水	양	小吉	선별 사용
	疊	겹칠, 포갤	22	田	木	土	金 水	음	小吉	선별 사용
	睫	속눈썹	13	目	火	木	金 水	양	不用	불가
	諜	염탐할 첩, 주창할 섭	16	言	土	金	金 水	음	小吉	선별 사용 동자이음
	貼	붙을, 접근할	12	貝	木	金	金 水	음	中吉	사용
	輒	문득, 갑자기	14	車	火	火	金 水	음	小吉	선별 사용
청	靑	푸를, 젊을, 무성할	8	靑	金	木	金 土	음	中吉	사용
	青	靑과 同字	8	靑	金	木	金 土	음	中吉	사용
	淸	맑을, 선명할, 고요할, 깨끗할	12	水	木	水	金 土	음	大吉	권장
	清	淸과 同字	12	水	木	水	金 土	음	大吉	권장
	晴	맑을, 갤, 밝을	12	日	木	火	金 土	음	大吉	권장
	晴	晴과 同字	12	日	木	火	金 土	음	大吉	권장

자음	자	자의	획수	부수	획수 오행	자원 오행	주음 종음 오행	음양	자의 품격	비고
청	請	기원할, 청할, 물을 청, 받아들일 정	15	言	土	金	金 土	양	小吉	선별 사용 동자이음
	請	請과 同字	15	言	土	金	金 土	양	小吉	선별 사용
	廳	마을, 관청, 대청, 마루	25	广	土	木	金 土	양	小吉	선별 사용
	聽	들을, 받들	22	耳	木	火	金 土	음	小吉	선별 사용
	菁	우거질 청, 부추꽃 정	14	艸	火	木	金 土	음	小吉	선별 사용 동자이음
	鯖	청어 청, 잡회 정	19	魚	水	水	金 土	양	小吉	선별 사용 동자이음
체	體	몸, 사지, 모양, 용모	23	骨	火	金	金	양	小吉	선별 사용
	替	베풀, 쇠퇴할, 바꿀, 대신할	12	日	木	火	金	음	小吉	선별 사용
	遞	갈아들, 교대로, 번갈아	17	辵	金	土	金	양	小吉	선별 사용
	滯	막힐, 빠질, 오래, 머뭇거릴	15	水	土	水	金	양	不用	불가
	逮	잡을 채, 미칠 태	15	辵	土	土	金	양	不用	불가 동사이음
	締	울적해질, 맺을, 연결할, 닫을	15	糸	土	木	金	양	小吉	선별 사용 동자이음
	諦	살필, 이길, 이치 체, 진리 제	16	言	土	金	金	음	小吉	선별 사용 동자이음
	切	온통 체, 끊을 절	4	刀	火	金	金	음	小吉	선별 사용 동자이음
	剃	머리 깎을	9	刀	水	金	金	양	小吉	선별 사용
	涕	눈물, 울	11	水	木	水	金	양	小吉	선별 사용
초	初	처음, 비롯할, 옛날	7	刀	金	金	金	양	中吉	사용
	草	풀, 초원, 시초	12	艸	木	木	金	음	中吉	사용
	艸	草의 本字	6	艸	土	木	金	음	中吉	사용

자음	자	자의	획수	부수	획수 오행	자원 오행	주음 종음 오행	음양	자의 품격	비고
초	招	부를, 구할 초, 지적할 교, 별 이름 소	9	手	水	木	金	양	小吉	선별 사용 동자이음
	肖	닮을, 본받을, 작을	9	肉	水	水	金	양	中吉	사용
	超	뛰어넘을, 지나갈, 높을, 빠를	12	走	木	火	金	음	中吉	사용
	抄	가릴, 베낄, 부피단위	8	水	金	木	金	음	中吉	사용
	礎	주춧돌, 기초, 밑	18	石	金	金	金	음	中吉	사용
	秒	분초 초, 까끄라기 묘	9	禾	水	木	金	양	小吉	선별 사용 동자이음
	樵	땔나무, 나무할, 나무꾼	16	木	土	木	金	양	小吉	선별 사용
	焦	탄내날, 그을릴, 애태울 초, 가마솥 추	12	火	木	火	金	양	小吉	선별 사용 동자이음
	蕉	파초, 땔나무, 야윌, 생마	18	艸	金	木	金	음	中吉	사용
	楚	모형, 가시나무, 초나라, 우거질	13	木	火	木	金	양	小吉	선별 사용
	剿	노곤할, 괴로워할, 죽일, 노략질할	13	刀	火	金	金	음	不用	불가
	哨	망볼, 작을, 날카로울, 수다울	10	口	水	水	金	음	小吉	선별 사용
	憔	수척할, 애태울, 쇠약할	16	心	土	火	金	음	小吉	선별 사용
	梢	나무 끝, 꼬리, 도랑	11	木	木	木	金	양	小吉	선별 사용
	椒	산초나무, 향기로울, 후추나무	12	木	木	木	金	음	中吉	사용
	炒	볶을, 시끄러울, 떠들	8	火	金	火	金	음	不用	불가
	硝	초석, 질산칼륨	12	石	木	金	金	음	小吉	선별 사용
	礁	물 잠긴 바위	17	石	金	金	金	양	小吉	선별 사용
	稍	벼줄기 끝 초, 구실 소	12	禾	木	木	金	음	小吉	선별 사용 동자이음

자음	자	자의	획수	부수	획수 오행	자원 오행	주음 종음 오행	음양	자의 품격	비고
초	苕	능소화 초, 풀 이름 소	11	艸	木	木	金	양	小吉	선별 사용 동자이음
	貂	담비	12	豸	木	水	金	음	不用	불가
	酢	신맛나는 조미료 초, 잔 돌릴 작	12	酉	木	金	金	음	小吉	선별 사용 동자이음
	醋	초 초, 잔 돌릴, 술 권할 작	15	酉	土	金	金	양	小吉	선별 사용 동자이음
	醮	제사 지낼, 초례, 여윌	19	酉	水	金	金	양	小吉	선별 사용
	岧	산 높을	8	山	金	土	金	음	中吉	사용
	鈔	날카로울, 좋은 쇠, 정결할, 아름다울	11	金	木	金	金	양	不用	불가
촉	促	급할, 재촉할, 독촉할 촉, 악착할 착	9	人	水	火	金 木	양	小吉	선별 사용 동자이음
	燭	촉광, 촛불, 등불, 빛날	17	火	金	火	金 木	양	中吉	사용
	觸	닿을, 범할, 감동할	20	角	水	木	金 木	음	小吉	선별 사용
	囑	부탁할, 맡길, 당부할	24	口	火	水	金 木	음	不用	불가
	矗	가지런할, 우거질, 무성할, 곧을	24	目	火	木	金 木	음	小吉	선별 사용
	蜀	나라 이름, 전	13	虫	火	水	金 木	양	小吉	선별 사용
촌	寸	마디, 헤아릴, 치, 촌수	3	寸	火	土	金 火	양	小吉	선별 사용
	村	마을, 시골, 꾸밈없을	7	木	金	木	金 火	양	中吉	사용
	忖	헤아릴, 쪼갤, 절단할	7	心	金	木	金 火	양	小吉	선별 사용
	邨	시골, 마을, 꾸밈없을	11	邑	木	土	金 火	양	小吉	선별 사용
총	銃	총, 도끼자루 구멍	14	金	火	金	金 土	음	不用	불가
	總	모두, 거느릴, 모을 총, 그물 종	17	糸	金	木	金 土	양	小吉	선별 사용 동자이음

자음	자	자의	획수	부수	획수 오행	자원 오행	주음 종음 오행	음양	자의 품격	비고
총	聰	귀 밝을, 민첩할, 총명할, 들을	17	耳	金	火	金	양	中吉	사용
	聡	聰과 同字	14	耳	火	火	金 土	음	中吉	사용
	寵	귀여워할, 사랑할 총, 현 이름 룡	19	宀	水	木	金 土	양	小吉	선별 사용 동자이음
	叢	모일, 번잡할, 모을, 많을	18	又	金	水	金 土	음	小吉	선별 사용
	塚	무덤, 산꼭대기, 언덕, 클	13	土	火	土	金 土	양	不用	불가
	悤	밝을, 바쁠, 급할	11	心	木	火	金 土	양	小吉	선별 사용
	憁	뜻을 얻지 못할, 바쁠, 무지할	15	心	土	火	金 土	양	不用	불가
	摠	모두, 지배할	14	手	火	木	金 土	음	中吉	사용
	蔥	파 총, 짐수레 창	17	艸	金	木	金 土	양	小吉	선별 사용 동자이음
	総	總과 同字	14	糸	火	木	金 土	음	小吉	선별 사용
촬	撮	취할, 모을	16	手	土	木	金 水	음	小吉	선별 사용
최	最	제일, 가장, 극진할, 모두	12	曰	木	水	金	음	中吉	사용
	催	재촉할, 일어날, 베풀, 싹틀	13	人	火	火	金	양	中吉	사용
	崔	높을, 움직일 최, 섞일 체	11	山	木	土	金	양	中吉	사용 동자이음
추	秋	가을, 결실, 때	9	禾	水	木	金	양	中吉	사용
	追	쫓을, 보낼 추, 따를 추·수, 갈 퇴	13	辵	火	土	金	양	小吉	선별 사용 동자이음
	推	천거할, 밀 추·퇴, 넓일	12	手	木	木	金	음	小吉	선별 사용 동자이음
	抽	뽑을, 뺄, 당길	9	手	水	木	金	양	小吉	선별 사용
	醜	추할, 미워할, 더러울, 같을	17	酉	金	金	金	양	不用	불가
	楸	가래나무, 개오동, 바둑판	13	木	火	木	金	양	小吉	선별 사용

자음	자	자의	획수	부수	획수 오행	자원 오행	주음 종음 오행	음양	자의 품격	비고
추	樞	대권, 지도리, 근본 추, 나무 이름 우	15	木	土	木	金	양	不用	불가 동자이음
	鄒	나라 이름, 성, 사람	17	邑	金	土	金	양	不用	불가
	錐	송곳, 바늘, 싹	16	金	土	金	金	음	不用	불가
	錘	무게단위, 가치, 저울추 추, 드리울 수	16	金	土	金	金	음	小吉	선별 사용 동자이음
	墜	떨어질, 잃을	15	土	土	土	金	양	不用	불가
	椎	몽치, 망치, 등뼈, 상투	12	木	木	木	金	음	小吉	선별 사용
	湫	다할, 근심할 추, 낮을 초	13	水	火	水	金	양	不用	불가 동자이음
	皺	주름	15	皮	土	金	金	양	不用	불가
	芻	꼴, 말린 풀, 풀벨	10	艸	水	木	金	음	不用	불가
	萩	사철쑥 추, 사람 이름 초	15	艸	土	木	金	양	小吉	선별 사용 동자이음
	諏	꾀힐, 물을, 의논힐	15	言	土	金	金	양	小吉	선별 사용
	趨	달아날, 좇을 추, 재촉할 촉	17	走	土	火	金	양	小吉	선별 사용 동자이음
	酋	묵은 술, 숙성할, 이룰, 마칠	9	酉	水	金	金	양	小吉	선별 사용
	鎚	쇠망치, 저울 추, 갈 퇴	18	金	金	金	金	음	小吉	선별 사용 동자이음
	雛	병아리 추, 사람 이름 취	18	隹	金	火	金	음	不用	선별 사용 동자이음
	騶	말 먹이는 사람, 기사, 승마, 화살	20	馬	水	火	金	음	不用	불가
	鰍	미꾸라지, 밟을	20	魚	水	水	金	음	不用	불가
축	丑	둘째 지지, 소, 축시, 고랑	4	一	火	土	金 木	음	中吉	사용

자음	자	자의	획수	부수	획수 오행	자원 오행	주음 종음 오행	음양	자의 품격	비고
축	祝	축하할, 빌, 원할 축, 기원할 주	10	示	水	金	金 木	음	不用	불가 동자이음
	蓄	둘, 쌓을, 저축할 축, 겨울 푸성귀 육	16	艸	土	木	金 木	음	小吉	선별 사용 동자이음
	畜	쌓을, 가축 축, 기를 육	10	田	水	土	金 木	음	小吉	선별 사용 동자이음
	築	쌓을, 집지을, 다질, 절굿공이	16	竹	土	木	金 木	음	中吉	사용
	逐	다릴, 쫓을, 다툴 축, 돼지 돈, 빠를 적	14	辵	火	土	金 木	음	小吉	선별 사용 동자이음
	縮	줄어들, 다스릴, 옳을, 오그라들	17	糸	金	木	金 木	양	小吉	선별 사용
	軸	나아갈, 굴대, 중요한 지위	12	車	木	火	金 木	음	中吉	사용
	竺	대나무, 나라 이름 축, 두터울 독	8	竹	金	木	金 木	음	小吉	선별 사용 동자이음
	筑	악기 이름	12	竹	木	木	金 木	음	小吉	선별 사용 동자이음
	蹙	닥칠, 대지를, 오므러들 축, 줄어들 척	18	足	金	土	金 木	음	不用	불가 동자이음
	蹴	찰, 밟을, 쫓을	19	足	水	土	金 木	양	小吉	선별 사용
춘	春	젊을, 봄, 화할	9	日	水	火	金 火	양	小吉	선별 사용
	椿	아버지, 참죽나무, 신령나무	13	木	火	木	金 火	양	中吉	사용
	瑃	옥 이름	14	玉	火	金	金 火	음	中吉	사용
	賰	넉넉할, 부유할	16	貝	土	金	金 火	음	中吉	사용
출	出	날, 낳을, 우수할, 지출	5	凵	土	水	金 火	양	中吉	사용
	朮	차조	5	木	土	木	金 火	양	小吉	선별 사용
	黜	물리칠, 물러날, 떨어뜨릴, 떠날	17	黑	金	水	金 火	양	不用	불가

자음	자	자의	획수	부수	획수 오행	자원 오행	주음 종음 오행	음양	자의 품격	비고
충	充	가득할, 채울, 기를, 충당할	5	儿	土	木	金 火	양	中吉	사용
	忠	충성, 곧을, 진심	8	心	金	火	金 火	음	中吉	사용
	蟲	충해, 벌레, 구더기 충, 찔 동	18	虫	金	水	金 土	음	不用	불가 동자이음
	虫	蟲의 略字	6	虫	土	水	金 土	음	不用	불가
	衝	뚫을, 찌를, 향할 충, 뒤얽힐 정	15	行	土	火	金 土	양	不用	불가 동자이음
	琉	귀고리, 귀고리옥	11	玉	木	金	金 土	양	中吉	사용
	沖	빌, 공허할, 가운데, 날아오를	8	水	金	水	金 土	음	不用	불가
	冲	沖의 俗字	6	冫	土	水	金 土	음	不用	불가
	衷	정성, 바를, 속마음, 가운데	10	衣	水	木	金 土	음	中吉	사용
췌	萃	이를, 모일 췌, 보일 줄, 풀이 성한 모양 죄	14	艸	火	木	金	음	小吉	선별 사용 동자이음
	悴	파리할, 근심할	12	心	木	火	金	음	不用	불가
	膵	췌장	18	肉	金	水	金	음	不用	불가
	贅	혹, 군더더기, 번거로울	18	貝	金	水	金	음	不用	불가
취	取	취할, 도울 취, 다스릴, 이길 치	8	又	金	水	金	음	中吉	사용
	吹	불, 부추길, 바람, 충동할	7	口	金	水	金	양	中吉	사용
	就	나갈, 이룰, 능히 취, 관대할 여	12	尢	木	土	金	음	小吉	선별 사용 동자이음
	臭	더러울, 냄새, 썩을 취, 냄새맡을 후	10	自	水	水	金	음	小吉	선별 사용 동자이음
	醉	빠질, 술 취할, 기뻐할	15	酉	土	金	金	양	不用	불가
	趣	달릴, 뜻 취, 재촉할 촉, 벼슬 이름 추	15	走	土	火	金	양	小吉	선별 사용 동자이음

자음	자	자의	획수	부수	획수 오행	자원 오행	주음 종음 오행	음양	자의 품격	비고
취	翠	물총새, 비취색, 꽁지살	14	羽	火	火	金	음	不用	불가
	聚	촌락, 모일, 무리 취, 달 이름 추	14	耳	火	火	金	음	小吉	선별 사용 동자이음
	嘴	부리, 주둥이	15	口	土	水	金	양	不用	불가
	娶	장가들	11	女	木	土	金	양	中吉	사용
	炊	밥지을, 불땔	8	火	金	火	金	음	中吉	사용
	脆	부드러울, 무를, 약할, 가벼울	12	肉	木	水	金	음	不用	불가
	驟	달릴, 신속할, 자주, 빠를	24	馬	火	火	金	음	小吉	선별 사용
	鷲	독수리, 수리	23	鳥	火	火	金	양	不用	불가
측	側	곁, 옆, 기울, 다가올	11	人	木	火	金 木	양	小吉	선별 사용
	測	헤아릴, 잴, 맑을	13	水	火	水	金 木	양	小吉	선별 사용
	仄	기울, 우뚝 솟을, 어렴풋이	4	人	火	火	金 木	음	中吉	사용
	厠	뒷간, 기울, 섞일	11	厂	木	木	金 木	양	小吉	선별 사용
	惻	절실할, 슬퍼할, 간절할	13	心	火	火	金 木	양	不用	불가
층	層	계단, 층, 높을	15	尸	土	木	金 土	양	小吉	선별 사용
치	治	다스릴, 다듬을, 도울, 병 고칠	9	水	水	水	金	양	小吉	선별 사용
	致	이를, 다할, 궁구할	10	至	水	土	金	음	中吉	사용
	齒	나이, 이, 어금니	15	齒	土	金	金	양	不用	불가
	値	값, 가치, 만날, 지닐	10	人	水	火	金	음	小吉	선별 사용
	置	둘, 버릴, 베풀, 편안할	14	网	火	木	金	음	中吉	사용
	恥	부끄러울, 욕될, 창피할	10	心	水	火	金	음	不用	불가
	熾	불 활활 탈, 성할, 기세 왕할, 밥지을	16	火	土	火	金	음	小吉	선별 사용

자음	자	자의	획수	부수	획수 오행	자원 오행	주음 종음 오행	음양	자의 품격	비고
치	峙	언덕, 우뚝 솟을, 고개, 저장할	9	山	水	土	金	양	中吉	사용
	雉	꿩 치, 짐승 이름 사, 땅 이름 이, 작을 개	13	隹	火	火	金	양	不用	불가 동자이음
	馳	달릴, 쫓을, 전할, 베풀	13	馬	火	火	金	양	小吉	선별 사용
	侈	사치할, 거만할, 넓을, 떠날	8	人	金	火	金	음	不用	불가
	嗤	웃을, 비웃을, 웃음거리	13	口	火	水	金	양	不用	불가
	幟	표기, 표적, 기	15	巾	土	木	金	양	中吉	사용
	梔	치자나무	11	木	木	木	金	양	中吉	사용
	淄	검은 빛, 강 이름	12	水	木	水	金	음	中吉	사용
	痔	치질	11	疒	木	水	金	양	不用	불가
	痴	癡의 俗字, 미련할, 어리석을	13	疒	火	水	金	양	不用	불가
	癡	미련할, 어리석을, 집착할	19	疒	水	水	金	양	不用	불가
	穉	작은 벼, 어릴, 만생종	16	禾	土	木	金	음	小吉	선별 사용
	緇	검은 옷, 검은 비단, 승복, 승려	14	糸	火	木	金	음	小吉	선별 사용
	緻	밸, 꿰맬, 기울	15	糸	土	木	金	양	小吉	선별 사용
	蚩	기어갈, 어리석을, 업신여길	10	虫	水	水	金	음	不用	불가
	輜	조용할, 짐수레, 바퀴살	17	車	金	火	金	양	小吉	선별 사용
	稚	어린 벼, 늦을, 만생종	13	禾	火	木	金	양	小吉	선별 사용
칙	則	봉지, 법, 본받아 따를 칙, 곧 즉	9	刀	水	金	金 木	양	小吉	선별 사용 동자이음
	勅	조서, 타이를, 경계할	9	力	水	土	金 木	양	小吉	선별 사용

자음	자	자의	획수	부수	획수 오행	자원 오행	주음 종음 오행	음양	자의 품격	비고
칙	飭	경계할, 정비할	13	食	火	水	金 木	양	小吉	선별 사용
친	親	겨레, 일가, 몸소	16	見	土	火	金 水	음	中吉	사용
칠	七	문제 이름, 일곱, 일곱 번째	7	一	金	金	金 水	음	中吉	사용
	漆	검을, 옻칠할, 강 이름	15	水	土	水	金 水	양	小吉	선별 사용
	柒	옻 칠, 전심할 철	9	木	水	木	金 水	양	不用	불가 동자이음
침	針	침, 바늘, 바느질	10	金	水	金	金 水	음	不用	불가
	侵	범할, 침노할, 다할	9	人	水	火	金 水	양	不用	불가
	浸	담글, 잠길, 적실, 점점	11	水	木	水	金 水	양	小吉	선별 사용
	寢	방, 잠잘, 쉴, 멈출	14	宀	火	木	金 水	음	小吉	선별 사용
	沈	잠길, 가라앉을, 빠질, 깊을	8	水	金	水	金 水	음	中吉	사용
	枕	베개, 잠잘, 다다를	8	木	金	木	金 水	음	中吉	사용
	琛	보배, 옥	13	玉	木	金	金 水	양	中吉	사용
	砧	다듬잇돌, 모탕	10	石	水	金	金 水	음	小吉	선별 사용
	鍼	침 놓을, 경계할, 침, 찌를	17	金	金	金	金 水	양	小吉	선별 사용
칩	蟄	동면할, 숨을, 겨울잠 잘	17	虫	金	水	金 水	양	不用	불가
칭	稱	일컬을, 칭찬할, 부를	14	禾	火	木	金 土	음	小吉	선별 사용
	秤	열다섯 근, 저울, 공평할	10	禾	水	木	金 土	음	小吉	선별 사용
쾌	快	쾌할, 즐길, 상쾌할, 시원할	8	心	金	火	木	음	小吉	선별 사용
	夬	나눌, 터놓을, 정할 쾌, 깍지 결	4	大	火	木	木	음	不用	불가 동자이음
타	他	남, 누구, 다를	5	人	土	火	火	양	小吉	선별 사용
	打	칠, 때릴, 셀, 말할	6	手	土	木	火	음	不用	불가
	妥	온당할, 편히 앉을, 평온할	7	女	金	土	火	양	中吉	사용

자음	자	자의	획수	부수	획수 오행	자원 오행	주음 종음 오행	음양	자의 품격	비고
타	墮	떨어질 다·휴, 무너질, 빠져들	15	土	土	土	火	양	小吉	선별 사용 동자이음
	咤	꾸짖을, 슬퍼할	9	口	水	水	火	양	不用	불가
	唾	침 뱉을, 침	11	口	木	水	火	양	不用	불가
	惰	게으를, 소홀할, 사투리	13	心	火	火	火	양	不用	불가
	拖	끌어당길, 끌, 풀어놓을, 쪼갤	9	手	水	木	火	양	不用	불가
	朶	늘어질, 움직일	6	木	土	木	火	음	小吉	선별 사용
	楕	길쭉할	13	木	火	木	火	양	小吉	선별 사용
	舵	키	11	舟	木	木	火	양	小吉	선별 사용
	陀	무너질, 비탈질, 험할	13	阜	火	土	火	양	不用	불가
	馱	바리, 실을 타·태	13	馬	火	火	火	양	小吉	선별 사용 동자이음
	駝	실을, 낙타, 타조, 곱사등이	15	馬	土	火	火	양	不用	불가
탁	濁	더러워질, 흐릴, 물 이름, 어지러울	17	水	金	水	火 木	양	不用	불가
	托	밀, 밀어서 열, 받칠, 의지할	7	水	金	水	火 木	양	中吉	사용
	濯	씻을, 빛날, 클	18	水	金	水	火 木	음	小吉	선별 사용
	卓	높을, 뛰어날, 책상	8	十	金	木	火 木	음	中吉	사용
	度	셈할, 헤아릴, 법도, 살	9	广	水	木	火 木	양	小吉	선별 사용 동자이음
	倬	뛰어날, 클, 환할, 밝을	10	人	水	火	火 木	음	中吉	사용
	琸	사람 이름	13	玉	火	金	火 木	양	中吉	사용
	晫	환할, 밝을, 왕성할	12	日	木	火	火 木	음	大吉	권장
	託	부탁할, 맡길, 의지할, 기탁할	10	言	水	金	火 木	음	小吉	선별 사용

자음	자	자의	획수	부수	획수 오행	자원 오행	주음 종음 오행	음양	자의 품격	비고
탁	擢	뛰어날, 뽑을, 제거할, 솟을	18	手	金	木	火 木	음	小吉	선별 사용
	鐸	목탁, 방울, 풍경	21	金	木	金	火 木	양	小吉	선별 사용
	拓	주을 척, 박을, 밀 탁	9	手	水	木	火 木	양	小吉	선별 사용 동자이음
	啄	쪼을 탁, 부리 주	11	口	木	水	火 木	양	小吉	선별 사용 동자이음
	坼	터질, 펴질, 싹틀, 갈라질	8	土	金	土	火 木	음	小吉	선별 사용
	柝	열, 펼칠, 갈라질, 터질	9	木	金	木	火 木	양	中吉	사용
	琢	다듬을, 쫄, 꾸밀, 선택할	13	玉	火	金	火 木	양	中吉	사용
탄	炭	재, 불똥, 숯, 석탄	9	火	水	火	火 火	양	小吉	선별 사용
	歎	한숨 쉴, 감탄할, 읊을, 화답할	15	欠	土	金	火 火	양	小吉	선별 사용
	彈	탄알, 튕길, 열매	15	弓	土	金	火 火	양	不用	불가
	誕	태어날, 기를, 넓을	14	言	火	金	火 火	음	中吉	사용
	呑	감출, 삼킬, 경시할	7	口	金	水	火 火	양	不用	불가
	坦	너그러울, 평평할, 클	8	土	金	土	火 火	음	中吉	사용
	灘	여울, 물가, 해 이름, 물	23	水	火	水	火 火	양	小吉	선별 사용
	嘆	탄식할, 한숨쉴	14	口	火	水	火 火	음	不用	불가
	憚	꺼릴, 삼갈 탄, 깔볼 천	16	心	土	火	火 火	음	小吉	선별 사용 동자이음
	綻	꿰맬, 터질, 옷 터질	14	糸	火	木	火 火	음	小吉	선별 사용
탈	脫	벗을 탈, 허물 벗을 열, 느릿할 태	13	肉	火	水	火 火	양	不用	불가 동자이음
	奪	잃어버릴, 빼앗길, 없어질	14	大	火	木	火 火	음	不用	불가
탐	探	찾을, 정탐, 깊이 연구할	12	手	木	木	火 水	음	小吉	선별 사용

자음	자	자의	획수	부수	획수 오행	자원 오행	주음 종음 오행	음양	자의 품격	비고
탐	貪	탐할, 욕심낼, 탐낼, 덧없이 탐낼	11	貝	木	金	火 水	양	不用	불가
	耽	즐길, 누릴 탐, 사물, 빠질 탕	10	耳	水	火	火 水	음	小吉	선별 사용 동자이음
	眈	노려볼 탐, 머리 내밀고 볼 침	9	目	水	木	火 水	양	小吉	선별 사용 동자이음
탑	塔	탑, 절, 접불당	13	土	火	土	火 水	양	小吉	선별 사용
	榻	걸상, 평상, 본뜰	14	木	火	木	火 水	음	小吉	선별 사용
탕	湯	끓일 탕, 흐를 상, 해돋이 양	13	水	火	水	火 土	양	小吉	선별 사용 동자이음
	宕	거칠, 방탕할, 방자할, 지나칠	8	宀	金	木	火 土	음	小吉	선별 사용
	帑	금고, 곳집 탕, 처자, 자손 노	8	巾	金	木	火 土	음	小吉	선별 사용 동자이음
	糖	사탕 당, 엿 탕	16	米	土	木	火 土	음	小吉	선별 사용 동자이음
	蕩	운하 이름, 씻어버릴, 넓을, 움직일	18	艸	金	木	火 土	음	小吉	선별 사용
태	太	클, 심할, 통할, 콩	4	大	火	木	火	음	中吉	사용
	泰	클, 넉넉할, 편안할	9	水	水	水	火	양	中吉	사용
	怠	업신여길, 쇠약해질, 게으를 태, 새 이름 이	9	心	水	火	火	양	不用	불가 동자이음
	殆	위태로울, 거의, 의심할	9	歹	水	水	火	양	不用	불가
	態	태도, 모양, 형편	14	心	火	火	火	음	小吉	선별 사용
	汰	사치할, 흐릴, 적실, 씻을	8	水	金	水	火	음	中吉	사용
	兌	기쁠, 바꿀 태, 기뻐할 열, 날카로울 예	7	儿	金	金	火	양	不用	불가 동자이음
	台	나 이, 별 이름, 땅 이름 태, 늙을 대	5	口	土	水	火	양	小吉	선별 사용 동자이음

자음	자	자의	획수	부수	획수 오행	자원 오행	주음 종음 오행	음양	자의 품격	비고
태	胎	검버섯, 아이 밸, 잉부, 태아	11	肉	木	水	火	양	不用	불가
	邰	태나라, 나라 이름	12	邑	木	土	火	음	中吉	사용
	笞	볼기 칠	11	竹	木	木	火	양	小吉	선별 사용
	苔	이끼	11	艸	木	木	火	양	不用	불가
	跆	밟을, 유린할, 짓밟을	12	足	木	土	火	음	中吉	사용
	颱	태풍, 구풍	14	風	火	木	火	음	小吉	선별 사용
택	宅	집, 대지, 별 이름, 윤날, 정할 택, 풀 석	6	宀	土	木	火 木	양	小吉	선별 사용 동자이음
	澤	못 택, 풀 석, 별 이름 탁	17	水	金	水	火 木	양	小吉	선별 사용 동자이음
	擇	고를, 가릴 택, 사람 이름 역	17	水	金	木	火 木	양	不吉	불가 동자이음
	垞	언덕, 땅 이름	9	土	水	土	火 木	양	中吉	사용
탱	撑	버팀목, 배부를, 배 저어 갈	16	手	土	木	火 木	음	小吉	선별 사용
터	攄	펼, 오를 터, 벌릴 태	19	手	金	木	火	양	小吉	선별 사용 동자이음
토	土	버릴, 흙 토, 뿌리 두, 하찮을 차	3	土	火	土	火	양	小吉	선별 사용 동자이음
	吐	토할, 뱉을, 버릴	6	口	土	水	火	음	不用	불가
	討	칠, 벌할, 다스릴, 찾을	10	言	水	金	火	음	小吉	선별 사용
	兎	토끼, 달	7	儿	金	木	火	양	不用	불가
통	通	통할, 뚫을, 내방할, 바꿀	14	辵	火	土	火 土	음	小吉	선별 사용
	統	거느릴, 실마리, 큰줄기, 혈통	12	糸	木	木	火 土	음	小吉	선별 사용
	痛	상할, 원통할, 아플, 몹시	12	疒	木	水	火 土	음	不吉	불가

자음	자	자의	획수	부수	획수 오행	자원 오행	주음 종음 오행	음양	자의 품격	비고
통	桶	통, 그릇 통, 되 용	11	木	木	木	火 土	양	小吉	선별 사용 동자이음
	慟	서럽게 울, 슬퍼할	15	心	土	火	火 土	양	不吉	불가
	洞	골짜기 동·통	10	水	水	水	火 土	양	小吉	선별 사용 동자이음
	筒	대나무 이름, 대롱, 퉁소, 대통	12	竹	木	木	火 土	음	小吉	선별 사용
퇴	退	물러갈, 그만둘, 약해질, 줄일	13	辵	火	土	火	양	不用	불가
	堆	언덕, 쌓일, 밀쳐둘	11	土	木	土	火	양	中吉	사용
	槌	던질 퇴, 망치 추	14	木	火	木	火	음	不用	불가 동자이음
	腿	넓적다리, 정강이 퇴, 다리 부을 추	16	肉	土	水	火	음	不用	불가 동자이음
	褪	빛바랠, 꽃이 질, 벗을	15	衣	土	木	火	양	不用	불가
	頹	쇠약할, 무너질, 기울, 떨어질	16	頁	土	火	火	음	不用	불가
투	投	합칠, 던질, 숙박할 투, 머무를 주	8	手	金	木	火	음	不用	불가 동자이음
	透	통할, 사무칠 투, 놀랄 숙	14	辵	火	土	火	음	不用	불가 동자이음
	鬪	싸울, 다툴, 만날	20	鬥	水	金	火	음	不用	불가
	偸	구차할, 훔칠, 탐낼, 가벼울	11	人	木	火	火	양	小吉	선별 사용
	套	방식, 덮개, 씌우개	10	大	水	木	火	음	不用	불가
	妬	강샘할, 시기할	8	女	金	土	火	음	不用	불가
특	特	특별할, 수컷, 홀로	10	牛	金	土	火 木	음	小吉	선별 사용
	慝	사특할, 간사할 특, 숨길 닉	15	心	土	火	火 木	양	不用	불가 동자이음

자음	자	자의	획수	부수	획수 오행	자원 오행	주음 종음 오행	음양	자의 품격	비고
틈	闖	말문 나오는 모양, 엿볼, 갑자기 들어갈	18	門	金	木	火 水	음	不用	불가
파	破	깰, 다할 파, 무너질 피	10	石	水	金	水	음	不用	불가 동자이음
	波	물결, 물결일, 움직일	9	水	水	水	水	양	中吉	사용
	派	물갈래, 보낼, 나눌	10	水	水	水	水	음	小吉	선별 사용
	播	뿌릴, 퍼뜨릴, 베풀, 달아날	16	手	土	木	水	음	小吉	선별 사용
	罷	방면할, 그칠 파, 가를 벽, 고달플 피	16	网	土	木	水	음	小吉	선별 사용 동자이음
	頗	자못, 비뚤어질, 치우칠, 두루	14	頁	火	火	水	음	不用	불가
	把	잡을, 헤칠, 줠, 한줌	8	手	金	木	水	음	小吉	선별 사용
	巴	땅 이름, 아버지, 큰 뱀	4	己	火	土	水	음	中吉	사용
	芭	파초, 꽃, 향기로울	10	艸	水	木	水	음	中吉	사용
	琶	비파, 할주할	13	玉	火	金	水	양	中吉	사용
	坡	고개, 제방, 둑	8	土	金	土	水	음	中吉	사용
	杷	비파나무, 손잡이 파, 고를 판	8	木	金	木	水	음	中吉	사용 동자이음
	婆	할미, 아내, 부인	11	女	木	土	水	양	小吉	선별 사용
	擺	열릴, 배열할, 흔들릴, 털	19	手	水	木	水	양	小吉	선별 사용
	爬	긁을, 잡을, 기어다닐	8	爪	金	金	水	음	小吉	선별 사용
	跛	절름발이 파, 비스듬히 설 피	12	足	木	土	水	음	不用	불가 동자이음
판	判	판단할, 나눌, 판목, 판결할	7	刀	金	金	水 火	양	小吉	선별 사용
	板	널빤지, 판목, 조서	8	木	金	木	水 火	음	中吉	사용
	販	무역할, 장사, 팔, 매매할	11	貝	木	金	水 火	양	中吉	사용

자음	자	자의	획수	부수	획수 오행	자원 오행	주음 종음 오행	음양	자의 품격	비고
판	版	널, 조각, 관목, 책	8	片	金	木	水 火	음	不用	불가
	阪	산비탈, 언덕, 둑	12	阜	木	土	水 火	음	中吉	사용
	坂	비탈, 둑, 산비탈	7	土	金	土	水 火	양	中吉	사용
	辦	힘쓸, 갖출 판, 분별할 별, 두루 편	16	辛	土	金	水 火	음	中吉	사용 동자이음
	瓣	외씨, 꽃잎, 꽃잎	19	爪	水	木	水 火	양	小吉	선별 사용
	鈑	금박	12	金	木	金	水 火	음	中吉	사용
팔	八	나눌, 여덟, 팔방	8	八	金	金	水 火	음	中吉	사용
	叭	입 벌릴, 나팔	5	口	土	水	水 火	양	小吉	선별 사용
	捌	깨뜨릴 팔, 처리할 별	11	手	木	木	水 火	양	小吉	선별 사용 동자이음
패	貝	조개, 자재, 돈, 장신구	7	貝	金	金	水	양	不用	불가
	敗	패할, 깨뜨릴, 재앙, 무너질	11	攴	木	金	水	양	不用	불가
	覇	으뜸, 우두머리 패, 달의 넋 백	19	雨	水	金	水	양	小吉	선별 사용 동자이음
	浿	고을 이름, 물 이름, 물가, 언덕 이름	11	水	木	水	水	양	中吉	사용
	佩	찰, 노리개, 지닐	8	人	金	火	水	음	小吉	선별 사용
	牌	호적, 방패, 위패, 패	12	片	木	木	水	음	小吉	선별 사용
	唄	독경소리, 찬불	10	口	水	水	水	음	小吉	선별 사용
	悖	어그러질, 거느릴 패, 우쩍 일어날 발	11	心	木	火	水	양	不用	불가 동자이음
	沛	가는 모양, 늪, 습지, 큰 모양	8	水	金	水	水	음	小吉	선별 사용
	狽	이리	11	犬	木	土	水	양	不用	불가
	稗	잘다 피, 일년초 열매 패	13	禾	火	木	水	양	不用	불가 동자이음

자음	자	자의	획수	부수	획수 오행	자원 오행	주음 종음 오행	음양	자의 품격	비고
팽	彭	나라 이름, 성, 방패 팽, 결 방	12	彡	木	火	水 土	음	不用	불가 동자이음
	澎	물소리, 파도소리, 물결 부딪는 기세	16	水	土	水	水 土	음	小吉	선별 사용
	烹	삶다 죽일, 삶을, 익힐 음식	11	火	木	火	水 土	양	小吉	선별 사용
	膨	팽대할, 부풀, 팽찰할	18	肉	金	水	水 土	음	小吉	선별 사용
퍅	愎	어긋날, 괴팍할	13	心	火	火	水 木	양	不用	불가
편	片	쪼갤, 조각 한쪽 편, 절반 반	4	片	火	木	水 火	음	不用	불가 동자이음
	便	편안할, 소식, 말 잘할	9	人	水	火	水 火	양	中吉	사용
	篇	책 편찬할, 시문	15	竹	土	木	水 火	양	中吉	사용
	編	끈, 엮을, 책 편, 땋을 변	15	糸	土	木	水 火	양	小吉	선별 사용 동자이음
	遍	두루, 횟수, 가락의 이름	16	辵	土	土	水 火	음	小吉	선별 사용
	偏	치우칠, 편벽될, 기울, 절반	11	人	木	火	水 火	양	小吉	선별 사용
	扁	치우칠, 넓적할	9	戶	水	木	水 火	양	小吉	선별 사용
	翩	펄럭거릴, 빨리 날, 나부낄	15	羽	土	火	水 火	양	小吉	선별 사용
	鞭	대의 뿌리, 채찍, 매질할, 형벌 이름	18	革	金	金	水 火	음	小吉	선별 사용
	騙	속일, 기만할, 말에 올라탈	19	馬	水	火	水 火	양	不用	불가
폄	貶	떨어뜨릴, 낮출, 물리칠	12	貝	木	金	水 水	음	小吉	선별 사용
평	平	평탄할, 화평할, 곧을	5	干	土	木	水 土	양	中吉	사용
	評	의논, 헤아릴, 품평, 평온할	12	言	木	金	水 土	음	中吉	사용
	坪	평평할, 면적 단위, 벌판, 평	8	土	金	土	水 土	음	中吉	사용
	枰	바둑판, 장기판, 의자, 은행나무	9	木	水	木	水 土	양	中吉	사용

자음	자	자의	획수	부수	획수 오행	자원 오행	주음 종음 오행	음양	자의 품격	비고
평	泙	물소리, 골	9	水	金	水	水 土	양	中吉	사용
	萍	부평초, 개구리밥	14	艸	火	木	水 土	음	小吉	선별 사용
폐	閉	끝, 닫을, 막을 폐, 막을 별	11	門	木	木	水	양	不用	불가 동자이음
	肺	허파, 부아, 마음	10	肉	水	水	水	음	不用	불가
	廢	폐할, 부서질, 그칠, 못 쓰게 될	15	广	土	木	水	양	不用	불가
	弊	예물, 폐단 비단 폐, 섞일 별	15	廾	土	木	水	양	小吉	선별 사용 동자이음
	蔽	덮을, 가릴 폐, 나눌 별, 수레장식 불	18	艸	金	木	水	음	不用	불가 동자이음
	幣	비단, 재물, 예물, 폐백	15	巾	土	木	水	양	小吉	선별 사용
	陛	섬돌, 계단	15	阜	土	土	水	양	小吉	선별 사용
	吠	개가 짖을	7	口	金	水	水	양	不用	불가
	嬖	제압할, 사랑할, 친압할, 비천할	16	女	土	土	水	음	小吉	선별 사용
	斃	넘어뜨릴, 넘어질, 쓰러질	18	支	金	金	水	음	不用	불가
포	布	화폐, 폐, 베, 돈, 베풀	5	巾	土	木	水	양	小吉	선별 사용
	抱	안을, 품을, 가슴, 높이 받을	9	手	水	木	水	양	中吉	사용
	包	쌀 꾸러미, 꾸릴, 꾸러미	5	勹	土	金	水	양	小吉	선별 사용
	胞	종기, 태보, 친형제	11	肉	木	水	水	양	不用	불가
	飽	배부를, 가득 찰, 물질	14	食	火	水	水	음	小吉	선별 사용
	浦	물가, 개	11	水	木	水	水	양	中吉	사용
	捕	사로잡을, 구할, 찾을	11	手	木	木	水	양	小吉	선별 사용
	葡	포도, 포르투갈 포, 갖출 비	15	艸	土	木	水	양	小吉	선별 사용 동자이음

자음	자	자의	획수	부수	획수 오행	자원 오행	주음 종음 오행	음양	자의 품격	비고
포	褒	옷, 가릴, 넓을 포, 모을 부	15	衣	土	木	水	양	小吉	선별 사용 동자이음
	砲	돌 쇠뇌, 큰 대포	10	石	水	金	水	음	小吉	선별 사용
	鋪	펼, 늘어놓을, 가게, 베풀	15	金	土	金	水	양	小吉	선별 사용
	佈	펼, 알릴, 전개할	7	人	金	火	水	양	中吉	사용
	匍	넘어질, 길, 힘 다할, 문지를	9	勹	水	木	水	양	小吉	선별 사용
	匏	바가지, 박, 악기	11	勹	木	木	水	양	不用	불가
	咆	성을 낼, 으릉거릴	8	口	金	水	水	음	不用	불가
	哺	먹을, 먹일, 머금을	10	口	水	水	水	음	小吉	선별 사용
	圃	밭, 넓을, 들일, 정원	10	口	水	水	水	음	中吉	사용
	怖	두려워할, 떨, 협박할	9	心	水	火	水	양	不用	불가
	抛	던질, 내버릴, 버릴	8	手	金	木	水	음	不用	불가
	暴	사나울 포, 쬘 폭, 앙상할 박	15	日	土	火	水	양	不用	불가 동자이음
	泡	거품, 성할, 두부	9	水	水	水	水	양	中吉	사용
	疱	천연두, 몸이 붓는	10	疒	水	水	水	음	不用	불가
	脯	포 포, 회식할 보	13	肉	火	水	水	양	不用	불가 동자이음
	苞	봉우리, 그령, 뿌리, 돌콩	11	艸	木	木	水	양	中吉	사용
	蒲	왕골, 부들, 창 포, 땅 이름 박	16	艸	土	木	水	음	小吉	선별 사용 동자이음
	袍	평상복, 웃옷, 핫옷	11	衣	木	木	水	양	小吉	선별 사용
	逋	잡을, 달아날, 체납할	14	辵	火	土	水	음	不用	불가
	鮑	절인 어물, 전복, 갖바치	16	魚	土	水	水	음	不用	불가

자음	자	자의	획수	부수	획수 오행	자원 오행	주음 종음 오행	음양	자의 품격	비고
폭	暴	사나울, 햇빛 쪼일, 쬘, 나타낼	15	日	土	火	水 木	양	不用	불가
	爆	튀길, 불 터질, 태울 폭, 지질 박	19	火	水	火	水 木	양	不用	불가 동자이음
	幅	폭, 넓이, 가장자리 폭, 행전 핍	12	巾	木	木	水 木	음	小吉	선별 사용 동자이음
	曝	쬘	19	日	水	火	水 木	양	小吉	선별 사용
	瀑	폭포 폭, 소나기 포, 용솟음칠 팍	19	水	水	水	水 木	양	不用	불가 동자이음
	輻	바퀴살, 모여들	16	車	土	火	水 木	음	小吉	선별 사용
표	表	겉, 거죽, 나타날, 특징	9	衣	水	木	水	양	中吉	사용
	票	쪽지, 문서, 빠를, 흔들릴	11	示	木	火	水	양	中吉	사용
	標	표할, 적을, 나타낼, 칭찬할	15	木	土	木	水	양	中吉	사용
	漂	빨래할, 뜰, 움직일, 가벼울	15	水	土	水	水	양	中吉	사용
	杓	자루, 별 이름 표, 구기 작, 표적 적	7	木	金	木	水	양	小吉	선별 사용 동자이음
	豹	표범 그린 과녁, 표범, 성	10	豸	水	水	水	음	不用	불가
	彪	깨우쳐줄, 범 무늬	11	彡	木	火	水	양	不用	불가
	驃	날래고 용감할, 표절따, 말 빨리 달릴	21	馬	木	火	水	양	小吉	선별 사용
	俵	나누어 줄, 흩을	10	人	水	火	水	음	小吉	선별 사용
	剽	빠를, 사나울, 찌를, 벗길	13	刀	火	金	水	양	小吉	선별 사용
	慓	재빠를, 날랠, 용맹할	15	心	土	火	水	양	中吉	사용
	瓢	박, 표주박, 구기	16	瓜	土	木	水	음	小吉	선별 사용
	飇	폭풍, 회오리바람, 흐트러질	21	風	木	木	水	양	不用	불가

자음	자	자의	획수	부수	획수 오행	자원 오행	주음 종음 오행	음양	자의 품격	비고
표	飄	질풍, 회오리바람, 떠돌이	20	風	木	木	水	음	不用	불가
품	品	품평할, 물건, 품수	9	口	水	水	水 水	양	中吉	사용
	稟	받을, 여쭐, 줄 품, 곳집 름	13	禾	火	木	水 水	양	中吉	사용 동자이음
풍	風	바람, 풍속, 세력	9	風	水	木	水 土	양	不用	불가
	豐	풍년, 무성할, 클, 풍성할	18	豆	金	木	水 土	음	中吉	사용
	豊	풍년 풍, 굽 높은 그릇 례	13	豆	火	木	水 土	양	中吉	사용 동자이음
	諷	풍자할, 욀, 풍간할	16	言	土	金	水 土	음	小吉	선별 사용
	馮	성 풍, 업신여길 범, 탈 빙	12	馬	木	火	水 土	음	不用	불가 동자이음
	楓	단풍나무, 신나무	13	木	火	木	水 土	양	小吉	선별 사용
피	皮	가죽, 거죽, 껍질 벗길	5	皮	土	金	水	양	不用	불가
	彼	저것, 저, 그	8	彳	金	火	水	음	不用	불가
	疲	지칠, 노쇠할, 피곤할 피, 앓을 지	10	疒	水	水	水	음	不用	불가 동자이음
	被	이불, 받을, 덮을, 당할	11	衣	木	木	水	양	不用	불가
	避	피할, 숨을, 면할	20	辵	水	土	水	음	不用	불가
	披	나눌, 쪼갤, 찢을, 폭로할	9	手	水	木	水	양	不用	불가
	陂	비탈 파, 비탈, 고개, 기울, 장소 피	12	阜	木	土	水	음	不用	불가 동자이음
필	必	반드시, 오로지, 그럴	5	心	土	火	水 火	양	中吉	사용
	匹	짝, 혼자 필, 집오리 목	4	匸	火	水	水 火	음	小吉	선별 사용 동자이음
	筆	붓, 쓸, 신문	12	竹	木	木	水 火	음	中吉	사용
	畢	마칠, 편지, 다, 쓸	11	田	木	土	水 火	양	中吉	사용

자음	자	자의	획수	부수	획수 오행	자원 오행	주음 종음 오행	음양	자의 품격	비고
필	弼	도울, 도지개, 바로잡을	12	弓	木	金	水 火	음	中吉	사용
	泌	물결 부딪칠, 샘물, 흐르는 모양, 개천물	9	水	水	水	水 火	양	小吉	선별 사용
	珌	칼장식 옥, 사람 이름	10	玉	水	金	水 火	음	小吉	선별 사용
	苾	풀 이름, 향기로울 필, 연뿌리 밀, 채소이름 별	11	艸	木	木	水 火	양	中吉	사용 동자이음
	馝	향내날, 향기로울	14	香	火	木	水 火	음	小吉	선별 사용
	鉍	창자루	13	金	火	金	水 火	양	不用	불가
	佖	위엄스러울, 점잖을, 나란히 할, 가득찰	7	人	金	火	水 火	양	中吉	사용
	疋	발 소, 바를 아, 짝 필	5	疋	土	土	水 火	양	小吉	선별 사용 동자이음
핍	乏	가난할, 고달플, 모자랄	5	丿	土	金	水 水	양	不用	불가
	逼	닥칠, 위협할, 황급할, 협박할	16	辵	土	土	水 水	음	不用	불가
하	下	아래, 내릴, 땅	3	一	火	木	土	양	不用	불가
	夏	나라 이름, 여름, 클, 약초 이름	10	夊	水	火	土	음	中吉	사용
	賀	하례할, 경사, 더할	12	貝	木	金	土	음	中吉	사용
	何	어찌 무엇, 누구	7	人	金	火	土	양	小吉	선별 사용
	河	강물, 운하, 내	9	水	水	水	土	양	大吉	권장
	荷	연꽃, 더할, 짐, 짊어질	13	艸	火	木	土	양	中吉	사용
	廈	큰집. 처마, 집	13	广	火	木	土	양	小吉	선별 사용
	厦	廈의 俗字	12	厂	木	木	土	음	小吉	선별 사용
	昰	是의 本字, 夏의 古字, 여름	9	日	水	火	土	양	中吉	사용

자음	자	자의	획수	부수	획수 오행	자원 오행	주음 종음 오행	음양	자의 품격	비고
하	霞	노을, 안개, 새우, 요염할	17	雨	金	水	土	양	小吉	선별 사용
	瑕	티, 잘못, 허물, 어찌	14	玉	火	金	土	음	不用	불가
	蝦	새우, 두꺼비	15	虫	土	水	土	양	不用	불가
	遐	멀리할, 멀, 길, 오래	16	辵	土	土	土	음	中吉	사용
	鰕	새우, 도롱뇽, 암고래	20	魚	水	水	土	음	不用	불가
	呀	입벌릴, 감탄, 속이 텅빈 모양	7	口	金	水	土	양	不用	불가
	嘏	클, 장대할, 복받을	14	口	火	水	土	음	中吉	사용
	碬	숫돌, 울퉁불퉁할	14	石	火	金	土	음	小吉	선별 사용
학	學	배울, 공부, 흴, 두루미	16	子	土	水	土 木	음	大吉	권장
	学	學의 俗字	8	子	金	水	土 木	음	大吉	권장
	鶴	호미의 머리 부분, 두루미, 학, 흴	21	鳥	木	火	土 木	양	小吉	선별 사용
	壑	산골짜기, 도랑, 구렁, 해자	17	土	金	土	土 木	양	小吉	선별 사용
	虐	재앙, 사나울, 해칠, 모질, 잔인할	9	虍	水	木	土 木	양	不用	불가
	謔	즐겁게 노는 모양, 희롱거릴, 농담	17	言	金	金	土 木	양	不用	불가
	嗃	부르짖는 소리, 피리소리 호, 엄할, 냉엄할 학	13	口	火	水	土 木	양	小吉	선별 사용 동자이음
한	閑	막을, 한가할, 고요할	12	門	木	水	土 火	음	中吉	사용
	寒	추울, 떨릴, 일, 어려울	12	宀	木	水	土 火	음	小吉	선별 사용
	恨	한할, 뉘우칠, 한탄, 억울한	10	心	水	火	土 火	음	不用	불가
	限	한계, 한할, 한정 한, 심할 은	14	阜	火	土	土 火	음	不用	불가 동자이음
	韓	우물귀틀, 한나라, 한국, 나라 이름	17	韋	金	金	土 火	양	中吉	사용

자음	자	자의	획수	부수	획수 오행	자원 오행	주음 종음 오행	음양	자의 품격	비고
한	漢	한수, 은하수, 사나이	15	水	土	水	土 火	양	中吉	사용
	旱	가물, 물 없을, 육지	7	日	金	水	土 火	양	小吉	선별 사용
	汗	땀, 물, 질펀할, 윤택해질	7	水	金	水	土 火	양	中吉	사용
	澣	빨래할, 열흘, 발 씻을	17	水	金	水	土 火	양	中吉	사용
	瀚	넓고 큰 모양, 사막, 물	20	水	水	水	土 火	음	小吉	선별 사용
	翰	날개, 줄기, 붓, 높이 날	16	羽	土	火	土 火	음	不用	불가
	閒	편안할, 틈, 쉴 한, 사이 간	12	門	木	土	土 火	음	不用	불가 동자이음
	悍	성급할, 원통할, 사나울	11	心	木	火	土 火	양	不用	불가
	罕	그물, 드물, 땅 이름, 깃대	7	网	金	木	土 火	양	不用	불가
	澖	넓을	15	水	土	水	土 火	양	中吉	사용
	嶴	산 모양, 산 형상	17	山	金	土	土 火	양	小吉	선별 사용
할	割	나눌, 재앙, 자를	12	刀	木	金	土 火	음	不用	불가
	轄	다스릴, 수레소리, 관장할, 마찰소리	17	車	金	火	土 火	양	小吉	선별 사용
함	咸	같게할 한, 다, 골고루 함, 덜 감	9	口	水	水	土 水	양	小吉	선별 사용 동자이음
	含	머금을, 용납할, 모두, 품을	7	口	金	水	土 水	양	小吉	선별 사용
	陷	함정, 빠질, 항복할	16	阜	土	土	土 水	음	不用	불가
	函	상자, 편지, 너그러울	8	凵	金	木	土 水	음	不用	불가
	涵	젖을, 잠길, 넣을	12	水	木	水	土 水	음	不用	불가
	艦	싸움배, 병선, 군함	20	舟	水	木	土 水	음	小吉	선별 사용
	啣	재갈, 머금을, 느낄, 직함	11	口	木	水	土 水	양	小吉	선별 사용
	喊	소리, 다물, 고함지를	12	口	木	水	土 水	음	小吉	선별 사용

자음	자	자의	획수	부수	획수 오행	자원 오행	주음 종음 오행	음양	자의 품격	비고
함	檻	사로잡을, 우리, 감옥, 목욕탕	18	木	金	木	土 水	음	小吉	선별 사용
	緘	봉할, 새끼, 편지, 봉투	15	糸	土	木	土 水	양	小吉	선별 사용
	銜	재갈, 머금을, 느낌, 직함	14	金	火	金	土 水	음	小吉	선별 사용
	鹹	짤, 소금, 땅 이름	20	鹵	水	水	土 水	음	小吉	선별 사용
합	合	배필, 합할, 모을 합, 홉 홉	6	口	土	水	土 水	음	小吉	선별 사용 동자이음
	哈	물고기가 많은, 웃는 소리 합, 마실 삽	9	口	水	水	土 水	양	小吉	선별 사용 동자이음
	盒	찬합, 합 합, 그릇아가리 빨 암	11	皿	木	金	土 水	양	小吉	선별 사용 동자이음
	蛤	대합, 개구리, 큰 두꺼비	12	虫	木	水	土 水	음	不用	불가
	閤	쪽문, 규방, 침실, 누각	14	門	火	木	土 水	음	小吉	선별 사용
	闔	문짝, 간직할, 통할, 맺을	18	門	金	木	土 水	음	小吉	선별 사용
	陜	땅 이름 합, 좁을, 산골짜기 협	14	阜	火	土	土 水	음	小吉	선별 사용 동자이음
항	恒	순박할, 항상, 뻗칠, 떳떳할	10	心	水	火	土 土	음	中吉	사용
	恆	恒의 本字	10	心	水	火	土 土	음	中吉	사용
	巷	마을, 골목, 거리	9	己	水	土	土 土	양	中吉	사용
	港	뱃길, 항구, 도랑 항, 통할 홍	13	水	火	水	土 土	양	小吉	선별 사용 동자이음
	項	목, 클, 사항	12	頁	木	火	土 土	음	中吉	사용
	抗	막을, 올릴, 높을, 대항할	8	水	金	水	土 土	음	小吉	선별 사용
	航	배다리, 건널, 배	10	舟	水	木	土 土	음	小吉	선별 사용
	亢	겨를, 오를, 높을, 대적할	4	亠	火	水	土 土	음	大吉	권장
	沆	자수, 넓을, 흐를 항, 백기 모양 강	8	水	金	水	土 土	음	小吉	선별 사용 동자이음

자음	자	자의	획수	부수	획수 오행	자원 오행	주음 종음 오행	음양	자의 품격	비고
항	姮	미인 이름, 항아, 여자 이름	9	女	水	土	土 土	양	大吉	권장
	伉	짝, 굳셀 강, 정직할 항	6	人	土	火	土 土	음	大吉	권장 동자이음
	孀	항아 항 · 상	14	女	火	土	土 土	음	小吉	선별 사용 동자이음
	杭	건널, 나룻배, 먹을	8	木	金	木	土 土	음	小吉	선별 사용
	桁	차꼬, 횃대 항, 도리 형	10	木	水	木	土 土	음	小吉	선별 사용 동자이음
	缸	항아리, 질그릇	9	缶	水	土	土 土	양	小吉	선별 사용
	肛	똥구멍 항 · 홍	9	肉	水	水	土 土	양	不用	불가 동자이음
	行	항렬, 순서 항, 갈, 다닐 행	6	行	土	火	土 土	음	小吉	선별 사용 동자이음
	降	항복할 항, 비 내릴, 내릴, 떨어질 강	14	阜	火	土	土 土	음	小吉	선별 사용 동자이음
해	害	시기할, 해칠, 손해 해, 어찌 할	10	宀	水	木	土	음	不用	불가 동자이음
	海	바다, 클, 땅 끝	11	水	木	水	土	양	中吉	사용
	亥	돼지, 열두째 지지, 간직할, 단단할	6	亠	土	水	土	음	小吉	선별 사용
	解	깨달을, 풀, 가를, 해부할	13	角	火	木	土	양	小吉	선별 사용
	奚	어찌, 종족 이름, 어느	10	大	水	水	土	음	小吉	선별 사용
	該	포용할, 그, 해당할, 갖출	13	言	火	金	土	양	中吉	사용
	偕	함께, 알맞을, 굳셀	11	人	木	火	土	양	中吉	사용
	楷	나무 이름, 본보기, 본받을, 해서	13	木	火	木	土	양	中吉	사용
	諧	화할, 고르게 할, 농담할	16	言	土	金	土	음	小吉	선별 사용
	咳	기침, 어린아이 웃을 해, 탄사 애	9	口	水	水	土	양	不用	불가 동자이음

자음	자	자의	획수	부수	획수 오행	자원 오행	주음 종음 오행	음양	자의 품격	비고
해	垓	지경, 경계, 층계, 땅 이름	9	土	水	土	土	양	中吉	사용
	孩	어린아이, 어릴, 어린아이 웃음	9	子	水	水	土	양	小吉	선별 사용
	懈	게으를, 느슨해질, 피곤할	17	心	金	火	土	양	不用	불가
	瀣	이슬 기운, 반가운 이슬	20	水	水	水	土	음	小吉	선별 사용
	蟹	게	19	虫	水	水	土	양	不用	불가
	邂	만날, 기뻐하는 모양	20	辵	水	土	土	음	中吉	사용
	駭	놀랄, 소란스러울, 경계할, 일어설	16	馬	土	火	土	음	小吉	선별 사용
	骸	뼈, 해골, 몸, 정강이뼈	16	骨	土	金	土	음	不用	불가
	咍	웃음, 기뻐할	8	口	金	水	土	음	中吉	사용
핵	核	씨, 실과, 뿌리, 세포	10	木	水	木	土 木	음	小吉	선별 사용
	劾	힘쓸, 노력할	8	力	金	水	土 木	음	小吉	선별 사용
행	行	바다, 다닐, 행할 행, 항렬 항	6	行	土	火	土 土	음	小吉	선별 사용 동자이음
	幸	다행, 바랄, 좋아할	8	干	金	木	土 土	음	中吉	사용
	杏	살구나무, 은행, 살구	7	木	金	木	土 土	양	中吉	사용
	倖	요행, 간사할, 아첨할	10	人	水	火	土 土	음	不用	불가
	荇	마름	12	艸	木	木	土 土	음	小吉	선별 사용
향	向	향할 향, 성 상, 나아갈 행	6	口	土	水	土 土	음	小吉	선별 사용 동자이음
	香	향기로울, 향기, 아름다울	9	香	水	木	土 土	양	小吉	선별 사용
	鄕	시골 마을, 고향, 마을	9	邑	金	土	土 土	양	中吉	사용
	響	울림, 울리는 소리, 명성, 소식	22	音	木	金	土 土	음	小吉	선별 사용

자음	자	자의	획수	부수	획수 오행	자원 오행	주음 종음 오행	음양	자의 품격	비고
향	享	누릴, 드릴, 대접할	8	亠	金	土	土 土	음	小吉	선별 사용
	珦	옥 이름, 구슬, 사람 이름	11	玉	木	金	土 土	양	中吉	사용
	嚮	향할, 권할	19	口	水	水	土 土	양	小吉	선별 사용
	餉	도시락, 군자금, 잠깐 동안, 보낼, 건량	15	食	土	水	土 土	양	小吉	선별 사용
	饗	잔치할, 연회할, 흠향할, 대접할	22	食	木	水	土 土	음	小吉	선별 사용
허	虛	빌, 공허할, 살	12	虍	木	木	土	음	不用	불가
	許	바랄, 허락할 허, 이영차 호	11	言	木	金	土	양	小吉	선별 사용 동자이음
	墟	언덕, 옛터, 기슭	15	土	土	土	土	양	中吉	사용
	噓	울, 불, 숨을, 흐느낄	14	口	火	水	土	음	不用	불가
헌	軒	집, 추녀, 난간, 만족할	10	車	水	火	土	음	小吉	선별 사용 동자이음
	獻	바칠 헌, 드릴 헌, 술두루미 사, 위의있을 의	20	犬	水	土	土	음	小吉	선별 사용 동자이음
	櫶	나무 이름, 자작나무	20	木	水	木	土	음	小吉	선별 사용
	輝	멍에 훈, 초헌 헌, 돌아올 현	16	車	土	火	土	음	小吉	선별 사용 동자이음
	憲	법, 높을, 기뻐할	16	心	土	火	土	음	中吉	사용
헐	歇	쉴, 휴식할 헐, 개 이름 갈, 사람 이름 알	13	欠	火	火	土	양	小吉	선별 사용 동자이음
험	險	험할 험, 낭떠러지 암, 괴로워할 삼	21	阜	木	土	土	양	不用	불가 동자이음
	驗	증험할, 시험할, 효능, 증거	23	馬	火	火	土	양	小吉	선별 사용
혁	革	북, 가죽, 고칠 혁, 엄할 극	9	革	水	金	土 木	양	小吉	선별 사용 동자이음

자음	자	자의	획수	부수	획수 오행	자원 오행	주음 종음 오행	음양	자의 품격	비고
혁	赫	성할, 붉을, 빛날 혁, 꾸짖을 하	14	赤	火	火	土 木	음	小吉	선별 사용 동자이음
	爀	빛날, 붉을, 불빛	18	火	金	火	土 木	음	中吉	사용
	奕	클, 아름다울, 바둑	9	大	水	木	土 木	양	大吉	권장 동자이음
	焱	불꽃 염, 화염 모양 혁	12	火	木	火	土 木	음	小吉	선별 사용 동자이음
	侐	고요할, 쓸쓸할	8	人	金	火	土 木	음	小吉	선별 사용
	焃	깨달을, 붉을, 밝을 혁, 꾸짖을 하	11	火	木	火	土 木	양	小吉	선별 사용 동자이음
현	現	나타날, 친할, 이제, 밝을	12	玉	木	金	土 火	음	中吉	사용
	賢	어질, 착할, 존경할	15	貝	土	金	土 火	양	小吉	사용
	玄	하늘, 검을, 깊을, 신묘할	5	玄	土	火	土 火	양	小吉	선별 사용
	絃	악기줄, 새끼	11	糸	木	木	土 火	양	小吉	선별 사용
	縣	매달, 고을, 달	16	糸	土	木	土 火	음	小吉	선별 사용
	懸	매달, 늘어질, 멀, 동떨어질	20	心	水	火	土 火	음	小吉	선별 사용
	顯	나타날, 드러날, 빛, 귀할	23	頁	火	火	土 火	양	小吉	선별 사용
	顕	顯의 俗字	18	頁	火	火	土 火	음	小吉	선별 사용
	見	나타날, 이제, 현재, 출세할, 볼 견	7	見	金	火	土 火	양	小吉	동자이음
	峴	고개, 산 이름, 재	10	山	水	土	土 火	음	中吉	사용
	晛	햇살, 밝을, 햇빛	11	日	木	火	土 火	양	大吉	권장
	泫	물 깊을, 빛날, 이슬 맺힐	9	水	水	水	土 火	음	大中	권장
	炫	빛날, 밝을, 자랑할, 눈부신	9	火	水	火	土 火	음	中吉	사용
	玹	옥돌, 옥이름, 옥빛	10	玉	水	金	土 火	음	大吉	권장
	鉉	솥귀, 활시위, 삼공의 지위, 삼공	13	金	火	金	土 火	양	大吉	권장

자음	자	자의	획수	부수	획수 오행	자원 오행	주음 종음 오행	음양	자의 품격	비고
현	眩	어찌할, 현혹할 현, 팔 견, 요술 환	10	目	水	木	土 火	음	小吉	선별 사용 동자이음
	昡	햇빛, 당혹할, 갈팡질팡할	9	日	水	火	土 火	양	中吉	사용
	絢	무늬, 빠를 현, 노 순	12	糸	木	木	土 火	음	小吉	선별 사용 동자이음
	呟	소리, 큰 소리	8	口	金	水	土 火	음	小吉	선별 사용
	俔	염탐할, 두려워할, 비유할 현·견	9	人	水	火	土 火	양	小吉	선별 사용 동자이음
	睍	불거진 눈 현, 팔 견, 요술 한	12	目	木	木	土 火	음	小吉	선별 사용 동자이음
	舷	뱃전	11	舟	木	木	土 火	양	中吉	사용
	衒	선전할, 팔, 현기증, 발보일	11	行	木	火	土 火	양	小吉	선별 사용
	弦	시위, 시위 울림	8	弓	金	木	土 火	음	小吉	선별 사용
	儇	총명할, 빠를, 영리할	15	人	土	火	土 火	양	中吉	사용
	譞	영리할, 슬기, 지혜	20	言	水	金	土 火	음	中吉	사용
	怰	팔, 팔다	8	心	金	火	土 火	음	不用	불가
혈	血	상처, 피, 피칠, 물들일	6	血	土	水	土 火	음	不用	불가
	穴	뚫을, 구멍, 옆 혈, 굴 휼	5	穴	土	水	土 火	양	不用	불가 동자이음
	孑	외로울, 남을, 장구벌레, 적을	3	子	火	水	土 火	양	不用	불가
	頁	머리 혈, 책면 엽	9	頁	水	火	土 火	양	不用	불가 동자이음
혐	嫌	싫어할, 의심할	13	女	火	土	土 火	양	不用	불가
협	協	화합할, 도울, 따를	8	十	金	水	土 火	음	中吉	사용
	脅	이를, 옆구리 협, 으쓱거릴 흡	12	肉	木	水	土 水	음	小吉	선별 사용 동자이음
	俠	젊을, 호협할, 협사, 협객	9	人	水	火	土 水	양	小吉	선별 사용

자음	자	자의	획수	부수	획수 오행	자원 오행	주음 종음 오행	음양	자의 품격	비고
협	挾	가질, 낄, 도울, 만날	11	手	木	木	土 水	양	中吉	사용
	峽	골짜기, 산골, 띠 모양 바다	10	山	水	土	土 水	음	中吉	사용
	浹	젖을, 물결일, 두루, 통합	11	水	木	水	土 水	양	中吉	사용
	夾	낄, 부축할	7	大	金	木	土 水	양	小吉	선별 사용
	狹	소리 급할, 좁을, 좁힐	11	犬	木	土	土 水	양	不用	불가
	脇	脅과 同字	12	肉	木	水	土 水	음	不用	불가
	莢	풀 열매, 콩깍지, 돗아날, 비수리	13	艸	火	木	土 水	양	小吉	선별 사용
	鋏	집게, 가위, 칼자루	15	金	土	金	土 水	양	不用	불가
	頰	쾌적할, 뺨, 기분 좋은	16	頁	土	火	土 土	음	中吉	사용
형	兄	뛰어날, 맏, 언니 형, 멍할 황	5	儿	土	木	土 土	양	小吉	선별 사용 동자이음
	刑	형벌, 본받을, 법, 죽일	6	刀	土	金	土 土	음	不用	불가
	形	모양, 형상, 몸	7	彡	金	火	土 土	양	小吉	선별 사용
	亨	형통할, 제사 형, 삶을 팽, 드릴 향	7	亠	金	土	土 土	양	小吉	선별 사용 동자이음
	螢	개똥벌레, 반디	16	虫	土	水	土 土	음	不用	불가
	衡	저울대 형, 가로 횡	16	行	土	火	土 土	음	小吉	선별 사용 동자이음
	型	본보기, 거푸집	9	土	水	土	土 土	양	小吉	선별 사용
	邢	성, 나라 이름 형, 땅 이름 경	11	邑	木	土	土 土	양	小吉	선별 사용 동자이음
	珩	노리개, 패옥	11	玉	木	金	土 土	양	中吉	사용
	泂	찰, 깊을, 넓을, 멀	9	水	水	水	土 土	양	中吉	사용
	炯	빛날, 밝을, 살필	9	火	水	火	土 土	양	小吉	선별 사용

자음	자	자의	획수	부수	획수 오행	자원 오행	주음 종음 오행	음양	자의 품격	비고
형	瑩	밝을, 옥빛, 의혹할	15	玉	土	金	土 土	양	中吉	사용
	瀅	맑을, 개천	19	水	水	水	土 土	양	小吉	선별 사용
	馨	향기, 향내, 명성	20	香	水	木	土 土	음	小吉	선별 사용
	熒	명성, 등불, 밝을 형, 의혹할 영	14	火	火	火	土 土	음	小吉	선별 사용 동자이음
	滎	실개천 형, 물결일 영	14	水	火	水	土 土	음	小吉	선별 사용 동자이음
	瀯	사람 이름, 물 이름	22	水	木	水	土 土	음	小吉	선별 사용
	荊	가시나무, 모형나무, 곤장, 다스릴	12	艸	木	木	土 土	음	小吉	선별 사용
	迥	멀, 빛날	13	辵	火	土	土 土	양	小吉	선별 사용
	鎣	같을, 줄, 꾸밀 형, 그릇 영	18	金	金	金	土 土	음	小吉	선별 사용 동자이음
혜	惠	은혜, 인자할, 사랑할, 아름다울	12	心	木	火	土	음	大吉	권장
	恵	惠의 俗字	10	心	水	火	土	음	大吉	권장
	慧	슬기로울, 지혜, 밝을	15	心	土	火	土	양	中吉	사용
	兮	말 멈출, 어조사 혜, 노래 후렴 해	4	八	火	金	土	음	小吉	선별 사용 동자이음
	蕙	혜초, 난초, 아름다울	18	艸	金	木	土	음	小吉	선별 사용
	彗	쓸, 총명, 별 이름, 꼬리별	11	彐	木	火	土	양	中吉	선별 사용
	譿	슬기로울, 분별할, 살필, 재치	22	言	木	金	土	음	中吉	사용
	憓	사랑할, 순종할, 따를	16	心	土	火	土	음	中吉	사용
	寭	살필, 밝을, 깨달을	15	宀	土	木	土	양	中吉	사용
	暳	별 반짝일	15	日	土	火	土	양	小吉	선별 사용
	蹊	지름길, 기다릴, 건널길	17	足	金	土	土	양	小吉	선별 사용

자음	자	자의	획수	부수	획수 오행	자원 오행	주음 종음 오행	음양	자의 품격	비고
혜	醯	식초, 위태로울, 초	19	酉	水	金	土	양	小吉	선별 사용
	鞋	신, 짚신, 목이 짧은 신	15	革	土	金	土	양	不用	불가
호	戶	지게, 지게문, 집, 주관할	4	戶	火	木	土	음	小吉	선별 사용
	乎	어조사, 온	5	ノ	土	金	土	양	小吉	선별 사용
	呼	부를, 숨 내쉴 호, 호통칠 해	8	口	金	水	土	음	小吉	선별 사용 동자이음
	好	좋아할, 아름다울, 자상할, 화목할	6	女	土	土	土	음	小吉	선별 사용
	虎	범, 용맹스러울, 바둑	8	虍	金	木	土	음	小吉	선별 사용
	號	부를, 부르짖을, 표	13	虍	火	木	土	양	小吉	선별 사용
	湖	호수, 물, 고을 이름	13	水	火	水	土	양	中吉	사용
	互	서로, 어긋날, 짝	4	二	火	水	土	음	小吉	선별 사용
	胡	오랑캐, 어찌, 멀	11	肉	木	水	土	양	小吉	선별 사용
	浩	넓을, 넉넉할, 클, 많을	11	水	木	水	土	양	大吉	권장
	毫	가는 털, 조금, 붓끝	11	手	木	火	土	양	小吉	선별 사용
	豪	호걸, 귀인, 성할, 우두머리	14	豕	火	水	土	음	小吉	선별 사용
	護	보호할, 통솔할, 도울, 경호	21	言	木	金	土	양	中吉	사용
	晧	빛날, 밝을, 해뜨는 모양	11	日	木	火	土	양	大吉	권장
	皓	깨끗할, 흴, 밝을 호, 머리 세어 빠질 희	12	白	木	金	土	음	小吉	선별 사용 동자이음
	澔	넓을, 넉넉할, 많을, 클	16	水	土	水	土	음	中吉	사용
	昊	하늘, 클, 성할	8	日	金	火	土	음	大吉	권장
	淏	맑은 모양, 맑을	12	水	木	水	土	음	大吉	권장
	濠	오스트레일리아, 해자, 물 이름, 강 이름	18	水	金	水	土	음	小吉	선별 사용

자음	자	자의	획수	부수	획수 오행	자원 오행	주음 종음 오행	음양	자의 품격	비고
호	灝	넓을, 물세, 하늘 청명할	25	水	土	水	土	양	小吉	선별 사용
	祜	복, 복이 많을	10	示	水	金	土	음	大吉	권장
	琥	호박, 서옥, 범 형상 옥그릇	13	玉	火	金	土	양	中吉	사용
	瑚	산호, 호련	14	玉	火	金	土	음	中吉	사용
	頀	구할, 지킬, 보호할	23	音	火	金	土	양	小吉	선별 사용
	扈	뒤따를, 넓을, 통발	11	戶	木	木	土	양	小吉	선별 사용
	鎬	호경, 밝은 모양, 냄비, 빛날	18	金	金	金	土	음	中吉	사용
	壕	해자, 도랑, 성	17	土	金	土	土	양	小吉	선별 사용
	壺	질그릇, 병, 예의, 투호	12	士	木	木	土	음	小吉	선별 사용
	顥	클, 빛나는 모양	21	頁	木	火	土	양	中吉	사용
	濩	퍼질 호, 고을 이름 확	18	水	金	水	土	음	小吉	선별 사용 동자이음
	滸	회수시듀, 물가, 나ant조각	15	水	土	水	土	앙	小吉	신별 사용
	岵	산, 민둥산, 독산	8	山	金	土	土	음	小吉	선별 사용
	弧	활 모양의 기구, 활, 혼자	8	弓	金	木	土	음	小吉	선별 사용
	狐	여우, 방황할	8	犬	金	土	土	음	不用	불가
	瓠	표주박 호, 흘러 떨어질 확	11	瓜	木	木	土	양	小吉	선별 사용 동자이음
	糊	흐릴, 풀, 풀칠할, 끈끈할	15	米	土	木	土	양	小吉	선별 사용
	縞	물 이름, 명주, 흰빛	16	糸	土	木	土	음	中吉	사용
	芦	지황, 부들, 갈대 호, 절굿대뿌리 려	8	艸	金	木	土	음	小吉	선별 사용 동자이음
	葫	호롱병박, 마늘, 조롱박, 풀 이름	15	艸	土	木	土	양	小吉	선별 사용

자음	자	자의	획수	부수	획수 오행	자원 오행	주음 종음 오행	음양	자의 품격	비고
호	蒿	흐트러질, 쑥, 땅 이름 호, 짚 고	16	艸	土	木	土	음	小吉	선별 사용 동자이음
	蝴	나비	15	虫	土	水	土	양	不用	불가
	皞	밝을, 휠, 진득할, 하늘	15	白	土	金	土	양	中吉	사용
혹	或	해맬, 혹, 있을 혹, 나라 역	8	戈	金	金	土 木	음	小吉	선별 사용 동자이음
	惑	미혹할, 어지러울, 의심할	12	心	木	火	土 木	음	不用	불가
	酷	독할, 잔인할	14	酉	火	金	土 木	음	不用	불가
혼	婚	친정, 혼인할, 혼인, 친정 살이붙이	11	女	木	土	土 火	양	不用	불가
	混	섞일, 흐릴, 합할	12	水	木	水	土 火	음	不用	불가
	昏	어두울, 저녁, 힘쓸, 혼미할	8	日	金	火	土 火	음	不用	불가
	魂	넋, 마음, 정신	14	鬼	火	火	土 火	음	不用	불가
	渾	물소리, 흐릴, 섞일	13	水	火	水	土 火	양	小吉	선별 사용
	琿	아름다운 옥	14	玉	火	金	土 火	음	中吉	사용
홀	忽	소홀할, 손쉬울, 문득할	8	心	金	火	土 火	음	小吉	선별 사용
	惚	황홀할, 흐릿할	12	心	木	火	土 火	음	小吉	선별 사용
	笏	홀 홀, 피리가락 맞출 문	10	竹	水	木	土 火	음	小吉	선별 사용 동자이음
홍	紅	붉을, 연지, 경사스러울	9	糸	水	木	土 土	양	中吉	사용
	洪	큰 물, 넓을, 클, 여울	10	水	水	水	土 土	음	中吉	사용
	弘	넓을, 클, 널리	5	弓	土	火	土 土	양	中吉	사용
	鴻	기러기, 번성할, 클	17	鳥	金	火	土 土	양	不用	불가
	泓	깊을, 웅덩이, 연지, 못	9	水	水	水	土 土	양	中吉	사용
	烘	화롯불, 횃불, 그을릴	10	火	水	火	土 土	음	中吉	사용

자음	자	자의	획수	부수	획수 오행	자원 오행	주음 종음 오행	음양	자의 품격	비고
홍	虹	무지개, 공격할 홍, 어지러울 항	9	虫	水	水	土 土	양	小吉	선별 사용 동자이음
	鉷	돌쇠뇌, 석궁	14	金	火	金	土 土	음	小吉	선별 사용
	哄	떠들썩할 홍, 속일 공	9	口	水	水	土 土	양	小吉	선별 사용 동자이음
	汞	수은	7	水	金	水	土 土	양	不用	불가
	訌	집안 싸움, 무너질, 어지러울	10	言	水	金	土 土	음	不用	불가
화	火	급할, 태울, 불사를, 불	4	火	火	火	土	음	不用	불가
	化	화할, 교화할, 성장할	4	匕	火	火	土	음	小吉	선별 사용
	花	꽃, 아름다울, 무늬	10	艸	水	木	土	음	小吉	선별 사용
	貨	재물, 물품, 재화	11	貝	木	金	土	양	小吉	선별 사용
	和	고루, 화할, 따를	8	口	金	水	土	음	中吉	사용
	話	이야기, 말할, 다스릴	13	言	火	金	土	양	小吉	선별 사용
	畫	그림, 그릴, 색칠화 화, 그을 획	12	田	木	木	土	음	小吉	선별 사용 동자이음
	畵	畫의 俗字	13	田	火	木	土	양	小吉	선별 사용
	華	번영할, 꽃, 빛날 화, 옳지 않을 과	14	艸	火	木	土	음	小吉	선별 사용 동자이음
	禾	곡식, 벼 화, 말이의 수효 수	5	禾	土	木	土	양	小吉	선별 사용 동자이음
	禍	근심, 재화, 재난, 재앙	14	示	火	木	土	음	不用	불가
	嬅	고울, 여자 이름, 탐스러울	15	女	土	土	土	양	中吉	사용
	樺	자작나무	16	木	土	木	土	음	中吉	사용
	譁	시끄러울 화, 바뀔 와	19	言	水	金	土	양	小吉	선별 사용 동자이음

자음	자	자의	획수	부수	획수 오행	자원 오행	주음 종음 오행	음양	자의 품격	비고
화	鞾	가죽신, 목이 긴 신	13	革	火	金	土	양	不用	불가
확	確	확실할, 굳을, 강할	15	石	土	金	土 木	양	小吉	선별 사용
	碻	굳을 확, 땅 이름 교	15	石	土	金	土 木	양	小吉	선별 사용 동자이음
	穫	얻을, 거둘, 벼벨 확, 당 이름 호	19	禾	水	木	土 木	양	小吉	선별 사용 동자이음
	擴	늘일, 넓힐	19	手	水	木	土 木	양	中吉	사용
	廓	칼집, 넓힐, 클 확, 외성 곽	14	广	火	木	土 木	음	小吉	선별 사용 동자이음
	攫	붙잡을, 움킬, 빼앗을	24	手	火	木	土 木	음	小吉	선별 사용
환	歡	기뻐할, 친할, 좋아하고 사랑할	22	欠	木	金	土 火	음	中吉	사용
	患	근심할, 재앙, 병들	11	心	木	火	土 火	양	不用	불가
	丸	둥글, 알, 곧을	3	丶	火	土	土 火	양	不用	불가
	換	바꿀, 교역할, 고칠, 방자할	13	手	火	木	土 火	양	中吉	사용
	環	도리옥, 옥고리, 고리, 두를	18	玉	金	土	土 火	음	中吉	사용
	還	돌아올, 보복할 환, 돌 선, 영위할 영	20	辵	水	土	土 火	음	小吉	선별 사용 동자이음
	喚	불러일으킬, 부를, 외칠, 소리칠	12	口	木	水	土 火	음	小吉	선별 사용
	奐	성할, 빛날, 흩어질	9	大	水	木	土 火	양	中吉	사용
	渙	물 이름, 찬란할, 흩어질 환, 강 이름 희	13	水	火	水	土 火	양	小吉	선별 사용 동자이음
	煥	밝을, 불빛, 빛날	13	火	火	火	土 火	양	大吉	권장
	晥	환할, 샛별, 밝을, 현 이름	11	日	木	火	土 火	양	中吉	사용
	幻	홀릴, 허깨비, 요술, 변할	4	幺	火	水	土 火	음	小吉	선별 사용

자음	자	자의	획수	부수	획수 오행	자원 오행	주음 종음 오행	음양	자의 품격	비고
환	桓	묘목, 굳셀, 클, 흔할	10	木	水	木	土 火	음	大吉	사용
	鐶	고리, 가락지	21	金	木	金	土 火	양	小吉	선별 사용
	驩	말 이름, 기뻐할, 기쁨	28	馬	金	火	土 火	음	小吉	선별 사용
	宦	벼슬아치, 벼슬, 배울	9	宀	水	木	土 火	양	中吉	사용
	紈	포갤, 맺을, 흰 비단	9	糸	水	木	土 火	양	小吉	선별 사용
	鰥	앓을, 환어, 잠 못이루는 환, 곤이 곤	21	魚	木	水	土 火	양	小吉	선별 사용 동자이음
활	活	소생시킬, 살, 태어날 활, 물 콸콸 흐를 괄	10	水	水	水	土 火	음	小吉	선별 사용 동자이음
	闊	트일, 넓을, 손쉬울	17	門	金	木	土 火	양	中吉	사용
	濶	闊의 俗字	18	水	金	水	土 火	음	中吉	사용
	滑	익살스러울, 어지러울 골, 미끄러울 활	14	水	火	水	土 火	음	不用	불가 동자이음
	猾	가지고 놀, 교활할, 어지러울	14	犬	火	十	十 火	음	不用	불가
	豁	열릴, 통할, 뚫릴 골	17	谷	金	水	土 火	양	小吉	선별 사용
황	黃	누를, 누른빛, 황금, 가운데	12	黃	木	土	土 土	음	中吉	사용
	皇	임금, 비로소, 클, 꽃	9	白	水	金	土 土	양	中吉	사용
	荒	흉년들, 거칠, 잊을 황, 공허할 강	12	艸	木	木	土 土	음	小吉	선별 사용 동자이음
	凰	봉황새, 불새	11	几	木	木	土 土	양	小吉	선별 사용
	堭	당집, 전각, 바깥해자	12	土	木	土	土 土	음	小吉	선별 사용
	媓	여자이름 어머니	12	女	木	土	土 土	음	中吉	사용
	晃	밝을, 빛날	10	日	水	火	土 土	음	大吉	권장
	滉	물 깊을, 넓을, 물이 깊고 넓은 모양	14	水	火	水	土 土	음	大吉	권장

자음	자	자의	획수	부수	획수 오행	자원 오행	주음 종음 오행	음양	자의 품격	비고
황	榥	책상, 창	14	木	火	木	土 土	음	中吉	사용
	煌	빛날, 환히 밝을, 성할	13	火	火	火	土 土	양	中吉	사용
	璜	서옥, 패옥, 빛날	17	玉	金	金	土 土	양	中吉	사용
	熀	밝을, 영리할, 불 이글거릴	14	火	火	火	土 土	음	中吉	사용
	幌	포장, 간판, 휘장	13	巾	火	木	土 土	양	小吉	선별 사용
	徨	노닐, 어정거릴, 방황할	12	彳	木	火	土 土	음	不用	불가
	恍	형체 없는 모양, 황홀할, 어슴푸레	10	心	水	火	土 土	음	小吉	선별 사용
	惶	두려워할, 당황할	13	心	火	火	土 土	양	不用	불가
	愰	밝을, 영리할	13	心	火	火	土 土	양	中吉	사용
	慌	어렴풋할, 황홀할, 다급할	14	心	火	火	土 土	음	小吉	선별 사용
	湟	해자, 빠질, 찬물, 강 이름	13	水	火	水	土 土	양	小吉	선별 사용
	潢	깊을, 웅덩이, 장황할	16	水	土	水	土 土	음	中吉	사용
	晄	밝을, 빛날	10	日	水	火	土 土	음	大吉	권장
	篁	대숲, 피리, 대 이름	14	竹	火	木	土 土	음	小吉	선별 사용
	簧	혀 황, 피리 려, 비녀장식 혀	18	竹	金	木	土 土	음	不用	불가 동자이음
	蝗	누리, 황충	15	虫	土	水	土 土	양	不用	불가
	遑	허둥거릴, 바쁠	16	辵	土	土	土 土	음	不用	불가
	隍	해자, 빌, 공허할, 산골짜기	16	阜	土	土	土 土	음	不用	불가
회	回	돌아올, 돌이킬, 둘레	6	口	土	水	土	음	小吉	선별 사용
	會	합칠, 모일, 맞을 회, 상투 괄	13	日	火	木	土	양	小吉	선별 사용 동자이음
	悔	깔볼, 뉘우칠, 후회할, 과오	11	心	木	火	土	양	不用	불가

자음	자	자의	획수	부수	획수 오행	자원 오행	주음 종음 오행	음양	자의 품격	비고
회	懷	달랠, 품을, 가슴, 마음	20	心	水	火	土	음	不用	불가
	廻	돌이킬, 돌아올, 통할, 피할	9	廴	水	木	土	양	小吉	선별 사용
	恢	넓을, 갖출, 클	10	心	水	火	土	음	中吉	사용
	晦	그믐, 어두울, 감출	11	日	木	火	土	양	不用	불가
	檜	전나무, 나라 이름, 노송나무	17	木	金	木	土	양	中吉	사용
	澮	봇도랑, 물 흐를, 합할, 시내	17	水	金	水	土	양	中吉	사용
	繪	비단, 그림, 그릴 회, 머리 묶을 쾌	19	糸	水	木	土	양	小吉	선별 사용 동자이음
	絵	繪의 俗字	12	糸	木	木	土	음	小吉	선별 사용
	誨	가르칠, 인도할, 보일, 교훈	14	言	火	金	土	음	中吉	사용
	匯	어음환, 물돌	13	匚	火	水	土	양	小吉	선별 사용 동자이음
	徊	노닐, 꽃 이름, 머뭇거릴	9	彳	水	火	土	양	小吉	선별 사용
	淮	강 이름, 물이 빙빙 돌	12	水	木	水	土	음	小吉	선별 사용
	獪	간교할, 교활할, 어지럽게 할	17	犬	金	土	土	양	不用	불가
	膾	회, 회칠, 잘게 저민 날고기	19	肉	水	水	土	양	不用	불가
	茴	회향풀, 약 이름, 방풍의 잎	12	艸	木	木	土	음	小吉	선별 사용
	蛔	회충, 거위	12	虫	木	水	土	음	不用	불가
	賄	선물, 예물, 뇌물, 재회	13	貝	木	金	土	양	中吉	사용
	灰	재, 태워버릴, 망할, 잃을	6	火	土	火	土	음	不用	불가
획	獲	얻을, 노비, 포로, 산가지	18	犬	金	土	土 木	음	不用	불가
	劃	그을, 계획할, 구별할	14	刀	火	金	土 木	음	小吉	선별 사용

자음	자	자의	획수	부수	획수 오행	자원 오행	주음 종음 오행	음양	자의 품격	비고
횡	橫	사나울, 가로, 가득 찰 횡, 빛날 광	16	木	土	木	土 土	음	小吉	선별 사용 동자이음
	鐄	크게 울릴, 종, 낫, 종소리	20	金	水	金	土 土	음	小吉	선별 사용
	宖	집 울릴 횡, 클 홍	8	宀	金	木	土 土	음	小吉	선별 사용 동자이음
효	孝	보모, 효도, 맏자식	7	子	金	水	土	양	中吉	사용
	效	본받을, 힘쓸, 효험할	10	攴	水	金	土	음	中吉	사용
	効	效의 俗字	8	力	金	金	土	음	中吉	사용
	曉	밝을, 날 샐, 깨달을 효, 새벽 호	16	日	土	火	土	음	中吉	사용 동자이음
	涍	물 이름, 물가, 성 호, 샘 이름 효	11	水	木	水	土	양	中吉	사용 동자이음
	爻	괘, 변할, 본받을	4	爻	火	火	土	음	小吉	선별 사용
	驍	날랠, 용감할, 굳셀	22	馬	木	火	土	음	中吉	사용
	斅	가르칠, 교육할	20	攴	水	金	土	음	中吉	사용
	哮	큰소리낼, 천식, 으르릉 거릴	10	口	水	水	土	음	小吉	선별 사용
	嚆	울릴, 외칠, 부르짖을	17	口	金	水	土	양	小吉	선별 사용
	梟	용맹스러울, 올빼미, 꼭대기, 영웅	11	木	木	木	土	양	不用	불가
	淆	뒤섞일, 흐릴, 어지러질	12	水	木	水	土	음	不用	불가
	肴	안주, 채소 절임	10	肉	水	水	土	음	小吉	선별 사용
	酵	술 밑, 술이 괼, 술지게미	14	酉	火	金	土	음	不用	불가
	皛	나타날, 밝을 효, 칠 박	15	白	土	火	土	양	小吉	선별 사용 동자이음
	歊	김이 오를, 숨결	14	欠	火	金	土	음	小吉	선별 사용
후	後	뒤, 뒤질, 늦을, 곁	9	人	水	火	土	양	中吉	사용

자음	자	자의	획수	부수	획수 오행	자원 오행	주음 종음 오행	음양	자의 품격	비고
후	厚	후덕할, 두터울, 짙을	9	厂	水	土	土	양	中吉	사용
	侯	과녁, 영주, 제후, 아름다울	9	人	水	火	土	양	中吉	사용
	候	기후, 생각할, 물을, 맞을	10	人	水	火	土	음	小吉	선별 사용
	后	임금, 왕비, 천자	6	口	土	水	土	음	中吉	사용
	垕	땅 이름, 두터울, 단단하지 않을	9	土	水	土	土	양	中吉	사용
	逅	우연히, 만날, 터놓을	13	辵	火	土	土	양	小吉	선별 사용
	吼	울, 아우성칠, 노한 소리	7	口	金	水	土	양	小吉	선별 사용
	嗅	냄새 맡을, 냄새	13	口	火	水	土	양	小吉	선별 사용
	帿	과녁, 과녁판	12	巾	木	木	土	음	小吉	선별 사용
	朽	썩을, 쇠할, 부패할, 구린내	6	木	土	木	土	음	不用	불가
	煦	따뜻하게 할 후, 대조할, 돌볼 조	13	火	火	火	土	양	中吉	사용 동자이음
	珝	옥 이름	11	玉	木	金	土	양	中吉	사용
	喉	목구멍, 요소	12	口	木	水	土	음	不用	불가
훈	訓	가르칠, 뜻 훈, 길 순	10	言	水	金	土 火	음	小吉	선별 사용 동자이음
	勳	공훈, 거느릴, 업적	16	力	土	火	土 火	음	中吉	사용
	勛	勳의 古字	12	力	木	火	土 火	음	中吉	사용
	勲	勳의 俗字	15	火	土	火	土 火	양	中吉	사용
	焄	연기에 그을릴, 향기날	11	火	木	火	土 火	양	小吉	선별 사용
	熏	움직일, 불기운, 그을릴, 연기깔	14	火	火	火	土 火	음	小吉	선별 사용
	薰	온화할, 향풀, 향기날, 선도할	20	艸	水	木	土 火	음	小吉	선별 사용

자음	자	자의	획수	부수	획수 오행	자원 오행	주음 종음 오행	음양	자의 품격	비고
훈	壎	질나팔, 훎, 풍류	17	土	金	土	土　火	양	小吉	선별 사용
	燻	연기낄, 불사를, 불기운	18	火	金	火	土　火	음	小吉	선별 사용
	塤	토음, 풍류, 질나팔	13	土	火	土火	土　火	양	中吉	사용
	纁	금빛 투색할, 바랠	22	金	木	金	土　火	음	中吉	사용
	暈	무리, 선염, 멀미	13	日	火	火	土　火	양	小吉	선별 사용
훙	薨	홍서, 죽을 훙, 빠를, 많을, 무리 횡	20	竹	水	木	土　土	음	小吉	선별 사용 동자이음
훼	毁	헐, 상처날, 망할	13	殳	火	金	土	양	不用	불가
	卉	풀, 초목 훼, 빠를 홀	5	十	土	木	土	양	小吉	선별 사용 동자이음
	喙	부리 훼·달, 괴로울	12	口	木	水	土	음	小吉	선별 사용 동자이음
	毀	상처, 헐 훼, 무찌를, 망할 해	13	殳	火	金	土	양	不用	불가 동자이음
훤	喧	지껄일, 떠들, 시끄러울	12	口	木	水	土　火	음	不用	불가
	暄	따뜻할, 온난할	13	日	火	火	土　火	양	中吉	사용
	萱	원추리, 망우초	15	艸	土	木	土　火	양	小吉	선별 사용
	煊	따뜻할, 온난할	13	火	火	火	土　火	양	大吉	권장
휘	揮	빛날, 휘두를, 지휘할 휘, 완전할 혼	13	手	火	木	土	양	小吉	선별 사용 동자이음
	輝	빛날, 광휘, 광채, 빛	15	車	土	火	土	양	中吉	사용
	彙	무리, 모을, 성할	13	彐	火	火	土	양	小吉	선별 사용
	徽	아름다울, 좋을, 노끈, 기러기발	17	彳	金	火	土	양	中吉	사용
	暉	햇빛, 빛날, 광채	13	日	火	火	土	양	中吉	사용
	煇	빛날 휘, 구울 훈, 햇무리 운	13	火	火	火	土	양	小吉	선별 사용 동자이음

자음	자	자의	획수	부수	획수 오행	자원 오행	주음 종음 오행	음양	자의 품격	비고
휘	諱	피할, 거리낄, 두려워할, 숨길	16	言	土	金	土	음	不用	불가
	麾	손짓할, 지휘할, 대장기	15	麻	土	木	土	양	小吉	선별 사용
휴	休	아름다울, 쉴, 그칠 휴, 슬퍼할 후	6	人	土	火	土	음	小吉	선별 사용 동자이음
	携	끌, 가질, 나눌, 이끌, 이을	14	手	火	木	土	음	小吉	선별 사용
	烋	거들먹거릴 효, 아름다울 후, 경사로울, 화할 휴	10	火	水	火	土	음	小吉	선별 사용 동자이음
	畦	밭두둑 휴·규, 경계 휴	11	田	木	土	土	양	小吉	선별 사용 동자이음
	虧	이지러질, 그만둘, 그칠	17	虍	金	木	土	양	不用	불가
휼	恤	구휼할, 동정할, 돌볼	10	心	水	火	土 火	음	不用	불가
	譎	어긋날, 속일, 바뀔, 변할	19	言	水	金	土 火	양	不用	불가
	鷸	도요새 휼, 새매 술	23	鳥	火	火	土 火	양	不用	불가 동자이음
흉	凶	사악할, 재앙, 두려울, 죽일	4	凵	火	水	土 土	음	不用	불가
	胸	가슴, 마음, 요충지	12	肉	木	水	土 土	음	不用	불가
흑	黑	검을, 캄캄할, 어두울, 밤	12	黑	木	水	土 木	음	小吉	선별 사용
흔	欣	기쁠, 좋아할	8	欠	金	火	土 火	음	中吉	사용
	炘	화끈거릴, 불사를, 이글이글할	8	火	金	火	土 火	음	小吉	선별 사용
	昕	아침, 해돋을, 밝을, 처마	8	日	金	火	土 火	음	大吉	권장
	痕	흉터, 자취, 흔적	11	疒	木	水	土 火	양	不用	불가
	忻	기뻐할, 즐거워할	8	心	金	火	土 火	음	中吉	사용
흘	屹	곧게 서 움직이지 않을, 산 우뚝 솟을, 산 모양	6	山	土	土	土 火	음	中吉	사용

자음	자	자의	획수	부수	획수 오행	자원 오행	주음 종음 오행	음양	자의 품격	비고
흘	吃	말 더듬을, 머뭇거릴, 먹을	6	口	土	水	土 火	음	不用	불가
	紇	질 낮은 명주실 흘, 빌 혈	9	糸	水	木	土 火	양	小吉	선별 사용 동자이음
	訖	이를 흘, 마칠 글	10	言	水	金	土 火	음	小吉	선별 사용 동자이음
흠	欽	굽힐, 공경할, 근심할, 굽을	12	欠	木	金	土 水	음	大吉	권장
	欠	하품, 모자랄, 굽힐	4	欠	火	火	土 水	음	不用	불가
	歆	받을, 대접할	13	欠	火	火	土 水	양	中吉	사용
흡	吸	잡아당길, 숨 들이쉴, 마실	7	口	金	水	土 水	양	小吉	선별 사용
	洽	적실, 합칠, 윤택하게 할 흡, 강 이름 합	10	水	水	水	土 水	음	小吉	선별 사용 동자이음
	恰	흡족할, 마침, 새 우는 소리	10	心	水	火	土 水	음	小吉	선별 사용
	翕	합할, 거둘, 모을, 따를	12	羽	木	火	土 水	음	小吉	선별 사용 동자이음
흥	興	일어날, 바칠 흥, 피바를 흔	15	臼	土	土	土 土	양	小吉	선별 사용 동자이음
희	希	바랄, 드물 희, 고요할 휘	7	巾	金	木	土	양	大吉	권장 동자이음
	喜	기쁠, 즐거울, 좋아할	12	口	木	水	土	음	小吉	선별 사용
	稀	성길, 묽, 묽을	12	禾	木	木	土	음	小吉	선별 사용
	戲	놀, 서러울 희, 서러울 호, 기 휘	16	戈	土	金	土	음	小吉	선별 사용 동자이음
	姬	계집, 아가씨, 근본, 황후	9	女	水	土	土	양	小吉	선별 사용
	晞	마를, 햇살, 햇빛에 쬘	11	日	木	火	土	양	中吉	사용
	僖	즐거울, 기꺼울, 기쁠	14	人	火	火	土	음	中吉	사용

자음	자	자의	획수	부수	획수 오행	자원 오행	주음 종음 오행	음양	자의 품격	비고
희	熺	성할, 희미할, 아름다울, 기뻐할	16	火	土	火	土	음	中吉	사용
	禧	복, 길할, 고할	17	示	金	木	土	양	大吉	권장
	橲	나무 이름	16	木	土	木	土	음	中吉	사용
	嬉	즐거울, 놀	15	女	土	土	土	양	小吉	선별 사용
	憙	기뻐할, 좋아할, 기쁠	16	心	土	火	土	음	中吉	사용
	熹	성할, 아름다울, 기뻐할	16	火	土	火	土	음	中吉	사용
	凞	빛날, 일어날	15	冫	土	水	土	양	中吉	사용
	羲	숨, 화할, 기운, 복희, 왕희지	16	羊	土	土	土	음	小吉	선별 사용
	爔	불, 햇빛, 일광	20	火	水	火	土	음	小吉	선별 사용
	曦	햇빛, 빛날	20	日	水	火	土	음	小吉	선별 사용
	烯	불빛	11	火	木	火	土	양	中吉	사용
	俙	풀, 비슷할, 희미할, 소송할	9	人	水	火	土	양	小吉	선별 사용
	囍	쌍희	22	口	木	水	土	음	小吉	선별 사용
	僖	성할, 아름다울, 기뻐할, 탄식하는 소리	16	心	土	火	土	음	中吉	사용
	犧	희생, 종묘 희, 술그릇, 술통 사	20	牛	水	土	土	음	不用	불가 동자이음
	噫	느낄, 탄식할 희, 트림 애, 탄식할 억	16	口	土	水	土	음	不用	불가 동자이음
	熙	희롱할, 빛날, 말릴 희, 성 이	13	火	火	火	土	양	小吉	선별 사용 동자이음
힐	詰	물을 다스릴, 따질, 꾸짖을	13	言	火	金	土 火	양	小吉	선별 사용

2007년 추가 인명용 한자

자음	자	자의	획수	부수	획수 오행	자원 오행	주음 종음 오행	음양	자의 품격	비고
가	哿	좋을, 훌륭할	10	口	水	水	木	음	大吉	권장
건	漧	하늘, 古字	15	水	土	水	木 火	양	小吉	선별 사용 동자이음
경	冂	멀, 빌	2	冂	木	土	木 土	음	小吉	선별 사용
	涇	통할, 곧을, 강 이름	11	水	木	水	木 土	양	中吉	사용
교	佼	예쁠, 사귈, 어지러울	8	人	金	火	木	음	中吉	사용
구	玽	옥돌	10	玉	水	金	木	음	中吉	사용
규	邽	보옥, 고을 이름	13	邑	火	土	木	양	中吉	사용
	嫢	가는 허리	14	女	火	土	木	음	不用	불가
니	濔	넘칠 니, 치렁치렁할 미	17	水	金	水	火	음	小吉	선별 사용 동자이음
	膩	기름질, 매끄러울, 물리	16	月	金	水	火	음	不用	불가
다	窱	깊은 모양	12	穴	木	木	火	음	中吉	사용
단	煓	불꽃 성할, 빛날	13	火	火	火	火 火	양	大吉	권장
담	倓	움직일, 고요할, 속죄할	10	人	水	火	火 水	음	中吉	사용
도	馞	향기날	16	香	土	木	火	음	中吉	사용
라	覶	자세할 라, 자세할 란	19	見	水	火	火	양	小吉	선별 사용 동자이음
	摞	정돈할, 정리할, 포개어 쌓을	15	手	土	土	木	양	大吉	권장
랑	烺	빛 밝을, 맑고 환할	11	火	木	火	火 土	양	大吉	권장
령	澪	강 이름, 맑을	14	水	火	水	火 土	음	大吉	권장
률	嵂	가파를	12	山	木	土	火 火	음	不用	불가

자음	자	자의	획수	부수	획수 오행	자원 오행	주음 종음 오행	음양	자의 품격	비고
름	凜	찰, 두려울, 늠름한 모양	15	冫	土	水	火 水	양	中吉	사용
린	鏻	굳셀 린·인	20	金	水	金	火 火	음	小吉	선별 사용 동자이음
림	棽	무성할 림, 뒤덮일 침	12	木	木	木	火 水	음	小吉	선별 사용 동자이음
매	苺	딸기 매·모	11	艸	木	木	水	양	小吉	선별 사용 동자이음
명	眀	밝게 볼	9	目	水	木	水 土	양	大吉	권장
	䳟	초명새	19	鳥	水	火	水 土	양	小吉	선별 사용
모(무)	橅	법	16	木	土	木	水	음	大吉	사용
민	鈱	철판	13	金	火	金	水 火	양	中吉	사용
반	豳	알록달록할 반, 나라 이름 빈	17	豕	金	水	水 火	양	小吉	선별 사용 동자이음
범	釩	떨칠	11	金	木	金	水 水	양	中吉	사용
변	釆	분별할	7	釆	金	火	水 火	양	小吉	선별 사용
별	莂	모종낼, 씨뿌리기, 부절	13	艸	火	木	水 火	양	中吉	사용
보	俌	도울	9	人	水	火	火	양	大吉	권장
봉	漨(浲)	내 이름, 답답한 모양, 물 모이는 모양	15	水	土	水	水 土	양	中吉	사용
빈	份	빛날 빈, 부분 분	6	人	土	火	水 火	음	小吉	선별 사용 동자이음
	霦	옥광채	19	雨	水	水	水 火	양	中吉	사용
	贇	예쁠 빈, 예쁠 윤	19	貝	水	金	水 火	양	小吉	선별 사용 동자이음
	鑌	강철, 광낼	22	金	木	金	水 火	음	小吉	선별 사용
서	揟	사위, 사나이, 남편, 동서	12	士	木	木	金	음	中吉	사용

자음	자	자의	획수	부수	획수 오행	자원 오행	주음 종음 오행	음양	자의 품격	비고
서	悆	기쁠	11	心	木	火	金	양	大吉	권장
석	舃	신 석, 까치 작, 아름찰 탁	12	臼	木	土	金 木	음	小吉	선별 사용 동자이음
선	洒	놀랄 선, 씻을 세, 험할 최, 물 부을 신	10	水	水	水	金 火	음	小吉	선별 사용 동자이음
성	胜	버릴, 새 이름 성, 고기 생	11	肉	木	水	金 土	양	不用	불가 동자이음
시	毸	날개칠	13	毛	火	木	金	양	小吉	선별 사용
	諟	이 시, 자세히 살필 체	16	言	土	金	金	음	小吉	선별 사용 동자이음
	媞	예쁠 제, 안존할 제, 자세할	11	女	木	土	金	양	小吉	동자이음
아	哦	읊을, 놀라 지르는 소리	10	口	水	水	土	음	不用	불가
애	賹	넉넉할, 사람 이름	15	貝	土	金	土	양	中吉	사용
야	埜	들 야, 변두리 여, 농막 서	11	土	木	土	土	양	小吉	선별 사용 동자이음
여	悆	잊을, 기뻐할, 근심할	11	心	木	火	土	양	中吉	사용
연	嬿	아름다울, 고울	19	女	土	土	土 火	양	中吉	사용
	莚	풀 이름, 자랄	13	艸	火	木	土 火	양	中吉	사용
	瓀	옥돌	19	玉	水	金	土 火	양	大吉	권장
열	澧	물 흐르는	16	水	土	水	土 火	음	中吉	사용
영	嬴	차다, 바구니, 나타나다, 이기다	17	女	金	土	土 土	양	小吉	선별 사용
	憕	지킬	21	小	木	火	土 土	양	中吉	사용
예	嫕	유순할, 정직할, 순박할	14	女	火	土	土	음	大吉	권장
	蓺	과녁, 심을, 재주	17	艸	金	木	土	양	大吉	권장

자음	자	자의	획수	부수	획수 오행	자원 오행	주음 종음 오행	음양	자의 품격	비고
예	蕊	꽃술 예, 꽃 더부룩할 전	18	艸	金	木	土	음	小吉	선별 사용 동자이음
	繄	아름다울	19	殳	水	金	土	양	中吉	사용
오	燠	입김 몰아 불 오, 입김 몰아 불 우, 따뜻할 욱	17	火	金	火	土	양	小吉	선별 사용 동자이음
온	昷	어질	9	日	水	火	土 火	양	大吉	권장
	榅	기둥 온, 팔배나무 올	14	木	火	木	土 火	음	小吉	선별 사용 동자이음
완	鋺	주발	16	金	土	金	土 火	음	中吉	사용
용	槦	대나무, 변기 없는 시렁	15	木	土	木	土 土	양	中吉	사용
우	圩	오목할, 제방, 염전	6	土	土	土	土	음	小吉	선별 사용
	慪	공경할, 삼갈	15	心	土	火	土	양	大吉	권장
	㥔	기쁠, 반가울	13	心	火	火	土	양	大吉	권장
운	篔(䉙)	대나무, 왕대	16	竹	土	木	土 火	음	中吉	사용
원	朊	달빛 희미할	10	月	水	水	土 火	음	小吉	선별 사용
	杬	나무 이름 원, 주무를 완	8	木	金	木	土 火	음	小吉	선별 사용 동자이음
	鋺	저울 바탕	16	金	土	金	土 火	음	中吉	사용
유	囿	동산, 얽매일, 구역	9	口	水	水	土	양	中吉	사용
	牖	창, 인도할, 감옥	15	片	土	木	土	양	小吉	선별 사용
	逌	만족할, 말미암을	11	辵	木	土	土	양	大吉	권장
윤	荺	대순, 연뿌리	13	艸	火	木	土 火	양	中吉	사용
율	建	나누어펴 질, 가는모양	13	辶	火	土	土 火	양	中吉	사용
은	殷	성할, 소리, 붉은빛 안	10	殳	水	金	土 火	음	小吉	동자이음

자음	자	자의	획수	부수	획수 오행	자원 오행	주음 종음 오행	음양	자의 품격	비고
올	圪	흙더미 우뚝할	6	土	土	土	土 火	음	中吉	사용
음	愔	조용할, 화평할	13	心	火	火	土 水	양	大吉	권장
이	胹	힘줄 강할	12	月	木	水	土	음	小吉	불가
인	汈	젖어 맞붙을	7	水	金	水	土 火	양	中吉	사용
	牣	가득할, 더할	7	牛	金	土	土 火	양	中吉	사용
	璌	사람이름	16	玉	土	金	土 水	음	中吉	사용
자	秄	북돋울	8	禾	金	木	金	음	大吉	권장
작	舄	까치 작, 신 석, 아름찰 탁	12	臼	木	土	金 木	음	不用	불가 동자이음
정	梃	몽둥이, 곧은 모양, 창	11	木	木	木	金 土	양	小吉	선별 사용
	胜	정우, 살이 빠질	11	肉	木	水	金 土	양	小吉	동자이음
제	媞	안존할, 예쁘고 고울	12	女	木	土	金	음	大吉	권장
조	昭	밝을 조, 밝을 소	9	日	水	火	金	양	小吉	선별 사용 동자이음
준	僔	모일, 공손할, 많을	14	人	火	火	金 火	음	大吉	권장
지	泜	붙을, 가지런한 모양	8	水	金	水	金	음	中吉	사용
진	杓	바디, 사침대	8	木	金	木	金 火	음	中吉	사용
찬	儹 (僣)	모을	21	人	木	火	金 火	양	中吉	사용
채	睬	주목할	13	目	火	木	金	양	中吉	사용
철	悊	공경할, 알	11	心	木	火	金 火	양	大吉	권장
체	諟	살필 체, 이 시	16	言	土	金	金	음	小吉	선별 사용 동자이음
침	棽	뒤덮일 침, 무성할 림	12	木	木	木	金	음	小吉	선별 사용 동자이음

자음	자	자의	획수	부수	획수 오행	자원 오행	주음 종음 오행	음양	자의 품격	비고
태	鈦	티타늄	12	金	木	金	火	음	中吉	사용
행	涬	찰(차갑다)	10	氵	水	水	土 土	음	小吉	선별 사용
향	麘	사향사슴	20	鹿	水	土	土 土	음	中吉	사용
현	儇	총명할, 영리할, 빠를	15	人	土	火	土 火	양	大吉	권장
협	冾	화할, 윤택할	8	冫	金	水	土 水	음	大吉	권장
혜	譓	슬기로울, 순종할, 분별할	19	言	水	金	土	양	大吉	권장
	鏸	날카로울	20	金	水	金	土	음	不用	불가
호	婋	여자 마음이 영리할	11	女	木	土	土	양	中吉	사용
효	窙	넓을, 높을	12	穴	木	水	土	음	大吉	권장
희	暿	성할, 아름다울	16	日	土	火	土	음	大吉	권장

2014년 추가 인명용 한자

자음	자	자의	획수	부수	획수 오행	자원 오행	주음 종음 오행	음양	자의 품격	비고
각	愨	성실, 삼갈, 바르다	14	心	火	火	木 木	음	大吉	권장
간	癎	간질, 경풍, 지랄	17	疒	金	水	木 火	양	不用	불가
강	鋥	강직할, 억셀, 단단할	18	金	金	金	木 土	음	中吉	권장
	襁	포대기, 띠, 돈꿰미	18	衣	金	木	木 土	음	中吉	권장
건	建	세울, 엎지를, 모양 율	13	廴	火	土	木 火	양	中吉	사용
결	潔	깨끗할, 간결할, 바를	14	氵	火	水	木 火	음	上吉	권장
경	京	서울, 언덕, 경관, 높을	9	亠	水	土	木 土	양	上吉	권장
	卿	벼슬, 선생, 상서로울	11	卩	木	水	木 土	양	上吉	권장
계	堺	지경, 경계, 둘레, 한계	12	土	木	土	木	음	中吉	사용
곤	衮	곤룡포, 삼공, 삼공예복	10	衣	水	木	木 火	음	上吉	권장
관	寛	너그러울, 관대, 용서할	14	宀	木	木	木 火	음	上吉	권장
광	炛	빛, 세월, 기세, 경치	8	火	金	火	木 火	음	上吉	권장
구	耇	늙을, 오래, 늙은이	9	耂	水	土	木	양	不用	불가
	廐	마구간, 모일, 벼슬이름	14	广	火	木	木	음	中吉	사용
권	権	권세, 권력, 권한, 저울	15	木	土	木	木 火	양	上吉	권장
기	璣	구슬, 별이름, 천문기계	20	玉	水	金	木	음	上吉	권장
다	夛	많을, 뛰어날, 두터울	6	夕	土	水	火	음	上吉	권장
대	抬	매질할, 들, 멜, 볼기칠	9	心	水	木	火	양	不用	불가
덕	德	큰, 덕, 베풀	14	彳	火	火	火 火	음	不用	불가
도	嶋	섬	14	山	火	土	火	음	中吉	사용

자음	자	자의	획수	부수	획수 오행	자원 오행	주음 종음 오행	음양	자의 품격	비고
람	擥	총괄할, 잡을, 주관할	14	手	火	木	火 水	음	中吉	사용
랑	蜋	사마귀(낭), 쇠똥구리	13	虫	火	水	火 土	양	不用	불가
	郎	사내, 남편, 벼슬이름	13	邑	火	土	火 土	양	中吉	사용
래	逨	올, 돌아올, 부를	15	走	土	火	火	양	中吉	사용
령	岭	고개, 산맥, 산봉우리	8	山	金	土	火 土	음	中吉	사용
로	虜	사로잡을, 생포, 포로	13	虍	火	木	火	양	不用	불가
뢰	頼	의뢰할, 의지할, 힘입을	16	頁	土	火	火	음	不用	불가
륜	崙	산이름, 산모양, 험한산	11	山	木	土	火 火	양	中吉	사용
름	凜	차다, 춥다, 의젓하다	15	冫	土	水	火 水	양	不用	불가
리	犂	밭갈, 얼룩, 떨 유	12	牛	木	土	火	음	小吉	선별
	犁	밭갈, 얼룩, 떨 유	11	牛	木	土	火	음	小吉	선별
린	隣	이웃(인), 근접, 보필	19	阝	水	土	火 火	양	中吉	사용
	麐	기린, 사슴, 빛나는	17	鹿	金	土	火 火	양	小吉	선별
망	莽	우거질, 거칠, 넓을	12	艸	木	木	水 土	음	中吉	사용
	望	보름, 바랄, 기대할	14	月	火	水	水 土	음	中吉	사용
면	麪	밀가루, 국수, 보릿가루	15	麥	土	木	水 火	양	中吉	사용
민	瑉	옥돌	14	玉	火	金	水 火	음	上吉	권장
	忟	힘쓸, 노력할, 어두울	8	心	金	火	水 火	음	中吉	사용
방	幫	도울, 보좌할, 지원할	17	巾	金	木	水 土	양	上吉	권장
보	珤	보물, 보배, 옥새	11	玉	木	金	水	양	上吉	권장
	歩	걸음, 보, 행위, 운수	8	止	金	土	水	음	中吉	사용
봉	漨	내이름, 답답할, 물모일	15	水	土	水	水 土	양	小吉	선별

자음	자	자의	획수	부수	획수 오행	자원 오행	주음 종음 오행	음양	자의 품격	비고
봉	漨	물이름	11	水	木	水	水 土	양	中吉	사용
빈	份	빛날, 성할, 겸비할	6	亻	土	火	水 火	음	上吉	권장
서	敍	줄서, 차례, 베풀	11	攵	木	金	金	양	上吉	권장
	緖	서로, 다, 보다, 기다릴	15	糸	土	木	金	음	中吉	사용
	諝	슬기, 총명, 헤아릴	15	言	土	金	金	양	上吉	권장
석	晰	밝을, 명백할, 분명, 깨끗할	12	日	木	火	金 木	음	上吉	권장
성	晟	밝을, 환할, 성할	11	日	木	火	金 土	양	上吉	권장
	晠	밝을, 환할, 성할	11	日	木	火	金 土	양	上吉	권장
소	疏	소통할, 드물, 멀, 채소	12	疋	木	土	金	음	小吉	선별
	霄	하늘, 닮을 초, 진눈깨비	15	雨	土	水	金	음	小吉	선별
	咲	웃음, 웃다, 비웃다	9	口	水	水	金	음	小吉	선별
손	飧	밥, 저녁밥, 익힌음식	12	食	木	水	金 火	음	小吉	선별
쇄	鎖	쇠사슬, 가둘, 잠글	18	金	金	金	金	음	小吉	선별
수	讎	원수, 대답할, 비교할	23	言	火	金	金	양	小吉	선별
	竪	세울, 곧을, 서다	15	豆	土	木	金	양	中吉	사용
승	阩	오를	12	阜	木	土	金	음	上吉	권장
시	柹	감, 감나무	9	木	水	木	金	양	中吉	사용
	柿	감, 감나무	9	木	水	木	金	양	中吉	사용
쌍	双	쌍, 두	4	又	火	水	金 土	음	小吉	선별
아	峩	높을, 재, 산이름	10	山	水	土	土	음	中吉	사용
	娿	아리따울, 주저할	11	女	木	土	土	양	中吉	사용
안	桉	안석, 책상	10	木	水	木	土 火	음	中吉	사용

자음	자	자의	획수	부수	획수 오행	자원 오행	주음 종음 오행	음양	자의 품격	비고
앙	昂	밝을, 높을, 오를	8	日	金	火	土 土	음	上吉	권장
애	礙	장애가, 거리낄, 지장	19	石	水	金	土	양	不用	불가
야	埜	들, 문밖, 들판	11	土	木	土	土	양	中吉	사용
	揶	희롱할, 야유할, 놀릴	11	手	木	木	土	양	不用	불가
언	彥	선비, 클, 훌륭한 사람	9	彡	水	火	土 火	양	上吉	권장
얼	糵	누룩, 곡식, 싹틀	22	米	木	木	土 火	음	中吉	사용
엄	厳	엄할, 혹독할, 지독할	17	厂	金	水	土 水	음	小吉	선별
연	姸	고울, 예쁠, 우아할	7	女	金	土	土 火	양	上吉	권장
	娟	고울, 예쁠, 우아할	9	女	水	土	土 火	양	上吉	권장
	硏	벼루, 윤기 경	11	石	木	金	土 火	양	上吉	권장
	淵	못, 웅덩이, 근원	12	水	木	水	土 火	음	中吉	사용
	兗	바를, 단정할, 묶을	9	儿	金	木	土 火	양	上吉	권장
	輭	연할, 부드러울, 보들	16	車	土	火	土 火	양	上吉	권장
염	艶	고울, 아름다울, 탐낼	24	色	火	土	土 水	음	中吉	사용
영	栄	꽃, 영화, 약초이름 송	12	艸	木	木	土 土	음	小吉	선별
	濴	물 흐르는, 물소리	21	水	木	水	土 土	양	中吉	사용
예	容	밝을, 준설할	12	谷	木	金	土	음	中吉	사용
	叡	밝을, 어질, 성인	19	又	水	水	土	양	中吉	사용
	芸	재주, 심을, 평지 운	10	艸	水	木	土	음	中吉	사용
온	昷	어질, 온화할, 바쁠	9	日	水	火	土 火	양	中吉	사용
용	宂	한가할, 바쁠, 번거로울	5	宀	土	木	土 土	양	小吉	선별
우	㝢	물, 비, 물이름	7	水	金	水	土	양	中吉	사용

자음	자	자의	획수	부수	획수 오행	자원 오행	주음 종음 오행	음양	자의 품격	비고
욱	稶	무성한, 무성할	13	禾	火	木	土 木	양	中吉	사용
운	篔	왕대, 대이름	16	竹	土	木	土 火	음	中吉	사용
	篻	왕대, 대이름	16	竹	土	木	土 火	음	中吉	사용
원	冤	원통할, 억울, 원수	10	冖	水	水	土 火	음	不用	불가
유	俞	그러할, 맑을, 편안할	9	人	水	土	土	양	上吉	권장
	溇	깊을	13	水	火	水	土	양	中吉	사용
윤	閏	윤달, 잉여, 임금자리	13	門	火	木	土 火	양	中吉	사용
	胤	자손, 혈통, 맏아들	11	彳	木	火	土 火	양	中吉	사용
은	誾	온화할, 평온할, 성	19	言	水	金	土 火	양	中吉	사용
이	彝	떳떳할, 평탄할, 그릇	16	彐	土	火	土	음	中吉	사용
인	韌	질길, 부드러울	12	韋	火	金	土 火	음	中吉	사용
	忈	어질, 사랑할, 어진	6	心	土	火	土 火	음	上吉	권장
	忎	어질, 사랑할, 어진	7	心	金	火	土 火	음	上吉	권장
일	逸	편안할, 뛰어날, 없어질	14	辵	火	土	土 火	음	中吉	사용
입	廿	스물, 이십	4	十	火	水	土 水	음	小吉	선별
자	茲	불다, 더욱, 자리, 이곳	12	艸	木	木	金	음	中吉	사용
장	壮	장할, 굳셀, 씩씩할	6	士	土	土	金	음	上吉	권장
	奬	도울, 칭찬할, 권면할	15	士	土	土	金	양	上吉	권장
절	絕	끊다, 막다, 그만두다	12	糸	木	木	金 火	음	不用	불가
점	奌	점, 얼룩, 측면, 시들	8	大	金	木	金 水	음	不用	불가
제	済	건널, 도울, 구제, 이룰	12	氵	水	木	金	음	中吉	사용
조	枣	대추나무, 대추	8	木	金	木	金	음	中吉	사용

자음	자	자의	획수	부수	획수 오행	자원 오행	주음 종음 오행	음양	자의 품격	비고
종	椶	종려나무, 야자나무	13	木	火	木	金 土	양	中吉	사용
준	凖	본받다, 승인, 평평할	12	冫	木	水	金 水	음	上吉	권장
	㕙	준설할, 밝을 예	12	谷	木	水	金 水	음	中吉	사용
	陖	높을, 가파를, 험할	15	阜	土	土	金 水	양	中吉	사용
지	矨	알, 알릴, 나타낼	10	矢	水	土	金	음	上吉	권장
	[illegible]	슬기, 재능, 지혜, 기지	16	矢	土	金	金	음	上吉	권장
진	鉁	진귀할, 보배, 소중할	13	金	火	金	金 火	양	中吉	사용
	尽	다할, 완수, 최고, 죽다	6	尸	土	水	金 火	음	小吉	선별
집	潗	샘솟다, 물결, 빗소리	16	水	土	水	金 水	양	中吉	사용
찬	儹	모일, 모을, 빠를	21	亻	木	火	金 火	양	中吉	사용
	儧	모일, 모을, 일 꾸밀	17	亻	金	火	金 火	양	中吉	사용
참	慚	수치, 부끄러움	15	心	土	火	金 水	양	不用	불가
척	墌	터, 터닦다, 땅이름	14	土	火	土	金 木	음	中吉	사용
철	鉄	쇠, 검은 쇠, 갑옷, 무기	13	金	火	金	金 火	양	中吉	사용
첨	甛	달다, 좋다, 곤히 자다	11	土	木	土	金 水	양	中吉	사용
총	冢	무덤, 언덕, 봉토	10	冖	水	土	金 土	음	不用	불가
추	鰌	미꾸라지, 밟다, 능력	20	魚	水	水	金	음	小吉	선별
측	廁	뒷간, 돼지우리, 물가	12	广	木	木	金 木	음	不用	불가
치	癡	어리석다, 어린, 미련한	19	疒	水	水	金	양	不用	불가
타	橢	길쭉한, 둥글다, 기와	16	木	土	木	火	음	中吉	사용
탁	橐	전대, 풀무질, 절구질	16	木	土	木	火 木	음	不用	선별
	槖	전대, 풀무질, 절구질	14	木	火	木	火 木	음	不用	선별

자음	자	자의	획수	부수	획수 오행	자원 오행	주음 종음 오행	음양	자의 품격	비고
토	兎	토끼, 달 속에 토끼	9	儿	水	木	火	양	不用	불가
패	霸	으뜸, 두목, 성, 달의 넋	21	雨	木	水	水	양	中吉	사용
포	抛	버릴, 전차, 던질	9	手	水	木	水	양	不用	선별
표	飆	폭풍, 광풍, 회오리	21	風	木	木	水	양	不用	선별
풍	豐	풍년, 괘이름, 잔대	18	豆	金	木	水 土	음	中吉	사용
해	海	바다, 널리, 크다	10	水	水	水	土	음	不用	선별
형	迥	멀, 판이할, 다를	12	辵	木	土	土 土	음	不用	선별
호	芐	지황, 부들 초	9	艸	水	木	土	음	中吉	사용
회	会	모일, 모을, 능숙할	6	人	土	火	土	음	中吉	사용
훈	熏	불길, 연기, 황혼, 타다	12	火	木	火	土 火	음	不用	선별
훼	卉	풀, 빠를, 성할, 초목	5	十	水	木	土	양	中吉	사용
희	煕	빛날, 기쁠, 놀, 넓을	14	火	木	火	土	음	中吉	사용
	凞	빛날, 화락할, 넓을	14	火	木	火	土	음	中吉	사용
	戱	놀이, 희롱할, 탄식할	17	金	金	金	土	양	不用	불가
	姫	여자, 삼가, 조심, 첩	9	女	水	土	土	양	不用	불가

동 양 작 명 소

주　　소 | 경기도 안양시 호계동 968-2 선경빌딩 2층(호계신사거리)

대표전화 | 031-454-5800

홈페이지 | http://www.oname.co.kr

약　　도 |

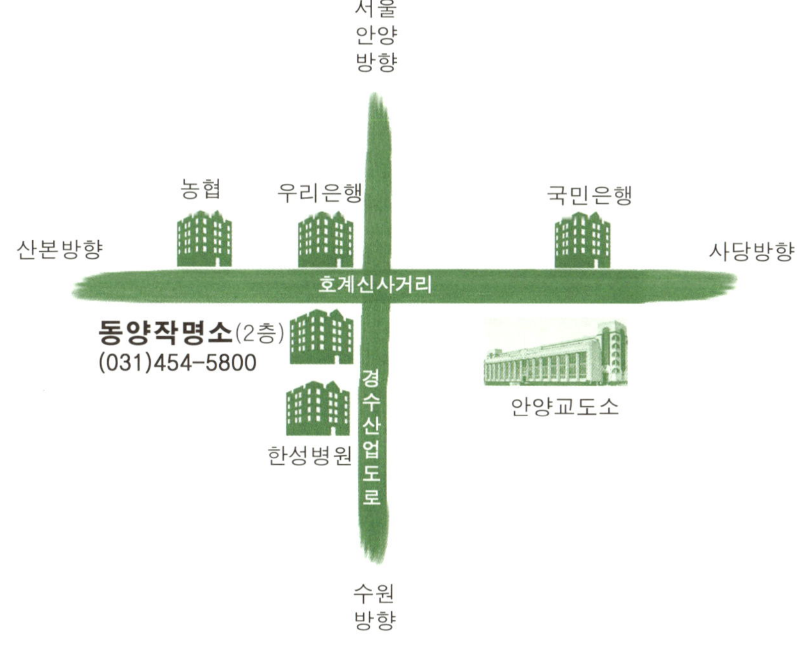

종합작명대전

이승정 지음

발 행 일 초판 1쇄 2007년 6월 15일
개정 1쇄 2014년 1월 14일
발 행 처 평단문화사
발 행 인 최석두

등록번호 제1-765호 / 등록일 1988년 7월 6일
주 소 서울시 마포구 서교동 480-9 에이스빌딩 3층
전화번호 (02)325-8144(代) FAX (02)325-8143
이 메 일 pyongdan@hanmail.net
I S B N 978-89-7343-249-3 03100

이 도서의 국립중앙도서관 출판시도서목록(CIP)은 e-CIP 홈페이지
(http://www.nl.go.kr/cip.php)에서 이용하실 수 있습니다.
(CIP제어번호: CIP2007001596)